Verdrängte Musik

Argon

Verdrängte Musik

Berliner Komponisten im Exil

herausgegeben von
Habakuk Traber und
Elmar Weingarten

Argon

Verdrängte Musik
Berliner Komponisten im Exil

Ein Buch der Berliner Festspiele GmbH
Intendant Ulrich Eckhardt
zum Programmschwerpunkt *Musik aus dem Exil* der
37. Berliner Festwochen 1987

Herausgeber:
Habakuk Traber
Elmar Weingarten

Mitarbeit:
Angela Eichhorst
Christine Kammer
Katrin Schmidt

Verlag:
Argon Verlag GmbH
Potsdamer Straße 77-87
1000 Berlin 30

Lektorat:
Eva Heinemeyer
Thomas Spring

Umschlag und Layout:
Betina Müller, Berlin

Satz:
Mercator Druckerei GmbH Berlin

Druck:
Kupijai & Prochnow, Berlin

Bindung:
Heinz Stein, Berlin

ISBN 3-87024-118-7

Zum Geleit

Berliner Verlust: Folgenschwerer als die Zerstörung der Häuser traf die Stadt im Innersten die Austreibung geächteter Künstler, Wissenschaftler, Publizisten. Weil sie mahnten, sollten sie verstummen. In den zwölf Jahren von 1933–1945 wurde das über Jahrhunderte gewachsene, auf Toleranz gegenüber Andersdenkenden und Assimilation fremder Einflüsse gegründete Lebensgesetz Berlins ausgelöscht. Die Stadt der Aufklärung verlor ihre Seele, ihre Identität – nicht durch Naturereignisse oder Fremdherrschaft, sondern durch eine selbstverschuldete Katastrophe, den tiefsten Fall in ihrer 750jährigen Geschichte. Die kurze Zeitspanne der Naziherrschaft ließe vermuten, daß sofort nach dem Zusammenbruch das Exil der Mahnenden beendet würde. Wichtiger als der materielle Wiederaufbau wäre es gewesen, die Verstoßenen wieder aufzunehmen und sie an der geistigen Wiederaufrichtung zu beteiligen, von ihnen zu lernen. Aus heutiger Sicht ist es schwer verständlich, daß dies nicht geschah. Es begann für viele Emigranten das Exil nach dem Exil, die erneute Vertreibung aus dem Bewußtsein der neuen Republik. Leiden, Schuld und Verluste verdoppelten sich. Das anhaltende Exil ist deutlicher Hinweis, daß die Nazizeit keineswegs abgelagerte Geschichte geworden ist – einer distanzierten Betrachtung zugänglich – sondern noch immer unsere Gegenwart bedrängt. In einem der historischen Erinnerung und der Gewinnung von Identität gewidmeten Jubiläumsjahr gehören Benennung und Aufarbeitung schuldhafter Versäumnisse zu den vordringlichen Aufgaben.

Nur wenigen Zeugen der Zeit, die das Exil erleiden mußten, leben noch. Die Nachrichten aus der Verbannung werden spärlicher. Die Gefahr des Vergessens wird größer. Es ist also höchste Zeit für nachdrücklichere Exilforschung, die den Verlust von Zeugnissen aufhellt, sich gegen Gedankenlosigkeit und Vergeßlichkeit stemmt. Der weitgehend biographische und dokumentarische Charakter dieses, eine Konzertreihe «Musik aus dem Exil» der Berliner Festwochen 1987 begleitenden Buches verweist darauf, daß Geschichte sich im Leben des Einzelnen abbildet, der das Geschehen erlitten hat.

Ulrich Eckhardt

... auch Berliner Verluste

Komponisten im Exil

Dieser Band ist ein Wagnis. Er handelt von jenen, die als Komponisten und Musiker in Berlin mit dem aufreizend intensiven Kulturleben der zwanziger Jahre verbunden waren, die hier - in einzelnen Fällen nach langen Jahren der Wanderschaft - eine Heimat gefunden hatten, und deren Existenz durch die Barbarei des Nationalsozialismus wenn nicht vernichtet, so doch zumeist der Boden entzogen worden war. Die meisten von ihnen waren Juden, und wir stellten uns, wie Habermas dies in vergleichbarem Zusammenhang auch getan hat, die Frage, ob dieses Unterfangen *«nicht zwangsläufig dazu führen müsse, den Ausgetriebenen und Erschlagenen noch einmal einen Judenstern anzuheften»*.

Doch darum kann es nicht gehen. Denn für die Vermutung spricht viel - und damit für die Notwendigkeit, sich dem Thema des erzwungenen Exils auch im Bereich der schöpferischen Musik zuzuwenden -, daß in mühsam verkleideter Gestalt das Wort Ernst Jüngers in den Köpfen vieler heute noch fortwirkt: *«Der Jude kann überhaupt in nichts, was das deutsche Leben anbetrifft, weder im Guten noch im Bösen, eine schöpferische Rolle spielen.»*

Es ist hier nicht der Ort, defensiv ein weiteres Mal den wiederholt und kompetent vorgetragenen Nachweis zu führen, wie unschätzbar hoch der jüdische Beitrag zu allen Bereichen des deutschen Geisteslebens gewesen ist. Für die Musik galt es immer schon als Ausdruck einer besonders differenzierten Betrachtungsweise, die akzeptablen, nur nachschöpferisch tätigen jüdischen Interpreten gegen die unkreativen Komponisten auszuspielen, die freilich in völliger Absehung und Verkennung des Werkes von Mahler und Schönberg, die der Musik unseres Jahrhunderts den Weg gewiesen haben. Diese hatten sich das musikalische Idiom ihrer Zeit vollkommen anverwandelt und in radikaler Weise Neues geschaffen, das jedoch nie den Bezug zu ihrer unmittelbaren kulturellen Umgebung verleugnet, im Falle Mahlers sogar betont hat. Das musikalische Idiom dieser wahrhaft Großen ist, wie das der nachfolgenden Generation jüdischer Komponisten, Ausdruck nicht nur einer assimilierten Musikkultur sondern aktiver Mitgestaltung der herrschenden musikalischen Ausdrucksformen.

Diesen Doppelcharakter der Assimilation hat der schreckliche Ernst Jünger brutal geleugnet, wenn er am

Ende der zwanziger Jahre, die *«golden»* zu nennen nach Allem eigentlich schwer fallen sollte, im Jahre 1930 noch einen drauf setzte: *«In gleichem Maße, in dem der deutsche Wille an Schärfe und Gestalt gewinnt, wird für die Juden auch der leiseste Wahn, in Deutschland Deutscher sein zu können, unvollziehbarer werden und (der Jude) wird sich vor seiner letzten Alternative sehen, die lautet: in Deutschland entweder Jude zu sein oder nicht zu sein»*. Daß die historische Entwicklung diese Alternativen sogar zusammenfallen ließ, macht den verheerend wirkungsvollen Zynismus dieser Prophezeiung, die die Deutschen in Auschwitz grausam einlösten, nur noch deutlicher.

In einer Zeit also, in der bemüht an einem Klima unverbindlicher Versöhnlichkeit gebastelt, in der in biederer Borniertheit von der Gnade der späten Geburt gefaselt wird, als könne ein Geburtsdatum die Last vermindern, die der geschichtliche und soziokulturelle Zusammenhang, in den man geboren wird, einem aufbürdet, ist es unabdingbare Pflicht, jene, die vernichtet oder vertrieben worden sind, vor unserer Vergeßlichkeit zu schützen. Diese Dokumentation könnte einen kleinen Beitrag dazu leisten. Notwendiger wäre es noch, vieles von dem, was diese Komponisten geschaffen haben, wieder zum Klingen zu bringen. Unter den Emigranten genießen sie das Privileg, daß an ihren Werken wieder gut gemacht werden kann, was den Menschen angetan wurde.

Die hier zusammengestellten Arbeiten, aber auch die sich anschließende Dokumentation mag erste Hinweise darauf geben, wie je verschieden das Problem der Bewältigung einer durch das erzwungene Exil beschädigten Identität, oft sehr verspätet und in vielen Fällen nie gelöst werden konnte. Im Bereich des Komponierens, das ja naturgemäß nie ein kollektiver Akt sein kann, konnte sich nicht jene eindrucksvolle Episode ereignen, die Ende der dreißiger Jahre in New York geschah, als sich das emigrierte Kollektiv der Kritischen Theorie um Max Horkheimer entschloß, seine Zeitschrift für Sozialforschung in der philosophisch völlig konträr ausgerichteten amerikanischen akademischen Umwelt in deutscher Sprache weiterzuführen, in vollster Überzeugung, daß die *«deutsche Sprache im kleinen Kreis des Instituts besser aufgehoben (sei) als im Dritten Reich»*.

Für Komponisten scheint ein so emphatisches Hochhalten der erworbenen musikalischen Sprache, die in ungleich größerem Maße immer eine höchst individuelle ist, nicht oder nur unter den gößten Entbehrungen möglich. Viele verstummten zeitweise oder gaben das Komponieren für immer auf. Vielen gelang es jedoch auch erfolgreich die neuen musikalischen Impressionen in die eigene Klangsprache aufzunehmen. Doch waren dies meist mühsame Prozesse. Um die materielle Existenz zu sichern, mußten viele sich in Berufen versuchen, die oft sehr entfernt von dem des Musikers waren, und dies gestaltete sich in den einzelnen Gastländern immer wieder sehr verschieden. Die Zielländer der Emigranten hatten für diese auch immer eine je verschiedene Bedeutung. Die Vereinigten Staaten, England, Frankreich, Australien und viele andere Länder waren Exilländer und wurden für viele zur Heimat. Ganz anders Israel. Das gelobte Land wurde für viele plötzlich zum Ziel ihrer jüdischen Existenz. Exil war das Land, aus dem sie kamen. Wer ein *«Komponist»* ist, scheint schwer zu bestimmen zu sein. Die Berufsbezeichnung suggeriert eine Eindeutigkeit, die die Wirklichkeit nicht hergibt. Oft ist es schwer auszumachen, wer als Komponist, wer als Dirigent, als Instrumentalist, Sänger oder Musikwissenschaftler zu führen sei. Die Grenzen sind nicht starr gezogen; nicht selten hat das Exil selbst die Schwerpunkte der Tätigkeit mit der ihm eigenen Unerbittlichkeit neu festgelegt. Vom Komponieren allein haben ohnehin die wenigsten gelebt. Für die Dokumentation haben wir uns daher für einen weiten Begriff entschieden und all diejenigen aufgenommen, die in nennenswertem Umfang komponiert haben, auch wenn dies gleichsam «nebenher» geschah.

Eine zweite Beschränkung ergibt sich nicht nur aus dem sehr äußeren Anlaß – dem 750. Gründungstag der Stadt Berlin. Das Berliner Kulturleben der zwanziger Jahre hatte Symbolcharakter für die Welt. In ihm leuchteten die Chancen eines von Krieg und kleinlichen Nationengezänk befreiten Europa auf. Dort wurde lebendig, was die Gründer der Internationalen Gesellschaft für Musik (IGNM) 1922 mit dem programmatischen Versprechen von Versöhnung und Verständigung beabsichtigten, deren Ausdruck und Vorbote gelungener Kulturaustausch bis heute ist. Nicht wenige von denen, die das Gesicht der Kulturstadt prägten und ab 1933 emigrieren mußten, waren nach heutigen Begriffen Ausländer und Asylanten. Mit Berlin fiel 1933 mehr als eine verwackelte Demokratie, es fiel eine große europäische Hoffnung. Der Überblick ist zwangsläufig nicht vollständig. Wichtige Namen fehlen. Unvollständig ist auch die Bilanz der Verluste: nicht enthalten sind die, die nicht mehr entkommen konnten oder vor der endgültigen Entscheidung starben. Nicht einmal unter den vorgegebenen Einschränkungen darf Vollständigkeit erwartet werden: zu groß ist die Zahl derer, deren Schicksal im Dunkel liegt. Enthalten jedoch sind die Träger der Hoffnung: Komponisten von heute, die als Kinder oder Jugendliche emigriert sind. Sie sind Zeugen jener Zeit, aber auch Zeitgenossen und Mittler zwischen Erfahrungen und Kulturen. Bei aller Begrenzung aber werden die Dimensionen des Exils deutlich. Sie sind größer als man zunächst annimmt. So gesehen können wir dem Thema «*Exil*» nur Impulse geben. Es ist für Exklusivität nicht geeignet. Angeregt werden soll zur Beschäftigung mit einem Stück unserer Geschichte, die nur noch zum Teil unsere Geschichte ist und die doch - auf unabsehbare Zeit - unsere Aufmerksamkeit verdient.

Habakuk Traber — Elmar Weingarten

Habakuk Traber

Wege zum Exil

Im Vorraum der Musikgeschichte

Im Vorraum

Man kommt nicht immer auf dem direkten Weg zu der Musikgeschichte, die man schreiben will. Oft führt der Zugang nicht nur über Umwege, sondern auch durch labyrinthische Passagen, landet in Sackgassen, von denen man nicht sicher weiß, ob sie das Ende eines Irrwegs oder des ganzen Unternehmens bedeuten. *Musik aus dem Exil* ist eines jener Kapitel, dessen Themenstellung sehr eindeutig scheint, dessen Abfassung sich aber dem unmittelbaren gedanklichen Zugriff oft hartnäckig sperrt. Das Zusammenwirken von politischer Geschichte, biographischen Brüchen und kompositorischen Entwicklungen ist weder allgemein vorgeformt und deshalb von diesem Allgemeinen nur noch abzuleiten, noch allein individuell zu rekonstruieren. Musikgeschichte ist mehr als Musikergeschichte. In den Biographien der Exilierten brechen sich ständig die politischen Ereignisse, stärker, direkter, existentiell härter als bei den Generationen davor und danach. Im faschistisch erzwungenen Exil stellt sich einer der gewaltigen kulturgeschichtlichen Einbrüche unseres Jahrhunderts dar. Seine geistes- und musikgeschichtlichen Spuren zu finden, verlangt zwar keine Pseudomorphose, aber die Bereitschaft, Betrachtung und Denken immer wieder neu einzustellen. Keine gestanzte Faschismustheorie hilft da weiter. Die Erkenntnis fügt sich wie ein Bild: aus verschiedenen Blickwinkeln, aus Konstellationen, die die Sache, nicht der Analysierende arrangiert. Die Musikgeschichte jener Epoche ist damit noch nicht geschrieben. Viel unverzichtbare Vorarbeit aber ist geleistet.

Die eroberte Hauptstadt

Dieses Buch konzentriert sich auf Komponisten, deren Leben und Wirken mit Berlin verbunden war. Die Entscheidung dazu fiel nicht nur aus berlinpolitischen Rücksichten im Sinne einer notwendigen Ergänzung der diesjährigen Jubiläumsfeierlichkeiten. Sie hat gute Gründe im Thema selbst. Bis 1933 war Berlin für kurze Zeit das, was seinen Mythos bis heute attraktiv macht: eine Metropole. Daß es nach dem ersten Weltkrieg dem geschlagenen Deutschland wie ein Phönix der Asche entstieg, verdankt es weder besonderer deutscher Tüchtigkeit, noch dem weltlich-österlichen Pathos einer *«Auferstehung aus Ruinen»*, sondern – nach guter preußischer Tradition – den neu gemischten Konstellationen in Europa. Die Metropole Berlin war nicht in erster Linie ein nationales, sondern ein europäisches Produkt. Es gehört zu den Kuriositäten der europäischen Kulturgeschichte, daß die Hauptstadt des 1918 militärisch geschlagenen, politisch geschwächten und wirtschaftlich ruinierten Deutschland kulturell von den Verlusten der anderen mindest ebensosehr profitierte wie von der inneren Neuorientierung durch die Ablösung der Dynastien. Berlin profitierte vom Auseinanderfallen der Habsburger Monarchie, deren einstiges Zentrum Wien, fragloser Mittelpunkt trotz kultureller Autonomie der Tschechoslowakei und Ungarns, mit dem Hinterland auch seine Bedeutung verlor: Kaum eine der Operetten mit Spitzeneinspielungen, die nun nicht auf der Achse Wien – Berlin ins Geschäft gesetzt worden wäre. Es profitierte vom revolutionär-utopischen Elan der Epoche wie von den unsicheren Verhältnissen in Osteuropa nach der Oktoberrevolution – und der Möglichkeit einer distanzierten Verbindung dorthin. Es profitierte von seiner geringeren historischen Vorbelastung, die manche konservative Starre gar nicht erst hat entstehen lassen. Und es lag günstig: Zwischen Paris und Moskau, zwischen Amsterdam und Wien, zwischen Stockholm und Rom war es geographisch das, wozu schon Bismarck es politisch hatte machen wollen: Mittelpunkt.

Berlin war die Metropole einer Übergangszeit. In jeder Erzählung vom kulturellen Leben jener fünfzehn Jahre schwingt die Faszination mit, die von ihm ausging, die Einmaligkeit, die es für diese Stadt bedeutete und für die, die in ihr lebten und ihr Gesicht prägten. Berlins Stellung innerhalb Deutschlands war fraglos – und doch ambivalent: Die Kosmopoliten Berlins hatten mit dem Rest des Reiches wenig im Sinn, *«das war für sie tiefste Provinz»*, wie Wolfgang Rebner in Übereinstimmung mit vielen anderen erzählte. So sehr Berlin akzeptiert war, so sehr war es *das Andere*. Deutschland hatte zwar für fünfzehn Jahre seiner Geschichte eine Hauptstadt, und nicht nur einen Regierungssitz; Berlins Ausnahmecharakter aber gab der Provinz erst das Gefühl, Provinz zu sein, und das hat sie nicht immer gut verkraftet. Die Nazis haben diese Zusammenhänge auf ihre dumpf gefühlige Weise wahrgenommen. Kulturell mobilisierten sie ja nicht nur den atavistischen Führer-Gefolgschafts-Mythos gegen die Demokratie, das Ressentiment gegen die Vernunft, sondern auch das Land gegen die Stadt, die Provinz gegen die Metropole. *«Blut und Boden»* war bis in die Begriffsbildung hinein das Gegenbild zur geschmähten *«Asphaltliteratur»*. Die «Siegesfeiern» nach der Ernennung Hitlers zum Reichskanzler wurden mit der Geste und dem Lärm der Eroberer begangen; mit den Bücherverbrennungen wurde Kultur geschleift wie einst die Burgen der Feinde. Es war wie ein *«Kampf um Rom»*; manch einer, der 1933 hier paradierte, hätte sich anders als in Formation und Uniform nicht in diese Stadt getraut, sie wäre ihm in jeder Hinsicht zu groß gewesen. Wo Musik aus Gründen verfolgt wurde, die in ihr selbst liegen und nicht in der politischen Einstellung oder ethnischen Zugehörigkeit ihres Komponisten, handelt es sich denn auch samt und sonders um Großstadtprodukte, um Musik, die ohne die Existenz der großen Städte und der kulturellen Metropolen nicht denkbar wäre. Im Visier der Nazis war als Ausbund des «Entarteten» die Moderne, die Zweite Wiener Schule vor allem, aber auch experimentelle Richtungen, die Vierteltonmusik, selbst technisch-physikalische Experimente, die doch Fortschritt repräsentierten und günstig verwertbar waren, mußten Rückschläge einstecken. Die Einrichtung eines Lehrstuhls für Filmmusik mit der Möglichkeit des Hauptfachstudiums an der Staatlichen Hochschule für Musik wurde bis nach Kriegsbeginn verzögert, obgleich der Film wichtiges Propagandamittel war. Im Visier nationalsozialistischer Kulturpolitik war alles Aufsässige, Freizügige, Suffisante, Sarkastische – Kabarett, zeitkritische Revue, ja selbst das Elegante war den «Blut-und-Boden»-Mythologen verdächtig. Im Visier war alles, was die Prüderie der «Bewegung» verletzte, die Revuen eines James Klein, sogar die Nackte in der Badewanne von *Neues vom Tage* (Schiffer/Hindemith) – man konnte sie mehr erahnen als erkennen – soll, wie es heißt, Hitlers Unnachgiebigkeit im Falle Hindemith wesentlich beeinflußt haben. Im Visier war der Jazz als modische Unbotmäßigkeit der Großstadt. Kurz, alles geriet ins Visier, was die *«Systemzeit»* repräsentierte, wie man die Weimarer Republik schimpfte, über die man redete, als wäre sie eine Fremdherrschaft gewesen – und mancher brave Deutsche empfand tatsächlich das patriarchalische Klima der Kaiserzeit heimeliger als selbst den gebremst frischen Wind der Republik.

Die Einstellung der Nazis zu Unterhaltung und Amusement war dabei ambivalent. Die ideologische Prinzipientreue brach sich am persönlichen Amüsierbedürfnis und an der Wirkung zur Massenbefriedung, die man sich von der Unterhaltungsmusik versprach. Die Widersprüche reichten bis in die Spitzen der faschistischen Verbände; die zwischen proklamierter Ideologie und eigener Lebensführung sowieso; doch auch in der Einstellung zur Unterhaltungsmusik gab es zwei Flügel: Im Gegensatz zum Prinzipienreiter Rosenberg vertrat der Zyniker Goebbels einen zweckrationalen Antisemitismus: Emmerich Kálmán bot man den «Ehrenarier» an; um Robert Stolz bemühte man sich noch in seinem Pariser Exil mit allen Registern von Locken und Drohen; auch nach dem bereits 1933 durchgezogenen Revirement des Reichspropagandaministeriums in der UFA wollte man Werner Richard Heymann *(Ein Freund, ein guter Freund; Das gibt's nur einmal; Wir zahlen keine Miete mehr etc.)* als Hauskomponisten halten, seinen Erfolgsdichter Robert Gilbert dagegen nicht, er konnte der Gestapo 1933 Richtung Wien entwischen; der Wiener Operettenkomponist Leo Ascher klagte 1940 vor dem Supreme Court in New York nicht abgerechnete Tantièmen für Aufführungen seiner Werke in Deutschland ein; auch nach dem 30. Januar 1933 wurde vieles weitergespielt, was nachher auf dem Index stand, am längsten wohl das *Weiße Röss'l* von Benatzky, Granichstaedten, Stolz und Gilbert: Noch am 6. 12. 1935 hatte eine Verfilmung dieses Renners in Berlin Kinopremière. Oft blieben die Namen unerwähnt, wurden Pseudonyme eingesetzt; doch beleuchten die Fakten die Kalamität, in die sich die Nazis in der Unterhaltungsbranche gebracht hatten, und die Wirkung, die man sich von der Unterhaltungsmusik versprach. Die innere Ambivalenz der selbsternannten «Herrenmenschen» kam hinzu: Es gehört zur Logik der Anmaßung, daß sie sich gönnt, was für andere Gift sein soll; gerade die höchsten Stellen brauchten für ihr Teufelsspiel von Sucht und Ordnung ihr exklusives Unterholz, das «Rassige» war dabei mehr gefragt als das «Reinrassige». Es gehört zur Logik der Prüderie, daß sie ihre gewalttätigen Ausbrüche und Exzesse braucht; es gehört zur Logik der Eroberer, daß man besitzt und genießt, was man hinterher vernichtet; es gehört zur Logik ungezügelter Macht und subalterner Geister, daß man sich greift und raubt, was man menschlich nie erreicht hätte: Schlösser, Städte, Schätze, Menschen. Auch die Nazis haben ihr Dickicht der Städte –

ein anderes als das der Republik – nicht nach den Gesichtspunkten ihrer Schollenromantik begrünt. Bars und Bordells der Bonzen waren nicht nach BDM-Bestimmungen bestückt.

Ernst und Unterhaltung: Von der Moralität der Musik

Die Verfolgung von Musik und Musikern traf die leichte und die ernste Richtung, die *E*- und die *U*-Musik zwar nicht gleich, doch sie traf beide. Der Exodus bedeutender Musiker und Komponisten hat auf allen Gebieten des deutschen und später des «angeschlossenen» österreichischen Musiklebens empfindliche Lücken gerissen, über die sich auch die Experten der Repression vorher keine genaue Vorstellung verschafft hatten. Im Bereich der musikalischen Moderne fürchtete man die Verluste nicht, man hatte sie gewollt; die Avantgarde galt als Prototyp des «Entarteten», auch das internationale Ansehen hat unter ihrer Verbannung nur unwesentlich gelitten. In der Unterhaltungsmusik wurden die Einbußen dagegen als bedrückend empfunden. Aufschlußreich ist ein Blick in die Bücher der STAGMA, der Rechtsvorgängerin der GEMA und AWA: In ihren Einnahmelisten rangierte 1933 Richard Strauß, der allgemein als geschäftstüchtig galt und alles andere als ärmlich lebte, als umsatzstärkster Reichs-E-Mann weit abgeschlagen auf Rang 37, hinter 36 Komponisten der leichten und seichten Richtung. Die Zahlen zeichnen die Morphologie des kulturellen Alltagslebens.

Solange man die leichte Musik nur als die inferiore, käufliche Schwester der ernsten abtut, die Ware Musik nach plattem Verstand gegen die wahre antreten läßt, wird man einer Kulturgeschichte des Exils und der Emigration nicht näherkommen. Wenn Musikgeschichte etwas mit der Musik zu tun hat, die wirklich erklingt, kann sie über die Unterhaltungsmusik nicht hinweggehen, als wäre diese nur die Selbstentäußerung und Selbstveräußerung der Musik ans Reich der Zwecke. Wo blieben die Offenbachschen Persiflagen, die wunderbaren Spitzen gegen den angeblichen «haut-goût»? Sicher tritt in der Musik nicht erst im 20. Jahrhundert eine Spaltung ein, die der heutige restringierte Jargon mit Klassik oder Ernst auf der einen, mit populär auf der anderen Seite etikettiert. Dennoch ist die Spaltung kein Absolutum. Kommunizierende Röhren verbinden die beiden Bereiche nicht nur im Hörverhalten der Menschen, denen Mozart neben dem abendlichen Glas Wein ebenso zu Stimmungen verfließt wie früher Tangering Dream, die das kopfhörergekrönte Haupt zu Renaissance oder Reggae wiegen. Verbindungen ziehen nicht nur die Entwicklungsgeschichten der Komponisten, die als ernste angefangen haben, dann aber das Genre wechselten: Die durchmessenen Abstände können, wie das Beispiel Werner Richard Heymanns zeigt, enorm sein, so daß eine Einheit als Personalstil nicht mehr auszumachen ist. Immerhin gibt es, wenngleich in wesentlich geringerer Zahl, auch die umgekehrte Bewegung: Franz Waxman, der sich vor seiner Emigration über Frankreich in die USA Wachsmann schrieb, steht dafür ein; auch André Previn hat sich in beiden Sphären hervorgetan, ohne daß eine gegenseitige Beeinträchtigung festzustellen wäre. Schwierig wird die eindeutige Zuordnung bei der Betrachtung des Musiktheaters der zwanziger Jahre: Die *Mahagonny-Oper E*, die *Dreigroschenoper* als Schauspiel mit Gesangseinlagen *U*? Was ist mit dem ganzen Bereich der *«Angewandten Musik»*? Wohin gehören Eisler und Dessau, die Musik für den Film, für die Bühne der Politik und des Theaters geschrieben haben, aber auch «autonome» Musik? Um bei Eisler zu bleiben: Die Musik zum Film *Niemandsland U* wie Untermalung, die daraus gewonnene *Suite op. 24 E?* Das Exil bringt die Grenzen vollends ins Schwimmen: Ist der Filmkomponist Korngold von der ernsten Richtung ins Unterhaltungsfach übergelaufen? Hört und sieht man seine Opern (wozu leider nicht allzuviel Gelegenheit besteht), so ist der Übergang in die Filmmusik durchaus vorstellbar, ohne daß die Musik und ihre dramatische Konzeption sich untreu werden müßten. In der Oper *Die tote Stadt* trägt die Musik wesentlich die Handlung und gliedert sie, sie gibt der Szene ihre innere Zeit; das gesungene Wort, ohnehin oft schwer verständlich, tritt funktional in den Hintergrund. Die Verbindung von Musik und Szene, von Ton und Bild wird unmittelbar, sie bedarf der sinngebenden Vermittlung des Wortes nicht mehr – und nimmt damit im Bereich des Musiktheaters die wesentlichen Momente der Filmmusik-Ästhetik vorweg. Sie unterstellt allerdings ein dramaturgisches Gesetz durch die Musik, nicht nur durch den Ablauf der Szene. In der Oper bestimmt die Musik das szenische Tempo, im Film erst einmal nicht. Doch füllt der gelungene filmmusikalische Gedanke die vorgegebene Zeit so, als hätte Musik sie gegliedert; außerdem konnte Korngold der Musik, wie in der Anfangssequenz von *Anthony Adverse* eine Bedeutung für das «Gesamtkunstwerk» Film sichern, die anderen, weniger umworbenen Kollegen gewiß nicht ohne weiteres zugestanden worden wäre. In der *«Leinwand-Oper»*, zu der die Filme mit Korngolds Musik unwillkürlich werden, setzt sich Operngeschichte im neuen Medium, aber in der bewährten Tonsprache fort. Die Filmmusik speist sich aus den verschiedenen Quellen. Wo sie die Tradition der sogenannten «Ernsten Musik» beleiht, kommt sie zwar selten, aber doch wenigstens manchmal über die Spätromantik hinweg. Korngold ist auch in seinen Opern kaum über Mahler und Strauß hinausgegangen – die Revolution des musikalischen Materials ist im 20. Jahrhundert die Sache der Wunderkinder nicht –, warum sollte er es im Film tun? Im übrigen – und das zum Streit um U und E – ist Korngolds am meisten «amerikanische» Filmmusik das mit instrumentatorischem Zuckerguß nicht geizende Arrangement von Mendelssohns *Sommernachtstraum*-Musik.

In der Betrachtung des Exils geht es um Musik und um Musiker. Das Verhältnis zwischen Werk und Künstler, von Kunst und Leben aber ist keines der naturgesetzlichen Konformität oder der prästabilierten Harmonie. Man muß die Musik von Robert Stolz nicht lieben, um seine Haltung gegen Hitler zu würdigen: Er emigrierte nicht nur ohne Not, erst 1936 aus Berlin, dann 1938 aus Wien; er schlug nicht nur die teilweise komfortablen Angabote der Nazis in existentiell schwieriger Situation aus; er verhalf zahlreichen Verfolgten zur Flucht, indem er sie in seinem Auto versteckte und über die Grenze nach Österreich brachte. Diese Haltung verdient Respekt. Über die Moral der Meister der leichten Muse läßt sich richten, im Reich war sie nicht schlechter als die der ernsten Kollegen, häufig listiger, selbstbewußter und weniger unterwürfig.

Das subkutane, unausgesprochene Moralisieren, das ästhetische und moralische Werturteile vermengt, ist der Analyse des Exils im Wege. Allerdings hält sich selbst unter den Unterhaltungsmusikern der unausgesprochene Gedanke vom musikalischen Sozialgefälle; Kollos Formulierung vom *«Straßenkind der Kunst»* trifft dieses Selbstbewußtsein; Stolz' verschmitzt-verlegene Entschuldigung bei seinen Eltern, einem Privatmusiklehrer-Paar, daß er sich nun doch für die Unterhaltung und nicht fürs große Brahms-Erbe entschieden habe; Abrahams Selbststilisierungen von angeblichen Aufführungen früher Orchesterkompositionen bei den Salzburger Festspielen, die noch immer durch die Biographien geistern, als wär's die Wahrheit, belegen es für die Exilierten. Doch hat gerade in der Unterhaltungsmusik das Exil stilistische Kehren erzeugt, die erstaunlich sind: Man vergleiche beispielsweise Holländers Revue *Höchste Eisenbahn* in ihrer ursprünglichen Fassung von 1932 und der Neuproduktion in den sechziger Jahren.

Verschiedene Gründe der Flucht

Die nationalsozialistische Verfolgung von Kunst und Künstlern vereinte politische, rassenpolitische, kulturpolitische und geistig-ästhetische Motive mit persönlichen Ressentiments einzelner Nazi-Größen. Die Angriffe zielten daher verschieden: Sie galten den Menschen; sie galten der Musik und dadurch auch den Menschen, oder sie galten von vornherein beidem. Auch die Juden wurden bis 1938 nicht hauptsächlich für das verfolgt, was erkennbar für spezifisch jüdisch hätte gelten können, für liturgische und an jüdische Traditionen gebundene Musik – ihr Klanggewand war im übrigen in den reformierten Synagogen kaum von sonst gebräuchlicher Kirchenmusik des 19. Jahrhunderts zu unterscheiden; wäre es um die religiös-konfessionelle Seite gegangen, hätten Regelungen ähnlich denen für die katholische Kirche gefunden werden können. Die Nazis bedienten dasselbe Muster, das einst ihr musikalisch liebstes Kind gegen Mendelssohn ins Feld geführt hatte: Ihr Integrationswille wurde den Juden vorgeworfen, ihre Assimilation, daß sie Europäer sein wollten und das auch viel eher waren als die dumpfe Menge der Nazi-Anhänger. Es konnten also Vertreter geduldeter Stilrichtungen, der Richard-Strauß'schen, der Orffschen, der Hindemithschen (auch sie war ja nicht als Stil, als Tonsprache verboten) aus rassischen Gründen vertrieben werden. Es konnten ebenso, wenn auch zahlenmäßig weniger, rassisch «Unverdächtige» ihrer Werke wegen mit Bann belegt werden. Häufig wurde vor allem von beflissenen regimetreuen Wissenschaftlern versucht, beide Kriterien zur Deckung zu bringen, auch den Werken der Verfemten Minderwertigkeit zu bescheinigen. Oft genug aber verließ man sich auf die Mobilisierung antisemitischer Ressentiments; so auch bei der Auslese, die man in der Berliner Operette traf: Paul Lincke und Kollo galten als genehm und konnten weiterarbeiten; die Gilberts, Hugo Hirsch und Victor Holländer sahen sich zur Emigration gezwungen; das *Lexikon der Juden in der Musik*, 1940 zum ersten Mal erschienen, eine Fleißarbeit deutscher Wissenschaftler, rechtzeitig vor der sogenannten «Endlösung» fertiggestellt, listet ihre Werke auf dem Index der verbotenen auf. Zu den Exilierten kamen die, die Deutschland aus Abscheu vor dem Hitlerregime den Rücken kehrten, obwohl sie nicht dazu gezwungen gewesen wären. Sie stellten die zahlenmäßig kleinste Gruppe. Hans Robert Hickmann gehört dazu und Robert Stolz.

Die Vertreibung traf Komponisten der verschiedenen Gattungen und Stilrichtungen. Geistig, politisch und stilistisch bietet die Emigration kein einheitliches Bild. Es gibt keine *«Exilmusik»*. Das Exil ist auch kein Heldenepos, auch nicht nur eine Leidensgeschichte, wie sehr es die auch für fast jeden einzelnen war. Dieses Exil ist das Protokoll einer Zeitenwende, in der Europa kulturell weiter an den Rand geriet. Das Protokoll hat viele Seiten. Die kulturgeschichtlichen lesen sich verhältnismäßig noch am einfachsten. Das Studium wird komplizierter, je näher man den Vermittlungen von Subjekt und Objekt, den Folgen des Exils für die Person des Künstlers, den Auswirkungen einer politisch erzwungenen persönlichen Situation auf das musikalische Werk kommt. Nach einer irgendwie gearteten Einheitlichkeit im musikalischen Werk der Exilierten zu suchen, ginge an ihrer Lage vorbei; denn bei der Betrachtung des Werkes geht es nicht um die Allgemeinheit der Vertreibung, sondern um die Besonderheit der Reaktion darauf. Auf einen kollektiv und pauschal vorgetragenen Angriff war nur individuell zu reagieren, selbst politisch organisierte Komponisten verhielten sich bei genauerer Betrachtung nicht anders: Stefan Wolpe, seit 1925 in der KPD, ging 1934 nach einer Sowjetunion-Tournee nach Palästina – die Entscheidungen entsprach seinen persönlichen Hoffnungen, nicht der politischen Linie der KPD; Ernst Hermann Meyers (KPD-Mitglied seit 1930) Entschluß, nach Großbritannien zu emigrieren, war zwar parteioffiziell genehmigt, auch hielt sich Meyer in London zu seiner politischen Gruppe und zu den entsprechenden Exilkreisen; doch er kam dorthin, weil er aufgrund seines musikwissenschaftlichen Spezialgebiets zu einer Fachtagung eingeladen worden war. Eislers Entscheidung für die USA stammt auch nicht aus dem kommunistischen Lehrbuch: Der Stalinismus – Eisler war selbst in der sogenannten *Expressionismusdebatte* ins Schußfeld von Exilfunktionären geraten – hat dazu das Seine beigetragen. Es gab verschiedene Gründe, zu fliehen; es gab verschiedene Möglichkeiten, Zuflucht zu suchen; es gab die unterschiedlichsten stilistischen Orientierungen; es gibt aber keine Unterschiede in der Legitimität des Exils. Wir haben es mit einer Situation zu tun, in der eine Ursache vielerlei Wirkungen erzeugt, für die es keinen gemeinsamen Begriff gibt; nicht eine bündige Antwort, sondern viele. Sie fügen sich zusammen wie ein Mosaik, das dem ersten Blick verworren und rätselhaft erscheint, dem geduldigen und genaueren Betrachter aber nach und nach, Stück für Stück, Sinn freigibt; keinen gegenständlich-abbildhaften, sondern einen, dem sich die Sprache nur beschreibend und umschreibend nähern kann.

Bedingung des Exils

Die Bedingungen des Exils sind gesetzt durch die Machtübernahme des Faschismus in Deutschland und durch den Versuch der Machtergreifung des (deutschen) Faschismus in Europa seit 1938 (Annexion Österreichs und des Sudetenlandes; Münchener Abkommen und Appeasement-Politik der europäischen Schlüsselmächte; Niederlage der Republikaner im Spanischen Bürgerkrieg; Überfall auf Polen und Beginn des zweiten Weltkriegs; deutsch-sowjetisches Abkommen, der sog. «Hitler-Stalin-Pakt»). Die zweite Zäsur schneidet dabei weit tiefer, denn sie europäisiert nicht nur die Exilfrage, sie koinzidiert auch mit folgenschweren Ereignissen in Deutschland selbst: das Progrom der *«Reichskristallnacht»* setzt einen grausamen Höhepunkt in der Verfolgung der Juden, nach einiger Zeit der erzwungenen Weiterarbeit geht die Tätigkeit des Jüdischen Kulturbundes und anderer als legales Ghetto geduldeter jüdischer Einrichtungen faktisch zu Ende; die Reichsmusikkammer hat 1938, im Jahr der Ausstellung *Entartete Musik* in Düsseldorf, mit der die Musikkommissare es den Kunstkommissaren und ihrer Ausstellung *Entartete Kunst* von 1937 gleich tun wollten, und bei der Friedrich Blume seinen Vortrag über *Das Rasseproblem in der Musik* in erster Version hielt, ihr Revirement unter den Komponisten abgeschlossen. Die Kulturschergen des Nationalsozialismus haben 1938 ihr *«Gleichschaltungs»*-werk, so gut sie eben konnten, vollendet. Die Regierung Hitler sitzt fest im Sattel. Das Jahr 1938 ist recht eigentlich das Jahr der Katastrophe, weit mehr als 1933. Vor diesem Hintergrund hören die für die Zeit bis 1938 typischen Odysseen emigrierter Komponisten und Musiker durch Europa auf, die doch in der Regel mit der Hoffnung auf eine kurze Episode Hitler verbunden waren. Man brauchte und suchte sichere Zuflucht. So emigrieren auch in diesem und dem nächsten Jahr noch einige Komponisten aus

Deutschland, denen Hitler als Produkt der deutschen Kultur, in der sie zu Hause waren, bis zuletzt unbegreiflich geblieben war. 1938 setzt die große Bewegung weg vom europäischen Kontinent nach Übersee ein, vor allem in die USA und nach Lateinamerika. Palästina nimmt unter den Emigrationszielen eine Sonderstellung ein (vgl. dazu den Aufsatz von P. Gradenwitz).

Die Welt wird enger im Jahre 1938. Die Zahl der Flüchtenden wächst, die möglichen Zufluchtsorte werden weniger. Zu den Emigranten aus Deutschland, die sich nun ein weiteres Mal auf den Weg machen müssen, kommen die, welche die nazistische Okkupation aus ihren Heimatländern vertrieb: aus Österreich vor allem, aus der Tschechoslowakei, aus Polen und aus Frankreich: Darius Milhaud fand ebenso wie der aus Lodz gebürtige, seit 1919 in Paris lebende Alexander Tansman Zuflucht in den USA; aus Prag emigrierten unter anderen Max Brod nach Palästina, Jaromir

Weinberger in die USA; Jehoshua Lakner, aus dem damals ungarischen, heute tschechischen Bratislava stammend, floh 1941 aus Polen nach Palästina; Oskar Morawetz, der später in Kanada eine wichtige Rolle spielen sollte, machte gleich zwei dieser Fluchten mit: 1938 emigrierte er aus Prag über Wien nach Paris, von dort 1940 über Italien und die Dominikanische Republik nach Kanada. Selbst im «Land der unbegrenzten Möglichkeiten» wurden die Möglichkeiten immer begrenzter: Die Szene der Neuen Musik, größtenteils erst im Aufbau begriffen, ernährte ihre Initiatoren nicht; Lehrstühle für akademische Unterrichtstätigkeiten ließen sich nicht aus dem Boden zaubern; der Kriegseintritt der USA schließlich führte auch in der Filmindustrie zu inhaltlichen und wirtschaftlichen Beschränkungen. Außerdem galt der in Hollywood etwas, der gebraucht wurde; und nichts galt, wer selbst dringend Arbeit brauchte. Mit der Bedürftigkeit sanken die Chancen auf einen Job rapide. Erich Katz, 1943 nach seiner Internierung in Großbritannien in die USA gekommen, hatte in Deutschland als Komponist und Herausgeber immerhin schon so viel Ansehen erlangt, daß das *Lexikon der Juden in der Musik* ihm einige Zeilen mehr als gewöhnlich widmete; in den USA schlug er sich zunächst als Notenkopist durch. Paul Abraham, 1930 bis 33 gefeierter «Kronprinz der Operette», brachte sich, 1940 über Kuba in die USA gekommen, als Barpianist durch. Jurmann und Kaper, Holländer und Heymann, Korngold und Waxman hatten bis dahin ihre Positionen in Hollywood längst gesichert. Nach 1938 häufen sich auch die persönlichen Katastrophen.

Wohin?

Die wenigsten rechneten 1933 mit einer längeren Amtszeit der Hitlerregierung; das war auch unter den Emigranten nicht anders. Dennoch war allein die Tatsache, daß diese legale Machtübernahme möglich war, ein Kulturschock, der an der Wirksamkeit des geistigen Erbes in Deutschland zweifeln ließ. Auch wenn man, wie gegenüber Politikern üblich, nicht jede Kampfparole für bare Münze nahm, so hatten doch die Basisverbände der NSDAP schon vor 1933 einen Vorgeschmack auf ihre Kulturpolitik gegeben, und zwar nicht nur in den bellenden Attacken ihrer Kampfblätter, sondern höchst praktisch durch die Provokation von Skandalen: Franz Schreker, 1920-32 Direktor der Berliner Musikhochschule und auch personalpolitischer Exponent ihrer

Weltgeltung, mußte 1931 die Premiere seiner Oper *Christophorus* wegen Störungsdrohungen absagen, die Uraufführung seiner nächsten Oper sich unter Nazi-Tumulten anschauen. Schreker wurde das vielleicht erste prominente Opfer nationalsozialistischer Kulturpolitik: Gezeichnet von der demütigenden Degradierung vom Hochschuldirektor zum Akademieprofessor (1932), führte seine Entlassung aus der Akademie der Künste Ende 1933 zu einem Schlaganfall, von dem er sich nicht mehr erholte: Er starb am 21. 3. 1934 kurz vor seinem 56. Geburtstag. – Skandale auch bei der Leipziger Uraufführung von Weill/Brechts *Mahagonny*-Oper; bei Schiffer/Spolianskys *Hundert-Meter-Glück*-Premiere im Berliner Metropol-Theater; gegen Fritzi Massary nach Oscar Strauss *Eine Frau, die weiß, was sie will* – die Massary emigrierte noch Ende 1932. Der 30. Januar 1933 ermunterte die Provokateure. Otto Klemperer, der noch am 12. 2. 1933 einen gewagten *Tannhäuser* aus der Taufe gehoben

Fritzi Massary
als *Berliner Börse.*

hatte, konnte kurz darauf ein Konzert in der Staatsoper *«aus Gründen der öffentlichen Sicherheit»* nicht dirigieren; Bruno Walter widerfuhr bei einem geplanten Gewandhaus-Konzert genau dasselbe; als er sich kurz darauf für ein Berliner Konzert über seine Agentur um Saalschutz bemühte, wurde mit der Forderung nach einem *«arischen Dirigenten»* geantwortet: Richard Strauß, der Reichsmusikkämmerer von 1933-35, sprang ein. Das war das Vorspiel nur: Nach dem *Gesetz zur Wiederherstellung des Berufsbeamtentums* vom 7. 4. 1933 kamen die ersten Entlassungen und Dauerbeurlaubungen – gegen Schreker und Schönberg, gegen Scherchen und Bruno Walter, gegen Kreutzer und Feuermann, gegen Horenstein, Stiedry, Brecher, Goldschmidt und viele andere. Am 10. Mai gingen neben Büchern auch Noten in Flammen auf: Ernst Mehlichs Werke waren darunter und die von Ernst Toch, Kurt Weill und Schönberg. Das waren die ersten lautstarken Signale der «Gleichschaltung» noch vor den Publikations-, Aufführungs- und Auftrittsverboten, die die Reichsmusikkammer automatisch gegen jeden aussprach, den sie ihrer Mitgliedschaft nicht für würdig hielt. Mitglied aber mußte ab 1934 jeder sein, der öffentlich auftreten wollte.

Zwischen dem Kulturschock der Ereignisse und der festen Hoffnung auf ein rasches Ende des gespenstischen Spuks spielten sich die Emigrationsentscheidungen der ersten Jahre ab. Sie umfassen die ganze breite Skala vom scharfen und klaren Bruch mit der «alten Welt» bis hin zur Blindheit gegenüber der deutschen Wirklichkeit. Nicht immer sind Motive und Reaktionen klar voneinander zu unterscheiden, denn häufig entwickelten sich Haltungen, reiften Entscheidungen erst im Exil.

Max Butting beschreibt in seiner Autobiographie die resigniert-moderate Einlassung Schönbergs bei der Senatssitzung der Akademie der Künste am 1. 3. 1933, in der die Ausrichtung der Akademie nach nationalsozialistischen Prinzipien angekündigt wurde. Es war nicht die Rede eines zum Widerstand Entschlossenen, eher die Abschiedsrede eines Resignierten, ein Nekrolog auf die Assimilation der Juden in Deutschland. Schönberg emigrierte im Mai nach Paris, trat dort, ein Schritt des persönlichen und politischen Bekenntnisses, zum jüdischen Glauben über, verließ mit dem Ende des Sommers Paris und zog in die USA. Er war einer der ersten von Hitler vertriebenen Komponisten, die dort ankamen. Er ließ die Stätten des Antisemitismus hinter sich, zu denen auch Wien gehörte. Er brach mit Europa, das das große humane Versprechen der Assimilation nicht hatte halten können. Um nach Palästina zu emigrieren, war er zu sehr Avantgardist und zu wenig Konfessionalist, zu ausschließlich Komponist und zu wenig politischer Pionier, zu sehr Reflektierender einer großen Tradition und zu wenig Pädagoge für die Elementarstufe. In das Palästina von 1933 hätte er, fast 60 Jahre alt, nicht gepaßt. Er kannte den amerikanischen Kontinent nicht aus eigener Erfahrung wie Hugo Leichtentritt (1933 in die USA emigriert), der dort einmal studiert hatte, oder wie Ernst Toch (1934 in die USA), der 1932 das pulsierende Leben, aber auch den musikalischen Provinzialismus in den USA bestaunen lernte; wie Leonid Kreutzer und Otto Klemperer, die man in den USA von früheren Gastspielen und Konzertauftritten kannte.

Schönberg gehörte auch nicht zu denen, auf die die expandierende Filmbranche ein Auge geworfen hatte, wie die beiden Schlagervirtuosen Jurmann und Kaper, die der geschickte Louis Mayer in Paris von lukrativer Tätigkeit in seinen Filmkonzern wegengagierte, oder wie Erich Wolfgang Korngold, an dem sich, nach der Paramount, die Warner Brothers einen großen Fisch zu angeln versprachen. Auch Friedrich Holländer (nach einigen Anpassungsschwierigkeiten an die Hollywood-Usancen) und Franz Waxman, der jazzerfahrene spätere Schönbergschüler, fanden Arbeit und neues kompositorisches Profil beim Film. Heymann und Korngold emigrierten in Etappen: Korngold pendelte bis zum Einmarsch der deutschen Truppen in Österreich zwischen Wien und Hollywood - ein Wanderer zwischen zwei Welten blieb er auch nach dem Ende des zweiten Weltkrieges, in keiner davon richtig zuhause.

Unter den Emigranten der ersten Jahre waren die Amerikafahrer in der Minderzahl. Es überwogen die europäischen Lösungen, denn es ging zunächst ums Entkommen, darum, sich selbst, die Angehörigen, nach Möglichkeit auch die Werke in Sicherheit zu bringen. Über die Wahl des Zufluchtsorts entschieden dabei sehr verschiedene Gründe und Anlässe. Einige Komponisten suchten in den Ländern Unterstand, aus denen sie stammten: Marc Lavry zog nach Riga zurück, Ödön Partos und Alexander Lászlo nach Budapest (Paul Arma und Joseph Kosma mieden ihre alte Heimat aus Furcht vor dem autoritären Horthy-Regime). Alle zogen später weiter: Lavry und Partos nach Palästina (Partos hatte vorher zwei Jahre in Baku unterrichtet), Lászlo in die USA. Tragisch das Schicksal des Schönbergschülers Nikos Skalkottas: Nach Griechenland gekommen, schlug er sich als Geiger durch, als Komponist wurde er vollkommen ignoriert; es brauchte Jahrzehnte, bis nach und nach ein Werk nach dem anderen an die Öffentlichkeit kam. Skalkottas selbst hat das nicht mehr erlebt.

Mischa Spoliansky und Ernst Hermann Meyer emigrierten nach Großbritannien, weil sie gerufen wurden: Spoliansky zur englischen Synchronisation eines bereits in Deutschland fertiggestellten Films (*Das Lied einer Nacht*), Meyer als Referent zu einem musikwissenschaftlichen Fachkongreß. Für Berthold Goldschmidt war neben der Anwesenheit des Regisseurs Carl Ebert, mit dem ihn in Deutschland produktive Zusammenarbeit verbunden hatte, eine starke Affinität zur englischen Sprache maßgebend. Die rechtlich-politischen Bedingungen waren einer Emigration nach Großbritannien nicht eben günstig: Aufenthalt wurde zunächst nur für ein halbes Jahr gewährt, Arbeit war wegen der angespannten Wirtschaftslage verboten, auch für Künstler wurden nicht ohne weiteres Ausnahmen gemacht.

Die Entwicklungen im britischen Kulturleben und Bildungswesen eröffneten allerdings emigrierten Musikern und Musikwissenschaftlern Arbeits- und Wirkungsmöglichkeiten, die einige Jahrzehnte früher ganz undenkbar gewesen wären. Vor allem auf Betreiben von Sir Edward Dent, dem langjährigen Präsidenten der IGNM (1932 - 38 und 1945 - 47) und H.C. Colles, gab die Musikwissenschaft ihr Schattendasein als Hilfsdisziplin für Schul- und Kirchenmusiker auf und wurde zum vollwertigen akademischen Studienzweig. Egon Wellesz, der Wiener Forscher und Komponist, 1938 nach Großbritannien emigriert, konnte dadurch am Lincoln College in Oxford arbeiten. Das britische Musikleben hatte sich dem Kontinent gegenüber geöffnet, international geachtete Komponisten wie Benjamin Britten und Ralph Vaughan Williams halfen Emigranten, ihre Existenz zu sichern und im britischen Musikleben auch allmählich Fuß zu fassen. Komponisten wie Matyas Seiber, gebürtiger Ungar, 1933 von Frankfurt nach Großbritannien emigriert, und Walter Goehr fanden im Spannungsfeld zwischen Lehren und Komponieren, zwischen Interpretieren und der öffentlichen Präsentation ihrer Werke das Maß an Anerkennung, das sie zu „*British composers of German/Hungarian birth*" qualifizierte.

Die Emigration ins britische Mandatsgebiet Palästina war zugleich politische Entscheidung und Bekenntnis. Man brauchte nicht in einer zionistischen Vereinigung gewesen zu sein, um angesichts des Nationalsozialismus die Assimilation als gescheitert und die Gründung eines eigenen Staates als Überlebensnotwendigkeit für die Juden zu erkennen. Palästina ist denn auch das einzige außereuropäische Gebiet, das bis 1938 mehr vor Hitler Fliehende aufnahm als unmittelbar danach.

Die Emigranten in Europa bevorzugten bestimmte Treffpunkte. Wien gehörte dazu. Es war Unterstand, der Wartesaal auf bessere Zeiten, auf das Ende der Hitlerdiktatur, eine Interimslösung, für einige auch nur eine Zwischenstation, für fast alle aber bekanntes Gefilde, die einstige Startbahn der Karriere. Für die Unterhaltungskomponisten (Paul Abraham, der überwiegend in Budapest lebte, Ralph Benatzky, Robert Gilbert, Will Grosz, Arthur Rebner, Fritz Rotter und Rolbert Stolz; Oscar Straus war schon 1927 aus Berlin zurückgekehrt) war es der Rumpfbahnhof der früheren Erfolgsverbindung Berlin-Wien. Die war schnell und gründlich gekappt worden. Zu den nach und nach ausgesprochenen Aufführungsverboten – sofern diese sich nicht schon durch eine angepaßte Spielplanpolitik erübrigt hatten – kam die sogenannte *Tausend-Mark-Sperre* für Deutsche, die nach Österreich wollten – ein rohes Mittel ökonomischen Drucks, die Dollfuß-Regierung antwortete mit dem Zwang zu einer behördlichen Sondergenehmigung für österreichische Reiselustige Richtung Deutschland. Damit war der Reiseverkehr so gut wie zum Erliegen gebracht und mit ihm auch der «kleine Kulturaustausch». Das Zusammenspiel Wien – Budapest, ohnehin kaum mehr ausbaufähig, bot keinen Ersatz. Österreich war isoliert und kulturell auf sein geographisches Maß reduziert. Der verhinderte Kulturexport bei gleichzeitigem Zustrom schöpferischer Talente verursachte einen regelrechten Kreativitätsstau. Er ließ nicht tausend Blumen blühen, sondern tausend Anwärter sich gegenseitig erdrücken. Im großen Gedrängel waren Erfolge in der bisher gewohnten Quote nicht mehr zu erzielen, sie hatten wesentlich von den reichsdeutschen Spielorten gelebt. Nur einen großen Wurf nach altem Zuschnitt gab es in jenen Jahren: Ralph Benatzkys Hollywood-Komödie *Axel vor der Himmelstür* (1936); alles andere – die durchaus nicht schlechter gewordenen Abraham-Novitäten eingeschlossen – brach sich an den engen österreichischen Grenzen. Die

Situation wirkte auf Autoren und Komponisten mit der Zeit lähmend: Die Produktionen der späten dreißiger Jahre glitten aufs Mittelmaß von Banalität und Routine herab.

Zudem war die innenpolitische Situation in Österreich, geprägt vom Austrofaschismus und seiner konservativen Gegenbewegung der «*Ständestaats*»anhänger, vom Parteienverbot und der Sozialistenverfolgung (Todesurteile inbegriffen) den Rückkehrern aus Deutschland nicht eben günstig. Der Antisemitismus hatte seine festen Bastionen. Selbst Ernst Krenek, 1927 nach Wien zurückgekommen, publizistischer Verfechter der autoritär-korporativen Ständestaatsidee, die statt Parteien und Parlament Zünfte und Führer wollte, geriet in Schwierigkeiten: die zugesicherte Uraufführung seiner *Oper Karl V.*, ein Festspiel auf das „*neue Österreich*", wurde abgesagt. Bruno Walter, gebürtiger Berliner, seit 1911 österreichischer Staatsbürger, war in anderer Lage. Das Komponieren hatte er zugunsten des Dirigierens aufge-

Bruno Walter nach Rückkehr von einer Amerikareise als Berliner Generalmusikdirektor.

geben. Als Dirigent von internationalem Rang band er sich auch durch die Entscheidung für die Direktion der Wiener Staatsoper nicht auf Gedeih und Verderb an Wien. Mit dieser Stadt war er vor allem über einen Komponisten verbunden: Gustav Mahler. Er war sein Mitarbeiter in Hamburg und Wien; er galt danach als sein kompetentester Interpret.

Der wichtigste Emigrantentreffpunkt in Europa nach 1933 war Paris, die immer noch am meisten internationale Stadt Europas. Für die Emigranten war die französische Metropole Anlaufstelle, erster Ruhepunkt zur Orientierung, Durchgangsstation auf dem oft langen Weg des Exils. Arbeit bot sie den wenigsten, zumindest nicht so viel, daß sie davon leben konnten. Doch sie gewährte den Emigranten ihre Zirkel und ihre Verlage, ihre politischen Treffpunkte und ihre Kleinkunstbühnen; sie ermöglichte ihnen ihr Eigenleben und den Meinungs- und Kulturaustausch mit interessierten Franzo-

sen. Nur wenige blieben in Frankreich. Paul Arma und Joseph Kosma, beide 1905 in Budapest geboren, beide kurz in Berlin gewesen, kommunistisch engagiert, 1933 nach Paris emigriert, fügten sich jeder auf seine Weise in das französische Musikleben ein: Kosma, der Eislerschüler, prägte in der Zusammenarbeit mit Jacques Prévert, den er über das Emigrantenkabarett *Die Laterne* kennengelernt hatte, das französische Nachkriegschanson; Arma, der einstige Arbeiterchordirigent und Bauhausmitarbeiter, wurde einer der Vorkämpfer der elektronischen Musik und einer auf der Kenntnis internationaler Folklore aufbauenden Musikpädagogik – in dieser Kombination beste Bartókschule. Sie waren nach Berlin gekommen, weil die Kulturstadt sie angezogen hatte, und ihre entwickelte linke Kulturszene, die ja zur Kultur allgemein ein sowohl polemisches wie symbiotisches Verhältnis hatte und daraus einen Teil ihrer Einmaligkeit zog. Sie verließen Berlin wieder, als die nationalsozialistische Gewalt dieses Bild änderte. Berlin war für sie eine Erfahrung gewesen, eine zerschellte Hoffnung, eine erwartungsvoll angetretene Episode, aber nicht die existenzprägende Zeit wie für die linken Avantgardisten der ersten Stunde. In Frankreich faßten sie nur allmählich Fuß, eine wirkliche Integration ins kulturelle Leben war ja auch erst nach Kriegsende denkbar. Andere hatten ihre Chance zu einem Neubeginn nicht: Jan Meyerowitz kam 1938 nach Frankreich, er überlebte im Untergrund. James Klein, 1933 aus Berlin gekommen, und Richard Fall, 1938 aus Wien, wurden 1943 von der Gestapo in Nizza, dem Wirkungsfeld des erst jetzt vor Gericht gestellten Klaus Barbie, verhaftet, nach Auschwitz deportiert und dort umgebracht. Eberhard Schmidt, der heute in der DDR lebt, überstand vier Jahre KZ-Haft. Das Exil in Frankreich zeichnet die politischen Entwicklungen unmittelbar nach. Die Einwanderung fällt überwiegend in die Jahre 1933 und 1938. Bis 1935 ziehen die weiter, denen Frankreich nur erste Station war. Die spät Gekommenen, den Flüchtlingsstrom von 1938, traf es in Frankreich hart. Nicht nur die Angst vor dem Krieg verdüsterte die Situation. Auch nicht nur die geringe Aussicht auf Einkünfte durch Aufträge. Alle Reserven drohten zu versiegen. Nach dem sogenannten «Anschluß» Österreichs wurden dessen Bürger alle Zwangsdeutsche. Auch die österreichische Urheberrechtsgesellschfat wurde der deutschen STAGMA «angeschlossen». Nach internationalen Vereinbarungen galt für die Mitgliedschaft in einer Verwertungsgesellschaft das Natio-

Yvonne Louise Ulrich

nalitätenprinzip: Jeder gehörte zur Gesellschaft des Landes, dessen Staatsbürgerschaft er besaß. Staatenlose, vom Hitlerregime Ausgebürgerte, waren ohne Vertretung und erhielten daher keine Tantièmen. Außerdem hatte die STAGMA die primäre Verfügung über all die Gelder, die auch für nicht Ausgebürgerte bestimmt waren. Selbst erfolgs- und geldverwöhnte Komponisten wie Stolz und Paul Abraham wurden zu privaten Fürsorgeempfängern, sie lebten von der Unterstützung durch Yvonne Louise Ulrich, die vielen Emigranten insbesondere bei der Beschaffung notwendiger Papiere und Bürgschaften behilflich war.

Schutz auf dem Kontinent versprach die ewig neutrale Schweiz. Doch die Eidgenossen hatten ihr eigenes Schutzbedürfnis. Die Fremdenbestimmungen waren auch für Menschen mit gültigen Papieren hart: Aufenthalt gewährte man für ein halbes Jahr, danach mußte die Berner Bundesbehörde verlängern - oder auch nicht, Arbeit war verboten, Asyl war an Vermögensnachweise gebunden. Seit Markus Imhoffs Film *Das Boot ist voll* sind die teilweise unmenschlichen Praktiken der schweizerischen Behörden in die Öffentlichkeit gerückt. Für Flüchtlinge war die Schweiz ein hartes Pflaster. Ohne die Unterstützung durch Privatleute war Überleben kaum möglich. Paul Juon half seine zur Hälfte schweizerische Herkunft. Hermann Scherchen hatte schon seit 1923 Wohnung und Arbeit in Winterthur - und als Dirigent ebenso einen Namen wie Felix Weingartner. Wladimir Vogel halfen Privatleute über behördliche Schikanen hinweg.

1919 in Paris. Von links: Paul Abraham, Martha Labarr, Yvonne Louise Ulrich (später Einzi Stolz), Robert Stolz, Lilian Harvey, Filmproduzent Franz Taenzler.

Ein erschütterndes Bild gibt das Exil in Belgien und den Niederlanden. Nur zwei von denen, die nicht rechtzeitig vor dem deutschen Überfall flohen, überlebten im Untergrund: Mieczyslaw Kolinski konnte sich in Belgien versteckt halten, Wilhelm Rettich bewahrten Freunde in Holland vor der Verfolgung. Gustav Brecher dagegen, der Uraufführungsdirigent von Kreneks *Jonny* und Weills *Mahagonny*-Oper, nahm sich mit seiner Frau 1940 in Oostende das Leben; sie fürchteten, den heranrückenden deutschen Truppen nicht mehr rechtzeitig entkommen zu können. James Simon, dessen Sohn 1937 in der Sowjetunion ein Opfer der Stalinschen «Säuberungen» wurde, und Willy Rosen fielen der Gestapo

Rudolf Nelson

in die Hände; sie wurden in deutschen Konzentrationslagern umgebracht. Auch Rudolf Nelson wurde nach dem Ende des Jüdischen Theaters – einem legalen Ghetto ähnlich dem Jüdischen Kulturbund, in dem Juden vor Juden spielen durften, festgenommen; er überstand die KZ-Haft.

Als Zuflucht für Musiker spielte die Sowjetunion eine marginale Rolle, und die noch schlecht. War sie in den ersten Jahren der Hitlerregierung noch Aufenthalt für manchen Komponisten – für Hanns Eisler, Eugen Szenkar, Ödön Partos zum Beispiel –, auch ein beliebtes Ziel von Konzerttourneen – Stefan Wolpe hatte sie unter anderem bereist –, so verlor sie nach 1937 auch diese Bedeutung weitgehend. Oskar Fried blieb für längere Zeit. 1934 übernahm er die Leitung der Oper in Tbilisi und behielt sie bis zu seinem Tod 1941. Er war im Lande kein Unbekannter, hatte schon zu Zeiten des letzten Zaren gastiert; nach der Revolution war er der erste ausländische Dirigent am Pult eines sowjetischen Orchesters gewesen. Hans Walter David war seiner Frau ins sowjetische Exil gefolgt. Er wurde Leiter des Wolgadeutschen Staatschors in Engels (dort sollte einmal ein deutsches Kulturzentrum entstehen). 1938 ließ ihn der Geheimdienst verhaften, nach Angaben seiner Frau wegen einer zwölftönigen Geburtstagshymne für Stalin. Nach dem Hitler-Stalin-Pakt wurde er an die Gestapo ausgeliefert – Repatriierung hieß das. Zwei Jahre arbeitete er im Ghetto von Lublin. 1942 wurde er erneut verhaftet. Er starb im Lager Majdanek.

Hermann Scherchen dirigiert im Theater des Herodes Atticus. Athen, 1939

Exil und Werk: Bekenntnisse.

Das Bekenntnis gegen den Faschismus gehörte zur Bewältigung des Exils, zur Orientierung, zur Verarbeitung der neuen Situation, zur Selbstvergewisserung und zur Wahrung der eigenen Identität und Würde. Bei Karl Amadeus Hartmann, der selbst in München blieb, aber seine Werke ins Exil schickte, wurde der Begriff der *Bekenntnismusik* zur Bezeichnung des gesamten Schaffens seit 1933; bei keinem anderen stellten die politischen Ereignisse die Tonsprache selbst so gründlich um. Bei ihm ist humanes Engagement musikalischer Stil geworden. In dieser direkten Vermittlung von Zeitereignis und Werk ist Hartmann ein Einzelfall. Dennoch ging das Exil am Werk der Komponisten nicht spurlos vorbei. Unter dem Stichwort des *Bekenntnisses* führt ein Weg näher an das komplexe Verhältnis von Exilsituation und kompositorischem Schaffen.

Die Schwiergkeit, Folgen des Exils in der Tonsprache der Komponisten zwingend nachzuweisen, ist nicht nur dem gegenwärtigen Forschungsstand geschuldet, der für mehr als einzelne Antworten nicht ausreicht. Sie ist grundsätzlicher Natur. Denn es ist oft schwer auszumachen und meist noch schwieriger zu belegen, ob und wie sich stilistische Veränderungen unter faßbarem Einfluß der politischen Verhältnisse vollzogen haben, oder ob sie sich persönlichen Entwicklungen und ästhetischen Konstellationen verdanken, in die die äußeren Verhältnisse über viele Vermittlungen eingehen. Ein theoretisches Schema für die Wahrheitsfindung gibt es nicht. Selbst Widerspiegelungstheorien müssen die unterschiedliche Beschaffenheit der Spiegel anerkennen, in denen sich das Zeitalter bricht. Der Zugang ist konkret, aber er verlangt auch den vergleichenden, verfremdenden, verallgemeinernden Blick.

Wer 1933 als «entartet» eingestuft wurde, hatte wenig Gründe, seinen Stil zu ändern, doch viele Gründe, ihn beizubehalten und mit ihm auch sich selbst zu behaupten. Dennoch ging auch bei den kritischen Geistern das Komponieren nach der Verbannung nicht bruchlos weiter wie zuvor. Deutlich werden Verschiebungen in der Thematik. Das Datum 1933 sollte man allerdings nicht mystifizieren. Zu beobachten sind – wie schon vor dem ersten Weltkrieg – kulturelle Vorbeben. *Moses und Aron* wird 1930 begonnen, Schönberg rekonvertiert zum jüdischen Glauben 1933 in

Paris. Als Replik auf den Antisemitismus, aber auch als komponiertes Integrationsversprechen finden sich die *Thèmes Juifs* lange vorher: Darius Milhaud schrieb seine *Poëmes Juifs* 1916, seine Oper *Esther von Carpentras* 1925: Prokofieffs *Ouverture sur des Thèmes Juifs* entstand 1922; Paul Ben Haims - er hieß damals noch Frankenburger - frühe Motetten und Psalmen sind durch die Zionistische Bewegung inspiriert; in Max Ettingers Werk treten jüdische Themen und jiddische Volkslieder im Laufe der Zwanziger Jahre zunehmend deutlich heraus. Mit dem Machtantritt der NSDAP und den Signalen ihres grausamen Vorhabens nimmt das Bekenntnis zum Judentum, nimmt die Besinnung auf die jüdische Tradition sprunghaft zu. Die Zeitschrift des Jüdischen Kulturbundes eröffnet mit Stellungnahmen zur Frage einer jüdischen Kultur; sie fallen kontrovers aus und wären sicher noch kontroverser ausgefallen, hätten sich andere, nicht von der Assimilation geprägte Stimmen zu Wort gemeldet. Mit dem Projekt *The Eternal Road* (*Der Weg der Verheißung*), der Geschichte des Volkes Israel als Musical, zu dem der aus Polen gebürtige Amerikaner Meyer Weisgal Franz Werfel als Autor, Max Reinhardt als Regisseur und Kurt Weill als Komponisten gewonnen hatte, ist für den Kantorensohn Weill nicht nur die Überfahrt nach Amerika, sondern auch der Anfang einer Reihe von Werken einschließlich synagogaler Gebrauchsmusik verbunden. Dessaus, des Kantorenenkels frühe Psalmen sind Vorstufen zu dem *Hagada*-Oratorium nach Texten von Max Brod, den *Hebräischen Gebeten* und anderen Werken der Exilzeit. Der Kommunist Stefan Wolpe projizierte auf das noch aufzubauende

Szenenfoto aus
The Eternal Road
New York, 1937

Israel die Hoffnung einer freien Gesellschaft, die mit Hitlers Machtantritt in Europa erst einmal ausgesetzt war; in seinen vier Palästinajahren und kurz danach schrieb er fast nur zu hebräischen Texten und Themen. Karol Rathaus erinnerte mit *Uriel Acosta* (1936) und *Jakobs Traum* an hebräische Traditionen wie an die Sammlung der Juden in Palästina (*Uriel Acosta* ist in der ursprünglichen Fassung als Schauspielmusik für das *Habimah*-Theater geschrieben).

Gleichsam auf die Rückseite der Bekenntnisse zur jüdischen Tradition und Gemeinschaft sind die Stücke geschrieben, die sich mit Deutschland und Europa auseinandersetzen. Eislers *Deutsche Sinfonie*, 1935-39 komponiert, trägt in Textwahl, Tonsprache, Besetzung und Umfang den Charakter einer diesseitig-humanen Confessio; Wladimir Vogels *Thyl Claes*-Oratorium mit seinen beiden Teilen *Unterdrückung* und *Befreiung* ist, obwohl im Bild der Geschichte gehalten, mit den Zeitereignissen geschrieben, es trägt Bekenntnischarakter bis in die Kompositionstechnik hinein: Das zweite große zwölftönige Werk Vogels ist auch eine Hommage an die Zweite Wiener Schule. Die Kompositionen gegen den Krieg – von Weills *Johnny Johnson* bis zu Dessaus *Internationaler Kriegsfibel* – appellieren noch einmal vom Exil aus an Vernunft, Einsicht, Mut zum Widerstand. Aus jenen Jahren stammt große engagierte Musik. Sie erreicht ihren ersten Höhepunkt in Stellungnahmen für die spanische Republik; der Bogen spannt sich vom einfachen Lied, das Arma und Eisler bei den Internationalen Brigaden schreiben, bis zur großen *Ballad of Heroes* von Benjamin Britten. Zum erschütternden Extrem gelangt die Musik angesichts des Grauens, des Holocaust, gegenüber dem das Wort allein versagt: in Schönbergs *Überlebendem von Warschau*, in Franz Waxmans *Song of Terezin* (tschechisch für Theresienstadt), in den vielen Kompositionen aus Israel zum Gedenken der Opfer, in den Werken von Ödön Partos und Max Brod, von Abel Ehrlich und Arthur Gelbrun, von Marc Lavry und Ben Zion Orgad. Wo Zeitgeschehen und Menschheitsdrama so dicht beisammen liegen, entsteht engagierte Musik, deren Wirkung und Bedeutung weit über den aktuellen Anlaß hinausreichen. Ihre stilbildende Funktion ist schwer zu benennen. Leichter fällt das bei den kleinen Formen, vor allem den Liedern, in denen die Privatheit des Exillebens auch bei Komponisten wie Eisler unmittelbarer aufgehoben ist als in den großen Formen; in denen die Tonsprache knapper wird, tastend, suchend zwischen einfachen Formulierungen, expressionistischer Dichte und Vielfalt und zwölftönig-konstruktiver Disziplin, zwischen neuen Tönen und der Vergewisserung, daß man des einmal Gelernten noch mächtig ist, der musikalischen Rückversicherung gegen drohende Sprachlosigkeit. Im stilistischen Variationsreichtum von Eislers Liedern deutet sich eine neue Form-Inhalt-Dialektik an, die die Erfahrung der Filmmusik in sich aufgenommen hat. Neben erprobter Teamarbeit treten bestimmte Dichter in den Exilwerken verschiedener Komponisten in den Vordergrund, zum Beispiel Walt Whitman (1819-1892), der Pazifist aus dem amerikanischen Bürgerkrieg, sein berühmtes Gedicht *When Lilacs Last in the Dooryard Bloom'd* erfuhr gleich drei bedeutende Vertonungen: Es liegt K.A. Hartmanns *1. Symphonie* und deren Vorläufer zugrunde, Hindemith schrieb danach sein *Requiem*, es ist das Finale des 1. Akts von Kurt Weills *Street Scene*, jenem Grenzgänger zwischen Oper und Musical, eingelagert; Friedrich Hölderlin (1770-1843) und Franz Kafka (1883-1924), ihre düsteren und hoffenden Zeilen gewannen neue Aktualität bei T. W. Adorno, Max Brod und Ernst Krenek; James Joyce (1882-1941) stand Pate bei Matyas Seibers *Ulysses* und Nikos Skalkottas *Die Rückkehr des Ulysses*, der Wiener Hugo Kauder vertonte zehn seiner Gedichte aus *Chamber Music*. Die Lieder sind häufig das Medium der Selbstreflexion, der Selbstvergewisserung, in ihnen wird das Exil selbst thematisch, ihre Brüche protokollieren die geistigen und seelischen Irritationen ihrer Komponisten – und sie sind als Kunstgattung typisch europäisches Erbe.

Der Wechsel in der Thematik des Komponierens, die Vorliebe für bestimmte Dichter und Formen sind Bestandteile der Musikgeschichte. Stilgeschichte ist damit zwar noch nicht geschrieben. Gespurt ist *ein* Weg der Annäherung an das Verhältnis von Exilsituation und musikalischem Werk. Aufgeworfen sind Fragen an konkrete Forschungsarbeit; aufgeworfen sind Fragen der Ästhetik, auf die weder eine reine Autonomie- noch eine reine Ausdrucksästhetik befriedigend antworten kann; aufgeworfen sind schließlich Fragen der Kulturgeschichte.

Folgen und Folgerungen

Die Komponisten, die in ihren Zufluchtsländern blieben, werden heute als britische oder brasilianische, schweizerische oder israelische, französische oder amerikanische, kanadische oder australische Komponisten geführt. Es ist die überwiegende Mehrheit der Emigranten von einst. Ein knappes Sechstel nur ist zurückgekehrt. Und das ist gut gerechnet. Mitgezählt ist Paul Abraham, den Freunde als klinischen Fall nach Hamburg holten, mitgezählt ist Max Brand, der 1975 als fast 80jähriger in die Nähe Wiens zurückzog, mitgezählt ist Alfred Goodman, der als Jugendlicher Berlin verließ und sich 1961 nicht aus Heimweh, sondern wegen eines interessanten Arbeitsangebots in München niederließ. Mitgezählt sind die «halben Remigranten» wie Hindemith und Kálmán, die nach Europa, aber nicht in ihre Herkunftsländer zurückkehrten. Ob und wie weit das Leben einer Generation zur Akkulturation reicht, vermag ich nicht zu sagen. Ausländer- und Asylpolitik in diesem Lande demonstrieren schroff auch die Abhängigkeit von der Bereitschaft des Gastlandes. Daß Weill sich als Amerikaner fühlte, sagt über Schönbergs Empfinden noch gar nichts. Dennoch ist die Begegnung der «Nachgeborenen» mit den Exilierten eine internationale Begegnung, kein Treffen von Deutschen; sie ist sozusagen kosmopolitisch ermöglicht.

Die Exilforschung selbst muß sich vor einem heimlichen Nationalismus hüten, der darin besteht, daß sie die einst Vertriebenen für sich reklamiert, als die besseren Deutschen, die sie seinerzeit gewiß waren. Der – für Musiker glücklicherweise nicht geprägte – Begriff vom «anderen Deutschland» (dem nämlich, das sich im Exil befand), formuliert das Problem: Die Exilforschung in der Musik vertritt überhaupt kein Deutschland. Sie sichert Spuren des Verlustes, zeichnet den Gang nach, den Kultur- und Musikgeschichte durch das Exil genommen haben. Das Problem beginnt bereits mit dem Begriff des *Exils* selbst: Er sollte gegenüber dem indifferenten und verharmlosenden Begriff der Emigration, der die Freiwilligkeit der Entscheidung zumindest offen läßt, Eindeutigkeit schaffen. Doch ist dies nur die eine Seite: Das Exil als Zuflucht schließt den Wunsch zur Rückkehr mit ein, ist also als Existenzform noch mit dem Land verbunden, aus dem man vertrieben wurde. Sicher war der Wunsch nach Rückkehr bei den meisten ursprünglich auch vorhanden, die Odysseen der Jahre 1933 bis 38 sind der auffälligste Beweis. Nach dem Kriege, nach dem Holocaust stellte sich die Lage für viele anders dar. Die Kenntnis von den Schrecken, deren Ausmaß bis 1938 zu befürchten, aber nicht unbedingt anzunehmen war, und eine allmähliche Eingewöhnung in die neuen Länder ließen das Land, aus dem man hatte fliehen müssen, in anderem Licht erscheinen. Was als Exil mit der Suche nach Zuflucht begann, hat seinen Charakter verändert. Geblieben ist ein Exodus des Geistes, ein Kulturexport größten Ausmaßes. Auf Jahre hinaus hat er die Zentren der Musikentwicklung neu festgelegt. Mit dem Exil verliert Europa seine fraglos dominierende musikgeschichtliche Stellung; nicht allein im Sektor *U*, auch in der Neuen Musik verschieben sich die Gewichte. Das deutsche Musikleben hat die Rolle, die es in den Zwanziger Jahren international spielte, nicht mehr wiedererlangt. Mit dem vorübergehenden Siegeszug des deutschen Faschismus in Europa wurde das Abendland kulturell degradiert.

Im Nachkriegsdeutschland wurde das Musikleben weitgehend ohne die einst Emigrierten wiederaufgebaut. Dabei geht die Entwicklung in den beiden Teilen Deutschlands nicht synchron. Die junge DDR, die vor dem verordneten sozialistischen Aufbau eine antifaschistisch-demokratische Umwälzung angekündigt hatte, bemühte sich um ein Ansehen als neue Heimat für die vom Faschismus Verbannten, und sie konnte mit Hanns Eisler, Paul Dessau und Ernst Hermann Meyer auch geübte Kulturpolitiker ins Land holen. Der Stalinismus, die dogmatische Enge, die die sogenannte *Formalismusdebatte* vorzeichnete, verhinderte jedoch ein vielfältiges demokratisches Musikleben, verhinderte vor allem eine Weiterentwicklung der Neuen Musik – sie ließ auch K.A. Hartmann von einer Übersiedlung nach Ostberlin absehen. Der bundesrepublikanische Musikbetrieb dagegen kam fast ohne Emigranten in Schwung, die Ausnahmen Hartmann und Stresemann bestätigen eher die Regel. Eine *Entnazifizierung*, eine gründliche und öffentliche Besinnung auf das, worauf ein vom faschistischen Ungeist und seinen weniger barbarischen Varianten befreiter Musikbetrieb sich aufbauen könnte, hat nicht stattgefunden. Mit Rehabilitierung und Wiedergutmachung an den Exilierten tat man sich entsprechend schwer.

Davon waren die Komponisten, aber auch ihre Werke betroffen. Viele, die nicht remigrieren wollten, besuchten Europa, beteiligten sich wie Krenek, Scherchen und Haim Alexander an den Darmstädter Ferienkursen, dirigierten oder überwachten wie Manfred Gurlitt die Aufführung ihrer Werke, kamen, wie Brün, Schuster und andere, als Stipendiaten und zur Fortsetzung ihrer Studien, wurden, wie Wladimir Vogel und Josef Tal, in die Akademie der Künste berufen. Sie nahmen – sicher in besonderer Weise – am internationalen Kulturaustausch teil, der immer auch ein Indiz für die Friedenswilligkeit der einstigen Kriegsgegner war. Obwohl immer wieder Werke auch emigrierter Komponisten aufgeführt wurden – Berlin steht da im nationalen Vergleich nicht schlecht da –, ist die Klage über die niedrigen deutschen Aufführungsquoten, über das Desinteresse des bundesdeutschen Musikbetriebs allgemein, zieht sich wie ein Tenor durch die Interviews mit den Exilierten, und das nicht zu Unrecht. Auch zwischen den Werken emigrierter Komponisten gibt es Unterschiede in der Qualität. Aber vor dem Urteil muß die Kenntnisnahme liegen, sonst setzt man sich dem Verdacht aus, mangelnde Qualität als Ausrede für fehlende Lobby zu benutzen. An den Werken kann manches wieder gut gemacht werden, was als Chance in Bezug auf die Komponisten vertan worden ist.

«Clown, du hast deine Stellung verloren» Friedrich Holländer in der Nummer *Spötterdämmerung*

Karoly Csipak

Berthold Goldschmidt im Exil

Der Komponist im Gespräch über Musiker-Exil und Musikleben

In den Jahren 1976 bis 1978 sammelte ich in mündlichen Befragungen Material zu einer Studie über die Vertreibung von Musikern aus dem nationalsozialistischen Deutschland. Schwerpunkte in allen Interviews waren die Erfahrungen mit dem Antisemitismus in Deutschland (und Österreich) vor der Etablierung des Nazi-Regimes, die Berufssituation unmittelbar vor 1933 und danach bis zur Emigration, die Umstände der Auswanderung bzw. Flucht, die Lebens- und Arbeitsmöglichkeiten im Exil. Dabei kam es mir auf die «subjektive» Erfahrung der Betroffenen an, wie ja die Methode der «oral history» von sich aus eine Geschichtschreibung «von unten» nahelegt.

Der Text ist ein Auszug aus Gesprächen, die vor zehn Jahren, am 25., 26. und 29. April 1977 in London stattfanden. Indem ich Berthold Goldschmidts auf Tonband gesprochene Berichte und Stellungnahmen weitgehend im Wortlaut und ohne Kommentar wiedergebe, möchte ich den Leser sozusagen in die Situation des Interviewers versetzen. Wie gesagt, Musikgeschichte von unten, aus der Sicht der Opfer.

Soziale Herkunft – Schule – Studium

Geboren 1903 und aufgewachsen bin ich in Hamburg, mein Vater war Kaufmann, sehr musikinteressiert. Ich war Abiturient der Oberrealschule in Sankt Georg und habe in Hamburg ein oder zwei Semester Kunstgeschichte und Philosophie an der Universität studiert. Im Herbst 1922 ging ich nach Berlin an die jetzige Humboldt-Universität, wo ich bei Curt Sachs und Georg Schünemann musikwissenschaftliche Vorlesungen hörte. Hauptsächlich studierte ich an der Staatlichen Hochschule für Musik in Charlottenburg als Schüler der Meisterklasse von Franz Schreker. Gleichzeitig sammelte ich in der Kapellmeisterklasse meine ersten praktischen Erfahrungen. Die Hochschule hatte wunderbare Orchester, die Streicher waren Schüler von Carl Flesch, Bronislaw Huberman, Emanuel Feuermann. Es war ein Vergnügen, mit diesen Orchestern zu musizieren. Mein erster Lehrer in Dirigieren war Rudolf Krasselt, ein sehr strenger Lehrer und ein Mann von großer Kompetenz, er war selber Cellist und hatte ein großartiges Gehör. Krasselt ging dann nach zwei Jahren als Generalmusikdirektor nach Hannover und Julius Prüwer, der Dirigent in Breslau gewesen war, wurde sein Nachfolger. Prüwer war ein hervorragender Pianist, ein erstklassiger Musiker, mit einem Ohr, das vielleicht das von Krasselt noch übertraf. Aber er war ein ziemlich langweiliger Dirigent. Wir waren alle gespannt auf seine erste Probe mit dem Konzertorchester der Hochschule nach dem, was er am Klavier improvisiert hatte und was er auswendig aus dem gesamten internationalen Opernrepertoire am Klavier wiedergeben konnte. Wir waren enttäuscht, als er vor dem Orchester stand und ein absolut lahmes Musizieren gab. Er wurde dann Dirigent der populären Konzerte des Philharmonischen Orchesters, weil er dieses außerordentliche Gehör auch große technische Begabung hatte und zuverlässig und einwandfrei war.

Die Mitschüler bei Schreker:
Haba – Horenstein – Krenek – Höffer

Alois Haba habe ich kennengelernt. Er war gerade noch da, ungefähr vier oder fünf Wochen. Er hat schon damals mit seiner Vierteltonmusik experimentiert, die Schreker natürlich vollkommen ablehnte.

Jascha Horenstein war ein intimer Freund von mir, fünf oder sechs Jahre älter als ich. Er hatte damals zuerst einen Männerchor und musizierte an der Volksbühne mit a-cappella-Aufführungen Volkslieder, von Bartók arrangiert. Mit einigen Konzerten mit dem Berliner Philharmonischen Orchester machte er sich dann einen Namen, wurde aber angefeindet wegen seiner damals noch mangelhaften Erfahrung. Er war ein fanatischer Musiker mit großer Partiturkenntnis.

Preis 300 Mark

Staatliche akadem. Hochschule für Musik in Berlin

Charlottenburg, Fasanen-Straße 1

Vortragsabend

am Freitag, den 13. Juli 1923, 7½ Uhr
im Theatersaal.

Kompositions - Klasse:

Direktor Prof. Franz Schreker.

1. **Berthold Goldschmidt,** Quintett für Klavier, 2 Violinen, Viola und Violoncell.
   Alla marcia con brio.
   Scherzo: Allegretto, Furioso.
   Adagio.
   Finale: Allegro vivace.
   Herren ***Berthold Goldschmidt, Richard Fehse, Arseni Letscheff, Manuel Steuer*** *und* ***Paul Hermann.***

2. **Karol Rathaus,** 1. Sonate in C-moll für Pianoforte, Op. 2.
   Grave e maestoso.
   Lento con espressione.
   Scherzo: Presto.
   Finale: Grave — Allegro energico.
   Herr ***Hans Erich Riebensahm.***

3. **Paul Höffer,** Serenade in 2 Sätzen für Klarinette, 2 Violinen, Bratsche und Violoncell.
   Allegro.
   Thema mit Variationen.
   Herren ***Paul Boehlke, Alexander Karetzki, Alfred Hofmann Fritz Laur*** *und* ***Ernst Silberstein.***

Dieses Programm berechtigt zum Eintritt.

Während der Vorträge bleiben die Saaltüren geschlossen.

Krenek habe ich noch gerade miterlebt. Seine ersten Werke wurden damals gedruckt, Kleiber machte die *Zwingburg* im Herbst 1922 an der Lindenoper. Er ging dann weg. Ich traf ihn noch, als er sich von Schünemann verabschiedete. Paul Höffer war ein Mitstudent von mir, und ich erinnere mich, daß er Schreker eine Konzert-Ouvertüre vorlegte, von der wir alle sehr angetan waren. Auch Schreker fand das Stück sehr gut und schrieb in großer Handschrift mit Bleistift darüber: *«An die Universal Edition - Zum Stich empfohlen»*. Das hatte unmittelbaren Erfolg, denn zu der Zeit war Schreker persona grata bei der Universal Edition. Sie übernahmen das Stück und druckten es; es hatte auch einige Aufführungen - Krasselt dirigierte es in einem Hochschulkonzert. Ich habe Höffer dann natürlich aus den Augen verloren, nachdem ich aus Deutschland weggegangen war. Das erste, was ich von ihm hörte, war, daß er nach dem Kriege Direktor der Hochschule geworden war.

Lotte Schlesinger

Csipak: Haben Sie Lotte Schlesinger gekannt?

Goldschmidt: Ja! Ich erinnere mich an ein Stück, ich glaube eine Doppelfuge für Klavier, die uns großen Eindruck machte und auch Schreker sehr gut gefiel. Dann verschwand Lotte Schlesinger aus der Kompositionsklasse. Ich weiß nicht, wohin sie ging.

Csipak: Schreker schickte sie aus seiner Klasse zu Walter Gmeindl.

Goldschmidt: Prof. Walter Gmeindl war Scherchens Schüler und sein Stellvertreter im Unterricht.

Csipak: Um 1931 machte sie ihre Musiklehrerprüfung. Ihre Lehrerin in Musikpädagogik war die damals sehr bekannte Frieda Loebenstein. Sagt Ihnen dieser Name etwas?

Goldschmidt: Ich weiß nur, daß Schreker damals auf Lotte Schlesingers Augenleiden hinwies und etwas bedenklich war, das war 1923.

Csipak: Sie hatte einen angeborenen Netzhautschaden, war also nicht kurzsichtig, sondern schwachsichtig. Sie konnte z.B. keine großen Partituren lesen, d.h. mit einem Blick überschauen. Und das führte einmal zu einem Eklat mit Georg Szell, der Partiturspiel unterrichtete. Sie war zwar eine gute Blattspielerin, aber als er ihr eine große Partitur vorsetzte und etwas ungeduldig war, sagte sie: *«Ich sehe ja nichts»*, stand auf, ging hinaus und kam nie wieder in den Unterricht.

Goldschmidt: Wenn sie mir das so erzählen, *«Ich sehe ja nichts»*, das ist so richtig ihr Tonfall gewesen. Sie war ein sehr sympathisches

Mädchen. Warum Schreker sie zu Gmeindl geschickt hat, weiß ich nicht. Denn sie erschien uns sehr begabt.

Csipak: Haidy Schreker, Schrekers Tochter, die mit ihr befreundet war, erzählte mir, daß sie später gesagt habe: *«Dein Vater hat vielleicht recht gehabt.»* Nämlich, daß er sie nicht für begabt genug eingeschätzt habe; später im Alter hat sie dann wohl resigniert. Sonst scheint sie eine selbstbewußte, energische Person gewesen zu sein, die nicht auf den Mund gefallen war. Können Sie das bestätigen? Ich hatte sie mir immer schüchtern und scheu vorgestellt.

Goldschmidt: Auf den Mund gefallen war sie sicher nicht. Sie hatte einen wunderbaren menschlichen Humor. Vollkommen ohne Selbstmitleid. Das hat uns kolossal imponiert. Außer Lotte Schlesinger waren zwei weitere hochbegabte Mädchen Schreker-Schüler: Grete von Zieritz und die ungarische Pianistin Zdenka von Ticharich.

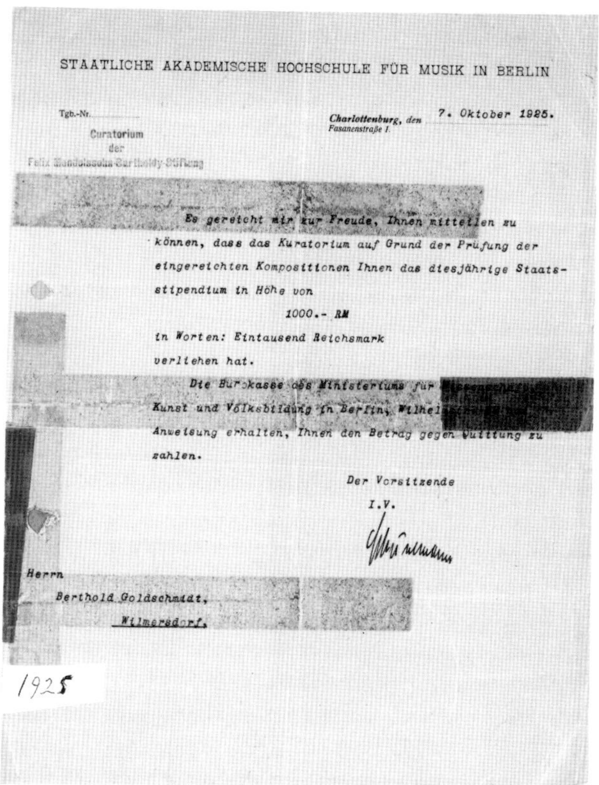

STAATLICHE AKADEMISCHE HOCHSCHULE FÜR MUSIK IN BERLIN

Tgb.-Nr.

Curatorium
der
Felix Mendelssohn-Bartholdy-Stiftung

Charlottenburg, den 7. Oktober 1925.
Fasanenstraße 1.

Es gereicht mir zur Freude, Ihnen mitteilen zu können, dass das Kuratorium auf Grund der Prüfung der eingereichten Kompositionen Ihnen das diesjährige Staatsstipendium in Höhe von

1000.- RM

in Worten: Eintausend Reichsmark

verliehen hat.

Die Bürokasse des Ministeriums für [redacted] Kunst und Volksbildung in Berlin, Wilhel[redacted] Anweisung erhalten, Ihnen den Betrag gegen Quittung zu zahlen.

Der Vorsitzende
I.V.

Herrn
Berthold Goldschmidt,
Wilmersdorf.

1925

Georg Schünemann

Csipak: Sie erwähnten Schünemann, der damals stellvertretender Direktor der Hochschule war und in dieser Eigenschaft vielen Studenten sehr geholfen hat. Krenek hat darüber geschrieben. Sind Sie während Ihrer Studienzeit in Ihrer kompositorischen Arbeit auch von ihm gefördert worden?

Goldschmidt: Er hat sehr viel für junge Komponisten getan und sich immer ohne Vorurteil eingesetzt, auch für ganz junge Studenten. Er war, soviel ich weiß, Verwalter der Mendelssohn-Bartholdy-Stiftung, ein maßgeblicher Mann bei der Verleihung des Mendelssohn-Preises, der jährlichen Auszeichnung für junge Komponisten. Ich selber erhielt diesen Preis im Jahre 1925.

Paul Hindemith

Mit Hindemith habe ich persönlichen Kontakt gehabt, aber keinen künstlerischen. Er kam 1929 nach Darmstadt, als dort *Neues vom Tage* aufgeführt wurde. Ich war damals künstlerischer Beirat und junger Dirigent in Darmstadt und hatte für die Blätter des Hessischen Landestheaters einen allgemeinen Artikel über Hindemith geschrieben, der etwas anders war, als was gewöhnlich in der Presse erschien – von einem Musiker über einen Musiker –, und der hat ihm anscheinend gefallen. Seitdem hatte er eine ziemlich herzliche Einstellung zu mir. – Ich habe mit größtem Vergnügen dieses *Neues vom Tage* einstudiert, Karl Böhm dirigierte es dann, und zwar ziemlich lahm. Klemperer hatte es in Berlin gemacht, ich hatte die Aufführung dort gehört. Die hatte einen ganz anderen Rhythmus und eine ganz andere Struktur. Bei Böhm war das alles ein bißchen nachlässig. Aber Hindemith war immer zufrieden, wenn er nur irgendwelche Aufführungen von sich hatte. Eine hübsche Oper, ein bißchen oberflächlich als Musik. Sie hatte keinen großen Erfolg. Meiner Ansicht nach war sie ein Versuch Hindemiths, den Erfolg Kreneks mit *Jonny spielt auf* auf «anständigere Weise» – ohne Jazz und solche Sachen – zu wiederholen. Das ist ihm nicht gelungen.

Hier ist ein Programm vom 1. April 1929 vom Landesorchester Oldenburg unter Johannes Schüler mit meiner Partita, dann Hindemith, Kammermusik für Solobratsche. Hindemith selbst war da. Nach meiner Partita gab es einen Riesenskandal, und als ich ins Künstlerzimmer kam, war Hindemith da, stimmte seine Bratsche, hörte das Pfeifen und Gejohle und sagte in seinem Frankfurter Dialekt: «*Reschen*

Se sich nich auf, bei mir huschte se nur noch.» Es gehörte damals zum guten Ton, einen Skandal zu haben. Nach 1923 war ich einmal bei Hindemith in der Privatwohnung, und er sagte: *«Das sind ja alles Idioten, das kann ja nicht dauern. Gehen Se nich weg, reschen Sie sich nich auf.»* Seine übliche beruhigende, sanguinische Einstellung.

Gustav Havemann

Csipak: Es gab damals in Berlin einen Musiker, der mir ein Rätsel ist: Gustav Havemann. Als Geiger und Quartett-Primarius engagierter Vorkämpfer neuer Musik, dann ein übel intrigierender Nazi, nach 1945 ein nicht ganz glaubwürdiger Antifaschist und Sozialist in der DDR.

Goldschmidt: Havemann kannte ich nur als Professor an der Hochschule, habe aber persönlich keinerlei Beziehung zu ihm gehabt. Er war sehr nett und vollkommen unvoreingenommen. Wir waren alle sehr erstaunt, daß er sich als Nazi entpuppte.

Csipak: Wie war es denn mit den nazistischen Tendenzen Mitte der zwanziger Jahre in Berlin?

Goldschmidt: Das war alles völlig normal. 1922 bis 1925 jedenfalls, als ich

Landesorchter Oldenburg

Mittwoch, 1 April 1929,
19 ½ Uhr

8. Konzert

Leitung: Johannes Schüler

Solisten: Paul Hindemith (Bratsche)
Irma Beilke (Sopran)
Franz Notholt (Bariton)

Programm:

Berthold Goldschmidt: Partita op. 9
(geb. 1903)
1. Allegretto pesante.
2. Scherzo. Allegro.
3. Adagio (Sarabande).
4. Allegro molto (Doppel-Fuge)

Paul Hindemith: Kammermusik Nr. 5 op. 36 Nr. 4
(geb. 1895)
r Solo-Bratsche und größeres Kammer-Ochester.
1. Schnelle Halbe.
2. Langsam.
3. Mäßig schnell.
4. Variante eines Militär-Marsches.

Pause.

G. F. Händel: Apollo und Daphne, dramatische Cantate für 2 Singstimmen u. Kammer-Orchester.
(1685—1759)
(Componiert 1707)
(Ouvertüre: Satz 1 und 2 des Concerto grosso Nr. 8)

Ende gegen 21 ½ Uhr.

Konzertflügel aus dem Magazin Klapproth.

an der Hochschule war, war von solchen Dingen kaum die Rede. Im Gegensatz zu den unglaublichen Geschichten in München und in den kleineren Städten in der Provinz: Ab und zu war mal ein Hakenkreuz an der Wand, und der *Völkische Beobachter* war manchmal in zehn oder zwölf Exemplaren zu sehen. Daß der nachher zu Hunderten in den Auslagen der Zeitungsstände liegen würde, hat kein Mensch geahnt.

Csipak: Um auf Havemann, der vielleicht eine Schlüsselfigur bei der Nazifizierung der Hochschule war, zurückzukommen: Es ist sehr schwer, etwas über ihn zu erfahren.

Goldschmidt: Paul Höffer war sein Schwiegersohn. Ich weiß, daß Höffer selber Sozialist war und wirklich mit Entsetzen auf Havemanns Tendenzen reagierte, die dann als Gerüchte in Umlauf kamen - gegen die jüdischen Professoren, Flesch, Feuermann, Artur Schnabel.

Csipak: Wie kann man sich das erklären? Alban Berg schreibt an seine Frau begeistert über diese *«vier blonden, lustigen, sehr begeisterten und eifrigen Musiker»*, die sein Quartett op. 3 uraufführten.

Goldschmidt: So etwas gab es, daß plötzlich Leute von einem Bazillus infiziert wurden. Manchmal stecken irgendwelche persönlichen Erlebnisse und Enttäuschungen dahinter. Vielleicht hatte er Krach mit Carl Flesch gehabt, oder Schnabel hat gesagt: *«Ihre Geige klingt immer verstimmt.»* Was manchmal bei Havemann der Fall war. Seine Intonation war nicht immer die beste.

Csipak: Irgendwo gibt es den Ausspruch: *«Er war berühmt als „Falschspieler"»*

Goldschmidt: Da machte vielleicht einmal jemand eine Bemerkung, die er in die falsche Kehle bekommen hat.

Die ersten Stationen: Dessau – Berlin – Darmstadt

Zuerst war ich eine kurze Zeit, und zwar eine halbe Saison, bei Franz von Hoesslin in Dessau. Obgleich Hoesslin, der Generalmusikdirektor, ein sehr guter Musiker, mich von der Hochschule als Korrepetitor mit Dirigierverpflichtung engagiert hatte, wollte der Intendant, Herr von Maixdorf, mir nichts zum Dirigieren geben. Er sagte, er könne seinem Publikum nicht zumuten, daß ich mit langen Haaren am Pult stehen würde. Damit war Herr von Maixdorf kontraktbrüchig geworden, und ich ging nach Berlin, wofür Hoesslin jedes Verständnis hatte.

Er wollte mich dann wieder haben, aber ich wurde als Korrepetitor bei Kleiber an der Berliner Staatsoper engagiert, 1925, und machte die Einstudierung von *Wozzeck* mit. In der Uraufführung und auch in allen folgenden Aufführungen spielte ich die Celesta! Ich kannte dieses Stück aus dem Effeff und erlebte alle Proben, faszinierende Proben unter Kleiber, der ja natürlich für mich ein hervorragendes Beispiel war in jeder Beziehung. Übrigens gab das Opernhaus in Berlin einem Gelegenheit zu dirigieren, nämlich *Peer Gynt* im Schillertheater. Ein Teil des Staatsopernorchesters spielte die Griegsche Musik, und ab und zu wurden Korrepetitoren, die gut genug waren, ausprobiert. Einer der ersten dort war Mitropoulos, der aber gerade, als ich an die Oper kam, nach Athen ging. Auch er hatte damals sein erstes Dirigiererlebnis im Schillertheater mit *Peer Gynt*. Dann hatte ich Gelegenheit, Bühnenmusiken zu machen für Leopold Jessner, Jürgen Fehling, Erich Engel, für Gustav Hartung, der eine Gastinszenierung eines Stückes von Hamsun am Schillertheater machte. In diesem Stück spielte Carl Ebert als Schauspieler eine Hauptrolle. Eines Tages bei den Proben sagt er zu mir: *«Ich gehe jetzt als Intendant nach Darmstadt und brauche jemanden, der mir Bühnenmusiken macht. Würde Sie das interessieren?»* Ich sage: *«Das würde mich interessieren, wenn ich auch zum Dirigieren käme.» «Ja, das können wir machen.»* Das zog sich dann bis zum Frühling 1927 hin, vor genau fünfzig Jahren. Ebert ging nach Darmstadt und nahm mich mit. In Darmstadt war aber über seinen Kopf hinweg bereits Böhm als Generalmusikdirektor engagiert worden. Muck hatte ihn empfohlen, und Muck hatte einen großen Namen nicht nur in Darmstadt. Böhm war engagiert, und Ebert hatte mit diesem fait accompli zu rechnen. Böhm wollte natürlich Einfluß haben auf die Leute, die er für seinen musikalischen Stab engagieren wollte. Er sah natürlich in mir ein Geschöpf Eberts, und so kam es, daß ich in Darmstadt nicht sehr viel zum Dirigieren kam. Eines Tages war der erste Kapellmeister, Max Rudolf, der später das Cincinnati-Orchester übernahm, krank, und es war niemand in Darmstadt, der diese Oper – es war die zweite Aufführung der Oper *Die vier Grobiane* von Ermanno Wolf-Ferrari – auf Anhieb übernehmen konnte. Ebert war an dem Abend in Frankfurt, Böhm ebenso, nur der Oberregisseur, Dr. Mutzenbacher, der die Oper inszeniert hatte, war da und kam zu mir – ich war zufällig im Theater – und sagte: *«Goldschmidt, Sie müssen diese Oper übernehmen!»* Ich sagte:

«Ich kenne die Oper nicht, ich habe sie einmal gehört.» Ich hatte sie auch nicht mitkorrepetiert. *«Kommen Sie, das Haus ist voll, Sie müssen diese Oper übernehmen. Sie werden das von Akt zu Akt mit dem Konzertmeister besprechen. Das ist doch keine sehr schwere Oper.»* Mutzenbacher hatte einen großen Erfolg gehabt als Regisseur und wollte nicht, daß die Oper an diesem Abend abgesetzt würde. Also beinahe gegen meinen Willen wurde ich im Straßenanzug an das Pult gestellt und habe diese Oper prima vista – aus dem Klavierauszug allerdings – dirigiert, mit einem Riesenerfolg beim Publikum. Ich dachte: *«Nun bin ich gemacht.»* Am anderen Tag kommt Böhm und spricht nicht mit mir, ignoriert mich, und ich gehe zu Ebert: *«Was ist denn los?» «Es tut mir furchtbar leid, ich war ja nicht da bei der Aufführung, es ist ja glatt gegangen, aber Dr. Böhm sagt, es sei absolut unverantwortlich von Ihnen gewesen, die Oper zu übernehmen, ohne sie genau zu kennen.» «Aber es kommt doch darauf an, ob es gut gelaufen ist.» «Ja, aber er sagt, es wäre demoralisierend, wenn das als Prinzip einrisse im Theater.»* Darauf sage ich: *«Wie können Sie als Intendant das sagen, nachdem ich Ihnen eine Oper gerettet habe!» «Ja, ja, ich werde Ihnen auch finanziell meine Anerkennung aussprechen, aber Dr. Böhm, der immerhin die musikalische Oberleitung innehat, ist der Ansicht, daß die Oper hätte abgesetzt werden müssen.»* Sie können sich vorstellen, wie daraufhin mein Verhältnis zu Böhm war. *«Das ist ganz gegen die Gepflogenheiten an der Oper. Wenn jemand eine Oper rettet, verspricht man ihm, daß er weitere Aufführungen dirigieren kann.» «Ja, ja, ich werde Ihnen auch eine weitere Oper zusagen.»* Mir wurde dann der *Barbier von Sevilla* gegeben, aber die Reibung mit Böhm blieb bestehen. Jetzt kam das Interessante! Die Uraufführung des *Wozzeck* war in Berlin gewesen, das war 1925, und ich war in Darmstadt als Korrepetitor künstlerischer Beirat von Ebert. Denn Ebert kam vom Schauspiel und hatte von Musik nur die Kenntnis eines sehr musikliebenden Theatermannes. Ich sagte ihm: *«Es wäre doch großartig, wenn Darmstadt die erste deutsche Opernbühne wäre, die nach Berlin den* Wozzeck *aufführt.»* Darauf Ebert: *«Das ist eine glänzende Idee, das werden wir machen! Das muß ich sofort mit Böhm besprechen!»* Am nächsten Tag kommt Böhm wütend aus dem Direktionszimmer auf mich zu und sagt: *«Da haben S' dem Professor aber an schönen Floh ins Ohr g'setzt!»* Sage ich: *«Wieso denn?» «Na das kann eine Bühne wie Darmstadt nicht machen. Das legt den ganzen Opernbetrieb auf ein Jahr lahm. Und wir haben auch gar nicht die Mittel usw.»* Ich habe dann

noch ein paarmal versucht, mit Ebert zu reden. *«Es ist leider nicht möglich. Wenn der Musikchef es nicht will, kann ich es nicht durchsetzen.»* Was passierte? – Oldenburg, eine wesentlich kleinere Bühne, machte in der nächsten Saison den *Wozzeck* mit Johannes Schüler als Dirigenten. Da habe ich natürlich als junger Mensch triumphiert. *«Na, Herr Dr. Böhm, was sagen Sie dazu?» «Das möchte ich nicht gesehen haben!» «Wissen Sie, wie Alban Berg darauf reagiert hat? - mit den größten Lobestönen.»* Danach hat er darauf gedrungen, daß ich aus Darmstadt wegmußte. Das Budget erlaube es nicht – im Grunde waren das schon Nazimethoden – und um seine Unschuld zu dokumentieren, setzte er eine von meinen Kompositionen in seine Programme, eine Ouvertüre zu einer komischen Oper *(Komödie der Irrungen)*, «Symphonieorchester des Landestheaters Darmstadt, Dirigent Dr. Karl Böhm», – da hatte er, wie man so sagt, die Hände in Unschuld gewaschen. Also solche Sachen kamen vor. Das sind auch so zwischenmenschliche Spannungen.

Csipak: Deutet Böhms Ablehnung des *Wozzeck* für Darmstadt darauf hin, daß er gegen neue Musik war?

Goldschmidt: Nicht sehr. Er hat zum Beispiel von Hindemith *Neues vom Tage* gemacht und von Honegger *Judith*. Ich habe dann Strawinskys *Renard* und von Milhaud *Le boeuf sur le toit* gemacht, bevor ich nach Berlin ging, auch *Martha* und so kleine Opern. Nein, für ihn war Strauss eigentlich die Grenze. Er hat dann später auch Alban Berg gemacht. Nachdem wir weg waren und *Wozzeck* nicht nur in Oldenburg, sondern in Gera, Aachen und vielen kleineren Bühnen gegeben worden war, machte er es auch in Darmstadt, an elfter oder zwölfter Stelle.

Csipak: Einige Dirigenten haben nie oder selten Mahler aufgeführt.

Goldschmidt: Zum Beispiel Böhm. Immerhin war er ehrlich. Mahler lag ihm nicht. Er hat damals in Darmstadt auch keinen Mahler aufgeführt.

Csipak: Halten Sie es für möglich, daß da untergründiger, spontaner Antisemitismus hineinspielt?

Goldschmidt: Das wage ich nicht zu entscheiden, da Leute, die sich als Antisemiten entpuppt haben, wie Mengelberg, hervorragende Interpreten von Mahler waren. Das Mahlersche Idiom wiederzugeben, ist sehr schwer, genau so schwer wie Bruckners. Wenn man nicht ein besonderes Verhältnis zu Bruckner hat, kann man seine Musik nicht interpretieren.

Ein Abstecher nach Leningrad

1931 dirigierte ich in Pyrmont bei einem Musikfest der Internationalen Gesellschaft für Neue Musik ein Orchesterstück von mir, eine sogenannte Promenadenmusik, und hatte als Dirigent einen ziemlich großen Erfolg. Das Resultat war, daß mich eine Woche später der Komponist Wladimir Vogel, ein Busonischüler, anrief. Er war Leiter der Deutschen Kunstgesellschaft, die in Verbindung mit dem damals sehr liberalen Kulturministerium in Rußland stand – Meyerhold kam zum Austausch nach Deutschland und zum erstenmal die ganzen russischen Ensembles. Vogel rief mich an und sagte: «*Ich habe ein Telegramm aus Leningrad von der Leitung der Philharmonie, ob „Dirigent Goldschmidt für einige Konzerte mit dem Leningrader Philharmonischen Orchester zur Verfügung stehe". Würden Sie gerne hingehen?*» Ich sagte: «*Mit Begeisterung! Aber ich muß am ersten September zurück sein, weil dann mein Vertrag bei Ebert an der Charlottenburger Oper anfängt.*» «*Die Konzerte sollten eigentlich bis Ende August gehen.*» «*Ich würde es sehr gerne machen, aber ich muß dann mit dem Flugzeug hin- und herfliegen können*». Vogel sagte, er werde das vorschlagen, und zurück kam ein Telegramm: «*Luftschiff für Goldschmidt bewilligt*». Das «*Luftschiff*» erklärte sich später damit, daß, als ich in Leningrad ankam, Eckener mit seinem Zeppelin gerade über Leningrad kreuzte, wahrscheinlich um Aufnahmen von den Befestigungen zu machen – der kreuzte stundenlang über der Stadt, was die Russen damals schon etwas merkwürdig fanden. Aber es war eine sehr liberale Stimmung, und sie bewilligten mir das Flugzeug. Ich mußte mit der Lufthansa nachts von Tempelhof bis Königsberg fliegen, was eine elementare Affäre war. Es dauerte dreieinhalb oder vier Stunden, und man landete im Nebel. Ich war eingeschlafen und wachte auf, sah Rauch am rechten Flügel des Flugzeugs. Es war aber nichts als Nebel und ein Magnesiumlicht, das sie damals in Brand steckten bei der Landung eines viermotorigen Lufthansaflugzeuges im Jahre 1931. Aber ich dachte mir: «*Aha, so ist es also, wenn man abstürzt. Jetzt ist das Ding in Flammen, und ich komme nicht mehr zum Dirigieren*». Es war aber weiter nichts als der Reflex im Nebel. Man landete in Königsberg und mußte dann den Rest der Nacht von zwei bis sechs Uhr morgens im Warteraum des Flugplatzes übernachten. Der Warteraum bestand aus einem Zimmer mit einer Holzpritsche – ich übertreibe nicht –, auf der man sich ausstreckte wie ein Betrunkener im Park, unvorstellbar! Das war der offizielle Flugplatz von Königsberg. Und am Morgen kam ein Flugzeug aus Leningrad an mit einem Piloten, der noch draußen saß mit der Kappe über seinen Ohren, und ich war der einzige Passagier. Es war ein kleines einmotoriges Flugzeug, das von Königsberg wegflog über die Hecken von Ostpreußen und Litauen. Ich saß hinter dem Piloten in einer Kabine, und er mußte in Riga und in Reval runtergehen, um Benzin zu tanken. Es ist mir unvergeßlich, daß er in jeder Station eine kleine versiegelte Tüte aus seiner Jackentasche nahm mit Taschengeld für das, was er fürs Benzin und seine Zitronenlimonade bezahlen mußte. So kam ich also am Morgen in Leningrad an auf einem Flugplatz, der aussah wie ein verlassenes Mohrrübenfeld. Das spielte aber für die damaligen kleinen Flugzeuge überhaupt keine Rolle. Wir landeten da zwischen Maulwurfshügeln und auf Gras. Dann wurde ich abgeholt von einer Sekretärin des Philharmoni-

Partitur aus *Letzte Kapitel* Berlin 1932

schen Orchesters, die fließend deutsch sprach – sie war natürlich Lettin – und wurde im Hotel Europa untergebracht. Das war gerade die Zeit, wie ich schon sagte, als Eckener dort war. Bernard Shaw war am Tag vorher abgereist, und die Festtafel war noch nicht abgedeckt; da waren noch alle Sektgläser und alle Speisereste zu sehen. Damals habe ich dann eine Reihe von Konzerten mit dem sehr guten Orchester gegeben, aber die Leute sahen halb verhungert aus. Es war eine sehr schwierige Zeit für die Russen. Sie hatten 1931 gerade wieder eine Mißernte hinter sich. Aber kulturell war schon damals außerordentlich viel los. Ich war zwei Tage im Hotel, als ich angerufen wurde, daß zwei russische Musiker mich gerne besuchen würden. Ich sagte: *«Sehr gerne, aber sprechen Sie deutsch?»* Bei den Proben übrigens sprach ich Deutsch, und da waren immer Musiker, die das sofort übersetzten. Es erschien ein Dr. Sollertinskij, ein Mann von ungefähr 28, 29 Jahren, mein Alter, mit einem sehr nett aussehenden jungen Mann, den er mir als Dimitri Schostakowitsch vorstellte. Ich war natürlich hocherfreut, denn ich hatte seine erste Symphonie in Berlin gehört. Sie waren bei den Proben anwesend gewesen und wollten Kontakt mit westlichen Musikern haben. Wir kamen in ein sehr freundschaftliches Gespräch. Sollertinskij, der ein Musikwissenschaftler war und gleichzeitig ein sprachkundiger Mann – er beherrschte sieben oder acht Sprachen fließend –, sprach Deutsch so, wie ich es sprach. Er übersetzte, vollkommen ohne zu zögern, das, was ich sagte. Schostakowitsch antwortete russisch, und sofort kam die deutsche Übersetzung. Es kam das Gespräch auf Opern, und ich erzählte ihnen, daß ich den *Gewaltigen Hahnrei - Le cocu magnifique*, den sie kannten, weil Meyerhold das Stück aufgeführt hatte – als Oper geschrieben hätte und daß sie nach Mannheim zur Aufführung kommen sollen. Darauf sagte Schostakowitsch: *«Wie interessant, ich bin auch gerade mit einer Oper beschäftigt. Haben Sie schon eine zweite in Arbeit?»* Sage ich: *«Ja, das ist sogar sehr interessant für Sie, es ist nämlich ein russisches Thema. Ich kaufte von einer Bücherkarre in Berlin einen kleinen Novellenband von Leskow. Eine kleine Geschichte heißt* Lady Macbeth von Minsk. *Und die möchte ich gerne als Oper komponieren, weil es hochinteressant ist»*. Worauf Schostakowitsch blaß wurde und sagte: *«Das habe ich bereits in Arbeit.»* Stellen Sie sich diese Konstellation vor! Ich fragte ihn, ob er noch zu einem meiner sechs Konzerte komme, er sagte, er bedauere sehr, er müsse nach Moskau. Dann bekam ich aus Moskau eine telegrafische

Anfrage, ob ich eine Tournee machen wolle bis nach Tiflis hinunter, und ich sagte mit Begeisterung zu, aber nur unter der Bedingung, daß ich für weitere vier Wochen Urlaub von Berlin bekommen würde. Das Problem löste sich dadurch, daß ich eine Nierenkolik bekam. Es kamen sofort russische Ärzte, offenbar direkt aus dem Operationssaal, denn sie hatten alle weiße Kittel an und waren mit Blut bespritzt, und sagten, ich müsse sofort nach Berlin zurück, sie würden die Verantwortung nicht übernehmen. So flog ich also am nächsten Tag nach meinem letzten Konzert (*Don Juan* und *Fantastique*), das ich mit Morphiumspritzen noch bewerkstelligte, ab.

Starker Erfolg eines neuen Opernwerkes

BERTHOLD

GOLDSCHMIDT

Der gewaltige Hahnrei

Musikalische Tragikomödie in 3 Akten nach „Le cocu magnifique" von F. Crommelynck

Uraufführung am Nationaltheater Mannheim

Die Presse schreibt:

Es ist das Werk eines überaus talentvollen und auch jetzt schon recht bühnengewaltigen Musikers. Ein sehr beachtliches Werk der modernen Opernproduktion, sehr gekonnt, geladen mit ursprünglichem musikalischen Temperament und selbst dort, wo es weniger überzeugt, zum mindesten interessant und reizvoll. *(Mannheimer Tageblatt)*

Die Erstlingsoper einer starken kompositorischen Begabung. Sie tut es mit großem Geschick und bemerkiicher Delikatesse, mit einem an radikalen Beispielen geschärften Klangsinn und meisterhaften kontrapunktlichen Enklaven. Sie ersetzt die hier überflüßig gewordene Motivtechnik der Tradition durch große architektonische Gegensatzflächen, deren Propositionsbewußtsein am nachdrücklichsten für ein noch entwicklungsfähiges Talent zeugt. *(B. Z. am Mittag)*

Goldschmidt verrät bei allem eine so sichere Hand, daß man von ihm, der zum ersten Male mit diesem Werk die Opernbühne betritt, noch Gutes erwarten kann. Man ist der Leitung des Nationaltheaters zu Dank verpflichtet, daß sie dieses Werk herausgebracht hat. Da die Ausstattung der Oper kaum nennenswerte Kosten verursacht haben dürfte, ist das finanzielle Konto dadurch wenig belastet worden. Das künstlerische dafür um so erheblicher — mit einem starken Plus. *(Neue Badische Landeszeitung)*

Goldschmidt erweist sich als ein Musiker von außerordentlicher Begabung. Seine Musik ist polyphon — durchsichtig, zeigt ab und zu Ansätze zu einer breiteren Kantabilität und verschmäht nicht im gegebenen Moment dramatische Akzente. So entsteht eine eigenartige und reizvolle Synthese von Musizieroper und dramatischer Oper. *(Vossische Zeitung)*

Es ist eine unerhört flüssige, bewegungsstarke, farbig apart gearbeitete Komposition, bemerkenswert vor allem durch die vielen Taktwechsel, die feinen instrumentalen Akzente und Bewegungen, die den nervösen, pathologischen Grundzug der Handlung ausgezeichnet treffen. *(Münchner Neueste Nachrichten)*

Ansichtsmaterial (Klavierauszug und Textbuch) von der

UNIVERSAL-EDITION A. G., WIEN — LEIPZIG

An der Städtischen Oper Berlin (Carl Ebert)

An der Städtischen Oper war ich künstlerischer Beirat von Ebert und sollte auch dirigieren, *Pique Dame* von Tschaikowsky. Dazu kam es dann durch die Nazis nicht mehr. Meine Haupttätigkeit war, mit Ebert das Opernrepertoire festzulegen und das, was er inzenierte, mit ihm einzustudieren. Er hatte eine große Liebe zur Musik, konnte aber keine Noten lesen. Er mußte sich den deutschen Text, wenn es sich um italienische Opern handelte, Wort für Wort unter die Gesangslinie schreiben, und alle Motive mußten rot eingekringelt werden, damit er wußte, wo was auf der Bühne zu geschehen hatte.

Gleichzeitig war ich an der Berliner Funkstunde Dirigent eines Orchesters, das aus arbeitslosen Musikern zusammengestellt worden war und mit dem ich mindestens zwei- oder dreimal monatlich Konzerte gab; keine schweren Symphoniekonzerte, sondern leichtere Musik von Schubert bis Offenbach, auch zeitgenössische Musik und Walzer, Opernfantasien und kleine Symphonien, soweit das Orchester es zuließ. Es gab mehrere Orchester arbeitsloser Musiker, die unter verschiedenen Dirigenten arbeiteten. Damals war Walter Gronostay Leiter der Musikabteilung, ein sehr fortschrittlicher Mensch – er rief diese Orchester ins Leben. Zu der Zeit wurde Radio noch nicht so furchtbar ernstgenommen. Aber ich sah, daß das eine große Zukunft hatte und habe mit Begeisterung dort dirigiert. Diese Orchester wurden ein- oder zweimal im Jahr zusammengelegt und gaben dann Monsterkonzerte in den Ausstellungshallen am Kaiserdamm. Da hatte ich einmal ein Orchester von 180 Mann. Ich dirigierte die Ouvertüre *Dichter und Bauer*, die *Rienzi-Ouvertüre* und solche Sachen. Starker Applaus, die Hallen waren voll, es waren ganz billige Eintrittspreise. Man sah da richtig eine Zukunft.

Ich hatte zu dieser Zeit Konzerte im Frankfurter Rundfunk (mit Werken von Beethoven, Krenek und Bartók) und in Hamburg mit eigenen Kompositionen und dem Philharmonischen Orchester. Daneben komponierte ich sehr viel Bühnenmusik für die Schauspiele, ich arbeitete viel mit Jürgen Fehling zusammen.

Gleichzeitig komponierte ich meine Oper *Der gewaltige Hahnrei*, die dann am National-Theater in Mannheim im Februar 1932 zur Aufführung kam, mit sehr guter Presse in Mannheim, auch Stuckenschmidt schrieb in der damaligen

BZ positiv darüber. Die Oper erschien sogar auf dem Spielplan der Städtischen Oper für die Spielzeit 33/34. Es war ein Plan von Ebert, ob er ihn im Ernst ausführen wollte, weiß ich nicht. Wahrscheinlich war das schon eine Sache des schlechten Gewissens. Er war nämlich nicht zur Uraufführung nach Mannheim gekommen, was die Mannheimer außerordentlich erstaunt hat. Aber er setzte meine Oper auf den Spielplan 33/34. (Sollte irgendwo noch ein Prospekt des geplanten Spielrepertoires der Städtischen Oper für die Saison 1933/34 existieren, so erscheint *Der gewaltige Hahnrei* darin.)

Als Entschuldigung führte Ebert an, daß er tie f in den Proben zu Kurt Weills *Bürgschaft* stand. Das war gleichzeitig. Caspar Neher hatte den Text geschrieben, Weill die Musik, und wir hatten die Uraufführung an der Städtischen Oper. Ebert hatte die Regie. Als ich aus Mannheim zurückkam, war Weill gerade anwesend und fragte Ebert: «*Na, wie ist es gewesen?*» ich warf ein: «*Lieber Weill, er war sehr beschäftigt mit Ihrer Oper.*» «*Ich hätte ihn gern davon beurlaubt. Zu einer Uraufführung eines Mitarbeiters fährt man doch hin.*» Das war Ebert etwas unangenehm. Die Leute in Mannheim fanden es außerordentlich taktlos, daß niemand von der Städtischen Oper kam. Rosenstock, ein Schreker-Schüler, war der Dirigent.

1931 waren wir also in Berlin zur Eröffnung der neuen Saison, Eberts erster Saison als Intendant, da machten wir *Macbeth* von Verdi, die berühmte Aufführung mit der Onegin als Lady Macbeth. (Das führte übrigens dazu, daß ich 1947, also 16 Jahre später, diesen *Macbeth* in Edinburgh mit der Glyndebourne-Oper dirigierte, weil damals fast niemand Verdis *Macbeth* hier in England kannte und Szell, der dirigieren sollte, wegen ungenügender Qualität des Orchesters über Nacht abreiste und ich als Chordirektor und *assistant conductor* das Stück übernahm). Die Oper war ein großer Erfolg, besonders durch Nehers wunderbare Dekoration und Eberts Regie. Ich hatte mit Ebert die ganze Oper, so wie ich es in Darmstadt gemacht hatte, in Berlin auch weiter dramaturgisch und musikalisch ausgearbeitet. Er hatte einen großen Sinn für Musik, und das Stück war ein Riesenerfolg. Fritz Stiedry dirigierte, ein guter Musiker und guter Dirigent, aber in Berlin waren zu der Zeit Kleiber, Szell und Blech an der Lindenoper, Klemperer, Zemlinsky und Fritz Zweig an der Krolloper, und am Theater des Westens waren Issai Dobrowen und Eugen Szenkar, so daß wir, die wir die Nachfolge von Bruno Walters Regie übernommen hatte, in Stiedry und Paul Breisach keine herausragende Kapazität hatten. Ich war Eberts künstlerischer Beirat und musikalischer Vertrauter, wie Klemperer später einmal sagte: «*Sie waren ja Eberts rechtes Ohr.*» Eines Tages sagte Ebert: «*Was sollen wir denn in der nächsten Spielzeit machen? Dieser Macbeth war ja ein großer Erfolg, das kann man nicht so leicht wiederholen. Ich möchte gern wieder einen Verdi machen. Stiedry ist ein guter Dirigent, aber ich muß jemand haben, der einen internationalen Namen hat.*» Sage ich: «*Wie wär's denn mit Fritz Busch?*» Der hatte damals gerade in Dresden *Macht des Schicksals* in der Werfel-Bearbeitung mit Riesenerfolg gemacht. Sagt Ebert: «*Ich kenne ihn nicht. Das soll doch so ein deutscher Feldwebel sein.*» «*Keineswegs. Er ist ein hervorragender Verdi-Dirigent. Toscanini kommt manchmal nach Dresden, um ihn zu hören. Das wäre eine großartige Sache. Busch hat noch nie in Berlin Oper dirigiert, er hat nur mit der Dresdener Kapelle manchmal Konzerte gegeben. Er sitzt da in Dresden wie Achilles in seinem Zelt und ist wahrscheinlich ganz beleidigt, daß man ihn noch nie eingeladen hat.*» «*Meinen Sie, das kann ich wagen?*» «*Warten Sie 'mal einen Moment.*» Ich bin in das Regiezimmer gegangen, wo alle Opernzettel der deutschen Bühnen hingen, und sagte: «*Lieber Herr Professor Ebert, heute abend dirigiert Busch* Macht des Schicksals, *fahren Sie sofort hin.*» «*Aber das darf kein Mensch wissen, weder Stiedry noch Breisach, sonst habe ich hier die Hölle.*» Am nächsten Morgen ruft er mich in meiner Privatwohnung an: «*Mensch, ich bin dir sehr dankbar!*» – da hat er einen dann plötzlich geduzt – »*Ein doller Erfolg!*» Ich frage: «*Wie ist denn Busch dazu eingestellt?*» Der sei nur zu gerne bereit, nach Berlin zu kommen. Da kam nun das, was ich mit Böhm in Darmstadt erlebt hatte, mit einem Hageldonnerwetter von Stiedry und Breisach auf mich zurück. «*Da haben Sie ja dem Professor was Schönes eingeredet!*» Ich habe das beigelegt, Stiedry und Breisach wurden besänftigt dadurch, daß sie Uraufführungen bekamen, Weills Neher-Oper *Die Bürgschaft* für Stiedry und Schrekers *Schmied von Gent* für Breisach.

Es kam zum Kontrakt: *Maskenball*, Eröffnung der Saison 1932/33. Wieder Neher, Ausstattung, Ebert, Regie und Busch dirigiert. Die erste Probe mit dem Orchester, ein Riesenerfolg für Busch, der natürlich das Orchester genau zu handhaben wußte! Die Aufführung wurde ein enormer Erfolg für Busch, Ebert usw. Ebert stellte mich Busch vor: «*Er hat diese Sache zustande gebracht, lieber Fritz.*» Die waren dann gleich per Du. Das hatte Auswirkungen, die ich Ihnen erzählen muß, weil es zur Geschichte gehört. Davor liegt aber unser Hinauswurf aus der Städtischen Oper am 12. März 1933. Die Atmosphäre in der Oper war immer unangenehmer geworden. Es waren viele Nazis im Orchester und im Chor, es gab Stänkereien gegen die Leitung, *«Sozialdemokrat Ebert»* und *«so viele Juden - Stiedry und Breisach und dieser Goldschmidt.»* Da waren also richtig unangenehme persönliche Anfeindungen. *«Jetzt will er auch noch dirigieren! Wie kommt er dazu!»* Am 30. Januar war die «Machtübernahme». Da waren wir in der Städtischen Oper, und bei uns war ein sehr netter Musiker, Hans Udo Müller, der auch zum Dirigieren kam. Er war der beste Korrepetitor, den wir hatten, besonders versiert in Wagner-Opern; der hatte einen kleinen Wagen – damals hatte man noch nicht so viele Autos wie heutzutage, und viele Leute an der Oper hatten keine Autos –, der nahm Rudolf Bing und mich immer mit von Charlottenburg hinüber zur Uhlandstraße und zum Fehrbelliner Platz, wohin es damals keine Querverbindungen gab. Er wartete um ein Uhr am Bühnenausgang, um halb vier war man wieder im Theater. Als wir zum Kurfürstendamm kamen, wurde die BZ ausgerufen: *«Hitler - Reichskanzler!»* Ich sagte zu Bing: *«Na, das ist unser Ende.»* Und Hans Udo Müller sagt: *«Ach, machen Sie sich keine Sorgen. Es wird nicht so schlimm werden.»* Drei Monate später war er Erster Kapellmeister an der Oper. Der berühmte Bariton Gerhard Hüsch war ein Erznazi, er war mit Rosalind von Schirach, der Schwester von Baldur, die bei uns an der Oper Sopranistin war, liiert. Die Nazizelle war: Rosalind von Schirach, Gerhard Hüsch und Hans Udo Müller. Die drei machten sich dann auch sehr schnell zu Direktoren oder stellvertretenden Direktoren. Direkter Nachfolger wurde der Bariton Wilhelm Rode, ein Wagnersänger mit einer sehr guten Stimme, aber von geringerer Intelligenz – ebenfalls ein Nazi. Rode wurde sofort entweder vom «Führer» persönlich oder von Goebbels als Intendant eingesetzt. Aber da er außer seinen Wagnerrollen keine Ahnung vom Betrieb hatte, hatte er neben sich Hüsch, Rosalind von Schirach und Hans Udo Müller. Unser Verwaltungsdirektor war damals Herr Dr. Papproth, der auch ganz frisch weitermachte. Wir bekamen ein kleines Briefchen am Bühnenausgang ausgehändigt: *«Auf Veranlassung des Stellvertreters des Führers und des Staatskommissars Hinkel ist Ihnen das Betreten des Hauses nicht mehr gestattet. Gezeichnet: Otto Wilhelm Lange.»* Ebert flog, weil er

Sozialist war, und wir flogen, weil wir Juden waren. Fritz Busch weigerte sich, die Hakenkreuzfahne in Dresden aufziehen zu lassen, und trat zurück, was ihm verhältnismäßig leicht fiel, weil er Engagements in Südamerika hatte. Ebert ging sofort nach Lugano, er hatte dort ein Haus gemietet mit seiner Familie, Stiedry ging nach Wien, Breisach ebenfalls und beide später nach New York an die Metropolitan. Kurt Sanderling war bei uns Korrepetitor gewesen. An dem Tag, als wir hinausflogen, fragte ich ihn: *«Na, Sanderling, was werden Sie machen?» «Ich geh'nach Moskau.» «Nach Moskau?» «Warum nicht?»* Sie wissen, daß er naturalisiert wurde und daß er eine große Karriere in Rußland gemacht hat? Damals war er 19 und ist nunmehr eine internationale Größe geworden.

Nun zu Ebert und Busch. Fritz Busch telegrafierte an Ebert *«in Dankbarkeit»* für sein Berliner Engagement, ob Ebert bereit sei, mit ihm nach Buenos Aires und Rio de Janeiro zu gehen, um deutsche *Stagione* zu inszenieren. Ebert hat mit Freuden zugesagt, er hatte außer einer *Entführung aus dem Serail* nichts anderes vor. Zunächst zog er nach Lugano, und ich blieb in Berlin und wartete auf eine Gelegenheit, auszuwandern. Nun geschah folgendes: Hier in England war ein reicher Mann in Glyndebourne mit Namen John Christie, der eine junge Sängerin geheiratet hatte, für die er gerne eine musikalische Atmosphäre in Glyndebourne schaffen wollte. Es handelte sich damals – das war 1933/34 – um Kammermusikabende mit Sopransoli usw. Dieser John Christie hatte eine Agentin, die sehr gute Verbindungen zum Adolf Busch-Quartett hatte. Sie engagierte das Busch-Quartett, das in England sowieso Tourneen hatte, nach Glyndebourne, und im Laufe der Ereignisse schlug Adolf Busch vor: *«Wie wär's denn, wenn man hier Kammeropern, Pergolesi oder Mozart, aufführen würde, dann könnte Ihre Frau doch auch so etwas singen?»* Christie sagte: *«Warum nicht, wir können ja auch* Lohengrin *usw. aufführen.»* Darauf sagte Adolf Busch: *«Nun 'mal langsam, lassen Sie uns doch erstmal mit kleineren Opern anfangen. Übrigens wäre mein Bruder Fritz Busch, der Generalmusikdirektor in Dresden, der jetzt wegen der Nazis Deutschland verlassen hat, sicher gerne bereit, hier diese Sache zu machen.»* Daraus entstand Glyndebourne. Eines Tages bekam ich in Berlin von Ebert aus Lugano einen Brief: *«Lieber Goldschmidt, würden Sie bitte nach Lugano kommen. Denn es gibt Pläne, daß ich in England Mozart inszenieren soll, und da ich außer* Figaro *noch nichts gemacht habe –*

Figaro *habe ich ja mit Ihnen in Darmstadt gemacht, möchte ich gerne* DonGiovanni *und* Zauberflöte *mit Ihnen möglichst Note für Note durchgehen, damit ich es inszenieren kann. Kommen Sie bitte auf meine Kosten nach Lugano, Sie sind mein Gast.»* Das war für mich 1934 ein kolossaler Break. In Lugano habe ich dann mit ihm gearbeitet. Ebert mußte zwischendurch auf Einladung von Christie einmal nach England fahren, um Glyndebourne zu inspizieren, kam zurück und erzählte: *«Sowas kann nur ein verrückter Engländer machen. Da hat er ein kleines Theater und will Fritz Busch engagieren, will Oper mitten zwischen Kühen und Wiesen machen. Da sieht man weiter nichts als Lämmer auf der einen Seite und Kühe und wunderhübsche Landschaft auf der anderen. Zahlen will er sehr gut. Er will eines von den Londoner Orchestern engagieren, und Busch meint, es sei ganz gut möglich.»* Im Verlauf des Hinundher kam die Rede darauf, wie es wäre, wenn ich auch dazukäme. *«Selbstverständlich, bei erster Gelegenheit werde ich sehen, daß ich Sie dort unterbringe.»* Also ich habe mit ihm *Don Giovanni* und *Figaro* gearbeitet und bin nach Berlin zurückgefahren. Nichts mehr gehört. Ein Jahr verging: *«Ja, da sind Schwierigkeiten, Busch hat schon seinen italienischen Korrepetitor, Alberto Erede, mitgebracht. Denn da wir alles in Italienisch machen wollen, brauchen wir einen Italiener für diese Sachen. Dann habe ich Hans Oppenheim engagieren müssen - Sie wissen, er ist mit meiner ersten Frau verheiratet, und er hat die Stellung in Würzburg verloren -, Sie werden verstehen, daß ich das machen muß. Dann ist noch ein persönlicher Korrepetitor von Mrs. Christie da, Jani Strasser, ein Ungar, der mit Mrs. Christie schon seit Jahren korrepetiert. Das sind also Fritz Busch und ich, Erede, Strasser, Oppenheim und Rudolf Bing als Betriebsleiter, also sechs Ausländer, und wir werden vom Home Office keine Erlaubnis bekommen, noch einen weiteren dazuzuengagieren.»* Und dabei ist es geblieben.

Erfahrungen mit dem Antisemitismus in Deutschland

Ich kann nicht sagen, daß ich in meiner Jugend in Hamburg antisemitische Erlebnisse gehabt habe mit Ausnahme der üblichen Schuljungenaffären, als irgendein Mitschüler Unsinn geredet hat. Aber das wurde sofort unterbunden und ignoriert. Antisemitismus gab es weder in der Schule noch beim Studium, in Berlin an der Hochschule natürlich überhaupt nicht, an der Universität auch nicht, an der Linden-Oper auch nicht. Natürlich konnte man sich nicht blind stellen gegenüber dem, was man an anderen sah. Es gab schon immer eine antisemitische Presse. Natürlich wurde man, wenn eine Komposition aufgeführt wurde, in der *Kreuzzeitung* und in den nationalsozialistischen Zeitungen als nicht wünschenswert hingestellt. Aber grobe Anpöbelungen gab es nicht. Die kamen erst um 1933. Obgleich man natürlich immer irgendwo einmal Anstoß erregte, gab es nichts, was darauf hindeutete, daß man ein Massenabschlachten innerhalb von wenigen Jahren zu erwarten hatte. In den kleineren Städten war es anders. In Darmstadt waren schon richtig Stänkereien im Orchester und Anspielungen in der Presse. Das wurde mir auch von anderen Kollegen, zum Beispiel in Oldenburg, aber auch in Frankfurt von Wilhelm (später: William) Steinberg, bestätigt. Da wurde gewühlt. Von München wollen wir gar nicht reden, wo Bruno Walter ja schon die entsprechenden Erfahrungen gemacht hatte. In Dessau war es auch nicht sehr angenehm (das war mein erstes Engagement). Da gab es verschiedene abgesetzte Leute, die sich bereits hinter den Nazis verschanzten. Das nahm man als Naturphönomen hin, aber nicht als etwas, was auf Mörderisches hindeutete. Man fand «komisch», was Hitler und Streicher in München und Nürnberg von sich gaben, und es wurde allgemein leider nicht ernst genommen.

Berlin 1933 bis 1935
(Das Palästina-Orchester – Jürgen Fehling – Reisekreditbriefe)

Ich blieb in Berlin, und die jüdischen Musiker, die in den Orchestern gewesen waren, taten sich zusammen. Die jüdische Gemeinde versuchte, den Leuten Möglichkeiten für eine Auswanderung zu geben. Damals war gerade in Israel das Palästina-Orchester zwar noch nicht gegründet, aber in Aussicht genommen. Bronislaw Hubermann hatte den Plan, dieses Orchester, das jetzt das Israel Philharmonic Orchestra ist, zu gründen, und hatte den jüdischen Gemeinden aus Amerika Geld beschafft, damit professionelle oder junge Musiker sich für das Orchesterensemble ausbilden konnten. Ich hatte die Aufgabe, mit diesen jungen Leuten zu arbeiten. Ich hatte jede Woche zwei Proben, da probierte ich Stücke aus Symphonien, schwierige Passagen für Bläser und Streicher. Diese Tätigkeit führte ich von 1933 bis 1935 aus und bekam ganz wenig bezahlt. Ich hatte noch sechs Monate lang die Hälfte meines Gehaltes von der Städtischen Oper angewiesen bekommen. Das hatte Oberbürgermeister Sahm, der kein Nazi war, angeordnet. Zum Glück unterstand die Städtische Oper nicht dem preußischen Innenministerium, sondern der Stadt Berlin. Mein Vertrag lief bis November 1934 (damals hatte die Leitung der Städtischen Oper schon Angst, längere als einjährige Verträge abzuschließen). Und da ich im Januar hinausgeworfen wurde, bekam ich bis Ende Juli die Hälfte meines Gehaltes. Damit und mit der Tätigkeit an dieser Orchesterspielerschule konnte ich mich über Wasser halten. Dann kam im Sommer '34 der Röhm-Putsch, und jeder sagte: «*Die Sache ist bald zu Ende. Seien Sie doch nicht lächerlich, Sie sehen doch, die bringen sich selber um.*» Und Mussolini mobilisierte gegen Hitler, als Hitler an den Brenner ging. Alle sagten: «*Um Gotteswillen, bloß nicht weggehen. Das wäre ganz blödsinnig!*» Einer meiner stärksten Befürworter in Deutschland war Jürgen Fehling, der am Staatstheater Regisseur war. Er war ein wilder Antinazi und sagte: «*Du bleibst hier und schreibst die Bühnenmusik für* Wilhelm Tell!» Das war Ende '34. «*Ich rede mit Gründgens, der ist ein guter Freund von Göring, das wird schon gehen.*» Also er hat mich dazu «gezwungen» – er war eine starke Persönlichkeit –, ich habe diese Bühnenmusik geschrieben. Sie wurde bei den Proben auf dem Klavier gespielt. Daß ich der Komponist war, durfte nicht erwähnt werden, ich trat persönlich auch nicht in Erscheinung. Trotzdem wurde innerhalb von drei Tagen alles bekannt, und Werner Krauß, der den *Tell* spielte – der berühmte Schauspieler Werner Krauß –, fing an: «*Fehling, nach der Musik kann ich nicht spielen. Das ist eine orientalische Musik, die hat mit dem deutschen Drama nichts zu tun!*» Fehling schrie zurück: «*Bist du wahnsinnig geworden? Was geht dich das überhaupt an? Spiel deine Rolle!*» Krauß war still, er beschwerte sich aber bei Göring. Es kam eine Rückfrage: «*Wer ist der Komponist der Bühnenmusik zu* Wilhelm Tell?» Fehling: «*Kann ich jetzt nicht mehr absetzen, die Generalprobe ist morgen, das ganze Stück fällt damit zusammen. Die Bühnenmusik wird gespielt.*» Und zu mir: «*Ich muß mich mit Gründgens in Verbindung setzen, der wird das durchsetzen.*» Gründgens sagt zu Fehling: «*Heute abend spiele ich den* Mephisto, *und Göring ist in der Loge, das werde ich schon machen. Ich gehe in der Pause mit meinem roten Mantel in seine Loge und sage ihm, daß die Musik gemacht werden muß. Das werde ich schon durchsetzen.*» Hat er gedacht! Die Musik wurde gespielt, ohne den Namen des Komponisten zu nennen, und wurde dann nach einigen Aufführungen abgesetzt. Gründgens hat, als er nach dem Krieg in Hamburg war, 1962 eine Welttournee mit dem Hamburger Theater gemacht. Meine Frau und ich waren zufällig in Venedig, als er im Teatro Fenice den *Faust* spielte. Ich sagte: «*Ich will ihn aufsuchen.*» Das war beinahe dreißig Jahre später. Ich bin auf die Bühne gegangen und habe ihm meine Karte schicken lassen. Nach zehn Minuten kam Gründgens: «*Mensch, was du mir damals angetan hast, das hätte meinen Kopf kosten können! - Wie geht's? Wiederseh'n, muß weg.*» Zwei Monate später ist er gestorben.

1935 fing es an, daß man kein Geld mehr ins Ausland mitnehmen konnte. Es gab aber noch eine Möglichkeit, in die Ferien zu fahren, und es gab Reisekreditbriefe. Da haben meine Frau und ich uns zusammengetan: «*Wir nehmen diese Reisekreditbriefe, solange wir sie bekommen, fahren damit in die Schweiz, heben das Geld ab, leben in der Hundehütte sozusagen, ganz bescheiden.*» Wir lebten in einer Künstlerkolonie bei Ascona und aßen wochenlang wirklich nur Brot und Käse und ein bißchen Salat. Das Geld schickten wir von dort aus nach London. Gerüchte, daß solche Sachen stattfanden, erschienen bald in der Nazipresse, und man sagte: «*Wir wollen den Leuten nicht ihre Ferien verderben, aber sie müssen bei der Rückkunft Hotelrechnungen vorlegen und beweisen, daß sie das Geld wirklich in der Schweiz ausgegeben haben.*» Das war natürlich ein großes Problem. Wir sind zweimal in diesen beiden Jahren in die Schweiz gefahren, und Schweizer Bekannte haben dann von befreundeten Hoteliers Rechnungen besorgt. So hat man das gemacht. Aber meine Frau ist keine Jüdin, wir haben immer gezittert, wir sind immer getrennt hinausgefahren und auch getrennt wieder zurückgefahren. Wir waren damals noch nicht verheiratet. Inzwischen kamen die Rassengesetze. So haben wir ungefähr 200 bis 250 Pfd. hier in London gehabt.

Herbst 1935: Ankunft in England

Da ich keine andere Möglichkeit für mich sah – nach Frankreich und Italien wollte ich nicht, weil mir das zu prekär war –, bin ich nach England gegangen. Man brauchte, um nach England zu kommen, kein Visum. Man kam an und war in den Händen des immigration officers, zeigte seinen Paß und wurde gefragt: «*Mr. Goldschmidt, wie lange wollen Sie in England bleiben?*» Ich habe darauf geantwortet: «*So lange wie möglich.*» Worauf er seinen Füllfederhalter hinlegte, sich zurücklehnte und fragte: «*Warum?*» Sagte ich: «*Nazis.*» «*Ja, das wissen wir. Aber es kommen so viele. Haben Sie denn Geld, um sich am Leben erhalten zu können?*» « *Ja, ich habe Geld in der Schweiz.*» Das schrieb er sich auf. « *Sie sind Musiker? Sie wissen, daß Sie keine Arbeitserlaubnis als Musiker bekommen können? Die Bestimmungen sagen, daß nur Leute, die als Gast hierherkommen, eine beschränkte Aufenthaltserlaubnis bekommen und dann das Land wieder verlassen müssen.*» «*Ja, das weiß ich. Aber ich bin Komponist, und als Komponist kann ich ja arbeiten.*» «*Aber können Sie als Komponist leben?*» «*Ja, ich habe hier noch ein paar gedruckte Kompositionen.*» Ich hatte meine Sonate von der Universal Edition, das Streichquartett und den Klavierauszug der Oper. Der Mann hatte natürlich keine Ahnung von Musik, sah gedrucktes Material und sagte: «*Na ja, wenn Sie denken. Ich werde Ihnen drei Monate geben.*» Damit war ich selig. Ich war erst einmal in England. Dann hat man sich sofort mit den Flüchtlingsorganisationen in Verbindung gesetzt. Die sagten: «*Sofort den Paß ans Home Office schicken und um Verlängerung ansuchen.*» In dem Paß stand: «*Hat die Erlaubnis, sich drei Monate in England aufzuhalten, darf aber keinerlei Arbeit, weder bezahlte noch unbezahlte, annehmen.*» Also ich war hier, und die Leute fragten: «*Wieviel Geld haben Sie?*» Ich sagte: «*250 Pfund.*» «*Das ist ja wahnsinnig! Damit können Sie überhaupt nichts machen!*» « *Das werde ich sehen.*» Ich bin zu einem Agenten gegangen und habe gesagt: «*Ich möchte eine Wohnung haben.*» Damals waren Tausende von Wohnungen zu haben. Ich habe diese Wohnung hier gesehen und sagte dem Agenten: «*Ich möchte soviel Musik machen können, wie ich will, und brauche zwei Zimmer. Was ist die Miete?*» «*80 Pounds pro annum.*» «*Ich zahle Ihnen für ein Jahr im voraus.*» Das gab es damals überhaupt nicht. Innerhalb von drei Tagen hatte ich den Mietvertrag und hatte erst einmal die Wohnung. Möbel hatte ich nicht, es war leer hier. Ich bekam eine Matratze geliehen. Das war im Oktober 1935. Meine Frau war noch in Berlin, sie kam erst im Februar nach. Mit der Zeit schickten meine Eltern mir aus Hamburg mal ein Sofa und mal einen Sessel, dieses Notenregal. Die Möbel, die so aussehen, als ob sie für hier angefertigt sind, sind Originalmöbel aus dem Hause meiner Eltern. Die paßten hier wunderschön. Das kam also damals nach und nach an. Dann kam die Sperre, daß keine Möbel mehr herausgeschickt werden durften. Viele Umzugswagen blieben in Bremen liegen und sind später bei Bombardierungen verbrannt. Die Leute haben das jetzt natürlich ersetzt bekommen. Aber meine Sachen gingen noch durch, auch der Flügel. Es wurde alles untersucht auf Silber, Gold, Schmuck und Edelsteine. Sie haben nichts gefunden, meine Mutter hatte auch nichts versteckt. Mein Vater starb dann in Deutschland, und meine Mutter habe ich kurz vor dem Krieg noch herausbekommen dadurch, daß ich eine Garantie für sie geben konnte. Da saß ich hier und machte erst einmal Bekanntschaften und knüpfte Verbindungen an. Alle sagten: *«Um Gotteswillen nur nicht um Arbeit ersuchen.»* Im Jahre 1936 kam die Dresdener Oper hierher nach Covent Garden als Gesamtgastspiel mit Böhm, meinem Böhm! Ich biß die Zähne zusammen und schrieb ans Home Office, die Dresdener Staatsoper komme hierher mit Böhm und, da ich doch einmal hier sei, würden Sie mir erlauben, als Verbindungsmann und als Korrepetitor ... Glatt abgelehnt. Also die Nazis kamen hierher und wurden hoch bezahlt, und man selber saß hier und hatte nicht die Möglichkeit, auch nur eine kleine Winzigkeit damit zu verdienen. Was tat man? Man kannte Leute, die kaufmännisch tätig waren und gute Beziehungen hatten, die auch rechtzeitig - 1931 - Geld transferieren konnten. Die hatten Söhne, die Musik studieren wollten, und Töchter, die sangen, und die korrepetierten dann mit mir, und ich erteilte Harmonie- und Kontrapunktunterricht. Natürlich durfte ich nie annoncieren oder es sonstwie bekanntmachen. Was man privat machte, war dem Home Office gleichgültig.

«Wieso dirigieren Sie nicht in Glyndebourne?»

So saß ich hier und jeder fragte mich: *«Sie kennen doch Ebert, warum sind Sie denn nicht in Glyndebourne?»* Das hat jahrelang eine schädliche Wirkung auf meine Karriere gehabt, wie Sie sich denken können. Ich konnte nicht allen Leuten diese Gechichte erzählen: daß die Fusion Ebert-Busch durch mich zustande gekommen war und daß daraus die Fusion Ebert-Busch für Glyndebourne entstanden war. Glyndebourne ist ja dadurch entstanden, daß ich Ebert gesagt habe: *«Fahren Sie heute nach Dresden und hören Sie sich* Die Macht des Schicksals *mit Fritz Busch an.»* Das hing mir jahrzehntelang an, und noch heute fragen mich Leute: *«Wieso dirigieren Sie nicht in Glyndebourne?»* Zur Erklärung gibt es einen Brief von Ebert an mich, vom 26. April 1936. Ich war schon in England, und er war in Lugano. Vorher war ich schon zweimal bei ihm gewesen, 1933 und 1934, um Glyndebourne vorzubereiten. *«Lieber Berthold Goldschmidt! Die fürchterlich anstrengende letzte Runde in Basel»* – wo er Schauspieler war – *«und die dicke liegengebliebene Korrespondenz, die ich hier vorfand, sind Schuld, daß ich erst heute dazu komme, Ihr letztes Schreiben zu beantworten. Wie jammerschade, daß es negativ sein muß. Ich kann John Christie, besonders nach gewissen Vorkommnissen der letzten Zeit, unmöglich die Notwendigkeit einer Ausgabe für einen Helfer klarzumachen hoffen, selbst für eine im Gesamtetat so geringfügige Summe. Die Gründe dafür kann ich Ihnen besser mündlich auseinandersetzen. Mir selbst aber ist es in diesem Augenblick noch viel unmöglicher, auch nur die Hälfte dieser Summe freizumachen»* – (ich hatte 50 Pfund verlangt, um mit ihm *Don Giovanni* vorzubereiten) – *«solange ich noch, sagen wir zum Beispiel mit den Zahlungen für die Schule meines Jungen, im Rückstand bin. Diese Monate des Übergangs vom mageren Winter in Basel, in den mit einem Vakuum beginnenden England- und Südamerikasommer»* – Fritz Busch – *»sind immer die kritischen in meiner Großfamilienkasse, und ich sage Ihnen das so aufrichtig, weil ich kaum einen Menschen so gern und mit so viel sachlicher Zustimmung helfen möchte wie Ihnen. Ich muß also diesmal leider auf ihre Mitarbeit verzichten, die allerdings auch etwas bescheidener gedacht war. Da die Dekorationen für Glyndebourne schon fertig sind und ich das Werk* Don Giovanni *ja schon einmal inszeniert habe, sollte es sich diesmal nur um eine Wiederauffrischung meines Interesses, nicht aber um eine neue Geburt handeln. Mein heimlicher Gedanke dabei war allerdings, Sie auf diese Weise nach Glyndebourne hineinzuschmuggeln, weil sich Ihnen auf dem offiziellen Wege, den ich seit zwei Jahren für Sie zu bereiten versuche, allerlei Kräfte entgegenstellten, die heute weniger denn je zu gewinnen sind. Also vielleicht ein andermal. Ich hoffe Sie jedenfalls einmal in London zu sehen. Herzlichst Ihr Carl Ebert.»* Der magere Winter in Basel, die mit einem Vakuum beginnenden Sommermonate in Buenos Aires – in Glyndebourne bezog er ein großes Honorar, und ich saß hier und gab für ein paar Schillinge Privatunterricht.

Kurt Jooss: Chronica

Dann trat ein Glücksfall ein. Kurt Jooss und sein Ballett gehörten auch zur Emigration. Jooss hatte mit seinem Ballett *Der grüne Tisch* in Paris einen großen internationalen Preis bekommen. Er hatte zwei jüdische Mitarbeiter, der eine war Fritz Kohn, sein musikalischer Direktor, der auch die Musik zum *Grünen Tisch* geschrieben hatte, und Fritz Waldmann, ein österreichischer Musiker, beides ausgezeichnete Pianisten. Jooss reiste mit seinem Ballett und zwei Klavieren. Sie hatten nie Orchester (viel später hatte er eine ganz kurze Zeit lang hier nach dem Krieg ein kleines Orchester, das hielt sich aber nicht). Diese Truppe wurde nun en bloc von sehr reichen Leuten übernommen, die in Devonshire in Dartington Hall ein großes Gut hatten und kulturell außerordentlich interessiert waren. Mr. Leonard Elmhirst war jahrelang Sekretär von Rabindranath Tagore gewesen, und sie war eine geborene Vanderbilt, die dementsprechend die nötigen Mittel zur Verfügung stellen konnte. Es waren Leute, die mit Millionen gut umzugehen verstanden. Sie hatten ein herrliches altes Herrenhaus mit wunderbaren Gärten und einem mittelalterlichen Turnierplatz und alten Walnußbäumen, einen Riesengutshof mit uralten Häusern und Bauerncottages, die sie alle modernisieren ließen, – aber stilvoll und wirklich höchst geschmackvoll. Sie riefen dort Gewerbe und Kunst ins Leben, gründeten Gewerbeschulen, Töpfereien, landwirtschaftliche Forschungsinstitute und hörten dann von dem Jooss-Ballett. Sahen es, waren begeistert und sagten: «*Ihr Heim ist nunmehr Dartington Hall.*» Sie nahmen Jooss mit Familie und sämtliche Mitglieder des Balletts, 40, 50 Leute, mit Anhang nach Dartington Hall, ließen ihnen Häuser bauen, wiesen ihnen modern gemachte wunderhübsche kleine Wohnungen an und sagten: «*Ihr könnt machen, was ihr wollt. Produziert eure Ballette, und wir werden eure Tourneen finanzieren.*» Jooss, der in Essen an der Folkwangschule gewesen war, und sämtliche Leute waren begeistert. Denn sie standen bei den Nazis bereits auf der schwarzen Liste, weil der *Grüne Tisch* ein außerordentlich pazifistisches Ballett war: Politiker, die um den grünen Tisch herumsitzen und handeln, plötzlich geht ein Schuß los, der Krieg erscheint, die Bühne verdunkelt sich, schwarzer Vorhang, und Mars führt einen Kriegstanz auf, – mit den geringsten Mitteln genial ausgedrückt, – die jungen Leute werden zu den Fahnen gerufen, zwei, drei Leute von jeder Seite, die sich gegenseitig umbringen, dann kommt der Leichenfledderer, der seinen Profit machen will, er tanzt ein gespenstisches pantomimisches Solo über den Toten, die auf der Bühne liegen, alles ohne Dekoration, nur schwarzer Vorhang, aber außerordentlich ergreifend getanzt. Der Tod erscheint immer am Schluß und holt erst die jungen Soldaten, dann die Mutter, die vor Kummer stirbt, dann die Braut, die vor Kummer stirbt, auch den Leichenfledderer noch am Schluß, nichts bleibt übrig. Der Tod verschwindet, und der *grüne Tisch* ist wieder da, und die Politiker auf beiden Seiten machen dieselbe Geschichte wie zu Anfang, nur daß der Schuß am Schluß nicht mehr fällt, sondern gerade, wenn sie dabei sind, geht der Vorhang herunter. Das war ein Riesenerfolg, und die Musik von Fritz Kohn ist erstklassig. Jetzt brauchte Jooss ein Ballett, das diesen *Grünen Tisch* ablöste. Sie konnten das nicht jeden Tag spielen. So geschah es, daß durch eine zufällige persönliche Vermittlung mich jemand, der mein Streichquartett hier gehört hatte, an Jooss empfahl. Kurt Jooss kam von Dartington Hall in Devonshire hierher und sprach mit mir, ob ich ein Ballett für zwei Klaviere schreiben wollte. Ich war natürlich begeistert. Es handelte sich sozusagen um eine Fortsetzung des *Grünen Tisch: Aufstieg und Fall der Diktatur.* Ich war Feuer und Flamme. Er erzählte mir das Szenarium, das er im Sinne hatte: erst herrscht eine friedliche Atmosphäre, dann kommt allmählich die Diktatur zustande, ein

Szenenbild aus dem Ballett *Chronica* (Premiere 14. 2. 1939 Cambridge)

schöner Mann erscheint, und alle fallen ihm zu Füßen, und er bringt alles zur Korrumption, ein kleiner Goebbels erscheint (das war früher der Leichenfledderer), derselbe Tänzer tanzt den Propagandatanz, und die Leute werden gewonnen, und das nächste Bild bringt die Verwandlung von der Freiheit zum Gefängnishof. Kennen Sie das Bild von van Gogh, wo die Gefangenen im Kreis herumgehen? Es ist ursprünglich von Goya, van Gogh hat es übernommen. Gefangene, ungefähr zwanzig Leute, die angekettet sind und im Kreis herummarschieren so wie ein Tier, das die Wassermühle tritt - das war also der Gefängnishof. Dazu habe ich eine Passacaglia komponiert. Leute stehen mit der Peitsche dahinter, bis das schließlich in Krieg ausartet und am Schluß die Diktatur (aus choreographischen Gründen) zusammenbricht. Die Arbeit daran ging so vonstatten: Jooss war meistens in Dartington, er schickte mir alle paar Tage die Szene, die er machen wollte, mit dem Rhythmus seiner Choreographie. Es war also nur rhythmisch notiert. Hatte er sich einen Tanz ausgedacht, komponierte ich die Musik um dieses rhythmische Gerüst herum. Es wurde kurz nach dem österreichischen „Anschluß" fertig. Da war schon eine außerordentliche Angst, daß Krieg ausbrechen würde. Und die Faschisten - Mosley - waren hier in England. Für die Uraufführung dieses Ballettes, genannt *Chronica*, ohne den Untertitel *Aufstieg und Fall einer Diktatur*, versetzte er das Stück in die Renaissance. Aus glatter Angst! Während der *Grüne Tisch* offen aktuell war - die Politiker im Frack und Zylinder um den Tisch herum und die Soldaten mit stilisierten Uniformen - machte er dieses Ballett mit weichen Botticelli-Gewändern für die Frauen, so daß die Schärfe der Geste und die Schärfe der Musik verloren war. Es war choreographisch wunderbar, auf den Proben sah alles ganz realistisch aus, wenn die Tänzer ohne Kostüme in ihrem Trainingsanzug agierten; der Gefängnishof, und die jungen Mädchen tanzen ihren Tanz, und dann kommt Goebbels, der Propagandist, und sagt: *»Das darf nicht so sein, das ist zu weich und zu lyrisch, also zu jüdisch»* oder was weiß ich. Aber dann wurde das mit Schleiern ausgestattet, und die ganze Expression, der Expressionismus der Choreographie, ging verloren. Ich war traurig. Jooss hatte auch einen Kostümmann aus Paris engagiert, der es wunderbar modisch und schön machte, aber es hatte weder mit der Schärfe der Musik etwa zu tun noch mit der eigentlichen Handlung. Es wurde dann in Cambridge kurz vor dem Krieg aufgeführt, hatte einen mäßigen Erfolg, weil es keine Durchschlagskraft mehr hatte. Dann brach der Krieg aus, und das Jooss-Ballett ging auf Tournee nach Amerika und Südamerika und spielte den *Grünen Tisch* und *Chronica* und ein paar andere kleine Sachen. In einigen Städten war *Chronica* ein großer Erfolg, zum Beispiel in New York und Detroit, wo die Leute durch diese Verschleierungen hindurchsehen konnten. Ich bekam die Tantiemen des Komponisten, und konnte dadurch existieren. Später machte ich aus diesem Stück eine Orchestersuite.

Bei der BBC

Allmählich wurde mein Name etwas bekannt, was aber dadurch, daß Krieg war, keine Auswirkung mehr haben konnte. Schließlich kam ich in Kontakt mit der BBC und wurde als Musiker, der die deutsche Mentalität und das deutsche Musikleben gut kannte, für Sendungen nach Deutschland, die Musik brauchten, herangezogen. Meine Tätigkeit erweiterte sich, so daß ich 1943/44 als musikalischer Leiter der deutschen Abteilung engagiert wurde. Denn die BBC begann damals, nicht nur Nachrichten zu senden, sondern auch kulturelle Dinge, Dramen usw. Meine Aufgabe war es, Musik nach Deutschland zu senden, die von den Nazis verboten war. Natürlich waren die Möglichkeiten gering, weil das Plattenrepertoire beschränkt war. Orchester und große Mittel standen mir nicht zur Verfügung. Ich konnte mich einzig und allein auf das vorhandene Schallplattenmaterial stützen. Da konnte man natürlich viele Programme mit ausführenden Musikern, die aus Deutschland vertrieben waren, bestreiten, mit Menuhin, Hubermann, Schnabel, Feuermann, Flesch usw. Ich hatte auch die Texte zu diesen Sendungen zu schreiben. Es wurde regelmäßig zweimal in der Woche ein Konzertprogramm gesendet. Das ging bis ein Jahr nach dem Kriege. Als den Deutschen wieder erlaubt wurde, Orchester und öffentliche Konzerte zu subventionieren und ihr eigenes Musikleben einschließlich der Radiostationen mit alliierter Hilfe aufzubauen, wurde der Musikdienst der BBC in der deutschen Sendung allmählich abgebaut. Und damit war meine Tätigkeit dort zu Ende. Ich hatte aber durch diese Arbeit Beziehungen innerhalb der BBC aufgenommen und bin dann allmählich zum Dirigieren von Konzerten größeren Stils herangezogen worden, bis meine sogenannte Altersgrenze erreicht war. Da war es leider zu Ende.

Noch einmal Glyndebourne

Wie ich Ihnen schon erzählte, wollte es das Schicksal, daß 1947 Szell sich weigerte, die Glyndebourne-Truppe nach Edinburgh zu nehmen, weil damals das Orchester in Schottland für Szell, der schon Cleveland hatte, nicht gut genug war. Da trat man an mich heran: *«Lieber Berthold, Sie sind doch der einzige, der ...»* Nachdem man bei Mitropoulos telegrafisch angefragt hatte, bei Serafin in Rom telefonisch angefragt hatte, sagte man: *«Wer kennt* Macbeth *von Verdi? Goldschmidt, bitte dirigieren Sie.»* Und so kam es. Bis zum letzten Moment hat man versucht, meinen Namen zu verheimlichen – auf dem Plakat stand noch Tullio Serafin als Dirigent, ein Teil der schottischen Presse schrieb dann: *«Tullio Serafin, der berühmte Verdi-Dirigent, machte seinem Namen alle Ehre.»* Anschließend sagte man mir: *«Auf den Erfolg hin, den Sie mit* Macbeth *gehabt haben, könnten Sie natürlich eine Oper für das nächste Glyndebourne-Festival verlangen, aber wir müssen einen internationalen Namen haben. Und wir haben gerade die wunderbare Gelegenheit: Rafael*

Edinburgh hails Verdi's "Macbeth"

From SCOTT GODDARD

EDINBURGH, Monday

VERDI'S "Macbeth" was given with great popular approval in a Glyndebourne production at the King's Theatre here this evening.

Apart from the two chief performers, a great deal of the credit goes to the Scottish Orchestra who played remarkably well under Berthold Goldschmidt. He, too, must be praised for his musicianly interpretation of the stage action and orchestral score.

It was interesting to hear this work in Scotland and to notice how that fact took one just so much farther from Shakespeare and nearer to another conception of the tragedy.

Margherita Grandi sang the part of Lady Macbeth beautifully. It was a moving performance, matched as regards voice by the Macbeth of Francesco Valentino. The chorus was good and true.

Kubelik ist soeben aus politischen Gründen aus Prag weggegangen. Und das ist die Chance für uns, im nächsten Jahr mit Kubelik Don Giovanni *zu machen.»* Damit waren meine Beziehungen zu Glyndebourne abgebrochen. Das waren meine Erlebnisse, und als Hintergrund und Erklärung, warum man nicht durchgebrochen ist bis zum letzten, kann Ihnen das vielleicht ein gutes Bild geben. Jahre später kam Ebert in einem Brief an meinen Freund Harold Byrns auf diese Ereignisse zurück: «*... ich habe mehr, als er selber ahnt, darunter gelitten, daß ich ihm nicht diese Hilfe, die er sich immer wünschte, geben konnte. Die Widerstände, die ich in dieser Frage in Glyndebourne gefunden habe, waren leider nicht zu überwinden, obwohl er uns so viel und so uneigennützig in früherer Zeit geholfen hatte. Ich hoffe sehr, daß es ihm nun gelingt, wirklich festen Fuß zu fassen und sich endgültig in England durchzusetzen ...*» Kulturdokumente, nicht wahr?

«Das geht agententechnisch nicht»

Csipak: Sagt Eberts und Christies Verhalten nicht etwas über die allgemeinen Gepflogenheiten des Musiklebens – zumindest heute –, wo man jemanden, ist er einmal zum «Star» geworden, immer wieder nimmt auf Kosten derer, die trotz womöglich besserer Qualifikation nicht den kassenfüllenden Namen haben?

Goldschmidt: Ich kann Ihnen ein gutes Beispiel erzählen. Nachdem ich verschiedene Erfolge hier hatte, in Edinburgh, an der BBC – das ging über Jahre –, habe ich mich mit mehreren Agenten in Verbindung gesetzt. Entweder sagten sie: «*You are too old now. Man kann nicht so viel Geld in Sie investieren. Um einen Namen zu machen, braucht man einen Anlauf von mindestens fünf bis sechs Jahren. In fünf, sechs Jahren sind Sie Mitte fünfzig, dann kann man das nicht mehr auswerten*». «*Kann man das denn so mit der Rechenmaschine ausrechnen?*» «*Ja, wir haben verschiedene Fälle gehabt, es lohnt sich für uns nicht, die ganze Propaganda zu machen, wenn wir nicht mindestens 25 Jahre hinterher den Erfolg für uns auswerten können. Bis Sie Platten gemacht haben und bis Sie verkauft sind ...*» Oder sie haben gesagt: «*Sie sind schon zu gut bekannt, man kann Sie jetzt nicht mehr als Sensation präsentieren. Sie haben da dirigiert und da dirigiert und haben Erfolg gehabt, wir können jetzt nicht sagen: „Hier ist ein neuer Name!" Das geht agententechnisch nicht.*» Selbstverständlich haben sie vom kommerziellen Standpunkt aus wahrscheinlich sogar Recht. Der Sprung in die

Prominenz ist allerdings einigen Leuten gelungen, die in meiner Altersklasse waren. Sie hatten aber sehr viel privates Geld hinter sich und haben zwei, drei Plattenaufnahmen gekauft, d.h. sie sind zu den Plattenfirmen gegangen und haben gesagt: *«Bitte nehmen Sie die und die Symphonie, von mir dirigiert, auf, ich engagiere das Orchester und bezahle alle Unkosten.»* Das war auch nicht so leicht. Denn dann sagten die Leute: *«Wenn wir das machen, nehmen wir den Leuten, die wir bereits lancieren, eine Chance weg.»* Da kam es dann auf den Betrag an. Ich könnte Ihnen verschiedene Dinge erzählen, aber ich möchte keine Namen nennen, da es zum Teil auch Ihnen bekannte Dirigenten sind, die das Geld aufgebracht haben und sich einkauften.

Epilog: «Wiedergutmachung»

Im Sommer 1957 mußte sein Anwalt Gutachten über Berthold Goldschmidt haben, um bei der Wiedergutmachung Anträge zu stellen. Er wandte sich auch an Ebert und bekam folgendes Schreiben.

«Professor Dr. Carl Ebert, Intendant der Städtischen Oper Berlin, 8. August 1957.

Hiermit bestätige ich gerne, daß Herr Berthold Goldschmidt unter meiner Intendanz in den Jahren 1927 bis 1931 am Hessischen Landestheater in Darmstadt und ebenfalls unter meiner Intendanz von 1931 bis 1933 an der Städtischen Oper Berlin als Kapellmeister und in Berlin als musikalischer Assistent des Intendanten engagiert war. Ich habe in diesen sechs Jahren einer gemeinsamen Tätigkeit die berufliche Eignung des Herrn Goldschmidt auf das genaueste kennen und schätzen gelernt. Die Tatsache, daß ich bei meiner Ernennung zum Intendanten der Städtischen Oper Berlin im Jahre 1931 Herrn Berthold Goldschmidt als einziges Mitglied meiner musikalischen Vorstände von Darmstadt nach Berlin mitnahm, beweist, welche außerordentlichen Fähigkeiten ich an dem Komponisten und Dirigenten Berthold Goldschmidt schätzte. Er bewährte sich am Hessischen Landestheater Darmstadt als Dirigent und leistete mir ganz außerordentliche Dienste als musikalischer Berater während meiner Intendanz in Berlin. Die Rassenverfolgungen des Naziregimes trieben ihn aus dieser Stellung und nötigten ihn zur Emigration. Ich bin überzeugt, daß durch diese brutalen Eingriffe in sein Leben eine außerordentliche Karriere zerstört wurde. Dasselbe kann auch von seiner kompositorischen Begabung gesagt werden, die ihre ersten großen Erfolge vor 1933 in Deutschland hatte und aus den obengenannten Gründen natürlich im Auslande nicht mehr dieselbe Resonanz finden konnte. Zusammenfassend möchte ich sagen, daß ich nach meiner langen Erfahrung den Fall des Berthold Goldschmidt als einen der tragischsten unseres Berufes kennzeichnen muß. Ich bin überzeugt, daß bei einer normalen Entwicklung in Deutschland Herr Berthold Goldschmidt sowohl als Kapellmeister wie auch als Komponist die Chance gehabt hätte, eine ungewöhnliche Karriere machen zu können.»

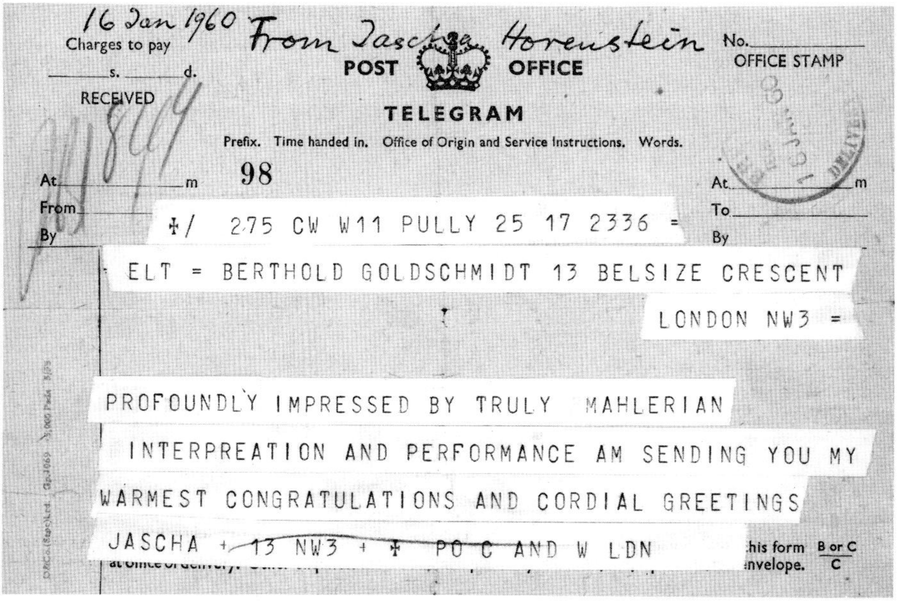
16 Jan 1960 From Jascha Horenstein

Charges to pay ____s. ____d.

RECEIVED

POST OFFICE

No.____

OFFICE STAMP

TELEGRAM

Prefix. Time handed in. Office of Origin and Service Instructions. Words.

98

At____m

From____

By____

At____m

To____

By____

+/ 275 CW W11 PULLY 25 17 2336 =

ELT = BERTHOLD GOLDSCHMIDT 13 BELSIZE CRESCENT

LONDON NW3 =

PROFOUNDLY IMPRESSED BY TRULY MAHLERIAN

INTERPREATION AND PERFORMANCE AM SENDING YOU MY

WARMEST CONGRATULATIONS AND CORDIAL GREETINGS

JASCHA + ~~13 NW3 + + PO C~~ AND W LDN

B or C

C

Peter Gradenwitz

Der deutsch-jüdische Beitrag zur Entwicklung des Musiklebens in Israel

Im literarischen und musikalischen Bereich – wie in Wissenschaft und Technik – hat Deutschland in den dreißiger Jahren eine große Reihe bedeutender Persönlichkeiten verloren, Schöpfer geistiger Werte, Wissenschaftler, Erfinder, die vom Nazi-Regime vertrieben und geächtet wurden, darunter sogar auch viele, die ihre deutsche Heimat aus freien Stücken verließen. Die Künstler und Wissenschaftler, die ihr Leben retten konnten, suchten in vielen Ländern einen neuen Wirkungskreis, wobei die Sprache zu einem wesentlichen Faktor im schwierigen Einordnungsprozeß wurde. Die Sprache schien dabei vielen Menschen, die an eine Übersiedlung nach Palästina dachten, ebenso ein Hinderungsgrund wie der Umstand, daß die zivilisatorische und kulturelle Entwicklung im Lande zur Zeit der katastrophalen Entwicklungen in Deutschland noch nicht so weit fortgeschritten schien, daß sie Boden für eine Fortsetzung von künstlerischem Schaffen und wissenschaftlicher Forschung zu garantieren schien – nicht jeder Künstler oder Wissenschaftler fühlt sich dazu berufen, als «Pionier» ein neues Leben zu beginnen, und das Land Palästina brauchte damals vor allem Pioniere auf allen Gebieten. Für die hebräische Sprache, die im jüdischen Lande zu neuem Leben erweckt worden war, hatten nur diejenigen Juden eine Grundlage, die von frühester Kindheit und Jugend an Bibel- und Talmud-Studien in der hebräischen Originalsprache studiert hatten; in Amerika hatten die wenigsten mit ihrem Schul-Englisch Schwierigkeiten sprachlicher Einordnung, wo überhaupt eine Vielfalt von Sprachen in verschiedenen Vierteln der großen Städte verstanden und gesprochen wurde.

Seit vielen Jahren beschäftigt sich mit den Problemen der Vertriebenen und ihren Erfolgen – oder Fehlschlägen – die «Exilforschung»; in die «Exil-Literatur» werden dabei auch die Werke schaffender Musiker einbezogen. Als «Exil» werden von den Spezialforschern alle Länder der Erde außerhalb des ursprünglichen Geburtslandes verstanden, und es wird kaum je gefragt, ob der Auswanderer im Laufe vieler Jahre neuen Lebens das Land, das ihn aufnahm, stets weiterhin als Exil ansah oder sich dort allmählich fast bodenständig fühlte – seine Einstellung war natürlich auf sein Wirken und Schaffen von größtem Einfluß.

Die «Exil»-Frage muß unbedingt gestellt werden, wenn die Eingliederung der aus Deutschland geflüchteten oder mehr oder weniger freiwillig ausgewanderten Juden in Palästina, in Israel beobachtet und analysiert werden soll. Denn im *«Land der Verheißung»* muß man davon ausgehen, daß dies kein Exil-Land wie andere Länder ist, sondern daß sogar auch unfreiwillig Zuflucht Suchende hier eine *«Rückkehr zu den Ursprüngen»* fanden – es ist dies schließlich das Land, in dem das *«Buch der Bücher»* und die Ethik, Moral, Weisheit und geistigen Werte des klassischen Judentums geschaffen wurden, die zum größten Teil auch dem Christen heilig sind. Mit dem Grade der Einordnung der Neueinwanderer in bestehende zivilisatorische und kulturelle Verhältnisse hängt hier – wie in diesem Maße kaum in anderen Ländern – der Einfluß zusammen, den hervorragende Persönlichkeiten auf die Entwicklung im Lande ausüben konnten.

Der deutsch-jüdische Einwanderer – und das gilt auch für schaffene und ausübende Musiker, für die Sprachschwierigkeiten zunächst weniger ins Gewicht fielen als für Angehörige anderer Berufe – hatte im Palästina der dreißiger Jahre weitaus größere Probleme als die Einwanderer aus osteuropäischen Ländern, in denen ein jüdisches Leben immer stärker ausgeprägt war als in Deutschland, in dem große Teile des Judentums weitgehend assimiliert waren. Das gleiche gilt für die aus asiatischen und afrikanischen Ländern gebürtigen und in alten Traditionen aufgewachsenen Juden. Daß aber bei allen Problemen, Hindernissen und Schwierigkeiten die überwiegende Mehrzahl der deutsch-jüdischen Einwanderer das *«alt-neue Heimatland»* nicht als «Exil» betrachtete, daß selbst im empfindsamen Bereich der Künste – denen man, und dies nicht ganz zu Recht, Universalität, Wirkung «jenseits aller Grenzen» zuspricht – kaum ein Israeli in sein Geburtsland zurückgewandert ist. Vor allem die schaffenden Künstler paßten sich im jüdischen Lande zunehmend der neuen Umgebung und Atmosphäre an und halfen an der Neugestaltung des kulturellen Lebens mit und sahen diese als eine ihrer Aufgaben an; ganz im Gegensatz zu Amerika, dem großen «Exil»-Land, dem Schmelztiegel von Sprachen, urständiger und neueingebrachter Kulturen, wo Neuankömmlinge nicht die entscheidende, neuformende Rolle spielten. Obwohl deutsche Wissenschaftler, Techniker, Forscher, Künstler viel zur Entwicklung ihrer Fächer und Gebiete beitrugen, viele von ihnen bedeutende Schüler heranbildeten, kann man kaum von einem wirklichen Einfluß deutscher geistiger Größen oder Künstler auf die allgemeine Entwicklung einer charakteristischen amerikanischen Kultur sprechen. Im Bereich der Musik haben Arnold Schönberg, Paul Hindemith, Kurt Weill in Amerika erfolgreich und zum Teil stilistisch richtungsweisend gewirkt, sich aber niemals - vielleicht mit der Ausnahme von Weill - als «amerikanische Komponisten» gefühlt und wurden auch nie als solche betrachtet. Echt «bodenständig» sind auch solche «deutsch-jüdischen Amerikaner» kaum geworden. Im Gegensatz zu Israel, wo sich auch weiterhin «geistig und sprachlich deutsch Denkende» doch unbedingt als «Israelis» bezeichnen, sind aus den USA auch viele Deutschland-Flüchtlinge nach dem Ende der Nazi-Diktatur wieder in ihre deutsche Heimat zurückgekehrt: neben Thomas Mann und Paul Hindemith unter anderen auch Theodor W. Adorno, Hanns Eisler, Paul Dessau.

Die Frage nach der Bedeutung der aus Deutschland emigrierten jüdischen Musiker, Komponisten, Musikwissenschaftler und Musikpädagogen für die Musikkultur in Israel kann nur im Rahmen der besonderen Einwanderungs-Gegebenheiten betrachtet und von der Perspektive einer ja nur kurzen historischen Spanne her beantwortet werden, wenn für dieses Land der Begriff «Exil» als ungültig erkannt wird.

Musik - zunächst vor allem Gesang und Tanz - hat im Leben der frühen Siedler und Pioniere, wie auch in alten Zeiten, stets eine große Rolle gespielt. Die Neukolonisation Palästinas, in dem seit der gewaltsamen Vertreibung der Juden aus dem Lande durch die Römer doch all die Jahrhunderte hindurch stets eine beträchtliche Zahl jüdischer Einwohner in Städten wie Jerusalem, Tiberias und Safad gelebt hat - sehr oft die Zahl von Moslems und Christen sogar übertreffend -, hatte in den 80er Jahren des vorigen Jahrhunderts begonnen. Bis ins Ende des zweiten Jahrzehnts unseres Jahrhunderts kamen fast ausschließlich Einwanderer aus osteuropäischen Ländern nach Palästina, wenige aus Mitteleuropa. Ein organisiertes Musikleben begann erst mit der Entwicklung der Städte - in Jerusalem, als es Hauptstadt des britischen Mandatslandes wurde, im 1909 begründeten Tel Aviv, das schnell zum Mittelpunkt eines rasch aufblühenden geschäftlichen und kulturellen jüdischen Lebens aufstieg. Schon ein Jahr nach der Gründung Tel Avivs als jüdische Vorstadt der alten Hafenstadt Jaffa eröffnete Frau Schulamit Ruppin die erste Musikschule des Landes; sie war die Frau des bedeutenden Soziologen Arthur Ruppin, der in Rawitsch geboren, seine berufliche Ausbildung in Deutschland genossen hatte und zu den wenigen deutsch-jüdischen Intellektuellen gehörte, die früh in Palästina aktiv wurden – er kam 1908 aus Berlin nach Jaffa. 1910 lebten in Tel Aviv 300 Menschen in 60 kleinen Häusern; 1911 gaben bereits 75 der besten Schüler des Konservatoriums der Aula des «Herzliah»-Gymnasius, der ersten hebräischen höheren Schule, ein Konzert. Aus dem Konservatorium gingen viele Musiker und Musiklehrer hervor, die im Musikleben des Landes später eine Rolle spielten. Tel Aviv wuchs inzwischen von einer Vorstadt mit 1800 Einwohnern (1914) zu einer selbständigen Großstadt von 140 000 Einwohnern 1936. Das war das Jahr, in welchem das von Bronislaw Huberman ins Leben gerufene und von Arturo Toscanini als erstem dirigierte «Palästina-Orchester» seine glanzvolle Karriere begann – mit der Staatsgründung wurde es 1948 das Israel Philharmonic Orchestra, ein Orchester von Weltruhm. Noch vor der Gründung des Orchesters und der im selben Jahr entstande-

Ein Konzert in der Wüste. Der Komponist und Dirigent Josef Kaminski dirigiert ein Sinfoniekonzert in der Wüste während des Zweiten Weltkrieges – für britische, arabische und jüdischen Soldaten.

nen Rundfunkstation in Jerusalem – entscheidende Daten in der Musikgeschichte des Landes – hatten viele bedeutende Musiker Palästina besucht und hier konzertiert: Die große Musikbegeisterung in den Städten und auf dem Lande war einer der Gründe, die Huberman auf den Erfolg eines Orchesters mit internationalem Niveau hoffen ließ. Unter den deutschen Musikern, die in den 20er und frühen 30er Jahren in Palästina konzertierten, waren Artur Schnabel, Emil von Sauer, Bruno Eisner, Franz Osborn und Emanuel Feuermann; Oscar Fried dirigierte im Beethoven-Gedenkjahr 1927 ein Festkonzert mit einem sinfonischen Orchester im Amphitheater auf dem Skopusberg bei Jerusalem, auf dem 1925 die Hebräische Universität eröffnet worden war. Seit 1923 gab es ein Opernunternehmen in Tel Aviv, dessen Gründer und Leiter aus Rußland kam und das wechselnden Schicksalen unterworfen war, auch Chorvereinigungen und Instrumentalensembles kamen und verschwanden wieder. Vorläufer des «Palästina-Orchesters» waren die 1933 in Tel Aviv gegründete «Philharmonische Gesellschaft» und ein 1934 ins Leben gerufenes Kammerorchester. Das Kammerorchester leitete Michael Taube, dessen eigenes Kammerorchester in Berlin zu den interessantesten musikalischen Erscheinungen gehört hatte; Michael Taube blieb auch nach Gründung des Philharmonischen Orchesters, das er häufig dirigierte, der israelische Spezialist für Kammerorchester-Konzerte, und es sind ihm viele wichtige Auftragskompositionen zu danken, zu denen er Komponisten im Lande angeregt hatte und die er uraufführte – die bedeutendste unter ihnen wohl Josef Tals Kammeroper *Saul zu EnDor.* Zu den jüngsten Dirigenten gehörte in den frühen 30er Jahren Wolfgang Friedländer, der in der «Philharmonischen Gesellschaft» tätig war; das «Palästina-Orchester» verpflichtete ihn später als Leiter seiner Jugendkonzerte, und an der späteren israelischen Oper war er vor allem für die Einstudierung und Leitung der Chöre verantwortlich – er hebraisierte seinen Namen und nannte sich Se'ev Priell.

Der Rundfunksender in Jerusalem, der im April 1936 den Sendebetrieb aufnahm, war unter britischer Leitung und hatte separate Abteilungen für arabische, hebräische und musikalische Sendungen. Als Leiter der Musikabteilung wurde Karl Salomon ernannt, der seit 1933 im Lande schon vielfältig musikalisch tätig gewesen war. Er stammte aus Heidelberg und konnte dank einer umfassenden Begabung und Ausbildung als Sänger, Dirigent, Pianist und Bearbeiter wirken; als Komponist war er in Berlin unter anderen Schüler von Richard Strauss gewesen. Seine alle Sparten der europäischen Musik einschließenden Kenntnisse kamen der Bildung interessanter musikalischer Sendeprogramme zugute. Zu Beginn wurden Rundfunkkonzerte zunächst von einem kleinen Instrumental-Ensemble ausgeführt, dessen Leiter Hans (Chanan) Schlesinger war. Wichtige Mitglieder des Rundfunkbetriebs wurden zwei aus anderen Berufen kommende Musiker: der Pianist und Cembalist Erich (Arie) Sachs hatte eine juristische Ausbildung genossen; Schabtai Petruschka hatte an der Technischen Hochschule Berlin Maschinenbau studiert und es bis zum Diplom gebracht, dabei aber Trompeten- und Kontrabaß-Spiel erlernt. Er wurde musikalischer Leiter und Arrangeur für Theater und Film. Sachs übte eine vielseitige kammermusikalische Tätigkeit am Rundfunk aus; Petruschka spielte in Ensembles, dirigierte und wurde als Nachfolger Salomons Leiter der Musikabteilung – das war, als aus dem «Palestine Broadcasting Service» bereits «Kol Israel», der Sender Israels, geworden war.

In den Programmen des Jerusalemer Senders wirkten damals viele Sänger und Instrumentalisten mit, die auch hervorragende Schüler heranzogen. Unter den Sängern waren es vor allem die Sopranistin Edith Boroschek und die Altistin Anna Hirsch-Fellheimer. In dem von Emil Hauser, dem ehemaligen Primarius des Budapester Streichquartetts und Gründer des «Palestine Conservatoire of Music», ins Leben gerufenen Streichquartett wirkten der aus Deutschland stammende Geiger Wolfgang Schocken und der Bratschist und Komponist Heinrich (Chanoch) Jacoby, Schüler Paul Hindemiths, mit. In Jerusalem wurde 1935 auch der erste Musikverlag des Landes gegründet; sein Gründer war Benno Balan, ursprünglich aus Rumänien stammend, aber vormals bedeutender Musikverleger in Berlin, wo er die Originalausgabe von Arnold Schönbergs Oper *Von heute auf morgen* und Karol Rathaus' Musik zu dem Drama *Uriel Acosta* von Karl Ferdinand Gutzkow herausgegeben hatte. Der gleichfalls seinen Verlag aus Berlin transferierende Buchverleger Rubin Mass publizierte in Jerusalem 1939 das erste Musikgeschichtsbuch *(Allgemeine Musikgeschichte)* in hebräischer Sprache.

Ein besonders hohes Niveau erreichte die Ausbildung junger Pianisten dank zweier hervorragender aus Deutschland stammenden Pädagogen. Nach Jerusalem kam Alfred

Schröder, der in Berlin Schüler und Assistent Artur Schnabels gewesen war und mit ihm oft vierhändig musiziert hatte. Das Vierhändig-Spiel an einem oder zwei Klavieren setzte er in Jerusalem mit seiner Gattin Lisa fort, die gleichfalls bei Artur Schnabel studiert hatte. Das Beispiel regte die jungen jerusalemer Pianisten Bracha Eden und Alexander Tamir an, sich im Duo-Spiel zu üben; ihr 1957 gegründetes Klavier-Duo ist seitdem weltbekannt geworden. In Tel Aviv wirkte seit 1939 Leo Kestenberg, der als Pianist Schüler von Franz Kullak und Ferruccio Busoni gewesen war und von 1918-1932 als Referent für musikalische Angelegenheiten im preußischen Ministerium für Wissenschaft, Kunst und Volksbildung einschneidende Reformen in der Gestaltung der Musikerziehung durchgesetzt hatte; auch in Israel war er auf diesem Gebiete tätig: Sechs Jahre lang war er künstlerischer Leiter des von Huberman gegründeten Orchesters, und dann rief er eine Musiklehrer-Ausbildungsschule ins Leben, die weiterhin Pädagogen in allen Sparten der Musik zu besuchen haben. Als Klavierpädagoge bildete er eine Reihe von Pianisten aus, unter denen einige international berühmt wurden: der geistige Gehalt eines musikalischen Werkes stand bei ihm - wie bei Pianisten der Schnabel-Schule - im Vordergrund der Lehre, und alle Virtuosität und Spieltechnik sind nur als notwendige Beigabe zu einem durchgeistigten Musizieren zu verstehen. Die humanen Werte der Musik sollte auch der Musiklehrer stets an die Spitze seine Ausbildung und seines Unterrichts stellen.

Einen beachtlichen Beitrag zur musikalischen Aktivierung und Erziehung von Kindern und zum Wecken ihrer Liebe zur Musik leistete Bernd Bergel, der in Berlin in Arnold Schönbergs Kompositions-Meisterklasse studiert und - wie der Verfasser dieser Studie - kompositorische Beiträge zu den Sendungen der «Rundfunk-Versuchsstelle» des jungen Berliner Funkhauses geliefert hatte. Bergel schrieb Musik zu Aufführungen in Kinderheimen und Schulen; für interessante größere Werke gewann er nicht die gebührende Anerkennung, obwohl ein Akt seiner Oper *Jaakobs Traum* vom israelischen Rundfunk als Konzert aufgeführt wurde. Bergel fand ein tragisches Ende und hinterließ ein privat gedrucktes umfangreiches philosophisches und anklagendes Werk.

Unter den 53 Musikern, die Bronislaw Huberman aus Europa nach Palästina verpflichtete - viele von ihnen waren erste Konzertmeister an europäischen Orchestern gewesen, und ein großer Teil verdankte Hubermans Initiative ihre Rettung vor der Verfolgung –, waren (wie Huberman am 3. April 1936 David Ben-Gurion, damals Executive-Direktor der Jewish Agency in Jerusalem, mitteilte) dreißig Instrumentalisten aus Deutschland und vier aus Österreich; zwölf kamen aus Polen, drei aus Holland und vier aus Ungarn; später erhöhten sich die Zahlen noch. Die Orchestermusiker begannen bald nach ihrer Ankunft in Tel Aviv auch zu unterrichten; bis zum heutigen Tage zählten – naturgemäß – Mitglieder des Orchesters zu den gesuchtesten Lehrern im Instrumentalspiel. Auch hier brachten die deutschen Musiker neuen Geist in die musikalische Erziehung ein. Der als Pädagoge wohl bedeutendste Geiger der frühen Jahre war Rudolf Bergmann, ein gebürtiger Schlesier, einer der ersten Konzertmeister des «Palestine Orchestra»; aus seiner Schule gingen viele ausgezeichnete Geiger hervor, unter ihnen wurde Walter Levin der bekannteste, Gründer und Primarius des LaSalle-Streichquartetts. Die jüngere Generation israelischer Geiger – und Bratschisten –, von denen einige Weltruhm erlangt haben, kam zu großem Teil aus der Schule zweier überragender Musiker und Pädagogen ungarisch-jüdischer Abstammung in Tel Aviv: Ihre Lehrer waren Ilona Féher und Ödön Partos, der ebenfalls einer der bedeutendsten Komponisten Israels war. Die Flötisten des Israel Philharmonic Orchestra – und anderer Orchester des Landes – verdanken ihre Ausbildung Erich (Uri) Toeplitz, der auch ein musikwissenschaftliches Studium absolvierte und mit einer Arbeit über Mozarts Bläsermusik promovierte. Viele der unterrichtenden Musiker, die nicht aus Deutschland stammten, hatten aber bei deutschen Lehrern ihre Ausbildung genossen, wie etwa Daniel Hofmekler und Joachim Stutschewsky – beide Schüler des bedeutenden Cello-Pädagogen Julius Klengel –; ein großer Teil der israelischen Cellisten sind somit «Enkel-Schüler» Klengels geworden, und Stutschewskys eigene *Studien zu einer neuen Spieltechnik auf dem Violoncell* und *Das Violoncellospiel* gelten als – immer wieder neu aufgelegte – Standardwerke der Unterrichtsliteratur.

Wie in Jerusalem, so entwickelte sich auch in Tel Aviv das Gesangsstudium unter dem Einfluß von Pädagogen, deren gründliche deutsche sängerische und pädagogische Ausbildung ihren Schülern zugute kam. Hier wirkten die in Bühne und Konzertsaal vor der Nazizeit gefeierten Rose Pauly und Lotte Leonard und Hede Türk-Börnstein, die Israel auch mit den Vokalwerken zeitgenössischer Musik bekanntmachte. Sie musizierte in Jerusalem und Tel Aviv oft mit Dr. Georg Wolfsohn, von Beruf Chirurg, einem feinsinnigen vorzüglichen Liedbegleiter, dessen Hauskonzerte in Berlin viele Musikliebhaber anzogen und der in privatem Kreise auch in Palästina (seit 1935) und Israel viel zur Kenntnis der Musik Gustav Mahlers und Arnold Schönbergs - dessen Arzt und lebenslanger Freund er war - beigetragen hat. Wertvolle Pädagogen waren in Tel Aviv auch die Sängerinnen Lotte Laufer, Elly Kurz und Josefa Schocken. Kaethe Jacob brachte die rhythmische Erziehung nach Jacques Dalcroze nach Palästina. Ihre Schwester Alice Jacob-Loewensohn spezialisierte sich als Pianistin und Musikschriftstellerin auf die Traditionen der «jüdischen Musik», zu deren Problemen sie schon in Deutschland verschiedene Arbeiten publiziert hatte. Deutsche Vorbilder hatten auch Gertrud Kraus, Choreographin, und Gert Kaufmann (mit hebräischem Namen Gurit Kadman), die Volkstanzgruppen leiteten und in Dahliah (in den «Bergen Ephraims») Volkstanz-Festivals organisierten.

Pioniere auf den Gebieten des Musikhandels waren Friedrich Saphir aus Wien, der 1921 nach Tel Aviv kam, Klaviere und Musikalien vertrieb und 1936 den Kartenverkauf für das neue Orchester organisierte und Paul Littauer, dessen Musikalienhandlung seit den 30er Jahren in Tel Aviv Mittelpunkt der Musikinteressierten wurde, so wie Benno Balan einen solchen in Jerusalem geschaffen hatte. Israeli Music Publications begann als Verlag und Vermittler von Aufführungen israelischer Kompositionen seine Tätigkeit im Jahre 1949. Die Gewerkschaftsorganisation (*Histadrut)* begann, Noten für Chöre und Musikliebhaber zu produzieren und hatte als Berater den Musikwissenschaftler Gerhard Pinthus, der in Freiburg/Breisgau promoviert hatte; er konnte aus einem Nazi-Lager befreit werden und wurde Mitglied des südlich von Tel Aviv gelegenenen Kibbuz Givat Brenner, dessen Mitglieder zu einem erheblichen Teil aus Deutschland stammten - er wurde dort Lastwagenfahrer und widmete der Musik nur noch die Freizeit. Ein Sohn ist heute angesehener Solo-Oboist im Israel Chamber Orchestra, seine Schwester war Edith Goldschmidt, Altistin und Gesangspädagogin in Tel Aviv. Den Vertrieb aller im Lande publizierten Musikalien besorgte unermüdlich der aus Breslau stammende Julius Sachs, der auch jungen Künstlern Möglichkeiten zu erstem Auftreten verschaffte.

Drei aus Deutschland gekommenen Dirigenten haben die Orchester viel zu verdanken, wobei der bereits erwähnte Michael Taube als einziger im Lande ansässig blieb. Als bekannt wurde, daß Arturo Toscanini angeboten hatte, die ersten Konzerte des «Palestine Orchestra» zu dirigieren, konnte Hans Wilhelm Steinberg (geb. 1899 in Köln) - Generalmusikdirektor der Frankfurter Oper von 1929 bis 1933 und dann bis 1936 musikalischer Leiter des «Jüdischen Kulturbundes» in Frankfurt - gewonnen werden, die neu eingewanderten und einige bereits im Lande lebende Musiker zu einem Orchester zusammenzuschweißen; er bereitete das Orchester für Toscaninis erste Proben vor und leitete dann selbst eine Reihe von Konzerten. Heinz Freudenthal war viele Jahre Chefdirigent des Rundfunk-Sinfonieorchesters in Jerusalem.

Die Musikerziehung und musikalische Ausbildung hat sich im kulturellen Aufbau der neuen jüdischen Gemeinschaft - und Gesellschaft - von jeher nicht nur auf die Städte konzentriert, in denen Musikschulen und Akademien gegründet wurden. Ein reges Musikleben entwickelte sich in den für das Land charakteristischen Gemeinschaftssiedlun-

Arturo Toscanini und Bronislaw Hubermann in Ramot Haschawim (1937)

gen, und von hier gingen besonders auch Anregungen zur Neugestaltung der traditionellen jüdischen Feste aus. So wurde unter anderem das Pessach-Fest, an dem die Juden der Welt sich an den Auszug aus Ägypten, den Zug in die Freiheit aus der Knechtschaft erinnern, musikalisch gestaltet; die traditionelle im Familienkreis gelesene Erzählung, die der biblischen Geschichte folgt, wurde immer von volkstümlichen Gesängen begleitet, und nun begannen Komponisten in den nicht religiös ausgerichteten Kibbuzim die *Haggadah* auszugestalten, aktuelle bezugnehmende Poesie und dazu klassische und eigens komponierte Musik singen und musizieren zu lassen. Der 1901 in Rußland geborene und seit 1906 in Palästina ansässige Jehuda Sharett (dessen originaler Name Shertok war), Schüler der «Schulamit»-Musikschule und seit 1926 Mitglied des Kibbuz Jagour, ging bei seiner Oratoriums-ähnlichen *Haggadah* vom originalen hebräischen Lied und eigener Komposition aus – sein choraler und instrumentaler Stil war dabei beeinflußt von Fritz Jöde, bei dem er 1929 zeitweilig studiert hatte. Klassische Chormusik führte im Kibbuz Be'it HaSchittah der aus Königsberg stammende Ernst Hurwitz in die *Haggadah* ein, einer der Mitbegründer des den Kibbuzmitgliedern des ganzen Landes dienenden Musikseminars Oranim.

Die Musikwissenschaft hat in Israel wohl einen größeren Anteil an der Entwicklung des musikalischen Schaffens als in anderen Ländern der Welt; die Erforschung, Transkription und Tonbandaufnahmen authentischer traditioneller Gesänge und instrumentalen Spiels asiatisch- und afrikanisch-jüdischer Provenienz wird von vielen Komponisten aufmerksam verfolgt. Manche Komponisten lassen sich zur Verwendung oder Nachahmung solches neu-erschlossenen Materials inspirieren, andere werden von Melos, Rhythmik, Klang und Struktur dieser musikalischen Traditionen indirekt beeinflußt. Die Aufzeichnung und das systematische Studium dieser für den West-Europäer zunächst fremden Musik begann mit den Arbeiten des Abraham Zvi Idelsohn zu Beginn des Jahrhunderts und wird seit den 30er Jahren in Jerusalem mit wissenschaftlicher Akribie weitergeführt. Mit der Verbreitung von Rundfunk und Fernsehen als weltumspannende Medien und deren Einfluß wurde das Aufspüren und Ordnen wirklich authentischer Überlieferungen immer schwieriger, doch noch heute gibt es – wenn auch nicht leicht aufzufindende – Sänger und Musiker, die von der modernen Praxis nicht «verdorben» sind.

Pionier dieses Forschungsgebietes in Jerusalem wurde der aus Berlin stammende Musikwissenschaftler Robert Lachmann (geb. 1892), der bereits im Ersten Weltkrieg die Folklore Afrikas und Indiens studierte, da er bei Kriegsgefangenen aus diesen Ländern Aufzeichnungen machen konnte. Nach Studien bei Johannes Wolf und dem Hornbostel-Schüler Friedrich Carl Stumpf war er von 1927 bis 1933 Leiter der Musikabteilung der Preußischen Staatsbibliothek in Berlin. Er kam 1935 nach Jerusalem, wo er bald mit Edith (Esther) Gerson-Kiwi begann, ein Tonarchiv aufzubauen, das auch Aufnahmen Abraham Zvi Idelsohns einschloß. Nach seinem Tode 1939 führte Gerson-Kiwi die Arbeit weiter, die durch den Weltkrieg, die Teilung Jerusalems durch die angreifenden Jordanier, die den größten Teil des Phono-Archivs in den Gebäuden der Hebräischen Universität auf dem Skopusberg vom jüdisch-gebliebenen Sektor abgeschnitten hatten, zeitweise außerordentlich erschwert war; mit der Wiedervereinigung der Teile Jerusalems wurde auch der Skopusberg wieder zugänglich. Edith Gerson-Kiwi wurde eine der bedeutenden, international anerkannten Musikwissenschaftler Israels mit Professorenstellen in Jerusalem und Tel Aviv. Auf anderem jüdisch-historischen Gebiet trug Hanoch Avenary (geboren in Königsberg als Herbert Löwenstein) viel zum Wissen um die Quellen jüdischen und christlichen geistlichen Gesanges bei; seine Hauptarbeiten gelten der Erschließung mittelalterlicher theoretischer und musikalischer Quellen. Im Rahmen der Institute der Hebräischen Universität Jerusalem entstand ein «Jewish Music Research Centre» mit einer Phonothek auf dem Grundstock früherer Sammlungen; spiritus rector des Zentrums ist Israel Adler, 1925 in Berlin geboren, der dieses Zentrum 1964 ins Leben rief, nachdem er nach seinem Studium in Paris dort bereits in der Judaica-Abteilung der Bibliothek leitend tätig gewesen war. Eine ganze Reihe jüngerer Musikethnologen und Forscher hat das Zentrum aufgebaut, und sie widmen ihm den Großteil ihrer Arbeit in Israel. Komponisten werden regelmäßig eingeladen, Tonbandaufnahmen traditioneller Musik anzuhören und aufzuzeichnen; das Resultat solcher Studien ist aus manchen israelischen Kompositionen herauszuhören. Doch auch Israel besuchende Komponisten aus anderen Ländern interessieren sich für die Folklore-Aufnahmen der Phonothek; in der zeitgenössischen Musik geht so manches Motiv auf Eindrücke zurück, die in Jerusalem empfangen wurden.

Die oft gestellte Frage, ob es bereits eine charakteristisch-israelische Musik gibt, ob in Israel ein unverwechselbarer neuer, an das Land gebundener Stil schon erkennbar ist, kann vorerst noch nicht beantwortet werden und einen unverwechselbaren Stil haben - wie in der Musik der Welt - nur wenige Komponisten aufzuweisen. Es gibt in Israel so wie in allen Ländern mit einer Renaissance alter Zivilisation und Kultur und neu aufblühender nationalgebundener Mentalität die verschiedensten Richtungen musikalischen Denkens und musikalischen Ausdrucks. Der Komponist, der sich an der historischen Vergangenheit des Landes orientiert, in dem er am Aufbau mithilft, läßt sich vor allem von der überkommenen liturgischen, religiösen Musik inspirieren - sei es die der europäisch-aschkenasischen jüdischen Traditionen, sei es die der reiner gebliebenen mittelmeerischen, der sephardischen Überlieferung. Der von der europafremden nahöstlichen Melodik, Rhythmik und Klangwelt faszinierte Komponist versucht, diese Faszination in seiner eigenen musikalischen Schöpfung einzufangen. Daneben aber gibt es natürlicherweise Komponisten, die glauben, sich von allen solchen Einflüssen fernhalten zu müssen - doch auch unter ihnen finden wir Schöpfer eigenwilliger Werke, in die etwas von der musikalischen Atmosphäre einer eigentlich fremd gebliebenen Umwelt eingeflossen ist.

Die aus Deutschland stammenden Komponisten weisen alle nur möglichen Schattierungen von offensichtlicher Bezugnahme bis zu gänzlich unabhängigem musikalischen Schaffen auf. Die bedeutendste und zur Zeit des Aufblühens musikalischer Kultur einflußreichste Persönlichkeit war der Komponist und Pädagoge Stefan Wolpe, der leider nur allzu kurze Zeit im Lande wirkte. Er stammte aus Berlin (Jahrgang 1902) und kam 1933 über Wien nach Jerusalem. Er war Kompositionsschüler von Paul Juon und Franz Schreker gewesen und hatte in Wien noch mit Anton Webern gearbeitet. Hebräische Poesie und nahöstliche Folklore übten starke Faszination auf ihn aus und gaben seinem bereits stark persönlich ausgeprägten Kompositionsstil zusätzliche Farbe. Er versammelte in Jerusalem eine Reihe talentierter Schüler um sich, fand aber bei der Mehrzahl der konservativen Lehrer wenig Verständnis, und er konnte sich mit so manchen nicht professionell aufgezogenen Instutitionen nicht abfinden. Aus heutiger Perspektive wird es deutlich, daß die Zeit damals für Verstehen und Anerkennung einer solchen - überragenden, progressiven, dazu auch streitbaren - Persönlichkeit in Palästina noch nicht reif war, und es ist verständlich, daß Stefan Wolpe, von einer - damals noch kleinen - Zahl von Musikern bedauert, Jerusalem nach fünf Jahren verließ und (1938) in die Vereinigten Staaten zog, wo eine Reihe heute berühmter Avantgarde-Komponisten seine Schüler wurden; er starb 1972 in New York. Seine israelischen Kompositionsschüler entwickelten sich in verschiedenen stilistischen Richtungen; sie zählen zu den am besten ausgebildeten Musikern Israels.

Nur wenige Komponisten der Welt können von den Erträgen der Aufführungen ihrer Werke den Lebensunterhalt bestreiten; sie müssen unterrichten, als ausübende Musiker wirken oder die Musik überhaupt als Nebenberuf, das Komponieren als Freizeitbeschäftigung betreiben. Der Komponist in Israel ist hier keine Ausnahme; die aus fernen Ländern mit anderen Lebensweisen und anderer Sprache eingewanderten Musiker hatten dazu in ihrer gesellschaftlichen, kulturellen und sprachlichen Einordnung nicht geringe Mühe. Trotzdem ist es einer Reihe auch der aus Deutschland stammenden Komponisten gelungen, sich im neuen Lande, in der neuen Umgebung eine geachtete Stellung zu verschaffen und für ihr musikalisches Schaffen Zeit zu finden. Als Lehrer haben - wie man heute schon konstatieren kann - die älteren unter ihnen bereits zwei Generationen jüngerer Komponisten instruiert, beeinflußt und gefördert. Dabei finden wir auch Kompositionslehrer unter ihnen, die ihren Schülern eine solide Grundlage des musikalisch Handwerklichen vermittelt haben, aber kaum als stilistisch einflußreiche Musikschaffende gesehen werden können.

Zu den frühesten deutsch-jüdischen Komponisten, die sich für Palästina interessierten und schließlich ins Land übersiedelten, zählt Erich-Walter Sternberg. 1891 in Berlin geboren und dort Schüler von Hugo Leichtentritt, besuchte er Palästina in den 20er Jahren und siedelte als Vierzigjähriger nach Tel Aviv um. Dort bekam er bald Kompositionsschüler; er war in der Vorbereitung der Gründung des «Palästina-Orchesters» tätig und war Mitbegründer der lokalen Sektion der Internationalen Gesellschaft für Neue Musik und viele Jahre ihr Präsident. In Berlin hatte schon eine Reihe seiner frühen Kompositionen Beachtung gefunden; dort entstanden zwei Streichquartette (1924, 1926) mit jüdischen Themen und *Die Geschichte von David und Goliath* für Bariton und Orchester nach Matthias Claudius, die 1927 vom Berliner Philharmonischen Orchester uraufgeführt wurde. Franz Osborn brachte 1925 sein Klavierwerk *Östliche Visionen*, Claudio Arrau 1931 eine Klaviersonate zur Uraufführung. Auch im neuen Lande sind seine Hauptwerke mit biblischen Themen, zum Teil auch mit fernöstlichen Themen verbunden, doch hat seine unverwechselbare stilistische Gestaltung in der Musik Israels kaum Echo oder Nachahmung gefunden: das Koloristische kommt in Sternbergs Werken kaum zum Ausdruck; beeindruckend sind ihre streng organisierte Struktur und die thematische und kontrapunktische Logik der musikalischen Darstellung der Gedanken. Sternberg starb in Tel Aviv 1974.

Der einflußreichste Komponist und Lehrer dieser Herkunfts- und Altersgruppe ist unzweifelhaft Paul Ben-Haim gewesen. Er war 1897 in München geboren - sein ursprünglicher Name war Paul Frankenburger - und bildete sich zunächst im Klavier- und Geigenspiel aus; Komposition studierte er bei dem Schweizer Komponisten Friedrich Klose, einem der wenigen Schüler Anton Bruckners. Am Staatstheater München erhielt der junge Frankenburger eine Assistentenstelle und arbeitete mit Bruno Walter und Hans Knappertsbusch. Nach vierjähriger Tätigkeit an der Oper (1920-1924) wirkte er als Opern- und Orchesterdirigent in Augsburg, verließ Deutschland aber sofort mit dem Beginn der Naziherrschaft. In Palästina nahm er den Namen Ben-Haim an und wurde als Klavierbegleiter und Liedbearbeiter tätig. Ähnlich wie Sternberg - aber von anderen musikalischen Voraussetzungen ausgehend - hatte er schon früh begonnen, sich für hebräisches Melos und jüdische Themen zu interessieren; er komponierte liturgisch inspirierte Vokalwerke und ein großangelegtes Oratorium *Joram* nach einem vom biblischen Buch Hiob inspirierten Text des Dichters Rudolf Borchardt: Die Partitur wurde vollendet kurz bevor der Komponist nach Palästina übersiedelte. Seine frühen Psalmkompositionen und Motetten waren von dem Wiener jüdischen Komponisten liturgischer moderner Musik Heinrich Schalit (geb. 1886) beeinflußt, der ihm zuerst die alten Quellen jüdischer Traditionen erschloß. In Palästina wurde seine Begegnung mit der in Jerusalem geborenen Folklore-Sammlerin und Sängerin jemenitischer Abkunft Bracha Zefira zum entscheidenden Erlebnis, die in jungen Jahren auch eine Schauspielausbildung genossen hatte und in Berlin mit dem Palästinensischen Theater *Tai* auftrat und dort für Studien mit Leopold Jessner und Max Reinhardt einige Zeit geblieben war. Bracha Zefira machte es sich zur Aufgabe, Komponisten in Palästina mit Folklore der Juden aus asiatischen und afrikanischen Ländern bekannt zu machen und sie zu stilgerechter Bearbeitung zu veranlassen: für Gesang und kleines Instrumentalensemble oder mit Harfen- oder Klavierbegleitung. Unter den vielen Komponisten, die für ihre Konzerte solche Bearbeitungen schrieben – u.a. Nachum Nardi, Alexander Uriah Boscovich, Ödön Partos, Hanoch Jacoby, Menachem Avidom, Emanuel Amiran-Pugatchov, Marc Lavry, Yehuda Walter Cohen – steht Paul Ben-Haim an erster Stelle, weil er wohl (neben Nardi) die meisten Lieder für die Sängerin und ihren ausgeprägt individuellen Vortragsstil bearbeitet und komponiert hat und sie in den letzten Jahren seiner Tätigkeit im Lande besonders häufig am Klavier begleitet hat. Der Einfluß ihres Gesangs- und Vortragsstils hat auch seinen Weg als Komponist weit tiefer beeinflußt als dies von den anderen israelischen Komponisten gesagt werden könnte; nur in den Werken der frühen israelischen Schaffensperiode des aus Transsylvanien stammenden Alexander Uriah Boscovich, der eine Zeitlang auch in Wien studiert hatte, später in Paris, lassen sich melodische Anklänge an das Repertoire der Sängerin finden.

Paul Ben-Haim wurde zu einem der gesuchtesten Kompositionslehrer und einem der am meisten aufgeführten israelischen Komponisten, dessen Werke auch in Europa und Amerika starken Widerhall fanden, dank der Ausbildung eines die nahöstlichen liturgischen und folkloristischen Einflüsse feinsinnig verarbeitenden, lyrisch-romantisch geprägten und komplizierten modischen Neuerungen fernstehenden Ausdrucksstils. Er wird heute als Hauptrepräsentant der «nahöstlich-mittelmeer-musikalischen» Periode der israelischen Musik gesehen – einer Musik, deren Melos, Rhythmen, Klangfiguren und Orchesterfarben etwas von der eigenartigen Atmosphäre wiederzugeben scheinen, die in einem Lande unter dem blauen Mittelmeerhimmel herrscht, dessen Einwohner auf Schritt und Tritt mit ihrer uralten Geschichte, mit geheiligter Tradition und einer Vielfalt auch musikalischer Überlieferungen konfrontiert werden und bewußt oder unbewußt dazu Stellung nehmen.

Das Werk Ben-Haims umfaßt Lieder, Kammermusik, Sinfonien und sinfonische Suiten, Musik für Soloinstrumente und Vokalkompositionen liturgischen Charakters. Außer im Oratorium *Joram* und seiner *Ersten Sinfonie* (1940) finden sich in Ben-Haims Werk nur selten dramatische Züge; er blieb stets ein betont lyrischer Komponist. So läßt sich verstehen, warum die Oper die einzige musikalische Gattung geblieben ist, in der er – trotz seiner frühen Opernerfahrung als Dirigent in München und Augsburg – kein Werk hinterlassen hat. Die Zahl seiner Kompositionsschüler in Israel ist groß, und viele von ihnen sind nach vollendeter Ausbildung selbst einflußreiche Lehrer geworden. Ben-Haim unterrichtete gern, und er freute sich über jeden Erfolg eines Schülers mit einer eigenen gelungenen Komposition. Der Einfluß seines Kompositionsstils ist aus fast allen Werken seiner Schüler herauszuhören, auf jeden Fall in deren Frühwerken – manche sind später unterschiedliche eigene Wege gegangen, doch Ben-Haim hat stets ihre Arbeiten mit Interesse verfolgt, auch wenn sie stilistisch Wege einschlugen, die ihm selbst weniger zusagten.

Ben-Haim starb in Tel Aviv im Januar 1984. Zu seinen erfolgreichsten Schülern gehören Jacob Gilboa, tschechischer Abstammung, Ben-Zion Orgad (ursprünglich Büschel, aus Gelsenkirchen, siebenjährig nach Tel Aviv gekommen), Zvi Avni – aus Saarbrücken, im Alter von acht Jahren nach Tel Aviv gekommen –, Ami Ma'ayani und Noam Sheriff, beide gebürtige Israelis. Für Gilboas kompositorische Entwicklung war ein längerer Studienaufenthalt in Köln (1964/65), währenddessen er an den Kursen für Neue Musik teilnahm, von besonderer Bedeutung.

Ben-Zion Orgad und Jacob Gilboa studierten Komposition auch bei Josef Tal in Jerusalem, dem noch einige andere israelische Komponisten gründliche musikalische Bildung verdanken. Jedoch fällt es schwer, bei diesem Komponisten – 1910 in Pinne (Posen) geboren und nach Klavier- und Kompositionsstudium in Berlin seit 1934 in Palästina als Pädagoge und Komponist tätig, heute einer der bekanntesten israelischen Komponisten – von tieferem stilistischen Einfluß auf seine Schüler zu sprechen. Einflußreich wurde Tal in Israel vor allem durch seine Einichtung eines Instituts für elektronische Musik in Jerusalem (1961) und durch seine Einführung elektronisch produzierter Musik im Rahmen orchestraler Kompositionen: zum ersten Mal verwendete er Elektronik im rein elektronischen Werk *Exodus* (1954), dann im *Klavierkonzert Nr. 4* mit Tonbandbegleitung (1962); es folgten weitere Klavierkonzerte, ein Cembalokonzert und Harfenkonzert mit elektronischer Begleitung; auch in Oper und Oratorium gab er der Elektronik wichtige Aufgaben. Unter den jüngeren israelischen Komponisten hat im Bereich der musikalischen Elektronik vornehmlich Zvi Avni Interessantes geschaffen. Biblische und historische jüdische Thematik hat viele Kompositionen Josef Tals inspiriert, doch von liturgischen oder folkloristischen Motiven ist in ihnen kaum je etwas zu spüren; Tal komponiert ungebunden an in diesem Sinne in Israel gepflegte Strömungen.

Ein aus Deutschland stammender Komponist, der sich zu einem Vertreter der Avantgarde entwickelt und ein Gefolge von Schülern hat, ist Abel Ehrlich, dazu auch ein äußerst produktiver Komponist. Er wurde 1915 in Cranz, Ostpreußen, geboren und kam 1939 auf dem Wege über Jugoslawien und Albanien nach Palästina. Ein großer Teil seiner zahlreichen Kompositionen ist für originelle Zusammensetzungen instrumentaler - und vokaler - Stimmen gesetzt; eigenwillige Klangfarben, verästelte Rhythmen, von der seriellen Musik beeinflußte melodische und rhythmische Gestaltung, freie Formen und Anlehnung an überlieferte arabische Form-Modelle geben seiner Musik ihre Prägung und hallen auch in den Werken einiger seiner Schüler wieder.

Für die Verbreitung der Kompositionen israelischer Musiker sorgen heute der Programmaustausch der Rundfunksender, die Orchester und Ensembles, die aus Israel in die Welt reisen, Dirigenten, die wertvolle israelische Musik anläßlich ihrer Gastspiele in Israel kennenlernen, und israelische Verlage. Das Forum der Internationalen Gesellschaft für Neue Musik trägt - allerdings nur einmal im Jahr - dazu bei, daß Komponisten vieler Länder einander begegnen. Das Musikpublikum ist in Israel ebenso konservativ und mißtrauisch zeitgenössischer Musik gegenüber wie in allen Ländern der Welt. Doch bereits im Jahre 1927, neun Jahre vor der Gründung des Sinfonieorchesters und des Rundfunks, sahen zwei bedeutende Männer in Palästina die Zeit für die Gründung eines «Instituts für neue Musik» gekommen; es wurde von dem Arzt, Musikliebhaber und Komponisten biblischer Werke Mordechai Sandberg und dem Professor der Technischen Hochschule Markus Reiner gegründet und der Internationalen Gesellschaft angeschlossen. (Markus Reiner wurde 1886 in Czernowitz geboren und kam 1922 über Österreich nach Jerusalem. Sandberg wurde 1897 in Rumänien geboren, hatte in Wien studiert und lebte 1922 bis 1938 in Jerusalem; er emigrierte in die Vereinigten Staaten und starb 1973 in Kanada).

In den 30er Jahren war es still um das Institut geworden, und es wurde eine aktive Sektion der Internationalen Gesellschaft mit Sitz in Tel Aviv und Jerusalem neu ins Leben gerufen; Vorsitz führten Erich Walter Sternberg in Tel Aviv und Josef Tal in Jerusalem. 1954 gelang es zum ersten Mal, das internationale Festival der Gesellschaft nach Israel zu bringen (Haifa und Jerusalem); obwohl damals zwischen der Bundesrepublik und Israel noch keine diplomatischen Beziehungen bestanden, lud auf Betreiben des Hauptorganisators des Festivals Frank Pelleg und des Sekretärs der Sektion (Autor dieser Studie) die Festleitung einen von der deutschen Sektion zu bestimmenden Delegierten nach Israel ein; Heinz Joachim kam aus Hamburg und berichtete über das Musikfest in der deutschen Presse.

Während Aufführungen der Musik zeitgenössischer deutscher Komponisten in der Frühzeit der Entwicklung des Musiklebens in Palästina und im Staate Israel verständlicherweise nur sehr beschränkt möglich waren, werden heute Kompositionen von deutschen schaffenden Musikern der verschiedensten Stilrichtungen in Konzertprogrammen und Rundfunksendungen häufig angetroffen; die deutsche Botschaft in Israel, das Goethe-Institut und israelische Hochschulen regen Künstler- und Komponisten-Austausch zwischen den Ländern an: Israelische Musiker können in die Bundesrepublik reisen und dort das Musikleben und Musikschaffen kennenlernen; deutsche Komponisten besuchen Israel und stellen in Vorlesungen und Konzerten eine Reihe ihrer Werke vor, wobei im Austausch auch die jüngsten großen Talente einbezogen werden. Hier sind neue Antriebe zu fruchtbarem gegenseitigen Einfluß gegeben.

Juni 1987

Ernst Krenek
Amerikas Einfluß auf eingewanderte Komponisten

Die von politischen Ereignissen bedingte Einwanderung europäischer Komponisten in die Vereinigten Staaten begann etwa 1933, erreichte ihren Höhepunkt, als das nationalsozialistische Deutschland benachbarte Gebiete zu absorbieren anfing, und kam mit dem Zusammenbruch Frankreichs zum Abschluß. Schon während dieser Prozeß im Gange war, interessierte man sich für seine Bedeutung im Hinblick auf das Schaffen der betroffenen Komponisten. Die Frage wurde gestellt, inwieweit es von einer mehr oder weniger gewaltsamen und ungeplanten Entfernung aus der gewohnten Umgebung und durch die neuen Lebensumstände beeinflußt wurde. Vielleicht lohnt es sich, die Frage heute wieder zu betrachten, da die Antworten aus einer Entfernung von zwanzig und mehr Jahren anders ausfallen mögen als damals. Die betroffenen Personen selbst haben dazu geneigt, den Einfluß jener Vorgänge als unbedeutend anzusehen. Man mag das als den Ausdruck einer defensiven Haltung, als eine Art von psychologischer Schutzkonstruktion auffassen, indem es das Selbstbewußtsein des Emigranten stützt, wenn er sich selbst glaubhaft machen kann, daß der Schock der Entwurzelung seine innerste Lebenssubstanz nicht angegriffen habe. Im Lichte dieser Anschauungsweise wird der Emigrant gern behaupten, daß er das, was er nach seiner Niederlassung im neuen Milieu schafft, auch ohne diese Veränderung geschaffen hätte und daß Abweichungen von seinen früheren Schreibweisen, falls solche beobachtet werden können, ein Ergebnis seiner inneren Entwicklung und keineswegs von äußeren Verhältnissen seien. In der Tat ist diese Auffassung schwer zu entkräften, da man ja kein Experiment veranstalten kann, das dartun würde, was ein Mann geschaffen hätte, wäre er nicht ausgewandert. Aus heutiger Distanz nimmt sich die Sache vielleicht doch etwas anders aus.

Die Einwanderung einer Gruppe namhafter und einer Reihe weniger bekannter Komponisten traf Amerika zu einem Zeitpunkt, als das Verlangen nach eigenständiger Musikproduktion immer lauter formuliert wurde. Die Generation der heutigen Sechziger hatte ihre Vollreife erreicht und trat mit dem Anspruch auf, als Schöpfer der ersten original-amerikanischen Musik anerkannt zu werden. Diese Komponisten beklagten sich nachdrücklich darüber, daß die

Dirigenten der großen amerikanischen Orchester ihren Werken die europäische Musik vorzögen. Tatsächlich sind bis heute die Chefs der älteren und berühmten amerikanischen Sinfonie-Orchester Europäer. Leonard Bernstein, der vor kurzem Leiter der New Yorker Philharmonie geworden ist, stellt die erste, weithin sichtbare Ausnahme dar. Diese europäischen Dirigenten waren aber nicht etwa politische Flüchtlinge, sondern waren importiert worden, weil Amerika selbst keine adäquaten Kapellmeister hatte. Das ist bis zu einem hohen Grade selbst heute der Fall, wie aus einem kürzlich veröffentlichten Bericht des Verbandes amerikanischer Sinfonie-Orchester hervorgeht. Diese Organisaion, die zur Förderung des heimischen Nachwuchses jeden Sommer mehrere (übrigens sehr interessante und wertvolle) Arbeitstagungen unternimmt, beklagt sich, daß die meisten der zu solchen Tagungen erscheinenden Kandidaten nur völlig unzureichende Qualifikationen mitbrächten, weil sie von den Musikschulen nicht richtig vorbereitet seien.

Wie dem auch sei und inwieweit die amerikanischen Komponisten mit ihren Beschwerden gerechtfertigt waren, es gelang ihren aus Europa eingewanderten Kollegen kaum, sie davon zu überzeugen, daß die Dirigenten nicht so sehr gegen die neue amerikanische Musik als gegen die neue Musik überhaupt eingenommen waren. An Stelle von Piston und Harris wurden nicht etwa Schönberg und Bartók gespielt, sondern Brahms und Tschaikowsky. Die vorherrschende Stimmung verdunkelte jedoch diesen Sachverhalt, und man betrachtete die europäische Einwanderung mit mehr Bedenken, als sie sie verdiente. Obgleich zahlenmäßig ganz geringfügig, im Vergleich zu den Massenbewegungen des neunzehnten Jahrhunderts, erregte die Immigration der dreißiger Jahre solche Bedenken vor allem, weil sie eine erhebliche Anzahl von in der Öffentlichkeit bemerkbaren Intellektuellen ins Land brachte, die für gehobene und auffallende Stellungen qualifiziert waren. Gemäß der amerikanischen Tradition wurden die einwandernden Komponisten als Opfer der Unterdrückung mit Großmut und warmer Hilfsbereitschaft empfangen. Aber auch ohne daß es ihnen direkt gesagt wurde, konnten sie spüren, daß man es von Berufs wegen lieber gesehen hätte, wenn sie nicht zu kommen gebraucht hätten. Damit war der Einwanderer von vornherein auf eine gewisse Defensivhaltung verwiesen, die einem weit ausgreifenden, abenteuerlustigen Schaffensdrang nicht eben förderlich war.

Andere Faktoren, die sich in ähnlicher Weise auswirkten, waren die Notwendigkeit, sich in der neuen Umgebung eine Existenz zu sichern, und der Wunsch, sich dieser Umgebung so weit als möglich mitzuteilen. Fast alle europäischen Komponisten haben während ihrer Jahre in Amerika Lehrstellen bekleidet. Für manche, wie Hindemith und Schönberg, war das keine neue Erfahrung. Für viele andere, darunter auch den Schreiber dieser Zeilen, bedeutete das Lehramt eine noch unerprobte Lebensform. Wenn man auch im allgemeinen dem lehrenden Komponisten keine ausdrücklichen Vorschriften in bezug auf seine ästhetischen Prinzipien machte, so ließ man es ihn oft genug merken, daß man seine pädagogische Wirksamkeit mit Mißtrauen betrachtete, wenn sie zu „fortschrittlich" war, d. h. wenn sie sich auf Atonalität und besonders auf Zwölftontechnik erstreckte. Ich selbst habe aus diesem Grund meine erste Lehrstelle in Amerika am Vassar College verloren und konnte meinen Unterricht in voller Unabhängigkeit und ungestört erst ausüben, als ich an der freilich weit abgelegenen und in vieler Hinsicht beschränkten Hamline Universität im Staate Minnesota meine eigene Musikabteilung aufbauen konnte.

Die akademische Mentalität ist ihrer Natur nach überall in einer Abwehrhaltung gegen das Neue befangen. In Amerika war diese Einstellung während der kritischen Jahre um 1940 durch die oben geschilderten Anflüge von Xenophobie noch stärker betont, da das bedenkliche Neue eben durch die zugewanderten Fremden ins Land gebracht worden zu sein schien. Mir kam zur Zeit von Amerikas Eintritt in den Krieg ein von einem sehr einflußreichen Schulmeister verfaßtes Pamphlet in Manuskriptform zu Gesicht, worin der Autor nicht nur nachwies, daß die Zwölftontechnik der reinste Ausdruck faschistischer und nazistischer Philosophie sei, sondern die Schwierigkeit, die darin bestand, daß diese Technik den Nazis und Faschisten gleicherweise verhaßt war, so daß sie die Zwölftöner ins Exil zwangen, damit umging, daß er ausführte, Hitler habe mit der Austreibung der Dodekaphonisten zwei Fliegen mit einem Schlag erlegt: einmal sei er die verderblichen Neutöner losgeworden, und andrerseits habe er sie, selbst gegen deren eigenes Wissen und Wollen, zu Agenten seines Strebens nach Weltherrschaft gemacht, indem sie nun in den Ländern, in die er sie getrieben habe (vor allem natürlich in Amerika), die junge Generation mit ihrer abominablen Doktrin zugrunde richten würden. Zur Ehre der amerikanischen Publizistik muß gesagt werden, daß niemand sich bereit fand, diese ebenso tölpelhafte wie teuflische Denunziation zu drucken.

Immerhin wäre es falsch zu verhehlen, daß das ständige Einatmen der Atmosphäre, die solche Miasmen enthielt, nicht ohne Folgen für jene war, auf deren Vergiftung gewisse Kreise es abgesehen hatten. Viel Zeit und Energie wurde von den Betroffenen darauf verwendet, das radikal Neue, also Atonalität und Zwölftontechnik, als legitime und folgerichtige Fortentwicklung der taditionellen Werte zu erweisen. Schönberg, in dessen Natur die konservativen Züge immer sehr stark waren und im Alter noch mehr hervortraten, war auch hier das Vorbild.

Dazu kommt, daß die pädagogische Tätigkeit als solche diese Denkweise begünstigt, da sich die Darstellung der Substanz der Kunst als eines im Verlauf der Historie organisch Gewachsenen nicht nur methodisch empfiehlt, sondern auch als Gestaltungsaufgabe ästhetische Befriedigung in sich selbst verspricht. Virgil Thomson, der amerikanische Komponist und Kritiker, hat einmal bemerkt, daß es einem Komponisten nicht zuträglich sei, im Nebenamt zu unterrichten. Denn als Lehrer könne er im Unterricht nur die beste Musik aller Zeiten als Modell verwenden, und er müsse auf alle Fragen Antworten bereit haben; beides würde ihn blasiert und überheblich machen und sein künstlerisches Weltbild allzusehr vereinfachen. Das ist keine schlechte Bemerkung, obgleich der wirklich gute Pädagoge sich dadurch auszeichnet, daß er ab und zu den Mut hat, eine Frage unbeantwortet zu lassen, statt sich durch mechanisches Besserwissen am Schluß doch bloßzustellen.

Ein anderer Faktor, der in Amerika auf die Fortsetzung der in Europa begonnenen kompositorischen Abenteuer hemmend einwirkte, ist die pragmatistische und daher dem Konformismus zuneigende öffentliche Mentalität. Danach ist der Gedanke, daß eine künstlerische Äußerung als solche zweckfreies Interesse erwecken mag, ohne dem Menschen nützliche Information zuzuführen, ihn ethisch zu erheben oder wenigstens zu unterhalten, dem amerikanischen Bewußtsein nicht direkt einleuchtend. Er hat sich am deutlichsten in der Malerei durchgesetzt, in welcher seit Jahren der Abstraktionismus als das führende stilbildende Prinzip anerkannt ist. Das Denken über Musik ist hinter der Entwicklung fortschrittlicher Überlegungen auf anderen Kunstgebieten zurückgeblieben, in Amerika noch weiter zurück als in Europa. Daraus ergibt sich, daß, während das scheinbar

Absurde in Europa gerade durch seine Absurdität bedeutende Chancen hat sich mitzuteilen, indem es die Rezeptivorgane einer ganzen Schicht von Menschen anspricht, die nur darauf warten, vom Esoterischen angerührt zu werden, das Extraordinäre in Amerika auf verständnislose Indifferenz stößt, weil es sich in die Kategorien des Nützlichen, Brauchbaren und schlechthin Funktionierenden nicht einordnen läßt. Daß der Komponist, den es seiner Natur nach zu Mitteilung drängt, von solchen Gegebenheiten des geistigen Klimas beeinflußt wird, liegt auf der Hand.

Daher dürfte man den in Amerika entstandenen Arbeiten von Komponisten, die auch schon vor ihrer Emigration zur gemäßigten Mitte neigten und sich der Linie der Tradition konformierten, die Tatsache, daß ihre Urheber in jenes anders geartete Milieu versetzt worden waren, kaum anmerken. Komponisten wie Hindemith, Milhaud und Martinu gehören zu dieser Gruppe. Vor allem in Hindemiths Musik sind es die Züge des betriebsamen Habitus, der gründlichen, auf traditioneller Gelehrsamkeit beruhenden und daher leicht zu überblickenden Faktur, des Offensichtlichen in Gestalt und Gehalt sowie des Handwerklichen in der Ausführung, die sie einem Publikum nahe bringen, das wenig Anlage zur Kontemplation, aber um so mehr Neigung zur Beschäftigung hat, das nicht gern spekuliert, sondern immer

Szene aus *Johnny spielt auf* (Alpenbild) Leipziger Uraufführung 1927

wissen möchte, was los ist, und das infolge seines puritanischen Erbes das, was wenig Spaß macht, für ernst und gewichtig hält.

Komponisten, in deren amerikanischem Schaffen neue, vorher nicht bemerkte Charakteristika auffallen, sollten deshalb nicht automatisch eines unethischen Kompromisses bezichtigt werden, im Sinn des Vorwurfs, daß sie sich gegen ihre bessere Überzeugung konjunkturbedingter Schreibweisen befleißigt hätten. Wenn etwa Kurt Weill in Amerika den agressiven, kahl montierten, sarkastischen Stil seiner Brecht-Periode gegen die luxuriöse, mondän-sentimentale und nur vorsichtig ironische Broadway-Allüre eintauschte, war er sich wohl kaum dessen bewußt, daß er damit in unseren Augen unter sein angestammtes und erworbenes Niveau herabstieg, sondern er tat – wie er mir selbst sagte –, was ihm notwendig schien, um dem unbezwinglichen Drang seiner Natur nach Mitteilung durch das musikalische Theater nachzukommen, indem er die Mitteilung dem einzigen zur Verfügung stehenden Vehikel, nämlich der Broadway-Bühne, anpaßte.

Weniger auffallend, aber um so interessanter sind die Veränderungen, die dem Wechsel der Kontinente im Schaffen solcher Musiker zugeschrieben werden können, denen schon in Europa Mitteilungsdrang nicht als die wesentliche Motivation ihrer Arbeit galt. Im Fall von Béla Bartók würde man wünschen, einen Beweis dafür zu haben, daß der Habitus seiner letzten Werke einer inneren Umorientierung zuzurechnen ist, die man respektieren muß, auch wenn man ihre Resultate nicht begrüßen kann. Ohne solche Evidenz könnte man verleitet sein, an die Möglichkeit von Konzessionen zu denken, die man mit dem für so unbeugsame Integrität verehrten Namen des ungarischen Meisters nicht gern verbinden möchte.

Arnold Schönbergs amerikanisches Werk bietet gewiß keine Handhabe zu beunruhigenden Vermutungen. Daß er in Amerika eine Reihe «altmodisch» tonaler Werke geschrieben hat, fällt nicht ins Gewicht, da diese in einer wenig anziehenden, von nachregerischem Dickicht überwachsenen Landschaft angesiedelten Arbeiten deutlich als von äußeren Situationen bedingte Gelegenheitsprodukte erkennbar sind. Schönbergs zentrales Schaffen zeigt jedoch, daß die früher skizzierten atmosphärischen Einwirkungen Amerikas an ihm nicht spurlos vorbeigegangen sind. In seinen Schriften stößt man immer wieder auf den Begriff der «Faßlichkeit», die zu erreichen er gern als einen der wichtigsten Antriebe zur Gestaltung seines Stils und seiner Technik, vor allem der Zwölftonprozedur darzustellen sucht. Wenn das auch wohl mehr illusorisch ist, so ist das Festhalten Schönbergs an den Grundideen der klassischen Formgebung, nämlich Entwicklung und Durchführung (was Schönberg *progressive Variation* nannte) und an den klassischen Standardstrukturen (Sonate, Rondo), gewiß dazu angetan, die Faßlichkeit seiner Musik für ein auf solche Gehalte eingestelltes Publikum zu erhöhen, und liegt so auf der Linie des Wunsches, sich der umgebenden Wirklichkeit zu konformieren. Wenn auch kein Beweis dafür geliefert werden kann, ließe sich schon denken, daß Schönberg ohne die Einwirkung der pragmatistischen Atmosphäre manche technische und stilistische Folgerungen, die in seinem Werk deutlich angelegt sind und von der heutigen jungen Generation verwirklicht werden, selbst gezogen hätte: Die vereinfachte Diktion des Klavierkonzertes und vor allem die auf ein tonales Zentrum hin sich kristallisierende Tonsprache der *Ode an Napoleon* sind gewiß Merkmale eines auf höhere Faßlichkeit abzielenden Ausdruckswillens.

Mir selbst ist heute klar, daß gewisse entscheidende Wendungen in meiner Entwicklung nicht eingetreten sind, als sie naheliegend waren, und ich neige dazu, dieses Unterbleiben dem Einfluß des geistigen Klimas von Amerika zuzuschreiben, da jene Wendungen sich vollzogen, als ich meinen Kontakt mit Europa erneuerte. Noch in meinen Vorträgen *Über neue Musik* (Wien 1937) vertrat ich den Gedanken, daß eines der Hauptanliegen des dodekaphonischen Denkens die Her-

Karl V
Szenenfoto
München 1964

ausarbeitung neuer, aus der Beschaffenheit des reihenmäßig strukturierten Tonmaterials gewonnener Formen sei. In meiner *Lamentatio Jeremiae Prophetae,* die ich 1941, also nach dreijährigem Aufenthalt in Amerika, entwarf, wendete ich zum ersten Mal systematisch das Prinzip der *Rotation* an, d. h. eine nach bestimmten Gesetzen vor sich gehende gegenseitige und gruppenweise Vertauschung der Reihenelemente, ein Prinzip, das sich für mich als von entscheidender Bedeutung erweisen sollte, als ich mich mehr als zehn Jahre später dem verallgemeinerten seriellen Komponieren zuwandte. Es ist bezeichnend, daß ich damals die *Lamentatio* für praktisch unausführbar hielt und nach ihrer Vollendung beiseite legte. Ich verfolgte die dort begonnene Linie nicht weiter, da ich es mir weder innerlich noch äußerlich leisten zu können glaubte, meine Energie auf Arbeiten zu verwenden, denen keine Mitteilungskraft innewohnte. Ich bediente mich weiterhin der Rotationstechnik in einigen späteren Werken, doch eher mit der Absicht, die Zwölftontechnik aufzulockern, als dem seriellen Prinzip weiterreichende Gültigkeit zu verleihen, und folgte dem Vorbild Schönbergs, indem ich die klassischen Formideen in dem wesentlich anders orientierten Idiom der Atonalität am Leben zu erhalten versuchte. Die Erforschung neuer Strukturen war ad acta gelegt. Erst in den letzten Jahren hat sich freilich herausgestellt, daß den Werken der *Lamentatio*-Kategorie erheblich mehr Mitteilungskraft innewohnt als den anderen, relativ konformistischen Arbeiten.

Wenn ich trotzdem schon zu Anfang der vierziger Jahre immer wieder auf die mir mehr und mehr klar werdende Bedeutung Anton Weberns hinwies, so ist es typisch für die Echolosigkeit des ungeheuren amerikanischen Raumes, daß ich damit einem unbeantwortet bleibenden Monolog zu obliegen schien. Ebenso bezeichnenderweise ist mir erst ganz kürzlich zum Bewußtsein gekommen, daß der heute dreiundvierzigjährige amerikanische Komponist Milton Babbitt, ein Schüler von Roger Sessions, bereits 1945 mit der Ausdehnung der Reihenidee der Zwölftontechnik auf die Dimension der Zeit zu operieren begann — ein Unternehmen, das erst dann als eine die Grundlagen der abendländischen Musik erschütternde Revolution anerkannt wurde, als es mehrere Jahre später von einer Gruppe jüngerer europäischer Komponisten ins Werk gesetzt wurde.

Es unterliegt keinem Zweifel, daß Amerika den Wirklichkeitssinn der ihm zugewanderten europäischen Komponisten geschärft hat. Gleichzeitig hat es sie jedoch wohl das, was Robert Musil jenem als «Möglichkeitssinn» geistreich gegenüberstellt, vernachlässigen lassen. Eine Entwicklung in entgegengesetzter Richtung scheint nur im Fall Strawinsky vorzuliegen. Manche seiner späteren neoklassischen Werke, die in Amerika entstanden sind, zeigen zunehmend eine relativ unkonziliante Haltung, die sie weniger ansprechend macht als sein früheres, populäres Oeuvre. In ihnen bereitet sich die Wendung zum in sich gekehrten seriellen Stil der jüngsten Arbeiten vor. Auch diese wurde allerdings erst durch die von den Nachkriegs-Kontakten mit Europa herbeigeführte Entdeckung der Webernschen Musik ausgelöst. Wenn uns das Land der unbegrenzten Möglichkeiten gelehrt hat, der Wirklichkeit erhöhte Aufmerksamkeit zu widmen, so war es dem alten Kontinent der begrenzten Wirklichkeit vorbehalten, die Lust auf das Unmögliche in uns neu zu erwecken.

LEOPOLD JESSNER-ABEND

anlaesslich seines 65. Geburtstages

im

WILSHIRE EBELL THEATRE

4401 W. 8th Street

(Wilshire und Lucerne Blvd.)

Sonnabend, am 6. Maerz 1943, 8 Uhr 30 abends

* * *

MITWIRKENDE:

ERNST DEUTSCH
LION FEUCHTWANGER
BRUNO FRANK
ALEXANDER GRANACH
HANNA HOFER
FRITZ KORTNER
PROF. ROBERT POLLAK
LIONEL ROYCE
VERA SCHWARZ
ROBERT THOEREN
ERNST TOCH
HELENE WEIGEL

Im Namen eines Committees von Freunden, Mitarbeitern, Schuelern und Verehrern von Leopold Jessner, lade ich Sie zu diesem Abend ein. Die Schauspieler, die einst Jessners Fahne gefolgt sind, werden in Buehnenszenen an die Hoehepunkte seiner Regieleistung zu erinnern versuchen. Musik, Gesang, Rezitation und Ansprache sollen zusammenwirken, um das Bild einer schoenen Zeit deutscher Kunst lebendig ins Gedaechtnis zurueckzurufen.—I. A. Lionel Royce.

* * *

Karten sind im Vorverkauf erhaeltlich:
an der Theaterkasse des Wilshire Ebell Theatre — Tel: WY. 7095

im Buero des European Film Fund 9172 Sunset Blvd. — Tel: CR. 6-8340

im Buero des Jewish Club of 1933 228 West 4th Street — Tel: MI. 6847

Preise im Vorverkauf: . . .	75c	$1.00	$1.50
" an der Abendkasse: .	$1.00	$1.50	$2.00

Massarik Printing Co.

Charlotte E. Erwin
Ernst Toch in Amerika

Gegenüber Nicolas Slonimsky hat sich Ernst Toch einmal als der *«am gründlichsten vergessene Komponist der ganzen Welt»* bezeichnet (1). Da Toch im allgemeinen nicht ein Mann von Selbstmitleid war, muß man den traurigen, resignierten Ton in einer solchen Feststellung ernst nehmen. Doch auch heute, im zeitlichen Zusammenhang mit seinem 100. Geburtstag (7.12.1987) steht seine Vergessenheit in einem merkwürdigen Gegensatz zu seinem frühen Ruhm: heute haben nur wenige Amerikaner von Ernst Toch gehört, dennoch war er einer der glänzendsten Sterne des musikalischen Modernismus in den zwanziger und dreißiger Jahren. Tochs Verschwinden aus dem öffentlichen Bewußtsein kann nicht auf einen einzigen Faktor zurückgeführt werden. Er resultiert aus einer Vielzahl von Umständen, wobei seine Wesensart keineswegs der unwichtigste gewesen ist. Toch war zutiefst introvertiert und scheute die öffentliche Zurschaustellung, wenn sie nicht rein musikalisch motiviert war. Wie Herbert Zipper formulierte: *«Ernst Toch konnte nicht einmal ein Glas Wasser anpreisen»* (2). Zu Tochs natürlicher Zurückhaltung kam jedoch auch die Situation, in der er sich zwischen 1933 und etwa 1948 befand. Als jüdischer Emigrant, der zuerst nach Paris ging und dann über London und New York schließlich nach Los Angeles kam, kämpfte Toch eifrig um die notwendigen eidesstattlichen Erklärungen und versuchte, Visa für seine 64 Cousins und Cousinen und andere Verwandte zu besorgen, die sich im *«Dritten Reich»* in tödlicher Gefahr befanden.

Es überrascht nicht, daß Toch in den vierziger Jahren zu einem schwerwiegenden schöpferischen Stillstand kam, der mit solch großen Ängsten verbunden war und schließlich zu einer nahezu tödlichen Herzattacke im Jahr 1948 führte. Toch komponierte in den vierziger Jahren weniger Werke als zu irgendeiner anderen Zeit im Verlaufe seiner Karriere, was sicherlich auf die Ängste um seine Familie und Freunde in Europa und auf das Ausbleiben jedes Echos (3) im amerikanischen Musikleben zurückzuführen ist. Das einzige Werk, das er in den vierziger Jahren aus freien Stücken ohne Auftrag oder Vertrag komponierte, ist sein *Streichquartett op. 70* aus dem Jahr 1946. Hierfür wählte er als Motto zwei Zeilen aus Eduard Mörikes Gedicht *Verborgenheit*, welches seine eigene tiefsitzende Melancholie widerspiegelt. *«Immerdar durch Tränen sehe/ich der Sonne liebes Licht»* (4).

Toch wurde in Wien am 7. Dezember 1884 als einziges Kind eines jüdischen Elternpaares in einfachsten Verhältnissen geboren. Als Musiker war er Autodidakt, wenngleich er – in seinen eigenen Worten – *«bei Mozart und Brahms in die Schule gegangen ist»*. Im Alter von siebzehn Jahren hatte er bereits sieben Streichquartette komponiert, von denen die ersten fünf verloren gegangen sind. Das letzte dieser frühen sieben Streichquartette *(G-Dur op. 15)* brachte ihm den bedeutsamen Mozartpreis im Jahr 1909 ein, mit dem er ein Jahr am Frankfurter Konservatorium studieren durfte. Toch hat seine Geburtsstadt Wien mit Deutschland vertauscht, wo er sich schließlich als Professor an der Mannheimer Musikhochschule etablierte und einen Doktorgrad an der Universität Heidelberg erwarb.

Tochs Kompositionsstil vor dem ersten Weltkrieg kann als romantisch, als Brahms-verbunden bezeichnet werden. Trotz ihrer üppigen Intensität behält seine Musik ein Gefühl für klassischen Zusammenhalt und Proportion. Ein hervorragendes Beispiel für diesen frühen Reifestil ist sein *Streichquartett in Des-Dur op. 18*, das er 1911 komponierte.

Während des ersten Weltkrieges, an dem Toch in der österreichischen Armee teilnehmen mußte, stockten seine Kompositionsaktivitäten, aber der Strom floß unbewußt weiter und gewann an zusätzlicher Kraft. Nach 1919 hat sich offensichtlich eine tiefe innere Verwandlung vollzogen. Kühnere Dissonanzen, komplexere Texturen und ein stärker insistierender Rhythmus zeichnen seinen Nachkriegsstil aus. Sein neues *Streichquartett in C-Dur op. 26* (1919) verursachte einen Skandal bei seiner Mannheimer Premiere. Toch war im Begriff, einer der am meisten aufgeführten und am häufigsten rezensierten Komponisten des Deutschlands der Weimarer Zeit zu werden. Im Jahre 1923 unterzeichnete er einen Vertrag mit dem Schott-Verlag, und sein Name erscheint danach neben denen von Schönberg, Webern, Strawinsky, Bartók und Hindemith in dem Programm aller großen Festivals mit neuer Musik der zwanziger und dreißiger Jahre (5). Zwei Werke aus den zwanziger Jahren, die besonders enthusiastisch aufgenommen worden waren, sind das *Cellokonzert op. 35* (uraufgeführt mit Emanuel Feuermann und Otto Klemperer in Berlin – d.Hrsg.) und das *Klavierkonzert op. 38*. Tochs Kammeroper *Die Prinzessin auf der Erbse* war vom Festival neuer Musik in Baden-Baden für das

Jahr 1927 in Auftrag gegeben und zusammen mit Werken von Milhaud, Hindemith und Weill aufgeführt worden.

Im Jahre 1929 verließ Toch Mannheim, um nach Berlin zu ziehen, das damals als Zentrum allen schöpferischen Lebens in Deutschland galt. Während der Berliner Jahre bis 1933 hat sich Toch mehr und mehr dramatischer Musik gewidmet. Er komponierte eine abendfüllende Oper *Der Fächer*, eine große Anzahl Partituren mit Schauspielmusik und Hörspielen und zwei Filmmusiken *Die Kinderfabrik* und *Karamasov*. Beide sind heute verloren. Die Erfahrung mit dem Genre der Filmkomposition war ein wesentlicher Trumpf für Toch, als er sich gezwungen sah, seinen Lebensunterhalt im Exil zu verdienen.

Von Tochs Emigration soll hier nur wenig berichtet werden. Erst fuhr er nach Paris, wo seine Wege sich mit denen anderer Emigranten kreuzten, die dort abwarteten und beobachteten, wie sich die Situation in Deutschland entwickeln würde. Hier wandte sich auch der Komponistenkollege Arnold Schönberg an ihn mit der Bitte, ihn bei der Gründung einer Vereinigten Jüdischen Partei zu unterstützen (6). Toch wollte damit nichts zu tun haben. Er wollte sein Judentum in einer anderen, weniger politischen, Weise zum Ausdruck bringen. Später lebten Schönberg und Toch relativ nahe beieinander in Südkalifornien, aber, wie es so häufig der Fall bei Emigranten war, die geographische Nähe hat nicht notwendigerweise zu künstlerischer, philosophischer oder auch nur politischer Eintracht geführt.

Toch war zunächst in die Vereinigten Staaten eingeladen worden, um an der New School for Social Research in New York zu unterrichten, an der so viele andere bedeutende Emigranten lehrten. Er nahm dieses Angebot für etwa ein Jahr lang an, aber nachdem er einen Auftrag von Paramount Pictures angenommen hatte, die Musik für einen Film *Peter Ibbetson* zu schreiben, hatte sich Toch in Südkalifornien verliebt. Im Sommer 1936 sind die Tochs – Ernst, seine Frau Lilly und ihre acht Jahre alte Tochter Franzi – endgültig nach Kalifornien gezogen.

Für Tochs Existenz als Emigrant in der Periode von 1936-48 sind drei miteinander verwandte Momente von Bedeutung. Der erste ist das Bedürfnis nach Zuflucht, das allen Exilanten gemeinsam ist. Nachdem Toch wenigstens physische Sicherheit in Südkalifornien gefunden hatte, wurde er schon bald danach ein Opfer eines Gefühls von Isolation und Einsamkeit, das sich in erster Linie auf den künstlerischen Bereich bezog, jedoch auch ganz persönliche Aspekte hatte. Schließlich (und drittens) sah sich Toch konfrontiert mit der Angst (die er schließlich überwand), daß die Quellen seiner Kreativität durch die Emigration vollkommen ausgetrocknet seien. Seine Sehnsucht nach schöpferischer Erneuerung und sein Glaube, daß diese letzten Endes doch sich einstellen würde, hatte er offen und wiederholt in bewegenden Briefen an seine Freundin und Vertraute Elizabeth Sprague-Coolidge offenbart.

Der Gemeinde europäischer Emigranten, die in Los Angeles in den dreißiger und vierziger Jahren eine Zuflucht gefunden hatte, ist oft und mit viel Aufmerksamkeit beschrieben worden. Ihre hervorragende kulturelle Bedeutung steht oft in einem verwirrenden Gegensatz zu ihrer naiven Umgebung. In der Literatur über diese Emigranten wird die Ironie ihrer Lebenssituation hervorgehoben, wie dies auch, beispielsweise im Titel von Anthony Heilbuts Untersuchung der deutschen Auswanderung *(Exiled in Paradise)* oder in vielen Arbeiten, die in der Anthologie *The Muses Flee Hitler* zusammengestellt sind, zum Ausdruck kommt. In seiner Arbeit über Hindemith variiert Geoffrey Skelton das Shibboleth über das Land der unbegrenzten Möglichkeiten in: *Das Land begrenzter Unmöglichkeiten*. Die Emigranten selbst sprechen häufig von ihrer widerspruchsvollen Situation, wie zum Beispiel Krenek in seinem Vorwurf, *«Echologigkeit des ungeheuren amerikanischen Raumes»* (10).

Tochs Erfahrung war nicht einzigartig. Zunächst war Südkalifornien für ihn wie ein Wunder. Er liebte die Küstenregion mit ihren steilen Felsufern und tiefen Schluchten, die in das Meer auslaufen, und den weitausgedehnten ruhigen, einsamen Stränden. Aber mit der Zeit brachte Toch häufiger sein Einsamkeitsgefühl und seine Angst zum Ausdruck, daß er irgendwie seine schöpferische Gabe für dieses arkadische Refugium geopfert habe.

Tochs besonders auffällige Anstrengung, sein physisches und schöpferisches Wohlbefinden wiederzugewinnen und zu erhalten, kommt am besten darin zum Ausdruck, wie er sich in seinen ersten Jahren in Kalifornien ein ländliches Paradies schuf, daß er humorvoll *«Villa Majestic»* nannte. Villa Majestic war eine kleine Hütte am Coral Beach nördlich von Malibu. Er konstruierte es aus zwei riesigen Containern, die Tochs Umzugsgut 1937 von Hamburg nach den USA befördert hatten, kurz bevor die Nazis solche Exporte verboten. Es war Tochs Idee, diese beiden Kisten in einer

L-Form auf ein hölzernes Fundament zu stellen. Das Küstengrundstück mietete er für hundert Dollar im Jahr. In diesem Betrag war Elektrizität und der Gebrauch der sanitären Anlagen eingeschlossen. Telephon gab es nicht.

Toch blieb gewöhnlich zwei oder drei Tage in der Villa Majestic – mit seinem Hund, um nicht allein zu sein. Sein *Klavierquintett op. 64,* das Elizabeth Sprague Coolidge 1937 in Auftrag gegeben hatte, hat er dort komponiert. Da der Auftrag ein Klavier verlangte, beschaffte man sich ein 30-Dollar-Instrument, nicht deshalb, wie sich Lilly Toch erinnert, weil ihr Mann ein Klavier beim Komponieren benötigte, sondern weil er gerne den Klavierpart des Quintetts ausprobieren wollte. Mrs. Coolidge war eine der ersten Besucher in der Villa Majestic. Mit ihrer Unterschrift beginnt das Gästebuch, das sie den Tochs mit den Worten *«Zur Einweihung der Villa Majestic»* geschenkt hatte und dem Datum Montag 11. 4. 1938. Weitere Musikernamen erscheinen in dem Gästebuch: Paul Hindemith, Emanuel Feuermann und Ernst Krenek, dessen Frau den Inhalt ihrer Einkaufstasche an Tochs Hund verlor.

Tochs liebevolle Verbundenheit mit der Villa Majestic erscheint symptomatisch für das nicht nachlassende Bedürfnis nach einer Zuflucht, obwohl er glücklich den Nazis entflohen war. Sogar der damals noch ländliche Charakter von Pacific Palisades, wo die Tochs ein Haus gemietet hatten, war nicht weit genug entfernt von den Qualen des alten, war auch kein Schutz gegen den Druck des neuen Lebens. Toch bildet in seinem wilden Refugium an der Pazifikküste – buchstäblich die äußerste Grenze der westlichen Welt – das präzise Bild eines einsamen Emigranten, die Quintessenz des *«Exils im Paradies»*.

Als die Vereinigten Staaten in den zweiten Weltkrieg eintraten, wurde das Benzin rationiert – Coral Beach war 13 Meilen von Tochs Haus in Pacific Palisades entfernt – und nächtliche Stromsperren an der Küste aus Angst vor japanischen Angriffen beendeten Tochs Aufenthalte in der Villa Majestic. Zum Ende des Krieges verschwand die Villa Majestic; sie war von einem Sturm weggeschwemmt worden. Die wirtschaftliche Entwicklung in Südkalifornien nach dem Krieg verhinderte eine Erneuerung des Mietvertrages und ein Stück von Tochs privatem Garten Eden war für immer vergangen.

In der Zwischenzeit war Toch als prominenter Neuankömmling in Pacific Palisades mit überschäumenden Worten durch die lokalen Zeitungen willkommen geheißen worden, und man drängte ihn, dem *«unwiderstehlichen Charme»* von Pacific Palisades nicht zu widerstehen und eine Tondichtung zu komponieren, in der *«der Herzschlag dieser Gegend in eine musikalische Komposition eingewoben wird und sich herausbildet aus den natürlichen Schönheiten dieser Landschaft, und die widerhallt von den Hoffnungen und Freuden, Sehnsüchten und Träumen der Gründer und Pioniere.»*

Wenn die Zusammenführung von Pacific Palisades und Ernst Toch nicht zu einer unmittelbaren und lokalisierbaren musikalischen Äußerung führte, so hat die Emigrantengemeinschaft hier doch eine ganz eigene Farbe gewonnen. In ihrem Kapitel *Weimar am Meer* meint Betty Young, daß viele Emigranten versuchten, ihr herkömmliches Leben neu zu gestalten oder doch etwas zu verwirklichen, was diesem ähnelte (15). Salka Viertel, eine Schauspielerin und Drehbuchautorin, gründete einen «Salon» in ihrem Haus in Santa Monica, welcher zu einem Mekka für viele Mitteleuropäer wurde (16). Aber diese Variante eines sozialen und intellektuellen Refugiums hatte für Toch keinerlei Attraktivität. Im Grunde war er ein Einsiedler, er mochte große Ansammlungen von Menschen nicht, hauptsächlich deshalb, weil die Geräusche des Durcheinanderredens seinen Ohren wehtaten. (Seine gesprochene Komposition *Valse* ist eine Parodie von Cocktailpartygeschnatter). Im allgemeinen fühlte er sich mehr zu Kontakten mit Leuten außerhalb des Musikbereiches hingezogen als innerhalb. In den ersten Jahren waren unter seinen Emigrantenbekanntschaften insbesondere Schriftsteller wie Thomas Mann, Lion und Marta Feuchtwanger, Bertolt Brecht und der Philosoph Emil Ludwig, die in der Erinnerung von Lilly Toch besonders herausragen. Aber diese Menschen, so wichtig sie auch gewesen sein mögen, konnten nicht liefern, was Toch als ernsthafter Musiker verloren hatte: Die Möglichkeiten, seine Werke einem Publikum vorzustellen, das bereit und willens war, ihm zuzuhören.

Das subjektive Gefühl zunehmender Frustration und künstlerischer Niederlage wurde immer stärker in den vierziger Jahren, und er wandte sich mehr und mehr seiner amerikanischen Freundin Sprague-Coolidge zu, die ihm Verständnis und Trost entgegenbrachte. Mrs. Coolidge war ihr ganzes Leben lang (1864–1953) die wichtigste Förderin der Kammermusik in Amerika. Bei der Library of Congress hatte sie zur Förderung von Aufführungen von Kammermusik eine Stiftung errichtet, die Coolidge-Foundation. Sie war eng befreundet mit vielen modernen amerikanischen Komponisten, sowohl mit einheimischen wie auch mit Immigranten, die sie zu Kompositionen ermutigte. Für Toch, der mehr als zwanzig Jahre jünger war als sie, wurde sie ein Symbol für das, was ihm wirklich am Herzen lag: *«Die Sache selbst, nicht die gefällige Verpackung»*, wie er sich altmodisch ausdrückte. Im Verlauf ihrer Freundschaft und insbesondere nach 1944, als sie auf der vertrauteren Basis der Anrede mit ihren Vornamen miteinander korrespondierten, schüttete Toch gegenüber dieser großzügigen und musikalisch sensiblen Frau immer häufiger sein Herz aus. Sie war Förderer, Vertraute, Muse und vielleicht sogar eine Mutterfigur für ihn.

Toch hatte Mrs. Coolidge 1937 kennengelernt, kurz nachdem sie das *Klavierquintett op. 64* in Auftrag gegeben hat. Es ist verwunderlich, daß Toch angesichts der 15 Jahre andauernden Korrespondenz und der Intensität seiner Gefühle für Mrs. Coolidge keinen weiteren Kompositionsauftrag für sie abgeschlossen hat, im wesentlichen deshalb, weil er mit seiner eigenen Arbeit nicht zufrieden war. Aber sie lieferte den kritisch musikalischen Sachverstand, das notwendige Bindeglied zu einem ernsthaften musikalischen Leben, nach dem sich Toch so verzweifelt sehnte.

Die Themen Einsamkeit, Frustration und Sehnsucht nach schöpferischer Erneuerung werden wiederholt in Tochs Briefen an Mrs. Coolidge angesprochen. Zu Beginn des Jahres 1943 spricht er von seiner als Komponist ausweglosen Lage, die er deutsch als *«schöpferische Pause»* umschreibt (Brief vom 8. Januar 1943). Vielleicht weil seine Gegenwart ihm so öde erschien, wandte er sich seinen früheren Arbeiten zu, und ihm kam die Idee, eines seiner frühen Streichquartette Mrs. Coolidge zu widmen. Sie akzeptierte die vorgeschlagene Widmung und schrieb: *«Die Vergangenheit scheint für mich sehr viel realer und gültiger zu sein als die Gegenwart, so daß ich mich glücklich schätze, unsere Freundschaft in frühere Zeiten auszuweiten und Sie somit zu den besonders lieben alten Freunden zählen zu dürfen. Ich bin sicher, daß dies auch so sein würde, wenn es uns beschieden gewesen wäre, uns früher kennenzulernen.»* (Brief vom 26. Januar 1943)

Toch antwortete: *«Seit einiger Zeit bin ich wirklich nicht in einer besonders glücklichen Stimmung. Enttäuschungen und Trauer haben bei mir ein Gefühl großer Vergeblichkeit meines Tuns und sehr viel Einsamkeit entstehen lassen. Dann kam Ihr freundlicher Brief mit den schönen Worten über die Vergangenheit, wie sie nur ein so reiches Herz wie das Ihre finden kann. Meine Schwierigkeiten verschwanden sofort, und ich fühlte mich eingehüllt in Wärme und Glück, mein Herz ist voller Dankbarkeit, wie kann ich Ihnen, Verehrteste, danken?»* (Brief vom 7. Februar 1943)

Das Streichquartett, um das es sich hier handelt, ist das in *a-moll op. 12*, das Toch 1904 komponierte, als er 17 Jahre alt war (18). Tochs nächster Brief, der die Widmung des *op. 12* gleichsam formal regelt, ist insofern besonders wichtig, weil er in einer geradezu anrührenden Sprache seinen persönlichen und künstlerischen Zustand präzise beschreibt. *«Ich erinnere mich an sehr viele Mühen, an sehr viel Tun und Nichts-Tun, an sehr viel Gewinnen und Verlieren, an sehr viel Herumtasten, seit ich dieses Quartett geschrieben habe. Nur in der „alten Welt" erlebte ich auf diesem ganzen Weg positive Reaktionen und Zuspruch. Ich hatte das Gefühl, daß ich die Herzen und Köpfe der Leute erreicht hatte, es gab einen lebendigen Prozeß sensibler Kommunikation, der meine Arbeit rechtfertigte und mir sie teuer machte. Ich habe nie die „raison d'être" meines kompositorischen Treibens bezweifelt. Hier empfinde ich mich als schrecklich einsam. Wenn jemand mitten in der Nacht an mich die Frage richten würde: „Für wen machst du eigentlich weiter?" würde ich wahrscheinlich sagen: für Elizabeth Coolidge. Zweifellos eine ernüchternde Antwort. Aber ich kenne niemanden sonst, der in gleicher Weise die Sache selbst meint und nicht das Drumherum.»* (Brief vom 21. Februar 1943).

Ein Jahr später beobachtete Toch, daß er *«ein blasses, aber sicheres Hoffnungslicht»* für die Wiederaufnahme einer schöpferisch zufriedenstellenden Arbeit erkennen könne. Im Rückblick auf die Jahre seit seiner Emigration schreibt er an Mrs. Coolidge: *«Mir hat in diesen Jahren immer wieder eine sehr lebhafte und kritische Unzufriedenheit mit allem, was ich angefangen habe, aber auch mit allem, was ich an zeitgenössischer Musik erlebte, zu schaffen gemacht. Nichts blieb, außer ein paar unverrückbaren Gipfelwerken der Klassik. Ich habe versucht, diesen unerfreulichen Zustand zu akzeptieren, weil ich von früheren Erfahrungen wußte, daß solche Phasen auch dazu dienen können, eine erneute Produktivität vorzubereiten.»* (Brief vom 31. Juli 1944)

Tochs Erneuerung kam, aber doch sehr viel langsamer, als er selbst es erwartet hatte. Sie wurde auch aufgehalten durch die fortgesetzten Hilferufe aus Europa und die Aufgaben, die ihm durch die Lehre gestellt waren und die Toch aufgrund seiner Wesensart nicht einmal halbwegs zufriedenstellend erfüllen konnte. 1946 war schließlich der erste Schritt für die Komposition eines Streichquartetts *(op. 70)* gemacht. Bei der Arbeit an diesem Werk schrieb er Mrs. Coolidge: *«Ich befinde mich gerade mitten dabei, mein Streichquartett zu schreiben, das erste nach achtzehn Jahren. Die Komposition eines Streichquartettes war eine erhabene Freude, bevor die Welt die Atombombe kannte und - ganz augenscheinlich - hat sich nichts daran geändert - es ist immer noch so.»* (Brief vom 30. Juli 1946) Das *op. 70* ist das Quartett mit dem Motto aus Mörikes *Verborgenheit: «Immerdar durch Tränen sehe / ich der Sonne liebes Licht.»* Einmal ist dieses Werk ein Wegweiser aus schwierigem Terrain, aber es blickt auch in die Vergangenheit. Das Thema von Mörikes Gedicht ist Zurückgezogenheit und Verborgenheit. Es beginnt: *«Laß, o Welt, o laß mich sein!»* (19). Die beiden ersten Zeilen der zweiten Strophe, die unmittelbar vor dem Motto stehen, sprechen einen geheimnisvollen und undeutlichen Zustand an: *«Was ich traure, weiß ich nicht, / es ist unbekanntes Wehe!»* Diese Formulierungen muß man mit Tochs eigenem Elend und künsterlischen Schweigen in Verbindung bringen. Dennoch, wie das Gedicht vom unerwarteten Augenblick der Freude spricht, so kündet auch das Quartett von dieser letztendlichen Wiedergeburt.

Das *Quartett op. 70* war (zusammen mit dem *Klavierquintett)* das besonders enthusiastisch aufgenommene Werk dieser Periode. 1946 wurde es in Los Angeles vom Paganini-Quartett uraufgeführt und erhielt außerordentlich positive Kritiken bei seiner zweiten Aufführung am 21. Februar 1947, die in den Händen des London String Quartetts in der Library of Congress lag. Die Rezensenten von der Washington Times Herald und dem Washington Evening Star erkannten den im Grunde romantischen Charakter des Werkes, der in einem modernen Gewand weitergetragen wird (20). Damit steht das *opus 70* janusköpfig an einer entscheidenden Stelle auf dem Weg seines Schöpfers.

1948 erlitt Toch eine sehr ernsthafte Herzattacke. Aber auch das hatte seine positiven Aspekte. Alle Ablenkungen, Sorgen, soziale und berufliche Verpflichtungen wurden zunächst einmal beiseite geschoben. Nach seiner Genesung begann er, mit einem neuen Gefühl für das Warum und Wohin seines kompositorischen Schaffens zu schreiben. Zum ersten Mal in seinem Leben wagte er sich an das Genre der Symphonie. Seine ersten drei Symphonien, die in den Jahren von 1949-1955 geschrieben wurden, müssen als Tryptichon angesehen werden. Letztlich sind sie ein Zeugnis der Kämpfe der vierziger Jahre, sowohl was Tochs Person anbelangt, aber auch der Weltereignisse. Die erste Symphonie trägt als Motto Luthers berühmten Choral *Eine feste Burg: «Und wenn die Welt voll Teufel wär und wollt uns gar verschlingen, so fürchten wir uns nicht so sehr, es muß uns doch gelingen».*

Die *Zweite Symphonie* widmete Toch Albert Schweitzer, der ihm, wie Toch es formulierte, *«dieses Werk in die Feder diktiert»* hat. Es trägt das biblische Motto aus Jakobs Kampf mit dem Engel: *«Ich lasse Dich nicht, es sei denn Du segnest mich!»* (Genesis 32.6).

Die *Dritte Symphonie*, vielleicht seine schönste, trägt im Titel eine Zeile aus Goethes *Die Leiden des jungen Werther*: «Ja wohl bin ich nur ein Wanderer, ein Wallfahrer auf der Erde – seid ihr denn mehr?» Über dieses Werk schreibt Lawrence Weschler: *«Toch hat gelegentlich seine 3. Symphonie als seine „Musikalische Autobiographie" bezeichnet, und beim aufmerksamen Hören lassen sich viele Motive aus Tochs Lebenserfahrungen erkennen (beispielsweise im ersten Satz die militärischen Kadenzen, die zunächst voller Freude auftauchen und dann in einer Tragödie verenden). Aber ebenso wie das Motto den Hörer einschließt, so verweist in dieser Symphonie das Autobiographische auf den Mikrokosmos der gesamten Menschheitsgeschichte»* (20).

Die dritte Symphonie gewann im Jahre 1951 den Pulitzerpreis. Diese kurze Darstellung der Symphonien verläßt die sonst chronologische Gestalt dieser Arbeit. Sie machen jedoch deutlich, wie Tochs Leiden der vierziger Jahre überwunden werden konnten, und sie lassen die Ansicht des Komponisten erkennen, daß das Schicksal eines Emigranten im Grunde nur in einem sehr allgemeinen Sinn von Bedeutung ist.

Obwohl Tochs schöpferischer Impuls und die Geschwindigkeit, mit der er komponierte, für sein ganzes weiteres Leben ein hohes Maß an Intensität aufwiesen – *«Ich schreibe mich leer»* bemerkte er einem Freund gegenüber (22) –, kam die Anerkennung in Amerika nur langsam und sporadisch. Der warme, lyrische, manchmal humorvolle Ton in vielen von Tochs späteren Werken nahm sich in einer musikalisch pluralistischen Gesellschaft verloren aus. Amerika erfuhr in den fünfziger Jahren eine Wiederbelebung seiner Avantgarde, die von Leuten wie John Cage und Milton Babbitt angeführt wurde und der die postwebernsche serielle Musik in Europa Lichter aufsetzte. Elektronische Medien erscheinen auf der Szene und dies im Zusammenhang mit einer Massenmusikkultur, die sich größtenteils auf junge Leute bezog. Das Publikum für klassische Musik bevorzugte ein sicheres und unproblematisches Angebot. Eben jene Merkmale, die Toch mit einer langen und fruchtbaren Tradition verbanden, trennten ihn nunmehr von seiner unmittelbaren Öffentlichkeit: Eine traditionelle Sprache, ein eigenständig inspirierter Ansatz, eine Ablehnung von herkömmlichen Systemen und ein universeller geistiger Zusammenhang.

Im Jahre des 100. Geburtstags von Ernst Toch scheinen die Chancen für eine Neueinschätzung und eine Wiederbelebung seines Werkes günstig. Der Widerstand gegen alles Traditionelle und gegen das Konzept des *«Romantischen»* in der Musik beginnt zusammenzubrechen. Moderne Komponisten, deren Musik stark in der Romantik verwurzelt ist, wie die von Alexander von Zemlinsky, Franz Schreker und Erich Wolfgang Korngold werden heute wieder mehr gehört. Ganz sicherlich wird auch für Toch, dessen Glaube an sich letztlich durch eine spät erfolgte Wiederbelebung seiner schöpferischen Kräfte gerechtfertigt war, eine neue Ära heraufdämmern.

Anmerkungen:

Die Autorin möchte ihren Dank gegenüber Lawrence Weschler, dem Enkel von Ernst Toch, zum Ausdruck bringen, der sie wiederholt in ihrer Arbeit ermutigt und unterstützt hat. Mr. Weschlers eigene wissenschaftlichen Beiträge zum Leben und Werk seines Großvaters haben die Grundlagen für alle weiteren Untersuchungen über den Komponisten gelegt.

1 N. Slonimsky, *Ernst Toch (1887-1967)* in: Neue *Zeitschrift für Musik 128* (1967), S. 499

2 Dr. Herbert Zipper, ein hervorragender Komponist und Dirigent, war ein Kollege und Freund der Familie Toch. Er arbeitete mit ihm an der deutschen Fassung seiner letzten Oper *The Last Tale* (auch bekannt als *Scheherazade*, 1960-62). Die Bemerkung wurde der Autorin gegenüber in einer Unterhaltung am 11.12.1985 gemacht.

3 Der Begriff *«Echolosigkeit»* wird von Ernst Krenek in seinem Aufsatz *Amerikas Einfluß auf eingewanderte Komponisten* (in diesem Band) formuliert.

4 Mörike, Werke I, S. 743

5 Nicolas Slonimsky, *Music Since 1900*, 4.Auflage, New York: Charles Scribner's Sons, 1971. In dieser Chronologie der Musik des 20. Jahrhunderts zitiert Slonimsky die genauen Programme der meisten größeren Festspiele.

6 Alexander Ringer, *Arnold Schönberg and the Politics of Jewish Survival*, in: *Journal of the Arnold Schönberg Institute 3* (März 1979), 1, S. 31

7 Anthony Heilbut, *Exiled in Paradise. German Refugee Artists and Intellectuals in America*, from the 1930s to the Present (New York, *Viking Press,* 1983)

8 Jarell C. Jackman and Carla M. Borden, eds., *The Muses Flee Hitler: Cultural Transfer and Adaption*, 1930-1935 (Washington, D.C.: Smithsonian Institution Press, 1983)

9 Geoffrey Skelton, *Paul Hindemith* (New York: *Crescendo Publishing,* 1975), S. 171ff

10 vergleiche Seite 109

11 Lilly Toch, *The Orchestration of a Composer's Life*, interviewed by Bernard Galm (Los Angeles: University of California, *Oral History Program*, 1978), S. 388. Lilly Tochs Aufzeichnung ist das erschöpfendste Dokument über das Leben des Komponisten aus einer sehr intimen Perspektive.

12 Das Gästebuch der Villa Majestic wird im Ernst Toch Archiv in der Musikbibliothek der University of California, Los Angeles, aufbewahrt.

13 Lilly Toch, S.498

14 Zitiert nach Betty Young, Pacific Palisades: *Where the Mountains Meet the Sea* (Pacific Palisades: *Historical Society Press,* 1983), S. 184.

15 Young S. 183-91

16 Vergleiche Salka Viertels Autobiographie *Kindness of Strangers* (New York: Holt, Rinehart and Winston, 1969)

17 Die gesamte Korrespondenz zwischen Toch und Elizabeth Sprague-Coolidge, die hier zitiert wird, wird im Ernst Toch Archiv in der Musikbibliothek der University of California in Los Angeles aufbewahrt. Mrs. Coolidges Briefe liegen im Original vor. Tochs Briefe sind entweder Kopien oder Durchschläge. Hier werden sie im folgenden nach ihren Daten zitiert.

18 Lawrence Weschler bezeichnet das *Streichquartett op. 18* als jenes, das Mrs. Coolidge gewidmet worden ist. Umschrift der *Talks on Toch* Vorlesungsreihe am Cowell College, University of California, Santa Cruz (8., 13., 15., 20. Februar 1973).

19 Der vollständige Text von Mörikes Gedicht lautet:

«Laß, o Welt, o laß mich sein!
Locket nicht mit Liebesgaben,
Laßt dies Herz alleine haben
Seine Wonne seine Pein!

Was ich traure weiß ich nicht,
Es ist unbekanntes Wehe;
Immerdar durch Tränen sehe
Ich der Sonne liebes Licht.

Oft bin ich mir kaum bewußt,
Und die helle Freude zücket
Durch die Schwere, so mich drücket
Wonniglich in einer Brust.

Laß, o Welt, o laß mich sein!
Locket nicht mit Liebesgaben,
laßt dies Herz alleine haben
Seine Wonne seine Pein!»

20 Beide Kritiken werden im Ernst Toch Archiv (Musikbibliothek der University of California, Los Angeles) aufbewahrt.

21 Lawrence Weschler, *Ernst Toch: 1887-1964. A Biographical Essay Ten Years after his Passing* (Privatdruck, 1974), S.13.

22 Ernst Toch, S.13

Leonard Stein
Musiker im Exil in Südkalifornien: Die ersten Jahrzehnte

Arnold Schönberg kam im Herbst 1934 mit seiner Frau und seiner kleinen Tochter gerade noch rechtzeitig nach Los Angeles, um hier seinen 60. Geburtstag zu feiern. Er hatte einen unerfreulichen Winter in New York und Boston verbracht, wo das kalte Klima seinen asthmatischen Zustand weiter verschlechtert hatte. Hinzu kam, daß seine Erwartungen, zu lehren, nach den Jahren, die er an der Preußischen Akademie der Künste in Berlin verbracht hatte, sich als sehr enttäuschend herausstellen sollten. Da es also keine unmittelbaren Aussichten gab, an der Ostküste seinen Lebensunterhalt zu verdienen, entschloß er sich, sein Glück in Hollywood zu versuchen, wo er sich erhoffte, daß Filmkomponisten, bei denen er Reichtum vermutete, an seiner Tür anklopfen würden, um bei ihm Schüler zu werden. Im Unterschied zu vielen anderen eingewanderten Komponisten, die sich von Hollywood angezogen fühlten, hatte Schönberg überhaupt keine Ambitionen, in der Filmindustrie angestellt zu werden.

Schönberg war einer der ersten Emigranten-Komponisten, die sich in Südkalifornien niederließen und sich dort einer kleinen Kolonie von Künstlern und Schriftstellern anschlossen, die versuchten, in Amerika ein neues Leben zu beginnen. Die herausragende Figur unter diesen Musikern war Otto Klemperer, 1933—39 Musikdirektor des Los Angeles Philharmonic Orchestras. Seine Konzerte waren das «goldene Zeitalter» im Musikleben der Stadt. Die Brahms- und Beethoven-Zyklen und am eindrucksvollsten die Aufführungen von Mahler, besonders die seiner *2. Symphonie* und *Das Lied von der Erde* waren unvergeßliche Höhepunkte unserer Jugend. Klemperer hat nur selten zeitgenössische oder amerikanische Musik aufgeführt. Auch hat er keines der fortgeschritteneren Zwölftonwerke von Schönberg in seine Programme aufgenommen. Aber er hat uns eine solide Grundlage für unser Musikverständnis von Bach bis Mahler vermittelt und als «Musikerzieher» war er hervorragend, hielt vor den Konzerten Ansprachen und baute eine «Junior Philharmonic» auf, die aus jungen Musikern der höheren Schulen von Los Angeles bestand. Von den Werken Schönbergs interpretierte Klemperer verschiedene tonale Kompositionen, unter anderem die *Suite für Streichorchester*

(1934), das Arrangement des Brahmsschen *g-moll-Klavierquartetts*, das *Streichquartett-Konzert* nach einem *Concerto grosso* von Händel (1933), das *Cellokonzert* nach dem *Cembalo-Konzert* von Georg Matthias Monn (1932/33) und die *2. Kammersymphonie* (op. 38), die er 1906 begonnen hatte und erst 1939 in Los Angeles beenden konnte.

Ende der dreißiger und Anfang der vierziger Jahre kamen zu Schönberg weitere Exil-Komponisten hinzu: Igor Strawinsky 1940, Hanns Eisler 1942 (er war bis dahin in New York), Ernst Krenek (1937 und 1942 war er schon einmal in Los Angeles, aber jeweils nur kurze Zeit: er ließ sich schließlich 1947 ganz hier nieder), Ernst Toch (1936), Paul Dessau, Miklos Rózsa und Mario Castelnuovo-Tedesco (um 1940) und viele andere. Natürlich waren die Hollywood-Studios durch eine große Zahl dieser Emigranten-Komponisten bevölkert. Erich Wolfgang Korngold, Hugo Riesenfeld, Ernst Toch, Hanns Eisler und Miklos Rózsa waren unter ihnen, obwohl einige mit den größten Namen wie Schönberg, Strawinsky und Krenek nie in ihrem Leben eine einzige Note für den Film geschrieben haben.

Schönberg dirigierte das Los Angeles Philharmonic Orchestra zweimal im Jahr 1935, Konzerte, in denen er seine Bach-Arrangements, die bekannte *Verklärte Nacht* sowie Brahms' *3. Symphonie* auf das Programm setzte. Er hat auch das «Federal WPA Orchester 1937» in einem Konzert dirigiert, in dem er seine frühe Tondichtung *Pelleas und Melisande*, Weberns *Passacaglia op. 1* und Arbeiten seiner Studenten Oscar Levant, Adolph Weiss und Gerald Strang aufführte. Jedoch konnte man nur wenige von Schönbergs größeren Orchesterwerken während der 17 Jahre seines Aufenthaltes in Los Angeles hören. Hingegen wurden seine Kammermusik und kleinere Werke für Klavier und Stimme häufiger während dieser Zeit aufgeführt. Als besonders bedeutsame Aufführungen dürfen die folgenden gelten: Die vier Streichquartette (einschließlich der Uraufführung des vierten) durch das Kolisch Quartett an der University of California Los Angeles im Jahre 1937, *Pierrot lunaire* in seiner ersten Aufführung in Los Angeles bei einem *Evening on the Roof-Konzert* im Jahre 1945, ein Konzert zu seinem 75. Geburtstag im Jahre 1949, das von der International Society for Contemporary Music «ISCM» ausgerichtet worden war und bei dem die erste Aufführung von Schönbergs *Violin-Phantasie* sowie des Streichtrios und der *Ode an Napoleon* stattfand – alles Werke, die erst kurz zuvor in Los Angeles komponiert wurden. Er beteiligte sich auch an einem sehr kuriosen Gemeinschaftsprojekt, indem er zu der Musik für eine *Genesis-Suite* (im Jahre 1940) beitrug, zusammen mit den Komponisten Strawinsky, Milhaud, Castelnuovo-Tedesco, Toch, Tansman und Nathaniel Shilkret, der diese Suite in Auftrag gegeben hatte.

Ich hatte eben die *Evening on the Roof-Konzerte* erwähnt. Sie wurden von Peter Yates, einem Amateur-Musikwissenschaftler ins Leben gerufen und fanden auf dem Dachgarten seines Hauses statt, das 1939 von Schindler entworfen worden war. Diese Reihe von Solo- und Kammermusikkonzerten wurden bald zum wichtigsten Aufführungszentrum für neue Musik in Los Angeles wie auch für Werke von weniger bekannten Komponisten der Vergangenheit. So konnte man Werke von Schönberg, Strawinsky, Bartók, Hindemith, Busoni und Ives hören, zusammen mit Musik jüngerer Komponisten wie beispielsweise George Tremblay, Adolph Weiss, Miklos Rózsa, Ingolf Dahl und Meister früherer Zeiten von der Renaissance bis zum 19. Jahrhundert. Peter Yates führte in alle Programme mit eigenen Aufsätzen ein. Einige davon sind in der Zeitschrift *Arts and Architecture* abgedruckt und in seinem Buch über moderne Musik. Aus diesen *Evening on the Roof-Konzerten* wurden 1954 unter der Leitung von Lawrence Morton die *Montagabendkonzerte*, Morton setzte das gesamte Kammermusikwerk von Schönberg und Strawinsky auf das Programm, wobei Strawinsky diese Konzerte auch regelmäßig besuchte.

Obwohl in den Geschichtsbüchern häufig die prominenten emigrierten Komponisten hervorgehoben werden, sollte man nicht vergessen, daß eine Reihe von in Amerika geborenen Komponisten einen bedeutenden Beitrag zum Musikleben in Los Angeles leisteten, beispielsweise John Cage, der bei Schönberg 1936/37 an der University of Southern California und der University of California Los Angeles Kontrapunkt studiert hatte; Roy Harris, der seine ersten Werke in Los Angeles während der 30er Jahre komponierte; George Tremblay, Gerald Strang, Adolph Weiss, Hugo Davise und viele andere in Amerika geborene Komponisten, deren Werke im Rahmen des «WPA Federal Music Projects» aufgeführt wurden. Obwohl Henry Cowell seinen großen Einfluß in San Francisco mit Konzerten und Veröffentlichungen im Rahmen der New Music Society hatte, so wurde doch seine Gegenwart in Los Angeles lebhaft gespürt, da seine Organisation auch hier Konzerte mit neuer Musik veranstaltete und von 1935 bis 1940 in Los Angeles die *New Music Edition* publizierte, deren Herausgeber Gerald Strang war.

Zusammenfassend muß jedoch festgestellt werden, daß, obwohl viele junge Musiker bei Schönberg, Krenek, Toch, Eisler und anderen europäischen Komponisten an den hiesigen Universitäten Unterricht genommen hatten, der Einfluß dieser Emigranten während der dreißiger und vierziger Jahre nicht so stark war wie der von Roger Sessions in Berkeley und Darius Milhaud am Mils College in Oakland oder von Paul Hindemith an der Yale University. Die Lehre von Schönberg und Krenek insbesondere hatte ihren entscheidenden Einfluß auf amerikanische Komponisten erst in den folgenden Jahrzehnten. Beispielsweise war der Einfluß des Amerikaners Henry Cowell auf die erfinderisch und experimentell orientierte Musik, wie sie von John Cage und Lou Harrison geschrieben wurde, wesentlich größer als der der europäischen Emigranten.

Dennoch haben die neuen Ideen der wichtigen Europäer, sowohl der Komponisten als auch der Interpreten, einen unauslöschlichen Eindruck auf die amerikanische Musik hinterlassen. Die Verfügbarkeit von Partituren und Schallplatten nach dem Zweiten Weltkrieg machte die Werke emigrierter Komponisten zugänglicher; die große Lehrerfahrung von Lotte Lehmann beispielsweise und die Opernarbeit, wie sie Hugo Strelitzer aus Berlin, Carl Ebert und Jan Popper geleistet haben, öffnete für viele junge amerikanische Sänger die Türen zur großen musikalischen Tradition. Es entbehrt nicht einer gewissen Ironie, daß dieses Erbe, das jungen amerikanischen Musikern durch hervorragende europäische Künstler, die im Exil leben mußten, vermittelt wurde, von diesen nach dem Kriege in die Opernhäuser und Konzertsäle Europas zurückgetragen wurde. Die Erinnerung daran, welch großen Beitrag diese Künstler geleistet haben, wird wachgehalten durch die Archive und Bibliotheken der Orte des Exils, insbesondere durch das Arnold-Schönberg-Institut der Universität von Süd-Kalifornien (USC) in Los Angeles, das eine Stiftung der Erben des großen Komponisten ist und eine große Sammlung von Manuskripten aufbewahrt.

Die emigrierten Musiker waren natürlich nur ein Teil der großen Emigrantenkolonie, die sich in Südkalifornien niedergelassen hat. Bei den Schönbergs konnte man Sonntag nachmittags Thomas Mann, Theodor Wiesengrund-Adorno,

Max Reinhardt, Lion Feuchtwanger (und seine Frau Marta), Salka Viertel und eine ganze Reihe von deutschen und österreichischen Musikern treffen (Bertolt Brecht nahm an diesen Partys nie teil, aber er traf sich mit Schönberg in der Wohnung Hanns Eislers). Dennoch, die Realität war bitter: Alle diese Menschen waren in Los Angeles gestrandet, harrten in ihrem Exil aus und nahmen nur wenig am kulturellen Leben der Stadt teil, die allzu langsam die größeren Beiträge dieser Künstler zu ihrer Kultur erkannte. Erst heute und ganz allmählich finden sie die ihnen gebührende Anerkennung.

Gruppenphoto vor Otto Klemperers Haus, Los Angeles 1936. Von links: José Iturbi, Otto Klemperer, Richard Lest, Henry Svedrofsky, Pietro Cimini, Bernadino Molinari, Arnold Schoenberg, Pierre Monteux, Willem van den Berg

David Raksin

Schönberg als Lehrer in Los Angeles

Erinnerungen eines Schülers

Im Herbst 1935 arbeitete ich in Hollywood mit Charlie Chaplin an der Musik zu seinem Film *Moderne Zeiten.* Das bedeutete oft, die «Skizzen» zu Hause auszuarbeiten, die ich tagsüber mit Charlie erstellt hatte. An freien Abenden saß ich meistens mit Freunden und Kollegen zusammen, z. B. mit Herbert Spencer und Edward Powell (zwei der großen Dirigenten, die unser Land hervorgebracht hat) oder mit Oscar Levant (Komponist, Pianist und ein anerkannter Witzbold). Wir trafen uns zum Abendessen und lauschten den neuesten Aufnahmen zeitgenössischer Musik, oft mit der Partitur in der Hand. Eines Abends sagte mir Oscar, der bei Arnold Schönberg studierte, daß der «Alte Mann» gerne Chaplin kennenlernen würde. Ich sprach sofort mit Charlie darüber und Schönberg besuchte ein paar Tage später Chaplin im Studio.

Als der große Komponist mit Frau Schönberg zum vereinbarten Termin erschien, begrüßte ich sie am Tor des Studios und brachte sie zum Vorführraum, wo ich sie mit Charlie bekannt machte. Es wurde bald deutlich, daß das Gespräch in einem Patt enden würde. Schönberg, sich seiner Bedeutung und seiner intellektuellen Erbarmungslosigkeit wohl bewußt, schien verwirrt über die beobachtete Diskrepanz: Chaplins außergewöhnliche Stellung als Künstler in der Welt des Films und seine lockere und schlichte Art, sich zu geben. Es war enttäuschend für den österreichischen Komponisten, daß das Filmgenie, das er so verehrte, nicht das ernsthafte Verhalten an den Tag legte, das in manchen Kulturen als ein Zeichen von Größe angesehen wird.

Für eine kurze Zeit, als Charlie einiges im Studio zu erledigen hatte, mußte ich die Schönbergs allein unterhalten und während wir über Musik sprachen, sammelte ich all meinen Mut, um ihn zu fragen, ob er mich eventuell als Schüler akzeptieren würde. Er antwortete, daß er zunächst etwas von meiner Musik sehen wolle, und dabei blieb es. (Nach einigen Jahren, in denen ich nicht gewagt hatte, ihn darauf anzusprechen, sagte mir Oscar Levant, daß der «Alte Mann» nach mir gefragt hätte. Dieses Mal ging ich zu ihm und er akzeptierte mich.) Nachdem die Schönbergs an diesem Tag das Studio verlassen hatten, sagte Charlie zu mir: «Du warst so sonderbar zurückhaltend ...?» Ich versuchte zu erklären, daß der respektlose Schuljunge zwar irgendwie begeistert und fasziniert war, aber dann ohne jede Hoffnung aufgegeben hätte.

Noch heute, wenn ich in der Nähe von Brentwood bin, versuche ich, an dem Haus in der Rockingham Avenue vorbeizufahren, und jedesmal erlebe ich, wie in einer unbewußten Rückblende, die innere Spannung, die ich vor der ersten Unterrichtsstunde empfand. Der Mann, den ich an jenem Nachmittage dort vorfand, war der, den ich treffen wollte; die ungeheure Präsenz der Persönlichkeit, neben der ich mich auf einem Photo in Charlies Studio sehe, war deutlich spürbar. Jedoch der Mann, der mich an der Tür begrüßte, war weniger formell, halb mitteleuropäischer Riese, teils wohlwollender Großvater. Nachdem ich Herrn Schönberg besser kennengelernt hatte, empfand ich ihn als einen warmherzigen, sogar liebenswürdigen Mann, der sich bemühte, notwendige Kritik mit eher freundlichen Worten zu formulieren, auch wenn er sich der Stärke seiner Persönlichkeit, die er eindrucksvoll entfalten konnte, wohl bewußt war. An diesem Tag aber, als wir an die Arbeit gingen, sagte er: «Ich hoffe, Sie erwaten nicht, daß ich Sie in Zwölfton-Komposition unterrichte. Zuerst müssen Sie etwas über Musik lernen.» *«Etwas über Musik lernen ... ?»*
Glücklicherweise verstand ich ihn, aber es hätte auch anders kommen können, wenn mein Glaube an meine Begabung geringer gewesen wäre. (Immerhin hatte ich mit 24 Jahren schon eine ganze Menge ungewöhnlicher professioneller Arbeit auf dem Gebiet der Musik geleistet; aber ich erkannte zugleich, daß er mein fehlendes Wissen in bestimmten Bereichen der Musik richtig diagnostiziert hatte.) In diesem Moment verließ er den Raum, um mit einem Beispiel von dem wiederzukommen, was er von einem neuen Schüler «erwarten» würde: Anton von Weberns *Passacaglia* aus dem Jahre 1908 - nichts Geringeres.

Später entdeckte ich, daß Schönberg durchaus seinen eigenen speziellen Sinn für Humor besaß, aber in diesem Fall war ich nicht davon überzeugt, daß hier Humor im Spiel war. Eher ein vorzügliches Beispiel für eine erbarmungslose Überrumpelung. Ich habe diesen Moment überlebt, weil ich bis dato die *Passacaglia* noch nicht gehört hatte; aber das «durch die Partitur streifen» mit Schönberg war hart genug. Als ich dann endlich die Musik hörte und erkannte, was für ein bemerkenswertes Stück es war - mit seiner eigenen Version von Schönbergs Stil in dessen Post-Brahms-Periode, verbunden mit einer intimen Kenntnis der Musik Debussys -

leuchtete mir unmittelbar ein, daß der junge Webern schon eine Studienzeit von vier Jahren mit diesem Meister hinter sich hatte, was wahrscheinlich genug ist, wenn man Anton von Webern heißt.

Nun wurde es notwendig, auf Schönbergs Frage zu antworten, warum ich eigentlich bei ihm lernen wollte. Ich sagte ihm, daß ich in der Tat etwas über Musik erfahren wollte, weil ich es für einen Komponisten für Filmmusik besonders wichtig fände, die «formalen Probleme» zu studieren. Ich war davon überzeugt, daß die starken, bewährten musikalischen Formen Filmen oder einzelnen Filmsequenzen einen Rahmen geben bzw. innere Verknüpfungspunkte schaffen können, ohne die eigenen Strukturen ihnen aufzuzwängen. Schönbergs Antwort darauf war weder ja noch nein, sondern wie Oscar Levant es immer nannte, ein *«entschiedenes Vielleicht»*. Ich vermute, daß er, wie die meisten Komponisten, der Ansicht war, daß Musik am leichtesten zu entdecken ist, wenn man sie betreibt. Und so fingen wir an.

Nun zu den Stunden selbst. Es fällt mir schwer, mich an bestimmte Beispiele für unsere Arbeitsweise zu erinnern. (Es fällt mir immerhin so schwer, daß ich mich frage, ob andere Komponisten ähnliche Erinnerungen an ihr Studium haben.) Es blieben mir nur wenige Zeugnisse unserer Arbeit, unter anderem zwei Notizbücher, wovon eines Übungen aus der ersten Zeit des Unterrichts enthält. Sie zeigen, daß Schönberg mich die elementarsten Dinge in Harmonielehre und Kontrapunkt erarbeiten ließ. Es war sehr frustrierend, daß ich in keinem von beidem mein durchaus vorhandenes Talent zeigen konnte. Eigentlich hatte ich vor, diese Aufzeichnungen wieder wegzulegen, da es für mich sehr schmerzhaft war, mir meine Unfähigkeit einzugestehen. Ich erkannte jedoch, daß mein Problem eher darin lag, daß ich bestimmte Arbeitsweisen, die ich für sehr angenehm und brauchbar für meine Orchestrierungsarbeiten hielt, nicht gegen die Askese des reinen Kontrapunktes eintauschen wollte. Ich glaube nicht, daß ich mehr als nur ein paar Stunden von Schönberg unterrichtet worden wäre, wenn er meine Haltung als Unhöflichkeit oder als Mangel an Respekt aufgefaßt hätte. Aber nach einer Weile fing ich an, ihm einige meiner musikalischen Ideen zu zeigen, die uns von diesem Zeitpunkt ab beschäftigten. Ebenso hatten wir intensive Diskussionen über die Art und Weise, wie große Komponisten die Probleme von Struktur und Aufbau ihrer Musik lösten.

Ich weiß nicht, was aus den vielen einzelnen Seiten, die wir in diesen Stunden vollgeschrieben haben, noch was aus mindestens einem weiteren Notizbuch geworden ist. Aber in dem zweiten befinden sich eine Anzahl von Fragmenten, die mich an unsere gemeinsame Arbeit erinnern. Das erste dieser Fragmente besteht aus einigen Takten eines Stückes, das für Klavier und Orchester gedacht war. Irgendwo zwischen all diesen Fragmenten hoffe ich immer noch die bearbeitete, aber nicht beendete Version dieses Stückes zu finden. Ich weiß, daß es existiert, weil ich heute noch mindestens eine der Passagen spielen kann, mit denen ich damals Schönberg unterhalten habe und von denen er vorgab, sowohl angenehm berührt als auch amüsiert zu sein. (Daß er auch ganz gegenteilig reagieren konnte, zeigte sich einmal, als Levant, ein außergewöhnlich talentierter Komponist, ihm den gerade beendeten Satz eines Streichquartetts brachte, mit einem sehr differenziert gearbeiteten Allegro, voll von umherwirbelnden Sechzehntelnoten, auf das er sehr stolz war. Schönberg warf einen kurzen Blick auf die Partitur und tat die Allegro-Passagen als «*tanzende Ameisen*» ab. Und, als ob das noch nicht genug wäre, bezeichnete er die begleitende Musik als «*Rha-bar-ber-Kontrapunkt*». Der arme Oskar fragte nach der Bedeutung dieses Adjektivs und Schönberg erklärte ihm, daß, wenn in bestimmten europäischen Theaterstücken nach «*undeutlichem Volksgemurmel*» verlangt würde, die Regisseure den Chor im Hintergrund anweisen, «*Rha-barber*» zu murmeln, um diesen notwendigen, aber inhaltlich bedeutungslosen Effekt zu erzielen.)

In meinem Notizbuch folgt nun das, was man als mein nächstes Projekt bezeichnen könnte, ein paar Seiten hinter dem Fragment des verlorengegangenen Stückes für Klavier und Orchester. Diese neun Seiten – die erste ist datiert auf den 10. 10. 1937 (!) – sind das Beste, was ich bis dahin geschrieben habe. Es ist ein emotionell sehr aufgeladenes Stück Musik. Ich stehe dieser Arbeit immer noch positiv gegenüber und erinnere mich mit großer Freude daran, wie Schönberg mich ermunterte, daran weiterzuarbeiten. Weil ich fast immer an irgendeiner Filmmusik arbeitete, brachte ich ihm Teile, Stück für Stück, je nachdem, wie die Arbeit voranschritt. Wenn die Aufnahmen sich dem Ende näherten, analysierten wir meistens Partituren, die mit meiner jeweiligen Arbeit in Zusammenhang standen. Schönberg brachte dann aus seiner Bibliothek Lösungsmöglichkeiten von irgend jemandem zu dem Problem, an dem wir gerade arbeiteten, und wenn ich weder das Problem noch dessen Lösung finden konnte, zeigte er entweder die Wege dorthin auf oder er erklärte die Bedeutung der Passage als solche. Als Lernmethode war das sehr effektiv und spannend. Es war seine Art, eine Tür zur Welt der Musik zu öffnen und den Schüler zu ermuntern, einzutreten.

Ich muß hinzufügen, daß das nicht die Welt der *Atonalität* war. Nach seiner Meinung versuchte er, mich *«etwas über Musik»* zu lehren, und seine Beispiele stammten ausschließlich aus der traditionellen Klassik. (Er sprach selten über seine eigene Musik; aber mein Freund George Tremblay erzählte mir, daß Schönberg einmal über eines seiner eigenen Streichquartette gesprochen hatte, sich dann plötzlich unterbrach und von einer Passage sehr überrascht gezeigt hatte, starr auf die Musik blickte und schrie «Was ...» und diesen Teil der Partitur durch den Raum schmiß.)

Die Art und Weise, wie Schönberg sich normalerweise den Problemen näherte, unterschied sich kaum von der Methode, die uns Filmmusikkomponisten eigen war. Wenn man zum Beispiel einen Auftrag für einen Film über einen esoterischen Ort oder über eine esoterische Zeit bekam, war es Usus, Musik mit passenden musikalischen Merkmalen zu finden, sie aufzunehmen und dann zu versuchen, «ohne die tatsächlich geschriebenen Noten zu verwenden» oder billige Imitationen zu erstellen, die gewünschte Atmosphäre entstehen zu lassen. (Dieses Verfahren sollte man einmal der Forschung zuführen; es wäre ein interessantes Thema für eine neue Generation von Musikologen.)

Manchmal führte das wechselseitige Verständnis zwischen Schönberg und mir zu drolligen Unterhaltungen. Wann immer ich zum Unterricht kam, fragte mich Schönberg mit seiner rauhen Stimme «Vot are you doing?». Eines Nachmittags antwortete ich, daß ich einen Auftrag für einen Film über Flieger und ihre Flugzeuge angenommen hätte. (Es war *Wings over Honolulu* glaube ich.) Schönberg dachte einen Moment nach und sagte dann: «Sie werden kein Beispiel in Schuberts Musik finden.» Keiner von uns scherte sich darum, daß dies ganz im Gegensatz zu den damaligen Theorien über die Nichtexistenz von parochialer Zeit stand, und ich genieße diesen Augenblick heute noch ebenso wie den folgenden: Am Ende dieser Unterrichtsstunde (sie dauerte ungefähr sechzig Minuten, meist jedoch doppelt so lang, währenddessen mein neuer Auftrag mit keinem weiteren Wort erwähnt wurde) hatte Schönberg im Flur, wo eingangs seine Bemerkung über Schubert gefallen war, noch einen neuen Vorschlag für mich: «Wie Bienen, nur größer!» Heute wünsche ich mir, ich hätte damals den Humor besessen, ihm zu erzählen, daß derselbe Schubert, dessen Musik nicht das gewünschte Beispiel beinhalten sollte, ein Stück mit dem Namen *Die Biene* komponiert hatte. (Daß es mir seitdem nicht möglich war, in Schubert-Katalogen *Die Biene* zu finden, schmälert in keinster Weise meine damalige falsche Überzeugung.)

Schönbergs wohlwollende Haltung gegenüber meinem Stück für Orchester, in welches ich alles einbrachte, «was ich zu bieten hatte» – in einer sehr modernen Version von Sturm und Drang – dauerte etwa vierzig Takte, angefüllt mit begrenzten Turbulenzen bei sehr langsamem Tempo. In Takt 45 beginnt ein Presto, in dem ich schon begangene Jugendsünden wiederholte, da ich laufend die Taktarten änderte: 6/8, 4/8, 6/8, 2/4, 2/8, 5/8, etc.; und das waren nur die ersten sechs Takte. Bei Takt 58, in dem ein Jazz-Thema in 7/8 beginnt, wurde die Geduld des Meisters durch, wie wir heute sagen würden, Stressüberflutung allzusehr strapaziert. Das rhythmische Muster-Thema war eigentlich sehr gehaltvoll und nicht sehr komplex, aber man muß bedenken, daß das alles im Jahre 1937 geschah und daß der emanzipierende Einfluß von Strawinskys *Danse sacrale*, etwa vor zweieinhalb Jahrzehnten komponiert, noch nicht generalisiert war. Hinzu kommt, daß Schönberg keinen besonders stark entwickelten Sinn für Rhythmus besaß, und so war es nicht erstaunlich, daß er das, was ich in meiner Musik von den ausführenden Musikern verlangte, als problematisch ansah. (Jahre später hatte ich eine bemerkenswerte Unterhaltung mit Strawinsky, in der wir über den letzten Satz des *Sacre du Printemps* sprachen, unter besonderer Berücksichtigung des «Streckens», das von den Musikern verlangt wird.)

Nachdem er die Takte 58-64 sorgfältig untersucht hatte, wandte sich Schönberg zu mir und fragte: «Glauben Sie nicht, daß das etwas zu kompliziert wird?»
«Etwas zu kompliziert . . .?» Mein Gott, dachte ich bei mir, wenn «dieser Mann» denkt, daß ich zu kompliziert komponiert habe, was wird der Rest von uns denken? Ist das überhaupt spielbar?

Und hier hörte das Stück auf. Ich habe nie an dem Presto oder an dem Thema weitergearbeitet. Aber die thematische Idee drängte sich von Zeit zu Zeit immer wieder in mein Bewußtsein und eines Tages, etwa 11 Jahre später, während wir den Rohschnitt eines neuen Filmes betrachteten, kam mir, während der letzten Szene, diese Eröffnungspassage erneut in den Sinn; und so wurde aus dieser Passage die wichtigste thematische Idee für einen Film namens *Force of Evil,* welche immer noch zu meinen Lieblingskompositionen zählt, obwohl der Film, nachdem wir unsere Arbeit beendet hatten, von zwei aufeinanderfolgenden Teams von Studioleuten brutal verschnitten wurde.

Meine Studien mit Schönberg dauerten noch eine Weile an, aber irgendwann hatte ich keine Arbeit mehr, ergo kein Geld mehr, also mußten die Stunden aufhören. Dennoch hörte ich nicht auf, ihn zu besuchen. Seine Schwägerin Mitzi Seligmann, die Schwester von Rudolf Kolisch, wohnte in der Nähe der Schönbergs in Brentwood, in einem Haus mit einem separaten studioartigen Gebäude, welches sie mir vermietete; und so zog ich dort ein. Herr und Frau Schönberg kamen oft, um uns zu sehen, und ich spielte Ping-Pong mit ihm. Wie in Geschichten über die Tennisspiele auf George und Ira Gershwins Platz am Roxbury Drive in Beverly Hills erzählt wird, war Schönberg ein bemerkenswerter Gegner. Diejenigen, die mit ihm spielten, versuchten keinen Vorteil

George Gershwin malt Arnold Schönberg in Hollywood.

aus der Schnelligkeit der Bewegung oder des Schlages zu ziehen, die wir unserer Jugendlichkeit verdankten. In der Praxis stellte sich das als ein relativ subtiler Prozeß heraus, entweder nicht zu eindeutig oder gar nicht zu gewinnen. Eines Nachmittags, als wir mitten in einer Serie «heißer Spiele» waren, in der jeder von uns führte, wurden wir von Schönbergs reizender Tochter Nuria unterbrochen, die an der Gartentür erschien, um uns mitzuteilen, daß Kaffee und Erfrischungen serviert seien. Herr Schönberg winkte sie zur Seite, aber Nuria, die fast sieben war, ließ sich nicht zur Seite schieben. In der traditionellen Haltung des Nörgelns stemmte sie die Arme in die Hüften und schrie: «Mitzi kommt mit die Sachen!» (Ich habe das mit: «Mitzi hat gerade Sachen serviert» übersetzt. Mein Freund Nicolas Slonimsky sagte mir, daß dies grammatikalisch falsch sei, aber ob es nun Nurias Fehler oder der meines Gedächtnisses ist, es funktionierte, und wir gingen ins Haus, um Kaffee zu trinken.) Viele Jahre später, als ich mit meiner Familie in Venedig war, rief ich Nuria an, die jetzt mit dem italienischen Komponisten Luigi Nono verheiratet war und auf der für uns gegenüberliegenden Seite des Giudecca-Kanals wohnte. Ich erzählte ihr die Geschichte, die sie jedoch als ziemlich unwahrscheinlich von sich wies: Sie konnte sich kaum vorstellen, daß sie jemals in solch einem barschen Ton mit ihrem Vater geredet hätte.

Sonntags gehörte das Seligmannsche Haus in der Bowling Green Way Mitzis Freunden aus dem Emigrantenkontingent, von Oskar Levant *«die saufende Schwarzwaldgang»* genannt. Das traf jedoch nicht zu, da sie normalerweise Kaffee mit Schlag tranken, und die meisten waren nicht deutsche, sondern österreichische Flüchtlinge, die sich vor Herrn Hitler in Sicherheit gebracht hatten. An manchen selbstkritischen Tagen sprachen sie von sich selbst als *«Beiunskis»*, eine Redensart, um eine allgemeine Haltung auszudrücken: *«Bei uns ist's besser»* (Bei uns - in Wien - ist alles besser). Die Gäste waren der Dirigent Otto Klemperer mit seiner Frau, seiner Tochter Lotte und seinem Sohn Werner (er war später der spleenige Colonel Klink in *Hogan's Heroes*), Rudolf Kolisch und die anderen Mitglieder seines Quartetts und der Schriftsteller Thomas Mann. Mitzi Seligmanns Sohn Mischa erinnert sich, daß unter den anderen Gästen sowohl Aldous Huxley als auch der Pianist Richard Buhlig waren.

Ungefähr 1941 ging ich nach New York, um die Musik für ein neues Ballett zu orchestrieren und zu arrangieren, das für das Ballett Russe von Leonide Massine choreographiert werden sollte, mit dem Titel *The New Yorkers*; Musik von George Gershwin, bestehend aus Songs, Klavierpräludien und Teilen der *Second Rhapsody* und der *Cuban Overture.* Kurz, nachdem ich nach Hollywood zurückgekehrt war, erhielt ich einen Anruf von Oscar Levant, der auch erst seit kurzem wieder in der Stadt war; er wollte Herrn Schönberg sehen. So fuhr ich mit ihm zum Brentwoodhaus, wo wir unseren Gastgeber im Gespräch mit einem anderen Besucher fanden: Otto Klemperer. Der große Dirigent durchlitt die erste einer ganzen Reihe von Krankheiten, ein Gottesurteil, gegen das er für den Rest seines Lebens ankämpfte. Er verließ uns bald. Oscar und ich blieben noch eine Weile. Heute kommt es mir so vor, als ob trotz all der Ungezwungenheit, die wir in Gegenwart des großen Komponisten erlebt haben, er eigentlich ein furchterregender Mann gewesen ist. Ich vermute, daß dies Ausdruck dessen war, was er erlitten und erreicht hat. Ich glaube heute, daß ich mich in seiner Gegenwart nie richtig wohlgefühlt habe, es sei denn, wir arbeiteten musikalisch oder wir spielten Tischtennis.

Nach kurzer Zeit verabschiedeten sich Oscar und ich von ihm. Wir standen zu dritt an einem zur Bucht gerichteten Fenster, Schönberg mit dem Rücken zur Tür. Gerade in diesem Moment kam ein kleiner Junge herein, die Miniaturausgabe seines Vaters. Es war Ronald Schönberg, der etwa fünf Jahre alt war. Schönberg muß die plötzliche Veränderung in unserem Gesichtsausdruck mitbekommen haben, denn ohne sich umzudrehen, streckte er die Hand aus und stoppte den Jungen, der sofort zu wissen schien, was jetzt passieren würde. Sein Vater beugte sich vor und holte aus dem Sitz am

Arnold Schönberg mit seiner Kompositionsklasse in Kalifornien (1940).

Fenster einen kleinen Geigenkasten, aus dem er eine Viertelvioline holte, die er sogleich stimmte. Nachdem er dem Jungen, der uns mit einem hoffnungslosen Blick bedachte, Violine und Bogen gegeben hatte, fing dieser an zu spielen, jedoch mit Ergebnissen, die seinen Widerwillen zu spielen, durchaus rechtfertigten. Nach einer Weile drehte sich Schönberg mit einem Lächeln zu Oscar und mir um und sagte: «Sehen Sie, er improvisiert die ganze Zeit!» Kürzlich hatte ich das Vergnügen, den Richter Ronald Schönberg daran zu erinnern.

Eine der Eigenschaften, die ich am meisten an Schönberg schätzte, war seine Art, Dinge oder Menschen zu beurteilen, die, aus einer klaren, in sich konsistenten inneren Vision entstehend, andere überraschen konnte. George Tremblay erzählte mir über das Treffen eines Musikvereins, in dem Schönberg das «Star»mitglied war. Irgendwann tauchte plötzlich der Name Schostakowitsch auf und einer der «Apostel» des Meisters, der selbstverständlich annahm, daß Schönberg seine Verachtung für den Russen teilen würde, begann geringschätzig über ihn zu reden. Zu seiner großen Enttäuschung herrschte Schönberg ihn plötzlich an: «Ich will Sie nicht noch einmal so über Schostakowitsch reden hören! Er ist ein geborener Komponist.»

Eine andere Anekdote soll am Ende dieser Erinnerungen stehen. Das Kolisch Quartett hatte eine Serie von vier Konzerten in der UCLA angekündigt und in jedem wollten sie ein Quartett von Beethoven und eins von Schönberg aufführen. Die Bedeutung dieser Gegenüberstellung entging keinem von uns noch wollte irgendeiner von uns auch nur eines dieser Konzerte verpassen. Am Abend des ersten Konzerts ging ich mit meiner Frau zur Royce Hall. Als wir die Eingangsstufen hinaufstiegen, sah ich neben uns Herrn und Frau Schönberg, und im selben Moment erkannte er mich. Als wir die oberste Stufe erreicht hatten, stellte ich ihnen meine Frau vor. Dann kam von Schönberg die gewohnte Frage: «Vot are you doing?» Ich schüttelte den Kopf, nicht, weil ich nichts zu erzählen hatte, sondern weil ich irgendwie verwirrt war: «Nun», sagte ich, «nichts, was die Kraft und die Zeit, die Sie in mich investiert haben, rechtfertigen (falsches Wort!) *würde*». Schönberg blickte mich scharf an, es war dieser Blick, mit dem er Konflikte zu lösen pflegte. *«Laura»*, sagte er, *«Laura!»*

Wer hätte gedacht, daß dieser bedeutende Komponist die Melodie kennen würde, die ich für einen Film geschrieben hatte und die dann ein berühmter Song geworden ist? Wer hätte geahnt, daß er Musik hören würde, die von seiner eigenen abgebrochenen Welt so meilenweit entfernt ist? *Laura* hat über die Jahre viel Beifall aus den verschiedensten Lagern bekommen (sogar aus dem akademischen), aber kein Beifall kam unerwarteter und bereitete mir mehr Freude als die Worte Arnold Schönbergs.

Übersetzung: Daniel Becker

Schönbergs Kinder Lawrence Schönberg, Nuria Schönberg-Nono, Ronald Schönberg

In Arnold Schönbergs Arbeitszimnmer, das im Schönberg-Institut der University of Southern California in Los Angeles rekonstruiert worden ist.

Eislers mexikanische Aufenthaltserlaubnis

F. 14

SERVICIO DE MIGRACION

REGISTRO DE EXTRANJEROS

NUM

SE EXPIDE EL ... DE MAYO DE 1939.

CUYA LEGAL ESTANCIA EN MEXICO QUEDA COMPROBADA CON ESTA TA...

(FIRMA DEL PORTADOR)

QUIEN ENTRO EN MEXICO POR ...

EL ... DE ABRIL ...

MEDIA FILIACION DEL INTERESADO

CONSTITUCION FISICA

ESTATURA ... COLOR

PELO ... CEJAS

OJOS azules. NARIZ

MENTON ... BIGOTE

BARBA rasurada. SEÑAS PARTICULARES ningunas.

DATOS COMPLEMENTARIOS

EDAD 40. AÑOS. FECHA EN QUE NACIO

ESTADO CIVIL Casado. PROFESION OFICIO U OCUPACION

IDIOMA NATIVO Alemán. OTROS IDIOMAS QUE HABLA Inglés.

LUGAR Y PAIS EN QUE NACIO

NACIONALIDAD ACTUAL

RELIGION ... RAZA

LUGAR DE RESIDENCIA

NOMBRE Y DOMICILIO EN MEXICO DE PERSONAS QUE PUEDAN DAR REFERENCIAS DEL INTERESADO

(FIRMA DEL FUNCIONARIO DE MIGRACION)

CARLOS A. GOMEZ.

SELLO

Albrecht Dümling

Massenlieder, Kollektivkunst und Gebrauchsmusik

Zum Einfluß deutscher Exil-Komponisten auf die Arbeitermusikbewegung und das Musikleben in den Vereinigten Staaten von Amerika der dreißiger Jahre

In den zwanziger Jahren gehörte ein Studien-Aufenthalt in Paris für junge amerikanische Komponisten zum empfohlenen Ausbildungsgang. Aaron Copland und Virgil Thompson hatten den Anfang gemacht, und viele weitere Amerikaner sollten danach noch die Kurse Nadia Boulangers (sie bildeten das Zentrum) besuchen. Obwohl das Musikleben Berlins dem von Paris damals mindestens ebenbürtig war, besaß diese Stadt für die akademische Jugend der Neuen Welt keine vergleichbare Anziehungskraft. Louis T. Gruenberg, der bei Ferruccio Busoni, und Marc Blitzstein, der bei Arnold Schönberg studierte, stellten eher Ausnahmen dar. Der Amerikaner in Paris wurde – nicht zuletzt durch Gershwins gleichnamige Komposition – zur sprichwörtlichen Figur, während der Amerikaner in Berlin ein Außenseiter blieb. Dies überrascht, hatte doch zwischen 1925 und 1929, in den Jahren der Neuen Sachlichkeit, die Amerika-Begeisterung in Deutschland einen Höhepunkt erreicht. Umgekehrt freilich war das Image nicht ähnlich positiv; mit dem ersten Weltkrieg war das Ansehen Deutschlands in den USA rapide gesunken. Der Kulturaustausch funktionierte deshalb fast nur noch in einer Richtung. Während in Berlin amerikanischer Jazz und Tanzmusik gehört und die Romane von Sinclair Lewis und Upton Sinclair begeistert verschlungen wurden, gab es in den USA kein vergleichbares Interesse an der Kultur der Weimarer Republik.

Die Weltwirtschaftskrise jedoch, die die Vereinigten Staaten wie Deutschland gleichermaßen traf, brachte eine Wende mit sich. Schlagartig verlor für die Deutschen die amerikanische Kultur, die bislang mit dem blühenden Kapitalismus und den Produktionsmethoden eines Henry Ford assoziiert worden war, an Attraktivität. Brecht widmete dem *«verschollenen Ruhm der Riesenstadt New York»* ein langes Gedicht, in dem er den Übergang von Bewunderung in Mitleid registrierte: *«Welch ein Bankrott! Wie ist da. / Ein großer Ruhm verschollen! Welch eine Entdeckung: Daß ihr System des Gemeinlebens denselben / Jämmerlichen Fehler aufwies wie das / Bescheidener Leute!»*

Unter dem Einfluß der Wirtschaftskrise entwickelten sich verblüffende Parallelen zwischen den beiden Kulturen. Gemeinsam war die Massenarbeitslosigkeit, die erhebliche Einschränkung des bürgerlichen Kulturbetriebs - Opernhäuser und Theater mußten geschlossen, Musiker entlassen werden. Während das traditionelle Konzert- und Opernpublikum zu billigeren Formen der Unterhaltung, zu Operette und Revue, abwanderte, suchten viele Musiker nach einem neuen Publikum. Eine Polarisierung setzte ein.

Der Berliner Theaterdirektor Ernst Josef Aufricht hat in seinen Memoiren diese schweren Jahre 1931 und 1932 beschrieben, in denen die Berliner Theater, auch die fünf Theater Max Reinhardts, reihenweise schlossen und nur noch drei Stars, Elisabeth Bergner, Richard Tauber und Hans Albers, volle Häuser garantierten. (1) Auch Aufricht mußte 1931 sein Theater am Schiffbauerdamm aufgeben, in dem er noch 1928 den Erfolg der *Dreigroschenoper* erlebt hatte. Ähnliche Auswirkungen hatte *The Great Depression* in den USA. Die Zahl der Arbeitslosen nahm beängstigende Formen an: 4,3 Millionen im Jahr 1930, 8 Millionen 1931 und wiederum ein Jahr später schon 12 Millionen. Im März 1933 hatte die Zahl der Nichtbeschäftigten mit 17,9 Millionen einen schwindelerregenden Höhepunkt erreicht; ein Drittel aller Arbeitskräfte in den USA war damit ohne Arbeit. Da eine staatliche Sozialhilfe fehlte, lebten diese Menschen unterhalb des Existenzminimums; an Konzert- oder Theaterbesuch war nicht zu denken. Schon durch den Übergang vom Stummfilm zum Tonfilm hatten ab 1927 viele Musiker ihre Stellung verloren. In der Wirtschaftskrise setzte sich dieser Trend fort. 1931 waren beispielsweise in der Hauptstadt Washington D. C. sechzig Prozent der Theatermusiker ohne Arbeit (2). Der Schallplattenumsatz ging sogar von mehr als 100 Millionen im Jahre 1927 auf knapp sechs Millionen im Jahr 1932 zurück (3).

Unter diesen Voraussetzungen waren die Möglichkeiten für musikalische Experimente noch schlechter als zuvor. Angesichts der drängenderen wirtschaftlichen Sorgen bestand beim Publikum nur noch wenig Bereitschaft, sich mit ästhetischen Problemen oder ungewohnten Klängen auseinanderzusetzen; es überwog das Bedürfnis nach Unterhaltung und Entspannung - aber auch dafür fehlte, wie der rapide sinkende Schallplattenumsatz zeigt, das Geld. In einem Brief vom 16. Dezember 1933 an seinen mexikanischen Komponistenkollegen Carlos Chavez beklagte sich

Aaron Copland: *«Hier in den USA haben wir Komponisten keine Möglichkeit, die musikalischen Angelegenheiten der Nation zu bestimmen - ganz im Gegenteil habe ich seit meiner Rückkehr mehr und mehr den Eindruck, daß wir in einem Vakuum arbeiten. Weniger denn je scheint es einen wirklichen Austausch zwischen dem Publikum und den Komponisten zu geben»* (4). In seinem Büchlein *Our New Music* (1941) hob Copland dieses Gefühl der Isolation, das er um 1933 mit vielen Kollegen teilte, rückblickend noch einmal hervor: *«Während dieser Jahre machten mich die Beziehungen zwischen dem musikliebenden Publikum und dem lebenden Komponisten mehr und mehr unzufrieden. Das frühere Spezialpublikum für die Konzerte mit neuer Musik war weggefallen, und das konventionelle Konzertpublikum blieb gegenüber allem, was nicht zu den etablierten Klassikern zählte, apathisch oder indifferent. Mir schien es, als wären wir Komponisten in Gefahr, in einem Vakuum zu arbeiten»* (5).

Ähnliche Klagen hatten deutsche Musiker und Komponisten bereits nach dem Weltkrieg und nach der Inflation geäußert. Wegen der aussichtslosen Finanzlage gab der große Pianist Artur Schnabel zwischen 1920 und 1923 das Konzertieren sogar ganz auf und widmete sich statt dessen kompositorischer Arbeit (6). Paul Hindemith gründete 1922 in Frankfurt/Main eine *Gemeinschaft für Musik* mit dem Ziel, *«die fast verlorengegangene Gemeinschaft zwischen Ausführenden und Hörern wieder herzustellen»*. Mehr und mehr befaßte er sich mit der Organisation von Musikfestivals und mit den

Von links nach rechts: Weill, Dr. Harth, Hindemith, Dr. Flesch und Brecht.

modernen Massenmedien. Sieben Jahre später, also noch vor der Weltwirtschaftskrise, gab Hindemith dem Konzertbetrieb keinerlei Chance mehr: «*Je eher das Konzert in seiner heutigen Form abstirbt, desto schneller werden wir die Möglichkeit haben, das Musikleben zu erneuern. Außer einem im wesentlichen aus der letzten und vorletzten Generation bestehenden und meist sehr hörfaulen Publikum hat nur die Kritik ein Interesse, den heutigen Konzertbetrieb zu stützen*» (7). Bei den von ihm verantworteten Musikfesten in Baden-Baden hatte er längst begonnen, mit Musik für Radio, Film, Blasmusik und Chören andere Formen des Musizierens, nicht zuletzt auch für Laien, zu entwickeln. Hier wurden Alternativen zum bürgerlichen Konzertbetrieb entwickelt, hier fand jene Sozialisierung der Musik statt, die H. H. Stuckenschmidt 1927 in einem Artikel forderte (8) und die dann nicht zuletzt Paul Hindemith, Kurt Weill und Hanns Eisler gelingen sollte. Während Hindemith und Weill vor allem im Kleinbürgertum breite Publikumsschichten erreichten, fand Eisler Zugang zum Massenpublikum der organisierten Arbeiter.

Diese Lösungen stießen im Ausland zunächst auf wenig Verständnis; da man selbst noch von keiner Konzertkrise betroffen war und so das Problem nicht erkannte, konnte man auch die Problemlösungen nicht würdigen. Aaron Copland hatte 1927 in Baden-Baden die Uraufführung des *Mahagonny-Songspiels* von Brecht und Weill erlebt, äußerte sich darüber aber in seinem Bericht für die amerikanische Zeitschrift *Modern Music* distanziert: «*Das Stück wird als Songspiel bezeichnet, und es besteht in der Tat aus einer Reihe von pseudo-populären Songs im Jazz-Stil... Weill ist nicht ohne musikalische Begabung. Aber diese wird zu oft geopfert um einer fragwürdigen dramaturgischen Wirksamkeit willen*» (9). Als Copland in den Monaten Mai und Juni 1931 Berlin besuchte, wo er bei dem Geiger Max Strub wohnte, scheint er sich neben seinen regelmäßigen Treffen mit Stephen Spender und Christopher Isherwood mehr für klassische als experimentelle Musikereignisse interessiert zu haben; zusammen mit dem jungen Amerikaner Paul Bowles sah er *Fidelio* in der Kroll-Oper und *Das Rheingold* in der Staatsoper. Da er merkte, daß mit Ausnahme des Jazz die neuere amerikanische Musik in Berlin kaum bekannt war, organisierte er ein IGNM-Konzert, bei dem am 9. Dezember 1931 Ernest Ansermet die *Jazz-Suite* von Louis Gruenberg, *Portals* von Carl Ruggles, die *1. Symphonie* von Roger Sessions und die

1. Symphonie von Copland dirigierte. In völligem Unverständnis für die deutsche Konzertkrise wollte Copland vor allem den avantgardistischen Anspruch der neuen amerikanischen Musik demonstrieren. Er setzte geradezu seinen Stolz darein, als radikaler Neutöner ohne jede Zugeständnisse an das Publikum zu gelten, und konnte die Ablehnung seiner Klaviervariationen durch Walter Gieseking deshalb fast als eine Bestätigung empfinden. Gieseking hatte ihm am 2. Juni 1931 geschrieben: «*Diese Komposition ist sehr interessant und höchst originell, aber ich kenne kein Publikum, welches solche kruden Dissonanzen ohne Protest akzeptieren würde. (...) leider muß ich sagen, daß ich keine Möglichkeit sehe, Ihre Variationen zu spielen ...*» (10). In seiner Autobiografie bemerkte Copland dazu, daß Gieseking der einzige Konzertpianist war, der dieses schwierige Stück überhaupt hätte bewältigen können. Der Komponist spielte daraufhin die Uraufführung selbst.

Nachdem Copland allerdings 1933 seine Isolation erkannt hatte, gab er seine elitäre Kunstauffassung preis und ging – wie vor ihm Hindemith, Weill und Eisler – auf die Suche nach neuen Aufführungsmöglichkeiten vor einem neuen Publikum. Überraschend stieß er dabei auf die Arbeiterbewegung. Auch im Deutschland der Weimarer Republik hatten mehrere aus dem Bürgertum stammende Komponisten und Musiker – neben Eisler unter anderem die Dirigenten Jascha Horenstein, Hermann Scherchen, Friedrich Deutsch (11) und Karl Rankl sowie die Komponisten Wladimir Vogel, Hanning Schröder, Edmund Meisel, Stefan Wolpe – den Zugang zur Arbeitermusikbewegung gefunden. Daß in den dreißiger Jahren in den USA auf sogar noch breiterer Basis kurzfristig ein ähnlicher Annäherungsprozeß stattfand, war bislang nahezu unbekannt. Die McCarthy-Verhöre hatten viele Künstler zum Verschweigen ihres Engagements in der «*Roten Dekade*» gezwungen. Erst in den letzten Jahren erschienen mehrere Schriften, die genaueren Einblick in diese kurze, wesentliche Phase der amerikanischen Musikentwicklung ermöglichen (12). Nun erst werden Gemeinsamkeiten zwischen verschiedenen amerikanischen Komponisten erkennbar, Gemeinsamkeiten aber auch zwischen der deutschen und der amerikanischen Entwicklung. Als Vermittler wirkten dabei deutsche Künstler, die nach der Machtübergabe an die Nazis ab 1933 ins Exil gingen.

Wie Copland hatte auch der Schönberg-Schüler Marc Blitzstein als anspruchsvoller Avantgarde-Komponist begonnen. In Berlin war er zwar Brecht, Eisler und Weill begegnet, jedoch hatte das seine künstlerische Haltung einstweilen noch nicht beeinflußt. Erst angesichts der Wirtschaftskrise begann der bislang von seinen reichen Eltern unterstützte Komponist seine Position grundsätzlich zu revidieren: *«Beim Versuch, vom Komponieren leben zu können, durchlief ich eine Periode der Selbstkritik - das Ich in einer Welt der Ichs. Dann erst erkannte ich, daß wir doch alle ums Überleben kämpfen; daß ich mit meiner Musik kein Geld verdienen könne; daß Künstler leiden, Arbeiter leiden, Menschen leiden. Für den sensiblen Künstler schien es zwei Auswege zu geben: den ersten, in einer Welt zu leben, die durch Violinschlüssel und Bach und Musikerwitze eingegrenzt ist - einer Welt halber Noten; ich wählte den zweiten»* (13). Blitzstein trat 1934 dem Composers Collective of New York bei, einer Komponistengruppe, die zwei Jahre zuvor von dem Arbeiterchordirigenten Jacob Schaefer, dem Musikwissenschaftler Charles Seeger und dem Komponisten Henry Cowell gegründet worden war.

Anders als Blitzstein trat Aaron Copland dieser Komponistengruppe nicht bei, jedoch beteiligte er sich 1934 an ihrem Wettbewerb für ein Lied zum 1. Mai. Mit seinem Beitrag, dem Lied *Into the Streets May First*, gewann er den Wettbewerb (14). In der Zeitschrift *New Masses* bekannte er sich einige Monate später ausdrücklich zur Form des Massenlieds: *«Keine andere Form kollektiver künstlerischer Aktivität übt einen so weitreichenden Einfluß aus. Das Lied, das die Masse selbst singt, ist ein kulturelles Symbol, welches dazu beiträgt, dem Alltagskampf des Proletariats Kontinuität zu geben. Für jeden Komponisten bedeutet es einen Ansporn, ein gutes Massenlied zu schreiben»* (15). Am 11. Dezember 1935 nahm er mit Brecht und Archibald MacLeish an einer Diskussion *Poetry and Music in the Labor Theatre* teil. Obwohl Copland nach *Into The Streets May First* zwar keine Massenlieder mehr schreiben sollte, begann bei ihm ein stilistischer Wandel; seine musikalische Sprache vereinfachte sich, und er wandte sich angewandten Musikformen wie Schuloper, Ballett und Radiomusik zu, wie sie in der Weimarer Republik auch bei den Komponisten Hindemith, Weill und Eisler im Mittelpunkt gestanden hatten – Musik außerhalb des Konzertsaals.

In den dreißiger Jahren verschwand in den USA die bis dahin vorherrschende Orientierung an der französischen Kultur, statt Modernismus war nun Realismus die Parole. Der Marxismus übte auf viele Intellektuelle eine beträchtliche Anziehungskraft aus; ein verbreiteter Slogan lautete *«Communism is twentieth-century Americanism»*. Großen Einfluß übte die kommunistische Kulturzeitschrift *New Masses* aus, die bereits 1926 gegründet worden war. An der New Yorker New School for Social Research, wo die Komponisten Aaron Copland, Elie Siegmeister, Wallingford Riegger, der Musikwissenschaftler Charles Seeger und später auch Hanns Eisler unterrichteten und Henry Cowell von 1930 bis 1936 Leiter sämtlicher musikalischer Aktivitäten war, hatten Diskussionen über die soziale Verantwortung des Künstlers schon in den späten zwanziger Jahren begonnen. Je mehr die Musiker das Elend der Arbeits- und Wohnungslosen auf den Straßen sahen, desto mehr wuchs bei ihnen – so erinnert sich Charles Seeger – das Bedürfnis, der Musik eine sozial nützliche Funktion zu geben. Möglichkeiten, die *«neuen Massen»* zu erreichen, boten sich in den New Yorker Arbeiterchören, unter denen der von dem deutschen Einwanderer Jacob Schaefer geleitete und vor allem aus deutschen Juden bestehende *Freiheit Gezang Farein* (wohl eine phonetische Umschrift des deutschen Namens *Freiheits-Gesangsverein*) der älteste und bekannteste war. Daneben gab es den *Arbeiter-Sängerchor* von Brooklyn, die von Lan Adohmyan dirigierten *New Singers*, Chöre verschiedener Nationalitäten wie der Litauer, Jugoslawen, Finnen, Ukrainer und Italiener, aber auch den erst 1934 gegründeten *Daily Worker-Chorus*, den Elie Siegmeister leitete.

Der jungen amerikanischen Arbeitermusikbewegung fehlte allerdings noch eine Organisation und vor allem eine eigene Musikliteratur. Eine organisatorische Zentrale wurde 1931 mit der *Workers Music League* geschaffen, die ab 1932 direkt mit dem Internationalen Musik-Büro Moskau verbunden war. Dagegen kam dem nach dem Komponisten der *Internationale* benannten Pierre Degeyter-Club (mit Filialen in New York, Philadelphia und Boston) die Aufgabe zu, die Entwicklung von Liedern und Chören zu fördern. Der Pierre Degeyter-Club New York besaß bald einen eigenen Chor und ein Orchester und veranstaltete Kurse, Vorträge und Konzerte. Ein Seminar über das Komponieren von Massenliedern, an dem Cowell und Schaefer beteiligt waren, wurde zur Keimzelle des Composers Collective. Sowjetische Komponistengruppen, die Cowell 1929 auf einer Rußland-Reise kennengelernt hatte und von denen dann auch Ashley Pettis, der Musikredakteur der *New Masses* berichtete, dienten dabei als Vorbild. Marc Blitzstein, der ab 1934 der Schrift führer dieses Komponistenkollektivs war, benannte als seine Ziele «*... das Schreiben von 1. Massenliedern, die sich mit aktuellen Gesellschaftsproblemen befassen (...) und bei Meetings, Demonstrationen und Streikposten gesungen werden sollen; 2. Chormusik für Berufs- und Laienchöre, die sich in einem umfassenden Sinn dem sozialen Umfeld widmen (...); 3. Solo-Lieder über soziale Themen, die auf Meetings gesungen werden sollen und die Aufmerksamkeit auf subjektive, private Gefühle richten (...); 4. Instrumentalmusik, die die besten Musiktraditionen der Vergangenheit, die heute durch den Zusammenbruch der bürgerlichen Kultur bedroht sind, weiterführt*»(16).

Massenlieder bildeten demnach den Ausgangspunkt, jedoch nicht die einzige Aufgabe des Kollektivs, dessen Größe und Bedeutung rasch wuchs und das sich während der Wintermonate wöchentlich traf, um gemeinsam neue Kompositionen zu diskutieren. Zu den zeitweise 24 Mitgliedern gehörten Charles Seeger, Henry Cowell, Lan Adohmyan, Jacob Schaefer, Asley Pettis, Elie Siegmeister, Wallingford Riegger, Norman Cazden, Hanns Eisler, Earl Robinson, Marc Blitzstein, Alex North, George Maynard, Herbert Haufrecht, Henry Leland Clarke, Janet Barnes, Julius Keil, Ruth Crawford Seeger und Harold Brown (17). Aus dieser Liste, der einige der prominentesten Komponisten und Komponistinnen der USA angehören, geht die hohe Bedeutung hervor, die damals der proletarischen Musik beigemessen wurde. Tatsächlich entstanden engagierte Werke im Sinne des von Blitzstein notierten Programms; Siegmeister schrieb 1933 eine *May Day Symphony* und *Strange Funeral in Braddock*, eine musikalisch anspruchsvolle Solokantate über einen tödlichen Arbeitsunfall, Ruth Crawford Seeger im gleichen Jahr für eine Arbeiterolympiade ihre Vokalwerke *Sacco-Vanzetti* und *Chinaman Laundryman*.

Wenn auch die Organisationsform des Komponistenkollektivs an sowjetische Vorbilder (etwa an das Leningrader Produktionskollektiv *Prokoll)* angelehnt war, so gab es doch in der Sowjetunion nur wenige Vorbilder für die angestrebte proletarische Musik. Elie Siegmeister, der nach Cowell und Pettis 1934 die Sowjetunion bereiste, berichtete, daß die jungen Komponisten dort auf Kollektivfarmen und großen Bauprojekten ein neues Publikum suchten (18), jedoch habe es bislang nur Schostakowitsch zu einiger Popularität gebracht – trotz seiner avancierten Musiksprache. Hohe Erwartungen richteten die Kollektivmitglieder dann auch auf Schostakowitschs Oper *Lady Macbeth von Mzensk*, deren New Yorker

Premiere am 5. Februar 1935 stattfand. Ein kompositorisches Modell für Massenlieder konnten sie aber auch hier nicht finden.

Diese Modellfunktion übernahmen dagegen die Massenlieder Hanns Eislers. Sein *Kominternlied* erschien als die erste Musikveröffentlichung der *Workers Music League* in einer englischen Übersetzung von V. J. Jerome, einem der führenden Kulturpolitiker der amerikanischen kommunistischen Partei, am 31. Oktober 1931 in der Zeitschrift *New Masses*; ein Jahr später bildete das *Kominternlied* den Rückentitel des *Red Song Book* (New York 1932). Eisler hatte dieses Lied auf einen Text von Franz Jahnke und Maxim Vallentin für die Berliner Agitproptruppe *Das Rote Sprachrohr* komponiert, die im März 1929 im Berliner *Plaza* ein Programm zum zehnjährigen Bestehen der Kommunistischen Internationale aufführte. Obwohl er selbst nicht Mitglied der KPD

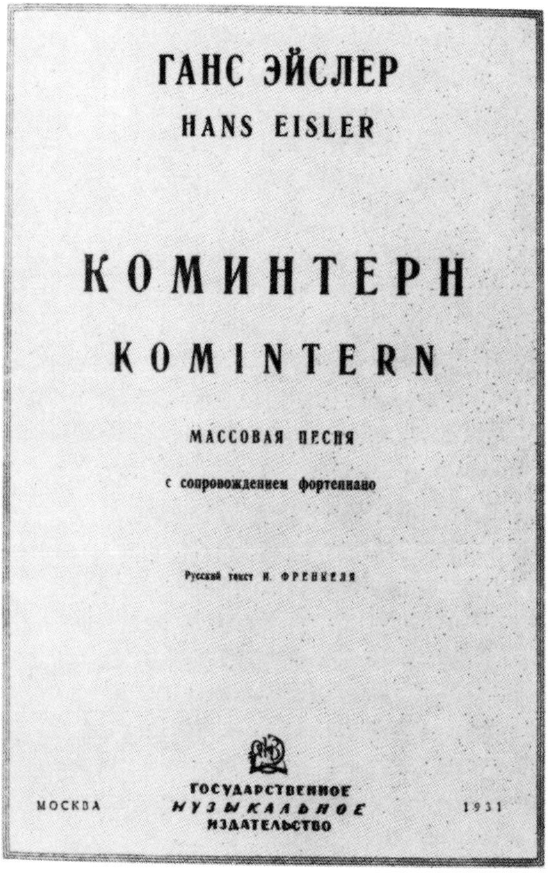
ГАНС ЭЙСЛЕР
HANS EISLER

КОМИНТЕРН
KOMINTERN

МАССОВАЯ ПЕСНЯ
с сопровождением фортепиано

Русский текст И. ФРЕНКЕЛЯ

МОСКВА
ГОСУДАРСТВЕННОЕ МУЗЫКАЛЬНОЕ ИЗДАТЕЛЬСТВО
1931

Sowjetischer Druck des *Kominternliedes* Moskau 1931

war, avancierte sein Lied zum offiziellen *Kominternlied*. Bei einem Gespräch in der Musiksektion der Komintern-Akademie Moskau berichtete Eisler am 5. Juli 1931 über den Stand der deutschen Arbeitermusikbewegung, über sympathisierende bürgerliche Komponisten und über die Entwicklung von Massenliedern, wobei er sich auch kritisch über einige Kampflieder sowjetischer Komponisten äußerte (19). Ein Jahr später - er hatte mittlerweile zusammen mit Brecht das *Solidaritätslied* geschaffen - wirkte er in Moskau bei der Bildung eines *Internationalen Musikbüros* (IBM) mit, in dessen Vorstand er gewählt wurde. Jacob Schaefer und Lan Adohmyan vertraten im IBM die amerikanischen Arbeitermusiker. Angesichts dieses organisatorischen Zusammenhangs überrascht es nicht, daß die Mitglieder des *Composers Collective* Eisler 1935 auf seiner ersten USA-Reise einen überwältigenden Empfang bereiteten.

Hanns Eisler
1935 USA

Hanns Eisler, der nach seinem Studium bei Schönberg 1925 nach Berlin übergesiedelt war, hatte 1933 Nazi-Deutschland verlassen müssen, da er dort als Jude, Kommunist und Schönberg-Schüler dreifach gefährdet war. Im westeuropäischen Ausland, in Wien, Paris, im damals noch unabhängigen Saarland, in London und Dänemark, hatte er den antifaschistischen Widerstand künstlerisch und organisatorisch unterstützt.

Von Februar bis Mai 1935 unternahm er im Auftrage des englischen *Hilfskommitees für die Opfer des deutschen Faschismus* eine Konzert- und Vortragstournee durch die USA, die von mehreren amerikanischen Kulturorganisationen unterstützt und vorbereitet wurde. In vielen Veröffentlichungen wurde Eisler als großer Arbeiterkomponist bezeichnet, der vor Hitler habe fliehen müssen. Tausend Sänger sangen bei einem Begrüßungskonzert am 22. Februar.

Am 1. März hielt Eisler im Pierre Degeyter-Club einen Vortrag, in dem er eine gesellschaftliche Umfunktionierung der Musik forderte. Die psychische Betäubung des Zuhörers durch Musik, die gerade in Krisenzeiten zunähme, solle durch musikalische Aufklärung ersetzt werden. Dies könne am besten durch Vokalmusik geschehen. Ausdrücklich vermerkte er: «*Der Versuch moderner Komponisten, durch künstliche Niveausenkung der Musik unter Beibehaltung der alten Rauschgiftfunktion neue Zuhörerschichten zu erreichen, ist keine Lösung. (...) Fortschritt ist nicht nur die Einführung neuer technischer Methoden, sondern die Einführung neuer technischer Methoden zu neuen gesellschaftlichen Zwecken*» (20).

In einem *New Masses*-Interview mit Ashley Pettis verwies Eisler aber auch mit Nachdruck auf seinen Lehrer Schönberg: «*Daß dieser sechzigjährige Mann, der nicht mehr gesund ist, nach einem Leben voll schwerster Entbehrungen für seine Kunst, heute heimatlos durch die Welt gejagt wird, ist einer der fürchterlichsten Kulturschanden des Kapitalismus*» (21). Schönbergs Leistung sei die wertvollste, geschichtlich größte Leistung moderner Musik, an der auch die Arbeiterkomponisten nicht vorbeigehen könnten. Um die Einheit von politischer und künstlerischer Avantgarde zu stützen und gleichzeitig Schönberg zu helfen, hatte Eisler Anfang 1934 ihm eine Übersiedlung in die Sowjetunion vorgeschlagen. Schönberg ging auf diesen Vorschlag ein und entwickelte im August einen ausführlichen Entwurf zur Errichtung eines Musikinstituts, den Eisler an die sowjetischen Behörden weiterleiten wollte (22). In einem Brief vom 12. September 1934 aus dem amerikanischen Exil ersuchte Schönberg seinen Freund Fritz Stiedry, dem damaligen Chef der Leningrader Philharmonie, um Unterstützung, wobei er auf die schwere Krise des Musiklebens in den USA hinwies: «*Ich möchte sie nur bitten (...) diese Sache zu fördern. Ich habe hier nämlich nicht viel zu verlieren (...) niemand hat heute Geld und niemand kann eine Gage bieten (...) Große Institute haben das Kompositionsfach überhaupt aufgelassen - so schwer ist hier die Krise.*» Als Eisler im Februar 1935 in New York sein Interview gab, war sein sechzigjähriger Lehrer noch willens, in die Sowjetunion überzusiedeln (23). Sie ahnten damals noch nicht die eklatanten Fehlentwicklungen im Stalinismus, die Behinderungen der künstlerischen Avantgarde und die gewaltsame Verfolgung politischer Gegner, die diesen Plan zunichte gemacht hätten.

Zu Eislers New Yorker Konzert am 2. März im Mecca Temple, bei dem laut einer *New Masses*-Voranzeige auch Tänze zu seiner Musik vorgeführt wurden, erschienen nach seiner eigenen Einschätzung 4800 Zuhörer, «*eine Überfülle, die mich überrascht hat*» (24). Eisler dirigierte einen tausendköpfigen Arbeiterchor, begleitete am Klavier den Tenor Mordecai Bauman und stellte das antifaschistische *Lied der Moorsoldaten* aus dem Konzentrationslager Papenburg vor; in der amerikanischen Linken wurde das Lied unter dem Titel *Peat-Bog Soldiers* populär. In einem Vortrag verwies er auf das Bündnis von deutschen Intellektuellen und Arbeitern, dem Hitler ein Ende bereitet habe. «*Die Arbeiterklasse muß die Intellektuellen politisch erziehen, in Gedanken und*

Aktion, und die Intellektuellen bringen der Arbeiterklasse musikalische Technik. Dieser Weg wurde von den Faschisten energisch bekämpft, sie nannten diese Intellektuellen Kulturbolschewisten. Die Zeitungen haben genügend über die Auswanderung der bürgerlichen Künstler berichtet. Umso nötiger ist es, nicht zu vergessen, daß das Los der Funktionäre der Arbeitermusik-Organisationen wesentlich tragischer ist. Sie hatten ein viel schwereres Schicksal. Viele von ihnen sind eingekerkert, die meisten von ihnen haben ihren Lebensunterhalt verloren" (25).

Trotz des problematischen Aufwiegens von Leiden gegen Leiden ist Eislers Hinweis auf die Zerschlagung der deutschen Arbeiterkultur wesentlich. Für die amerikanischen Zuhörer war dies gleichzeitig eine Aufforderung, die Arbeiterbewegung in ihrem eigenen Lande zu stärken. *«Die Verhältnisse in Deutschland sind uns eine Lehre»*, fuhr Eisler in seinem Vortrag fort. *«Die Arbeiter und Intellektuellen aller Länder können sehen, daß niemand ihnen helfen kann außer sie selbst. Aber wenn sie sich helfen wollen, müssen sie zunächst ihre eigene Lage verstehen»* (26). Der Musik wies er dabei eine aufklärerische Funktion zu, ohne sich damit jedoch zu begnügen; *«Ein revolutionärer Komponist hat drei Aufgaben. Die erste ist die der Agitation und Propaganda, die zweite ist die des technischen Experimentierens mit Orchesterwerken und Filmmusik, und die dritte ist eine pädagogische - die notwendigen Methoden der Erziehung für die Arbeiterklasse»* (27) Zum notwendigen Experimentieren der Arbeiterkomponisten gehörte für Eisler beispielsweise auch die systematische Erprobung der Zwölftontechnik. Im März begann er in den USA mit der Komposition seines umfangreichsten Exilwerks, der *Deutschen Sinfonie*, in der er antifaschistische Texte von Brecht mit einer vereinfachten Form der Dodekaphonie konfrontierte.

Vor 1933 war die deutsche Arbeitermusikbewegung nicht nur die älteste, sondern auch die größte Arbeitermusikbewegung der Welt. Schon 1932 hatte Eisler das Komintern-Büro in Moskau auf diese Tatsache hingewiesen (28). Nach der folgenschweren Zerschlagung dieser Bewegung durch die Nazis versuchte er die deutschen Erfahrungen für andere Länder fruchtbar zu machen. Im Januar 1934 unterbreitete er in Paris nicht nur Schönbergs Sohn Georg die Anregung einer Übersiedlung seines Vaters in die UdSSR, sondern schrieb auch seinen Aufsatz *Geschichte der deutschen Arbeiterbewegung von 1848*. Dieser historische Überblick erschien im März 1935 in englischer Übersetzung in der New Yorker Zeitschrift *Music Vangurad.* (29)

Das *Red Song Book* von 1932 hatte noch vornehmlich ausländische Arbeiterlieder enthalten. Bereits 1934 konnte das Composers Collective of New York mit dem *Workers Song Book, No. 1* eine eigene Sammlung von Massenliedern herausbringen. Es enthielt zwölf neue Lieder, die Charles Seeger, Elie Siegmeister, Jacob Schaefer, Lan Adohmyan und Janet Barnes komponiert hatte. Aaron Copland nannte in seiner Rezension für *New Masses* das Büchlein *«Die erste angemessene Sammlung revolutionärer Lieder für amerikanische Arbeiter»* (30). Notwendige Bedingung für ein gutes Arbeiterlied sei nicht nur ein aktueller Text, sondern auch eine anspruchsvolle Musik. Er begründete dies nicht allein ästhetisch, *«sondern weil ein besserer Satz das Lied zu einer packenderen Erfahrung und damit auch zu einer größeren politischen Triebkraft steigern kann»*. Seine eigene Komposition *Into The Streets May First* ist ein gutes Beispiel für Coplands Vorstellungen. Die Jury hatte sich auf dieses Lied geeinigt, obwohl es wegen seiner häufigen Modulationen für Massengesang wenig geeignet schien. Ashley Pettis bereitete deshalb in der 1. Mai-Ausgabe von *New Masses* die Leser auf diese Schwierigkeiten vor: *«Der Geist der Komposition ist identisch mit dem des Gedichts. (...) Einige der Intervalle mögen beim ersten Hören oder Singen etwas schwierig erscheinen, aber wir glauben, daß sich das Ohr schnell an ihren Klang gewöhnen wird»* (31). Am Beispiel dieses Liedes entwickelte sich eine Diskussion über das Verhältnis von musikalischer Qualität und Massenwirksamkeit.

Charles Seeger hatte zum Wettbewerb ein nach seiner eigenen Einschätzung zwar musikalisch schwächeres, jedoch breitenwirksames Lied beigetragen. Die Entscheidung für Coplands Komposition belegt, daß für das Komponistenkollektiv im Zweifelsfalle musikalische Qualität und neue Technik den Auschlag gab. Für diese Einschätzung spricht auch der Kanon *Onward Battle* von Elie Siegmeister im *Workers Song Book No. 1*, der mit seiner Abfolge von 4/4-, 3/4-, 5/4- und 5/8-Takt hohe Anforderungen an das rhythmische Gefühl der Sänger stellt. Diese Einbeziehung avantgardistischer Elemente entsprach der Position Eislers, der auch in seinen Massenliedern den prägenden Einfluß der Schönberg-Schule nicht ganz leugnen wollte. Zwar erwartete er von Kampfliedern *«große Faßlichkeit, leichte Verständlichkeit und energische, präzise Haltung*», jedoch warnte er davor, sich an der Eingängigkeit des Schlagers zu orientieren – Massenlieder der Linken sollten keine *roten Schlager* sein (32).

Da Jacob Schaefer und Lan Adohmyan seit 1932 mit Eisler Vorstandsmitglieder im Internationalen Musik-Büro waren, kann man annehmen, daß diese ästhetische Position Eislers schon vor seinem ersten USA-Besuch im Composers Collective bekannt war. Am 6. März 1935 nannte Charles Seeger Eisler in einem Aufsatz den Kopf und Organisator der internationalen Arbeiterbewegung wie auch ihren bedeutendsten Komponisten (33). Am 17. April 1935 widmete Seeger, der als Präsident des New Yorker Komponistenkollektivs amtierte, seinem deutschen Gast eine «Gedenkschrift», die unter anderem die Skizze zu einem Arbeiterlied von Copland enthielt (34). Eislers Einfluß zeigte sich auch im *Workers Song Book, No. 2,* das das Komponistenkollektiv noch 1935 herausbrachte. Nachdem das erste Heft sich ausschließlich inneramerikanischen Problemen gewidmet hatte, spielte auch das Thema des deutschen Faschismus eine Rolle. Im Vorwort wurden ausdrücklich die Lieder für die Einheitsfront (die kommunistische Partei unterstützte damals die Wiederwahl Roosevelts) und gegen Krieg und Faschismus hervorgehoben. Neben amerikanischen Komponisten enthielt das Bändchen Lieder aus der Sowjetunion, aus der Mongolischen Volksrepublik, aus *Red China* und aus Deutschland – neben Eislers *Solidaritätslied* (in einer Übersetzung von Henry Jordan) und dem *Kominternlied* Liedkompositionen der Deutschen Stefan Wolpe (*Our is the Future*) und Karl Vollmer (*We Toil, We Work*) (35).

Der aus Berlin stammende Stefan Wolpe hatte an der Berliner Musikhochschule bei Paul Juon und Franz Schreker studiert und gehörte mit Heinz Tiessen, Eduard Erdmann und Hans Jürgen von der Wense zu einem Freundeskreis um Hermann Scherchen. In der *Novembergruppe* erregte 1927 seine experimentelle Klaviersonate Aufsehen; zwei Jahre zuvor war er der KPD beigetreten (36). Die politischen Massenlieder und die avantgardistische Kammermusik entsprangen bei ihm aus dem gleichen Impuls: eine neue Gesellschaft zu schaffen. So vertonte er 1929 nebeneinander den dadaistischen Schwitters-Text *An Anna Blume* wie auch das *Dekret Nr. 2 an die Armee der Künstler* von Majakowsky. 1931 wurde er musikalischer Mitarbeiter in Gustav von Wangenheims *Gruppe 31*, deren Revue *Die Mausefalle* häufig aufgeführt wurde. Wolpe schrieb das *Lied des ATBD* für den Internationalen Arbeiter-Theater-Bund (37), aus dem dann das Internationale Musik-Büro hervorgehen sollte. Populär wurde sein Lied *Es wird die neue Welt geboren* nach einem Gedicht von Ludwig Renn. Diese Komposition dürfte identisch sein mit dem im *Workers Song Book, Nr. 2* enthaltenen Lied *Our is the Future*. Als dieses Lied 1935 in New York im Druck erschien, war Wolpe – nach einer Unterrichtsphase bei Anton Webern in Wien – bereits nach Palästina übergesiedelt. 1938 sollte er nach New York ziehen, wo er bis zu seinem Tod im Jahre 1972 blieb.

Nachdem Eisler im Mai 1935 wieder nach Europa zurückgekehrt war, um in Strasbourg im Auftrage des IMB die 1. Internationale Arbeiter-Musik- und Gesangs-Olympiade zu organisieren (im Ehrenpräsidium saßen u.a. Darius Milhaud und Arthur Honegger), berichtete er in einem Rundfunkvortrag über das New Yorker Komponistenkollektiv, das ihn besonders beeindruckt habe: «*Diesem Kollektiv gehören eine Reihe der bedeutendsten Talente an, ich zähle einige Namen auf: Copland, Riegger, Cowell, Seeger, Siegmeister. Das sind nur einige von denen, die aktiv in diesem Kollektiv arbeiten. Aber mit diesem Kollektiv sympathisieren bereits eine Reihe auch international äußerst bekannter Fachleute, z.B. der Komponist Roger Sessions, der Dirigent Stokowski und der besonders als Interpret moderner Werke bekannte Bostoner Dirigent Slonimsky und viele andere. Dies Kollektiv gehört vielleicht zu der interessantesten Vereinigung moderner Komponisten, die es heute gibt. Sie publizieren jährlich ein Sammelheft von Vokalwerken für die Arbeiterklasse. In diesen Heften finden wir eine große Anzahl oft ganz ausgezeichneter Lieder und Chöre. (...) Diese Komponisten kämpfen gegen die veraltete Epigonenmusik, gegen den Kitsch des Tonfilms und der Jazzmusik, gegen die snobistische, isolierte moderne Konzertmusik. Sie kämpfen für einen neuen modernen Stil, der sich auf die letzten Errungenschaften der modernen Musik stützt, aber diesen ausnützt für den Kampf der Arbeiter und Angestellten gegen Unterdrückung, für Brot und Freiheit*» (38).

Im Oktober 1935 kehrte Eisler nach New York zurück, um an der New School for Social Research Kurse über *Kompositionslehre* und über *Die Krise der modernen Musik* zu halten. Unter dem Pseudonym L.E. Swift schrieb Elie Siegmeister in einem Begrüßungsartikel des *Daily Worker*: «*In Moskau wurde der deutsche Musiker zum Vorsitzenden des reorganisierten Internationalen Musikbüros gewählt, dessen Aktivitäten er jetzt nach New York mitbringt*» (39). Siegmeister hob hervor, welche Bedeutung Eislers musikalische und organisatorische Erfahrungen für die junge amerikanische Arbeitermusikbewegung haben könnte und lud eindringlich zu seinen Kursen an der New School ein.

Wider Erwarten waren diese Kurse jedoch nur schwach besucht; acht Studenten kamen in den Kompositionskurs, der sich auf Chormusik und Massenlied konzentrierte, und sogar nur drei in die Vortragsreihe *Die Krise der modernen Kunst*. Eislers bescheidene Sprachkenntnisse dürften nicht als die entscheidende Ursache für dieses schwache Ergebnis angesehen werden. Wesentlicher war wohl der Skandal, den Brecht in jenem Herbst anläßlich der allzu naturalistischen Aufführung seines Stückes *Die Mutter* durch die New Yorker Theatre Union entfachte und bei dem Eisler treu zu seinem Freund hielt. Auch die kulturpolitisch Verantwortlichen

Ankündigung der New-Yorker *Mutter*-Aufführung vom November 1935

stellten sich zwar auf die Seite der deutschen Autoren, konnten jedoch den Aufführungsskandal nicht verhindern. Schon bei der Probe hatte Brecht einem der beiden Pianisten vorgehalten, er mache aus der außerordentlichen Musik Eislers einen *«Dreck»*; diesen Vorwurf hielt er auch in einem Brief an das Ensemble aufrecht (40). Aus Solidarität mit Brecht stimmte Eisler ihm 1935 zu; in seinen Gesprächen mit Hanns Bunge nannte er jedoch die beiden Pianisten ausgezeichnet. Der von Brecht beschimpfte Musiker war Alex North, ein Mitglied des Composers Collective, der später als angesehener Komponist in Hollywood lebte (41).

Für den sinkenden Einfluß Eislers in New York dürfte neben dem *Mutter*-Skandal auch die Umorientierung zum Folksong verantwortlich sein, die sich im Jahre 1935 in der amerikanischen Linken vollzog. An die Stelle Hanns Eislers trat ein neues Ideal: ein kommunistischer Joe Hill. Diese Forderung wurde bereits 1933 von Michael Gold, einem der Kolumnisten des *Daily Worker*, vertreten (42). 1934 hatte er seiner Rezension des *Workers Song Book, Nr. 1* die musikalisch traditionellen Lieder des alten Jacob Schaefer am stärksten gelobt; sie seien *«unendlich viel mehr wert als die zersplitterten, quälenden Dinge, die von den Intellektuellen entwickelt wurden»* (43). Als Charles Seeger im Januar 1935 Folksongs, die im *Daily Worker* abgedruckt worden waren, wegen ihrer altmodischen Melodien angriff und dabei genau die Argumentation Eislers übernahm (*«Die Melodien von Liedern wie die der Auvilles sind konzentrierte bürgerliche Propaganda der*

Szenenphoto
Die Mutter
New York
19. 11. 1935

gefährlichsten Art. Bei jedem Schritt vorwärts im Text machen sie in der Musik einen Schritt zurück« (44), kam es zu einem offenen Angriff Golds auf das Komponistenkollektiv.

«Es ist sektiererisch und utopisch, Arnold Schönberg oder Strawinsky als Maßstab für Arbeitermusik zu nehmen. Welche Lieder singen denn die Massen der Amerikaner heute? Sie singen Old Black Joe *und die jazzartigen Dinge aus der* Tin Pan Alley. *Im Süden singen sie die alten Balladen. Das ist die Wirklichkeit; von hier nach Schönberg zu springen, scheint ein Preisgeben der Massen zu sein.*

Nicht zu sehen, was für ein Schritt vorwärts es ist, wenn zwei Musiker aus dem einfachen amerikanischen Volk sich revolutionären Themen zuwenden und dabei die Tradition für Zwecke der Arbeiterklasse benutzen, heißt blind für den Fortschritt sein.

Würde man denn die Briefe von Arbeitern am Standard von James Joyce und Walter Pater messen? Nein, Volkskunst kommt selten aus den Arbeitszimmern; sie bildet ihren eigenen Stil und hat ihre eigenen inneren Wachstumsgesetze. Es mag schockieren, aber ich glaube, das Composers Collective hat einiges von Ray und Lida Auville zu lernen, und ihnen zu geben» (45).

Diese Argumente, die teilweise an die gleichzeitige Verurteilung von Schostakowitschs Oper *Lady Macbeth* in der Moskauer *Prawda* erinnern, blieben auch im Composers Collective nicht ohne Wirkung. Im Februar 1936, noch vor Eislers Abreise aus New York, löste sich die Workers Music League auf; sie wurde durch eine American Musik League ersetzt, zu deren Zielen das Sammeln und Verbreiten von amerikanischer Volksmusik gehörte. Nachdem Charles Seeger bereits Ende 1935 das Kollektiv verlassen hatte und 1936 Jan Adohmyan, ebenfalls ein engagierter Anhänger Eislers, mit der Lincoln-Brigade nach Spanien gegangen war, löste sich die Gruppe auf. Die neuen musikalischen Helden der amerikanischen Linken hießen Woody Guthrie, Leadbelly – und Pete Seeger, der Sohn von Charles Seeger. Seine Lieder *We Shall Overcome* und *Where Have All the Flowers Gone*, die dann auch Bob Dylan aufgriff, wurden bekannter als alle kunstvollen *Massenlieder* des Composers Collective. Charles Seeger bekannte später, daß sich Eislers spezifische Form des Massenliedes nicht auf jede Situation übertragen ließ.

Die Wendung der amerikanischen Linken zum Folksong brachte jedoch nicht alle Impulse des Composers Collective zum Erliegen. Vielmehr entstanden nun auf der Basis von Volksmusik jene Formen von angewandter Musik, die Eisler neben dem Schreiben von Massenliedern angeregt hatte. Auf diese Weise konnte der Krise der Konzertmusik begegnet werden, von der Copland auch am 28. August 1935 wiederum an Chavez berichtete: «*Das Publikum, das noch für Konzerte bezahlen kann, ist ganz einfach nicht interessiert... In einer Periode solcher wirtschaftlicher und allgemein sozialer Spannung wird Musik selbst unwichtig - wengistens für die Mittelklasse, die bis jetzt unser Publikum dargestellt hat*» (46). Wie zuvor Hindemith schrieb Copland nun pädagogische Klaviermusik, zwei Stücke mit dem Titel *Sunday Afternoon Music* und *The Young Pioneers*, die von dem jungen Lehmann Engel - später einer der erfolgreichsten Broadway-Dirigenten - in einer Rezension als «*Gebrauchsmusik for America*» angepriesen wurde (47).

Nach dem Vorbild der Brecht-Weill Werke *Lindberghflug* und *Der Jasager* schrieb Copland im Sommer 1936 seine Schuloper *The Second Hurricane*. Lehman Engel, damals als Dirigent eines Kinderchores an einer Musikschule tätig, wo er zuvor schon den *Jasager* dirigiert hatte, hatte diesen Auftrag besorgt. Als Librettisten wählte sich Copland mit Edwin Denby einen Schriftsteller, der die deutsche Tradition genau kannte; in den zwanziger Jahren hatte er als Tanzkritiker in Deutschland gelebt. Bei der Verwendung von Sprechtexten in *The Second Hurricane* orientierte Denby sich, wie er freimütig zugab, an deutschen Opernbeispielen (48). Die in den zwanziger Jahren in Amerika noch kaum beachtete Kultur der Weimarer Republik wurde in den dreißiger Jahren zum Vorbild.

Marc Blitzstein blieb Eisler auch nach der Auflösung des Composers Collective treu (49). Er wandte sich nicht, wie die meisten seiner Kollegen - so etwa Copland in *El Salon Mexico*, *Rodeo* und *Billy the Kid* - der ländlichen amerikanischen Folklore zu, sondern behielt das Ideal einer städtischen Musik bei. Große ästhetische Übereinstimmungen mit Eislers Position zeigte sich in seinem dreiteiligen Aufsatz *The Case for Modern Music*, der im Juli 1936 in *New Masses* veröffentlicht wurde. So übernahm er beispielsweise dessen Kritik an der Gebrauchsmusik der zwanziger Jahre; sie habe sich zwar mit aktuellen Themen und einer kommunikativen Sprache einem breiten Publikum zugewandt, sich aber doch meist mit belangloser Satire begnügt. «*Gebrauchsmusik ... hatte eine Richtung; aber sie hatte wenig Inhalt*» (50). Blitzstein bemühte sich, kommunikativen Stil mit politischer Aufklärung zu verbinden. Im Sommer 1936 schuf er nach einer Idee von Brecht sein Play-in-music *The Cradle Will Rock*. Am gleichen Ort, dem Sommer-Camp des Group Theatre, schuf in diesem Sommer Kurt Weill als sein erstes Bühnenwerk *Johnny Johnson*. Blitzstein, der die Musik schon während des Entstehungsprozesses kennenlernte, revidierte nun seine bis dahin skeptische Haltung gegenüber Weill: «*Es ist Musik der leisen Stimme, aber sie enthält eine Botschaft. Samtene Propaganda ...*» (51).

In Deutschland wurden nach 1933 die Experimente mit angewandter Musik als «kulturbolschewistisch» verfemt. Die Ausstellung *Entartete Musik*, die 1938 in Düsseldorf gezeigt wurde, bezog sich auch auf Eisler und Weill. Die unterdrückten Tendenzen einer massenwirksamen kritischen Kunst, die die Nazis durch konservative Konzert- und Opernaufführungen ersetzten, konnten jedoch durch die Vermittlung deutscher Emigranten und Exilanten in den USA überleben und sich verbreiten. Kurt Weill war 1937 sogar der Ansicht, daß die Impulse der Weimarer Republik in den USA die größten Auswirkungen hatten: «*Wir versuchten, in die verschiedensten Gebiete und Abnehmerkreise einzudringen. Wir erkannten, daß dort, wo wirklich Musik gebraucht wurde, wo Musik einen „Marktwert" hatte, oft ausschließlich minderwertige Musik verwendet wurde. So versuchten wir, in die Vergnügungsindustrie einzudringen ... man schrieb Werke für Radio, Opern für Schulen, szenische Chorwerke für Massen-Meetings, und man begann, sich mit den Problemen des musikalischen Films auseinanderzusetzen.*» Diese ganze Entwicklung, die im Faschismus plötzlich abgebro-

Uraufführung
Johnny Johnson
New York 1936
Schützengrabenszene

chen wurde, konnte in den USA nicht einfach fortgesetzt werden. «*Ich glaube aber, daß hier bereits eine Entwicklung begonnen hat, die der europäischen parallel geht und die ... die von uns angestrebten Ziele mit größerer Konsequenz erreichen kann, als es uns in Europa möglich war*» (52). Wenn Weill dabei auch wesentlich an die beispielhaften staatlichen Arbeitsbeschaffungsprogramme für Künstler, an das Federal Theatre Project und das Federal Music Project (53) dachte, die wenig später aufgegeben wurden, so haben doch tatsächlich die vor dem Faschismus geflohenen deutschen Künstler bleibende Spuren in der amerikanischen Kultur hinterlassen.

Anmerkungen

1 Ernst Josef Aufricht, *Erzähle, damit du dein Recht erweist. Aufzeichnungen eines Berliner Theaterdirektors.* München 1969, S. 108 f.
2 Barbara Zuck, *A History of Musical Americanism,* Ann Arbor 1980, S. 156
3 Klaus Kuhnke, Manfred Miller, Peter Schulze: *Geschichte der Pop-Music,* Bd. 1, Lilienthal/Bremen 1976, S. 295
4 Aaron Copland und Vivian Perlis, *Copland 1900 through 1942.* New York 1984, S. 222. Übersetzung von A.D.
5 Copland a. a. O., S. 316
6 Vgl. A. Dümling, *Der Komponist Artur Schnabel.* In: *Dissonanz Nr. 12,* Zürich Mai 1987, S. 10-20
7 Paul Hindemith, *Über Musikkritik.* In: *Melos, 8. Jg., Heft 3 (März 1929), S. 106.* Im gleichen *Melos*-Heft widmeten sich auch Hanns Eisler und Kurt Weill diesem Thema – mit ähnlichem Ergebnis. Vgl. Eisler, *Vom bürgerlichen Konzertbetrieb.* In: *Die Rote Fahne* (Berlin), 1. Jg., Nr. 89, 15. April 1928. Abgedruckt in: *Eisler, Musik und Politik. Schriften 1924 bis 1948. Textkritische Ausgabe von Günther Mayer.* Leipzig 1973, S. 74-76
8 H. H. Stuckenschmidt, *Sozialisierung der Musik.* In: *Vossische Zeitung,* Berlin, 19. 2. 1927. Wiederabdruck in: *Stuckenschmidt, Die Musik eines halben Jahrhunderts. 1925-1975. Essay und Kritik.* München u. Zürich 1976, S. 33-35
9 Zitiert nach Ronald Sanders, *Kurt Weill.* München 1980, S 96. Ähnlich skeptisch äußerte sich Marc Blitzstein 1933 über Weill; er hielt die Synthese von Popular- und Kunstmusik für unmöglich. Blitzstein, *Popular Music - an Invasion: 1923-33.* In: *Modern Music X/2,* Jan./Febr. 1933, S. 102

10 Copland/Perlis, S. 179

11 Unter dem Namen Frederik Dorian wirkte der Schönberg- und Webern-Schüler Friedrich Deutsch, der Bruder des Schönberg-Schülers Max Deutsch, ab 1936 im amerikanischen Exil als Musikprofessor in Pittsburgh.

12 Barbara Zuck, *A History of Musical Americanism* (Ann Arbor, 1980); David King Dunaway, *Unsung Songs of Protest: The Composers Collective of New York,* In: *New York Folklore,* V. 1, (Sommer 1979), S. 1-19

13 Zitiert nach Zuck, S. 203, Übersetzung von A.D.

14 Das Lied ist bei Copland a. a. O., S. 227 abgedruckt.

15 Aaron Copland: *Workers Sing!* In: *New Masses,* 5. Juni 1934, S. 28 f

16 Copland/Perlis, S. 223

17 Nach Zuck S. 117

18 Elie Siegmeister, *Musical Life in Soviet Russia.* In: *New Masses XIII/3* (16. Okt. 1934), S. 28

19 Nr. 2.353 in: Manfred Grabs, Hanns Eisler, *Kompositionen - Schriften - Literatur. Ein Handbuch.* Leipzig 1984, S. 228

20 Eisler, *Gesellschaftliche Umfunktionierung der Musik.* In: *Musik und Politik,* S. 375. Der Bibliografie *Marxism and Aesthetics* von Lee Baxandell (New York 1968, S. 48) zufolge hielt Eisler diesen Vortrag bereits am 1. 3. 1935 im New Yorker Degeyter-Club.

21 Ashley Pettis, Eisler: *Maker of Red Songs.* In: *New Masses,* 26. Februar 1935, S. 18-19. Vgl. *Eisler, Musik und Politik,* S. 273.

22 Nr. 174 in: Josef Rufer, *Das Werk Arnold Schönbergs,* Kassel 1959, S. 154, umfaßten Schönbergs Plan und zwei Exposés immerhin 31 handschriftliche und 4 maschinenschriftliche Seiten.

23 H.H. Stuckenschmidt, *Schönberg, Leben, Umwelt, Werk.* Zürich 1974, S. 354 f.

24 Brief Eislers vom 14. März 1935 an Ernst Hermann Meyer in London. Zitiert nach Jürgen Schebera, *Hanns Eisler im USA-Exil.* Berlin/DDR 1978, S. 47

25 Der Düsseldorfer Komponist Franz Landé, der 1929 als sein op. 23 ein Oratorium *Panzerkreuzer Potemkin* komponiert hatte, wurde von den Nazis erschlagen. Vgl. Inge Lammel, *Arbeitermusikkultur in Deutschland 1844-1945. Bilder und Dokumente,* Leipzig 1984, S. 150. Der Berliner Arbeiterchordirigent Rosebery d' Arguto gründete noch im KZ Sachsenhausen einen Chor jüdischer Häftlinge, wurde dann aber in Auschwitz umgebracht. Vgl. Lammel 1984, S. 159. Andere Arbeiterchöre konnten unter unverfänglichem Namen nach

1933 weiterexistieren. Vgl. Werner Fuhr, *Proletarische Musik in Deutschland 1928-1933. (= Göppinger akademische Beiträge Nr. 101)* Göppingen 1977, S. 170

26 Nach Schebera, S. 48

27 Schebera, S. 51

28 Eisler, *Musik und Politik* S. 181

29 Bereits dieser Aufsatz enthielt an seinem Schluß eine Warnung vor dem drohenden Krieg, dem die Arbeitersänger eine *«revolutionäre Verbrüderung von Schützengraben zu Schützengraben mit den Mitteln der Musik»* entgegensetzen sollten. Eisler, *Musik und Politik,* S. 226

30 A. Copland, *Workers Sing!* In: *New Masses XI/10,* 5. Juni 1934, S. 28

31 Ashley Pettis, *Marching With A Song.* In: *New Masses* XI, 5, 1. Mai 1934, S. 5

32 Eisler, *Musik und Politik,* S. 169

33 Vgl. Zuck, S. 120

34 Copland/Perlis, S. 227

35 Englische Übersetzung von Elie Siegmeister

36 Juan Allende-Blin, Stefan Wolpe. In: *Musik aus der Emigration. Eine Dokumentation zur gleichnamigen Konzertreihe des Kulturamtes der Stadt Köln und des Westdeutschen Rundfunks.* Redaktion Monika Lichtenfeld. Köln 1985, S. 97-105

37 Ludwig Hoffmann und Daniel Hoffmann-Olstwald, *Deutsches Arbeitertheater 1918-1933.* Berlin/DDR 1972, Bd. 2, S. 157

38 H. Eisler, *Musikalische Reise durch Amerika.* In: *Musik und Politik* S. 288

39 L.E. Swift, *The Return of Hanns Eisler.* In: *Daily Worker,* New York. 2. 10. 1935. Zitiert nach Schebera, S. 56

40 Brecht, *Briefe.* Frankfurt/Main 1981, S. 275

41 Briefliche Mitteilung von Elie Siegmeister an den Autor.

42 Michael Gold, *What a World!* In: *Daily Worker,* 19. Oktober 1933, S. 5

43 Michael Gold, *Change the World!* In: *Daily Worker,* 14. Juni 1934, S. 5

44 Sands (= Pseudonym für Charles Seeger), *Songs by the Auvilles.* In: *Daily Worker,* 15. Januar 1935, S. 15. Zitiert nach Zuck, S. 136

45 M. Gold, *Change the World!* In: *Daily Worker,* 2. Januar 1936, S. 5. Zitiert nach Zuck, S. 137

46 Copland/Perlis, S. 237

47 Lehman Engel, *New Laboratories and Gebrauchsmusik.* In: *Modern Music,* März-April 1936, S. 53

48 Copland/Perlis, S. 260

49 Vgl. A. Dümling, *Laßt euch nicht verführen. Brecht und die Musik.* München 1985, S. 423 ff.

50 Marc Blitzstein, *The Case for Modern Music. II.: Second Generation.* In: *New Masses* XX/3, 14. Juli 1936, S. 27

51 Marc Blitzstein, *Johnny Johnson.* In: *David Drew* (Hg.), *Über Kurt Weill,* Frankfurt/M. 1975, S. 129. In Blitzsteins Übersetzung der *Dreigroschenoper* gab es posthum Weills größten amerikanischen Erfolg.

52 Kurt Weill, *Oper in Amerika.* In: *Ausgewählte Schriften.* Frankfurt/M. 1975, S. 83

53 Vgl. das Kapitel *Musical Americanism and the WPA* bei Zuck, S. 155-182

Probe zu *The Eternal Road,* New York, 1936. Von links: Werfel, Reinhardt und Weill. Im Hintergrund Lotte Lenya. Zeichnung von Dolbin

Habakuk Traber

Exil und «Innere Emigration»

Über Wladimir Vogel und Karl Amadeus Hartmann

Die Auseinandersetzung mit dem Exil wäre unvollständig ohne die Erwähnung der «Inneren Emigration». Der Begriff, bereits 1933 in Umlauf, ist nach dem Zweiten Weltkrieg zu schlechter Apologetik mißbraucht und dadurch ins Zwielicht gerückt worden. Vieles hat sich selbst zur «Inneren Emigration» stilisiert und verklärt, was innerlich gar nicht so sehr emigriert war. Die Unterschiede zwischen der List der Vernunft und dem Lohn der Angst, die Grenzen zwischen Opposition und Opportunismus - manchmal in der Tat sehr fein gezogen - wurden verwischt. Im Extremfall setzte es sogar Emigrantenschelte: *«Die anderen, die in die Emigration gegangen sind, hatten es ja eigentlich besser als ich, der ich zu Hause geblieben bin. Sie hatten keine Bombenangriffe zu überstehen; sie hatten Arbeit»*, erklärte Karl Böhm 1978 in einem ZEIT-Interview (1). Dennoch - es gab Komponisten, die dem Hitler-Regime die Gefolgschaft verweigerten, ohne zu emigrieren.

Das Gespräch mit Prof. Wladimir Vogel führten Frieder Reininghaus und der Autor am 29. 6. 1981 in Zürich. Daraus auch alle weiteren, Vogel betreffenden Interviewpassagen. Der Brief ist abgedruckt in A. McCredies unter (4) erwähnter Biographie, S. 148 R. Lukowsky, Bekenntnis zur Humanität, Karl Amadeus Hartmann - ein bedeutender bürgerlicher Musiker, in: Musik und Gesellschaft, 20. Jahrgang 1970, Berlin DDR, S. 388

1 *Die Zeit Nr. 51, 15. 12. 1978, S. 60*

Das folgende Porträt bringt zwei Komponisten in Verbindung, die vieles trennt: Herkunft und Temperament, Alter und Ausbildung, biographische Entscheidungen und persönliche Entwicklungen, und denen doch vieles gemeinsam ist: Wladimir Vogel, der in die Schweiz emigrierte und Karl Amadeus Hartmann, der in München blieb, wurden geprägt durch die Avantgarde der Zwanziger Jahre, Hermann Scherchen war ihr gemeinsamer Freund und Förderer; beide waren sie über die Faszination für Schönberg und Berg mit der Wiener Schule verbunden, ohne jemals bei einem von beiden studiert zu haben (Hartmann nahm 1941/42 Privatstunden bei Anton Webern), während der Naziherrschaft wurde kein Werk von ihnen in Deutschland gespielt. Der Aufsatz ist zugleich eine Studie über Schicksal und Möglichkeiten verbannter Musik in Mitteleuropa.

Karl Amadeus Hartmann, 1905 geboren, stammte aus einer musisch vielseitig interessierten und aktiven Familie. Sein Vater war Maler und gehörte zur Münchener Gruppe der *Juryfreien*, junger Künstler, die sich 1910 zusammengetan hatten, um von städtischen und kommerziellen Galerien unabhängig zu sein und in das starre konservative Kulturleben moderne Akzente zu setzen. Erster Höhepunkt war 1912 die Ausstellung *Der Blaue Reiter*, der Almanach dazu druckte unter anderem Schönbergs *Herzgewächse* nach dem Manuskript ab. Die Ausstellungsräume der *Juryfreien* waren auch Hartmanns erstes Experimentierfeld. Er hatte 1925 an der Akademie der Tonkunst das Kompositionsstudium bei Joseph Haas begonnen und 1929 als Folge ständiger Auseinandersetzungen abgebrochen. 1928 konnte er die *Juryfreien* zur Veranstaltung von Konzerten überreden, bei denen neue Musik von jungen Komponisten vorgestellt wurde. Bartók wurde dort aufgeführt, Satie, Casella, Stefan Frenkel, Alois Hăba, Josef Matthias Hauer, Hindemith und Krenek, Honegger und Lopatnikoff, Milhaud, Rathaus, Seiber, Strawinsky, Ernst Toch und Wladimir Vogel – und eigene Werke Hartmanns, der damals als Komponist experimentierte, sich mit den verschiedenen Richtungen der Moderne und mit dem Jazz komponierend auseinandersetzte.

«1933 erkannte ich, daß es notwendig sei, ein Bekenntnis abzulegen, nicht aus Verzweiflung und Angst vor jener Macht,

Autographe Klavier-Partitur *Wachsfiguren-Kabinett* von K. A. Hartmann 1929/30

sondern als Gegenaktion», schrieb Hartmann 1955 in einer «Autobiographischen Skizze» (2). Das Jahr 1933 bedeutete für ihn gleich einen doppelten Einschnitt: einen politischen, denn Hartmann stand in den Zwanziger Jahren der radikalen Linken sehr nahe und hatte dies auch musikalisch dokumentiert: Aus der Zeit stammen, stilistisch ziemlich unverbunden neben den Instrumentalwerken stehend, zwei engagierte a-cappella-Chöre: eine Kantate nach den Texten *Kohlenbrot* (Johannes R. Becher) und *Wir haben eine Welt zu gewinnen* (Auszug aus Karl Marx' *Kommunistischem Manifest)* und eine *Profane Messe* nach einem Text des Freundes Max See, in der Sprechchortechniken erprobt wurden. 1933 war aber auch eine künstlerische Zäsur: Hartmann entschloß sich, nach seinem abgebrochenen Akademiestudium Unterricht bei Hermann Scherchen zu nehmen. Der Name Scherchen war Programm. Der einstige Dirigent des Königsberger Rundfunkorchesters, seit 1923 auch in Winterthur fest engagiert, erhielt als einer der ersten von den Nationalsozialisten Dirigierverbot. Mit seinem Namen verband sich die Zeitschrift *Melos*, die er 1920 in Berlin als Sprachrohr neuer Tendenzen und Experimente in der Musik gegründet hatte, aber auch der Groß-Berliner Arbeiterchor, den er jahrelang leitete. Das Engagement innerhalb der Arbeiterbewegung, die ihm gesellschaftlich und politisch als die Kraft der Zukunft galt, auch wenn er sich parteipolitisch nicht festlegte, und das Engagement für die Neue Musik, der Einsatz für politischen und ästhetischen Fortschritt gehörten zusammen, auch wenn die Gewichte zu verschiedenen Zeiten unterschiedlich verteilt waren. Er blieb bei dieser Haltung, auch in den Nachkriegsjahren; sie trug ihm u.a. in der Schweiz, wo man eigentlich sein künstlerisches Wirken kannte, manche boshaften Feindseligkeiten ein.

2 *K. A. Hartmann, Kleine Schriften, Hrsg. von E. Thomas, Mainz 1965, S. 12*

Nach 1933 war Scherchen eine der Stützen faschistisch verfolgter und in Deutschland verbotener Komponisten. Er war Juror und Dirigent bei der *Internationalen Gesellschaft für Neue Musik* (IGNM) und deren jährlichen Festivals, verlegte in seinem *Ars-viva*-Verlag Neue Musik, setzte sich als Dirigent für deren regelmäßige Präsenz in normalen Konzertprogrammen ein – für das Königsberger Rundfunkorchester hatte er bereits 1931 Wladimir Vogels Orchester-Etüden in Auftrag gegeben, die dessen Durchbruch als Komponist werden sollten –, er hielt regelmäßig Kurse für Komponisten und Interpreten Neuer Musik ab: Die *Sessions d'Etudes musicales et dramatiques* gehörten neben den IGNM-Festivals zu den wichtigen europäischen Treffpunkten der Musiker, die gegen den Faschismus eingestellt waren. Bei ihm also nahm Karl Amadeus Hartmann ab 1933 Unterricht, zu dem er regelmäßig nach Winterthur reiste. Hat er selbst nie an Emigration gedacht?

«Die Emigration war auch ein finanzielles Problem», erläuterte Elisabeth Hartmann in einem Interview (3), *«die Schweiz nahm nur Leute, die Geld hatten. Auch in Frankreich hätte mein Mann vom Komponieren niemals leben können. Er war ja damals noch unbekannt. Er hatte keinen Namen und keine Verbindung. Wahrscheinlich wäre er einmal in einem Lager gelandet, und da wäre es mit dem Komponieren aus gewesen. In München lebten wir völlig zurückgezogen. Er konnte zwar nichts veröffentlichen und aufführen, aber er konnte komponieren. Dazu kam, daß einer seiner Brüder - Richard Hartmann - aus Deutschland fliehen mußte. Er war nämlich - Ende 1933 muß das gewesen sein - beim Verteilen kommunistischer Flugblätter erwischt worden. Ihm das Überleben im Ausland zu sichern - Richard Hartmann war in die Schweiz geflüchtet - war oft schon schwer genug, einen Zweiten hätten wir gar nicht unterstützen können.»*

3 Gespräch des Autors mit Elisabeth Hartmann am 19. 3. 1983 in München

Hartmann hatte also gar keine Wahl; er blieb in Deutschland, weil er nicht emigrieren konnte. Er war noch jung genug, um ein verdecktes, zurückgezogenes Leben führen zu können. 1933 war er gerade 28 Jahre alt, als Komponist noch am Suchen und Experimentieren, außerhalb Münchens fast nicht, in der bayerischen Metropole nur in kleinem Rahmen aufgeführt. Für die Gleichschaltungsstrategen war er zwar kein unbeschriebenes Blatt, aber auch kein vorrangiges Problem. Scherereien gab es erst 1935 nach dem IGNM-Festival in Prag. Dort war als deutscher Beitrag Hartmanns Symphonische Dichtung *Miserae* aufgeführt worden, Dirigent: Hermann Scherchen. Die Sache war am Rande der Legalität, denn die deutsche Sektion war 1934 aufgelöst, eine Gegenorganisation, der *Ständige Rat für internationale Zusammenarbeit der Komponisten* unter dem Vorsitz von Richard Strauß gegründet worden. Die IGNM war als kulturbolschewistisch eingestuft und damit zum Feind erklärt worden. Hartmanns Werk wurde dennoch aufgeführt. Es trug die Widmung: *«Meinen Freunden, die hundertfach sterben mußten, die für die Ewigkeit schlafen, wir vergessen euch nicht. Dachau 1933/34»*. Max Brod lobte das Werk als das zentrale Ereignis dieses Festivals im *Prager Tagblatt*, selbst die *Frankfurter*

Zeitung notierte: *Karl Amadeus Hartmann hat ein Orchesterwerk* Miserae *zur Diskussion gestellt, das technisch ausgezeichnet genannt werden darf, aber vor allem durch seine Ausdruckskraft und seine geistige Potenz viele andere Kompositionen der Zeit weit übertraf»* (4).

4 *Zit. nach A. D. McCredie, Karl Amadeus Hartmann, Wilhelmshaven 1980, S. 42*

Jetzt wurde die *Reichsmusikkammer* aktiv. Sie verlangte von Hartmann genauen Rapport über das Musikfest. Den Bericht des Komponisten beantwortete sie mit der Auflage, daß künftig alle Auslandsreisen, rein private ausgenommen, ihrer Genehmigung bedürften. Hartmann hielt sich nicht an die Order, er meldete nichts, keine einzige seiner Aufführungen im Ausland, keinen Wettbewerb, keinen gewonnenen Preis. Das war riskant, aber er hatte Glück. Obwohl er in den Listen der IGNM als *German independant* geführt wurde, da es ja die deutsche Sektion nicht mehr gab, meldete sich die *Reichsmusikkammer* nicht. Leben ließ sich allerdings von den Auslandsaufführungen nicht. Sie deckten, wenn es gut ging, die Kosten. Doch sie entschädigten für das Verstummen und Schweigen im eigenen Land auch ohne materiellen Gegenwert. Hartmann schickte und begleitete seine Werke in die Emigration, ohne selbst auszuwandern: Musik im Exil.

Zwar mußte er sich nicht im Ausland eine neue Existenz aufbauen, wie die Emigranten aus Deutschland das zu tun gezwungen waren, doch war das Leben in München auch über die politische Gefährdung hinaus nicht eben einfach: Die dreiköpfige Familie – Hartmann hatte 1934 geheiratet – lebte von der Unterstützung durch den Schwiegervater, einen Münchener Kaufmann. Er stellte die Wohnung mietfrei zur Verfügung und gab monatlich nach heutigem Geldwert noch ungefähr 700 DM dazu. Dem Komponisten war diese Existenz zwar unangenehm, doch sah auch er keine Alternative dazu, ermöglichte sie ihm doch das Arbeiten ohne taktische Konzessionen an das Regime. Geht man die Liste seiner Aufführungen durch, so unterscheidet sie nichts von der eines Komponisten im europäischen Exil.

Einige Beispiele:

1935: Uraufführung der Symphonischen Dichtung *Miserae* beim IGNM-Fest in Prag

1936: 1. Preis und Uraufführung für das 1. Streichquartett beim Kammermusikwettbewerb *Carillon* in Genf

1938: Aufführung des 1. Streichquartetts beim IGMN-Fest in London

1939: Uraufführung der Symphonie *L'oeuvre* nach einem Roman von Zola – aus ihr wurde 1951-53 die 6. Symphonie gearbeitet – auf der Weltausstellung in Liège

1940: Uraufführung des *Concerto funebre* in St. Gallen

Hartmann stand nach dem Sieg der Alliierten über den Faschismus nicht vor der Frage, ob er remigrieren solle oder nicht. Er blieb in München. Kontakt aber hatte er während der nationalsozialistischen Herrschaft nicht zu Komponisten, die in Deutschland geblieben waren und sich mal da, mal dort als nützliche Volksgenossen auswiesen, sondern zu Emigranten aus Deutschland und seinem Kulturleben Ausgegrenzten. Es gab private Verbindungen, man traf sich bei den Veranstaltungen der IGNM. Regelmäßig fuhr Hartmann nach Winterthur, um bei Scherchen Unterricht und Anregungen für eigene Arbeiten zu erhalten. Seine Oper *Des Simplicius Simplicissimus Jugend* – es sollte die einzige bleiben – ging auf einen Vorschlag und auf ein Szenario Scherchens zurück. Zu Scherchens zahlreichen Aktivitäten zählten die bereits erwähnten *Sessions d'etudes musicales et dramatiques*, deren erste und bedeutendste im Sommer 1933 in Straßburg stattfand. Dort traf Hartmann Wladimir Vogel, Scherchen hatte ihn als Dozenten engagiert.

Vogel war fast ein Jahrzehnt älter als Hartmann. Geboren wurde er 1896 in Moskau. Sein Vater war ein Geschäftsmann aus Sachsen, der in Moskau eine österreichische Firma vertrat. Seine Mutter war Russin. Schon den Schüler schlug die Musik Skrjabins in ihren Bann, die ersten veröffentlichten Arbeiten verraten deutlich dessen Einfluß. 1914 – Vogel hatte gerade das Abitur gemacht – wurde die Familie wie alle Bürger aus Staaten, mit denen das Zarenreich im Krieg stand, interniert. Vogels Erinnerungen an jene Zeit sind angenehm (5): *«Wir haben Clubs gebildet, Literatur studiert und Abende gegeben. Wir haben uns außerordentlich intensiv mit Philosophie, mit Sozialpolitik beschäftigt. Meine ganzen Kenntnisse der sozialen Entwicklung habe ich aus der dortigen Bibliothek. Wir hatten Freiheiten. Die Russen wurden eingezogen, da wurden die Deutschen an ihrer Stelle eingestellt. Ich konnte den Leuten, die dort lebten, Unterricht geben; und von der deutschen Regierung wurden über das Internationale Rote Kreuz Summen ausgeteilt für die Internierten, sodaß wir sehr gut auskommen konnten. Wir hatten einen sehr interessanten und sehr freien Kontakt mit den Russen.»*

Nach dem Frieden von Brest-Litowsk kam Vogel 1918 nach Berlin. Er suchte zunächst einen Brotberuf und begann

5 Das Gespräch mit Prof. Wladimir Vogel führten Frieder Reininghaus und der Autor am 29. 6. 1981 in Zürich. Daraus auch alle weiteren, Vogel betreffenden Interview-passagen.

eine Ausbildung als Dekorateur. In der Freizeit fand er Anschluß an die Gruppe um den ehemaligen Kompositionsstudenten Herwarth Walden und dessen Zeitschrift *Der Sturm*, einem Sprachrohr der avantgardistischen Malerei. Vogel war von Schönbergs expressionistischen Werken beeindruckt, entschied sich jedoch für ein Kompositionsstudium bei Ferruccio Busoni, bei dem auch Kurt Weill eingeschrieben war. Beide waren gute Freunde. Beide schlossen sich der Novembergruppe an, wo Stücke von ihnen aufgeführt wurden. Wie Hartmann dachte auch Vogel radikalsozialistisch: *«Vor 1933»*, berichtet er, *«waren alle Intellektuellen in unserem Kreis links eingestellt - entweder sozialdemokratisch oder eben kommunistisch. Und selbstverständlich war auch ich nicht rechts, sondern eher links, auch die sozialdemokratische Richtung war mir damals nicht radikal genug. Ich war aber nie Parteimitglied. Wir trafen uns dann öfter, mit Hanns Eisler, mit Ernst Hermann Meyer, der jetzt in der DDR ist, mit Karol Rathaus und verschiedenen anderen, Sympathisanten sozusagen. Es wurde über Musik gesprochen, über Arbeiterprobleme und über Musik. Aber das ging nur so lange gut, als wir uns über die Grundlagen verständigten. Wenn die Sprache*

Scherchen
und Hartmann
1935

auf Musik kam, schieden sich die Geister.« Auch Vogel hatte, neben Instrumental- und Liedkompositionen, die einerseits vom Expressionismus der Schönbergschen atonalen Kompositionen, andererseits von Busonis Ideal einer *«Jungen Klassizität»* beeinflußt waren, Stücke geschrieben, die – nach seinen eigenen Worten – *«dem pathetischen Bedürfnis und den Richtlinien, dem Enthusiasmus der Linksbewegung Rechnung trugen.»* 1930 setzte er Erich Weinerts kommunistischen Aufruf *Der heimliche Aufmarsch gegen die Sowjetunion*, den auch Eisler vertont hat, in eine eigentümliche Form des theatralischen Sprechgesangs mit Instrumentalbegleitung um; er komponierte einen Song vom *Sturmbezirk Wedding* und eine *Jungpionierschritt*, für politische Gebrauchsmusik allesamt sehr anspruchsvolle Stücke. Themen und ganze Sequenzen daraus finden sich in Instrumentalwerken der gleichen Zeit wieder, Eislers Verwendung des *Solidaritätslieds* für den Film *Kuhle Wampe* und der daraus gezogenen Suite vergleichbar. Der Versuch, die Dichotomie von Gebrauchsästhetik und Werkästhetik nicht einfach hinzunehmen, unterscheidet ihn von guten Freunden wie Stefan Wolpe, der mit ihm und Hans Heinz Stuckenschmidt ab 1926 für die Musikprogramme der Novembergruppe bis zu deren Auflösung 1928 verantwortlich war. Auch bei Wolpe stehen neben avancierten Kompositionen, Liedern, Klavierwerken und Kammeropern, Beiträge für die Arbeitermusikbewegung wie die Songs *Wir kommen aus Fabriken* oder *In Fabriken und Gruben*, einfache, konventionelle Melodien, die auf ein schnelles Erfassen durch ein kaum vorgebildetes Publikum angelegt sind. Vogels Art der Vertonung ist den Überlegungen Hanns Eislers von heute aus gesehen im Resultat näher, als das in seinen Äußerungen anklingt. Auch Eislers Lieder tragen in sich jene Polemik gegen die *Dummheit in der Musik* aus, gegen die er in Worten so scharfzüngig zu polemisieren verstand. Der Unterschied zwischen den ästhetischen Standpunkten Eislers und Vogels relativiert sich mit der geschichtlichen Distanz; es erscheint mir heute weniger als Frage des ästhetischen Prinzips, sondern als eine Frage der Gewichte, die man setzte – und ein Unterschied im Grad des politischen Engagements, das für Eisler zwingender war als für Vogel.

Vogels «ureigenstes» Gebiet sind die Kompositionen für Sprechchor. Er ist damit in jenen Jahren nicht allein: Toch bediente dieses Gestaltungsmittel 1930 mit seiner *Geographi-*

schen Fuge eher von der heiteren Seite her, Milhaud hatte ihn schon 1915 in seinen *Choephores* eingesetzt. In der Technik des Sprechchors treffen verschiedene Einflüsse zusammen, historische und zeitgenössische. War das Melodram, insbesondere in seiner hurrapatriotischen Inflationsgestalt der Jahrhundertwende, in der Regel nur musikalisch untermalter Textvortrag gewesen, so wurde die Frage, wie weit Gesang allein die expressive Verbindung von Sprache und Musik zu leisten vermöge, bereits in der Wagnernachfolge unter dem Gesichtspunkt der dramatischen Nähe akut. Engelbert Humperdinck verwendet in seiner Oper *Die Königskinder*, deren Vorstufe ein Melodram gewesen war, wohl zum ersten Mal das melodramatischen Sprechen auch im Ensemble und im Chor. Der musikalische Expressionismus Schönbergs, in dessen atonalen Liedern sich die Form nach Zertrümmerung vorgeordneter Schemata auch mit Hilfe des Textes neu bil-

Letzte Partiturseite des *Kleinen Sprechchors* von Wladimir Vogel 1930

det, ging noch einen entscheidenden Schritt weiter: Die Sprechmelodie des *Pierrot lunaire* erweitert die expressive Skala der Musik im selben Maß, in dem es die Lösung aus funktionsharmonischen Zwängen tat. Bei Schönberg ist der Sprechgesang Teil der musikalischen Partitur und ihr nicht mehr länger nur übergelagert. Vogels Sprechchortechnik hat im Expressionismus eine Wurzel. Sie ist - parallel zu seinen Orchesteretüden - ein Versuch, aus den expressionistischen Kleinformen zur Großform zu gelangen. Vogel geht einen anderen Weg als Schönberg, einen selbständigen. Entscheidende Impulse für den Sprechchor dürften Vogel aber aus den kommunitischen Agit-Prop-Truppen zugegangen sein. Diese politischen Laienspielgruppen sollten ab 1925 den seit der Nachkriegsrevolution horrende geschwundenen Einfluß der Kommunistischen Partei wieder aufholen helfen. Sie kleideten ihre Lehren und Aufrufe in Szenen und Lieder, die sie auf Straßen und Plätzen, bei Sammlungen und Versammlungen öffentlich vorführten. Ein beliebtes Mittel bei ihnen war der Sprechchor: Forderungen und Losungen wurden im kräftigen Unisono rhythmisch skandiert; das kam über die Rampe und versinnbildlichte auch noch die Einheit der Vielen, die die KP in ihren Losungen formuliert sah. In Berlin gab es solche Trupps in größerer Zahl. Wladimir Vogel hat sie gekannt, er hat für sie geschrieben.

Mit dem Sprechchor dringt, sublimiert und zum musikalischen Element verdichtet, ein musikdramatisches Moment, ein Stück Theater in das Werk eines Komponisten ein, der das Musiktheater, insbesondere die Oper, als mögliche Ausdrucksform für sich verneint hatte. Mit einer gewissen Konsequenz: Sieht man die Sprechchortechnik unter dem Gesichtspunkt der dramatischen Nähe, so ist diese durch eine Szene nicht mehr zu steigern, sondern nur zu verwirren. *«Dramma-Oratorio»* nennt Vogel diese Form des musikalischen Handlungsdramas. Das erste Werk ist *Wagadus Untergang durch die Eitelkeit*, geschrieben nach einer Legende der in Nordafrika beheimateten Kabylen - wenige Jahre nach Vogels Komposition schlug ein spanischer Militär namens Franco einen Aufstand dieses Stammes nieder und verdiente sich damit die Sporen für den Aufstieg zum Faschistenführer. Vogel vollendete das Werk 1930 in Berlin. Uraufgeführt wurde es erst im Exil.

Der Machtantritt der Nationalsozialisten traf Vogel auf dem Weg zu breiterer Anerkennung. Mit den *Zwei Etüden für*

Orchester schien der Durchbruch geschafft, kompositorisch und in der öffentlichen Anerkennung. Kompositorisch war Vogel die Synthese der verschiedenen Einflüsse gelungen, die ihn prägten. Jede Etüde fächert einen musikalischen Charakter auf. Darin sind sie den expressionistischen Kleinformen verwandt. Ihre strenge Polyhphonie verrät Busonis Schule; die klare formale Disposition vereinigt Busonis Postulat mit der Schönbergschen Praxis der Konstitution von Form. In der öffentlichen Anerkennung waren sie ein Meilenstein: Scherchen, der Auftraggeber, hatte sie in Königsberg herausgebracht, beim IGNM-Fest in London 1931 wurden sie als deutscher Beitrag gegeben, Furtwängler hatte sie in seinem Programm. Es ging voran. Noch im Frühsommer 1933 verließ Vogel, mit gültigem Paß, Deutschland. *«Ich sah, daß ich schon als „Kulturbolschewist" geprägt wurde, und ich wußte, daß mit meiner Musik in Berlin, in Deutschland nichts anzufangen war. Scherchen schrieb damals nach Berlin: Komm zu mir. Ich bereite eine Musiktagung in Straßburg vor. Du übernimmst die Kammermusik, ich die Orchesterwerke und den Dirigierkurs. Da nahm ich mein Köfferli, fuhr einfach in die Schweiz hinein, und dachte mir: Wenn mein Name durch die Aufführung meiner Werke bekannt ist, kann ich vielleicht hier blieben.»* Doch er blieb, nach jener ersten *Session musicale et dramatique*, bei der auch Hartmann war, erst einmal in Straßburg; das Interesse, das dort Neuer Musik entgegengebracht wurde, bewog ihn dazu.

Die schwierigen Jahre begannen, als Vogel Straßburg wegen einer französischen Regierungsanordnung, nach der sich alle in Frankreich lebenden Deutschen hinter die Maginot-Linie zurückzuziehen hätten, verlassen mußte. Er ging in die Schweiz. Dort hatte er Kontakte. Die Ausländerfeindlichkeit der eidgenössischen Bürokratie bekam er deutlich zu spüren. Er konnte zwar nicht interniert werden, denn er besaß einen gültigen deutschen Paß und galt daher juristisch nicht als Asylant. Eine unbefristete Aufenthaltserlaubnis erhielt er aber auch nicht. Außerdem war ihm nicht nur jede politische, sondern jegliche Arbeit untersagt. Selbst Vorträge in privatem Rahmen wurden unterbunden, wenn die Behörden davon erfuhren. Vogel blieb letztlich – nach Episoden in Brüssel und Paris – doch in der Schweiz, weil ihm vermögende und aufgeschlossene Privatleute beiderlei Geschlechts Leben und Arbeiten trotz aller bürokratischen Schikanen ermöglichten. Es waren, aufs Ganze gesehen, produktive Jahre.

Vogel schmolz die Dodekaphonie in seine Kompositionsweise ein. Den Übergang zur neuen Kompositionsmethode markiert das Violonkonzert von 1937, ein langes, in sich uneinheitliches Werk, das häufig aufhorchen läßt durch Passagen äußerster Prägnanz und Dichte, an andern Stellen wieder sich selbst zu vergessen scheint. Als Hauptwerk aber entstand vor Kriegsbeginn das Dramma-oratorio *Thyl Claes I (Unterdrückung). «Damit habe ich Stellung genommen zu den damaligen Ereignissen»*, erläutert Vogel. *«Ich habe bewußt kein aktuelles Thema genommen, obwohl ich damals sehr radikale Texte von Kommunisten hätte vertonen können. Ich dachte mir aber, daß das dann in gewissen Kreisen auf Ablehnung stößt, und zwar gerade in denen, an die ich mich wende. Da habe ich die* Eulenspiegel-Legende *von de Coster genommen (in der sich Eulenspiegel im Kampf der Flamen gegen die spanische Fremdherrschaft hervortut). Dort ist auch Unterdrückung. Aber der Hinweis wirkt indirekt. Als man den* Thyl *nach 1945 in Hamburg aufführte, herrschte nach dem ersten Teil* (Unterdrückung) *totale Stille. Nachher sagten mir einige Leute: „Sie haben uns gemeint". Das habe ich gewußt und gewollt.»*

Eine ähnliche Überlegung, Fragen von brennender Aktualität im Gleichnis der Geschichte zu behandeln, hatte auch Karl Amadeus Hartmann 1934 zu seiner Oper *Des Simplicius Simplicissimus Jugend* bewogen. So verschieden die Werke auch klingen, so deutlich ist ihre gemeinsame Haltung: Das Bild der Geschichte hilft die Gegenwart begreifen. Beide Werke ereilte im übrigen das gleiche Schicksal: Sie waren für Aufführungen in Belgien vorgesehen, wo vor allem der Musikwissenschaftler und Dirigent Paul Collaer als Abteilungsleiter des nationalen Rundfunks für die Verbreitung faschistisch verfemter Werke sorgte. Beide Werke – das von Vogel und das von Hartmann – waren aufführungsreif vorbereitet, als deutsche Truppen Belgien überfielen. Die Aufführungen konnten nicht mehr stattfinden. Vogels Material ging dabei verloren.

Beide Werke hatten ihre Gegenspiele: Hartmanns Werk in Ludwig Achilles Mauricks Oper *Simplicius Simplicissimus*, uraufgeführt 1938 bei den Reichsmusiktagen in Düsseldorf, zu denen die Ausstellung *Entartete Musik* lief: Simplicissimus wird darin zum braven deutschen Soldaten umgebogen. Dieselbe geschichtliche Situation wie Vogel thematisierte Ernst Krenek mit seiner ersten großen Zwölftonkomposition; er hielt es mit der katholischen Linie und dem

Herrscherhaus und setzte die Oper *Karl V.* ins Werk, die ein Festspiel für das *«neue Österreich»* werden sollte. Es kam in Wien nicht heraus. Krenek erlebte die Prager Uraufführung auf dem Weg ins Exil.

Karl Amadeus Hartmanns musikalische Identität ist ohne die Erfahrung des Faschismus nicht zu denken. Aus dem einstigen enfant terrible, aus dem Experimentator war unter der Realität des Faschismus ein Pathetiker geworden. Die wichtigsten Werke Hartmanns aus der Zeit zwischen 1933 und 1945 formulieren ein vermitteltes Verhältnis zu den politischen und gesellschaftlichen Erfahrungen ihrer Gegenwart. Damals Komponiertes wurde in vielen Fällen in den Symphonien der Nachkriegsjahre fortgeschrieben und weitergearbeitet. Diese bauen auf der Grundlage auf, die im Bekenntnis gegen den Faschismus gelegt worden war. Der Schock von 1933 evozierte Hartmanns Tonsprache; sie folgt nicht in einer Linie aus den früheren Experimenten. Zwischen den Werken für die *Juryfreien* und denen nach der faschistischen Machtübernahme liegt ein Bruch, eine Zäsur. So gut dies alles beim Hören der Symphonien, der ersten, der dritten, der sechsten vor allem, nachvollziehbar ist, so wenig hat es mit illustrativer Geste, gar mit Programm-Musik zu tun. Es ist Symphonik, nach ihren inneren Möglichkeiten durchgebildete Musik, Sprache, kein Bilderbogen, getragen vom Pathos des engagierten Humanisten.

Vogels Exilwerk gruppiert sich in mehreren Schichten: Das Violinkonzert formuliert Nähe und Verbundenheit mit der Richtung, die der deutschen Kulturbarbarei als der Inbegriff des *Entarteten* galt. Das *Epitaph für Alban Berg*, 1936 nach einem reihenartigen Motto geschrieben, darf als Prolog dazu betrachtet werden. Mit dem Zeitgeschehen rechnet endgültig *Thyl Claes II* ab, *Befreiung* überschrieben. *«Da habe ich anhand von Zeitungsberichten über die Kriegsereignisse Stellen aus de Coster entnommen, die sich auf die gegenwärtige Situation bezogen, diesselben Kriegsschauplätze beispielsweise, aber auch andere Elemente. Von 1943 bis 1945 habe ich an diesem Werk geschrieben. Es schließt skeptisch: „Freiheit - Freiheit - Freiheit?" Nach dem dritten Mal steht ein Fragezeichen. So habe ich die Situation 1945 nach der Befreiung Deutschlands gesehen».* *Thyl Claes* ist ein Schlußstrich - auch unter das Exil. Denn neben diesem großen, dominierenden Werk entsteht eine Folge von Kompositionen, mit denen sich Vogel von der deutschen Vergangenheit löst und die endgültige Seßhaftigkeit in der Schweiz vorbereitet. Sie richten sich auf eine neue, nicht mehr von deutscher Geschichte und Gegenwart unmittelbar abhängige Wirklichkeit ein. Am deutlichsten vielleicht im einzigen «Nebenwerk», in dem sich Vogel folkloristischer Motive bedient, dem Bläserquintett, der Frau eines seiner wichtigsten Schweizer Mäzene gewidmet. Vogel wird, nach zwanzig Jahren Aufenthalt in der Schweiz, 1954 mit der sprichwörtlich eidgenössischen Bedächtigkeit eingebürgert. Er wird zurecht als Schweizer Komponist geführt. Er wurde es aus freier Wahl. Er ist dort heimisch geworden, hat Freunde, Förderer, Auftraggeber und Publikum in jenem Land gefunden, daß das nördliche Europa mit dem südlichen verklammert. Die Berliner Jahre waren für seine künstlerische Entwicklung die entscheidenden gewesen. Auf die Spanne des gesamten Lebens umgerechnet machen sie gerade ein Sechstel aus. Dennoch ist Vogel Schweizer Komponist nicht nur aus freien Stücken geworden: Zwar wurde er 1960 mit dem Berliner Kunstpreis ausgezeichnet, wurde Mitglied der Akademie der Künste in Berlin, in den fünfziger Jahren schlagen Aufführungen bei Festivals und Rundfunkstationen in Westdeutschland zu Buche. Doch ab den Sechziger Jahren wurde es still um Vogel. Er blickte im Alter nicht ohne Groll auf die Nachkriegsgeschichte des deutschen Musiklebens zurück.

Eine Würdigung von Vogels Werk und seiner musikgeschichtlichen Bedeutung fällt schwer. Er hat nicht «Maßstäbe» gesetzt wie Arnold Schönberg. Für sein Werk lassen sich durchgängig Vorläufer und Entsprechungen finden. Seine Idiomatik entwickelt sich den avancierten Zeitgenos-

1. Internationaler Zwölftonkongreß. Von links nach rechts: H. J. Koellreutter, E. Schmid, K. A. Hartmann, A. Keller, H. Meier (i. Hintergrund), W. Vogel, R. Malipiero, L. Dallapiccola, A. Souris, R. Liebermann, S. Nigg (vorne Mitte).

sen gegenüber eher rezeptiv als normativ. Doch er ist kein Epigon. Die Werke vor und in der Emigration haben ihre Vorläufer, aber nicht unmittelbare Vorbilder. Sie stehen quer zu den Richtungen, in denen der musikalische Fortschritt sich polarisierte: Vor 1937 komponierte Vogel nicht zwölftönig, danach fast nur vermittels dieser Technik, neoklassizistisch hat er nie geschrieben. In der Landschaft zwischen Dadaismus und Dodekaphonie, zwischen Gebrauchs- und Autonomie-Ästhetik bezieht Vogel einen eigenwilligen Platz. Dabei sind die Arbeiten der dreißiger Jahre charakteristischer als die eidgenössisch eingebürgerten. Das Nachkriegswerk malt mit feinen Pinselstrichen und verfeinerten Techniken ein Gemälde aus, dessen Konturen bis 1945 mit frischerer Hand gezogen waren. Der Weg in die Schweiz war der Weg an seinen sicheren Ort. Er war aber auch ein Weg ins Abseits.

Karl Amadeus Hartmann war Scherchens Schüler nicht nur als Komponist. Die Gründung der *Musica-Viva*-Konzerte 1945 – Hartmann war Dramaturg der Staatstheater geworden und in diesem Rahmen auch für Konzerte und Musiktheaterproduktionen mit zeitgenössischen Werken verantwortlich – erwies dem Mentor von einst nicht nur im Namen Reverenz; sie war eine Pionierleistung in der kulturellen Erneuerung Deutschlands und sicherte München auf Jahre hinaus musikpolitisches Renommé. Hinter dem Musikorganisator drohte der Komponist oft zu verschwinden, Hartmanns Integrität verbot es ihm, die einflußreiche Stellung für Selbstprotektion zu mißbrauchen.

1950 – die *Musica-Viva*-Reihe hatte sich erfolgreich entwickelt – Hartmann Name galt etwas, bot ihm das Kultusministerium der DDR eine führende Position in der Akademie der Künste an. Hartmann lehnte ab. Daraufhin versuchte der spätere Regimekritiker Robert Havemann Hartmann umzustimmen. Zwischen beiden gab es eine ältere Verbindung. Im Februar 1946 hatte Hartmann an Havemann geschrieben: «*Im Winter 1944/45, als ich erfahren habe, daß man Sie, lieber Dr. Havemann, und Ihre Freunde verhaftet hat, habe ich eine Sinfonie* Klagegesang *geschrieben, die Ihnen gewidmet ist. Dieses Werk ist unter dem Eindruck dieser gegebenen Verhältnisse geschrieben. (...) (Es freut) mich heute ganz besonders, daß ich es vorgeahnt habe, daß Sie alles überleben würden.*» (6)

Nach langen und zähen Verhandlungen hatte Havemann Hartmann schon fast überredet, doch der Hinweis, daß

6 *Der Brief ist abgedruckt in A. McCredies unter (4) erwähnter Biographie S. 148*

Schönberg und seine Schule dem Verdikt des Formalismus unterlägen, ließ Hartmann endgültig absagen. Hätte er die Position angenommen, so wäre dies im Prestigegerangel der beiden jungen deutschen Staaten ein kulturpolitisch einigermaßen spektakulärer Akt gewesen. Er hätte sich wirksam in das Weltbild von der revanchistischen Bundesrepublik, der Heimat der alten Nazis und Kollaborateure, und der antifaschistisch-demokratischen DDR, der natürlichen Heimat aller Antifaschisten, eingepaßt. Trotz seiner Ablehnung blieb Hartmann in der DDR geachtet. Er fiel unter die Sprachregelung des Humanisten mit begrenztem Horizont, mit einem Weltbild, *«in dem ein Humanitätsideal klassischer Prägung bewahrt wurde, ohne daß der Komponist zu der Einsicht gelangte, wie diese Humanität real neu zu verwirklichen sei»* (7). Hartmann befindet sich damit in bester Gesellschaft mit allen Erdenbürgern: Der Weg zur Verwirklichung des Humanitätsideals ist bis heute nicht gefunden.

7 R. Luckowsky, Bekenntnis der Humanität, Karl Amadeus Hartmann - ein bedeutender Musiker, in: Musik und Gesellschaft, 20. Jahrgang 1970, Berlin/DDR, S. 388

Friedrich Dieckmann

Komponisten am Berliner Ensemble

Karl von Appen überliefert einen Moment aus der Arbeit an *Pauken und Trompeten:* Brecht und Rudolf Wagner-Régeny, den Brecht für die Musik zu diesem Stück gewonnen hatte, im Hof des Berliner Ensembles - Wagner-Régeny notenschreibend über den Kühler seines Wagens gebeugt, Brecht neben ihm stehend und vorsingend, wie er sich eins der von ihm für die Aufführung geschriebenen Lieder vorstellt. Derlei ist, von *Mahagonny* an, Brechts erster intensiver Zusammenarbeit mit einem Komponisten, kein Einzelfall gewesen. Brecht, der in jungen Jahren als Gitarrensänger seiner eigenen Lieder hochbegehrt war und sich auch seine ersten Schauspielmusiken selbst geschrieben hatte, hat nicht selten unmittelbaren Einfluß auf die Komposition seiner Texte genommen. Diese waren an sich musikalisch bewegt: Wie aller echten dichterischen Sprache ist auch der seinen eine hohe innere Musikalität eigen. Aber zu dieser immanenten, in der Sprachgestalt umgehenden Musikalität, trat bei Brecht eine - bei Lyrikern seltene - explizite musikalische Begabung, die auch den Fachmusiker in ihren Bann zog und oft zu ihrem Medium machte.

Daß eine musikalisch inspirierte Sprache auch eine musikalisch inspirierende sei, ist keineswegs selbstverständlich. Große Lyrik verschließt sich der musikalischen Komposition eher, als daß sie sie anzöge; ihre eigene Musikalität erübrigt gewissermaßen die hinzutretende. Nicht so bei Brecht, dessen poetische Produktion es nie darauf anlegte, sich im Wort zu erschöpfen, gar Wortkunstwerke in jenem hermetischen Sinne zu schaffen, wie ihn die Neuromantik des Fin de siècle, die Dichtung der Rilke, George, Hofmannsthal, kultivierte. *«Ich kann das Wort so hoch unmöglich schätzen»* - dieser Vorbehalt Fausts, der ihn erst auf *Sinn,* dann auf *Tat* für den *logos* des Johannes-Evangeliums führt, ist immer der seine gewesen. Brechts Texte sind offen für die Ergänzung durch andere Künste; sie ruhen nicht in sich selbst, sondern sind geselliger, anschlußsuchender Natur, frei dem Gebrauch, auch dem durch andre Künste, und der Verwandlung, die mit ihm verbunden. Es ist diese Disposition, die die theatralische Produktivität seiner dramatischen und die musikalische Produktivität seiner lyrischen Texte ausmacht. Die gesellschaftliche Unmittelbarkeit, die Brecht gegen den esoterischen Kunstbegriff der spätbürgerlichen

Epoche setzte, zeigt sich in seiner Lyrik in der prinzipiellen Sangbarkeit der Gedichte, die sich weniger als «Lyrik», als Druckgebilde, denn als Mittel direkter Kommunikation mit einer Zuhörerschar verstanden. Der Dichter als Sänger, der einen Kreis von Hörern um sich schart, – diese Grundkonstellation hat, von seinen eigenen ersten Aufritten an, Brechts Werk bestimmt, soviel Erweiterungen ihr auch zuteil wurden.

Drei Komponisten vor allem sind mit Brechts Theaterwerk verknüpft, ihre Namen haben sich dem seinen in einem Maße amalgamiert, daß sie lange Zeit nur in dieser Verbindung zu bestehen schienen. Die Verbindung mit Brecht brachte die Eigenart dieser Komponisten jeweils zu spezifischer Entfaltung; sie befreite sie aus dem Banne gesellschaftlicher Isolation, den die Vertiefung in ein abgesondertes künstlerisches Material ganz besonders über die Musik verhängt hatte. *«Weill»*, so schreibt Brecht über seinen ersten Komponisten nach sich selbst, *«hatte bis dahin* (bis zum Badener *Mahagonny) ziemlich komplizierte, hauptsächlich psychologisierende Musik geschrieben, und als er in die Komposition mehr oder weniger banaler Songtexte einwilligte, brach er mutig mit einem zähen Vorurteil der kompakten Majorität ernsthafter Komponisten»*. Der in diesem Stück kreierte Song-Typ bedeutete für das Schauspiel-Theater dieser Zeit eine grundlegende Neuerung in dem Verhältnis von Musik und Szene. Das musikalische Element war hier (so wie das malerisch-graphische im Bühnenbild) freigesetzt von der unmittelbaren Einbindung in die vorgestellte Handlung; es war der untermalend-illustrativen Funktion, die der Naturalismus der Musik im Theater allenfalls zugestanden hatte, ebenso enthoben wie der Nötigung, Lieder unmittelbar aus der Handlung zu motivieren. Von szenisch-optischen Mitteln (Wechsel des Bühnenlichts, Ortswechsel der Schauspieler, spezifischen Requisiten) unterstützt, gewann das Theaterlied in der direkten Hinwendung zum Publikum jene Einlagenfunktion wieder, die es im alten Volkstheater behauptet hatte, namentlich im Wiener Volksstück, wo die Grenze zur Oper fließend gewesen war und in Nestroys Stücken das Couplet ziemlich genau die Stelle eingenommen hatte, die Brecht und Weill dem neuen Song zuwiesen. *«Der Erfolg dieser Anwendung moderner Musik für den Song war bedeutend»*, notiert Brecht nach *Mahagonny* – er war bahnbrechend ein Jahr später, 1928, in der *Dreigroschenoper*, einem Werk, das an den Nerv der Epoche rührte und für

Brechts theatralische Ästhetik – das Prinzip der *Trennung der Elemente* – den großen Durchbruch bedeutete. Am Berliner Ensemble ist die *Dreigroschenoper* 1960, das *Kleine Mahagonny* (eine Rekonstruktion des Badener Stücks von 1927) 1963 inszeniert worden; in beiden Aufführungen hat der melancholische Zynismus der Weillschen Musik, ihre süchtige Melodik, der gebrochene Schmiß ihrer Rhythmen und Harmonien – hat diese Großstadtmusik, geladen mit verbrauchten Reizen, eine neue Faszination bewiesen.

Weill, von Brecht auf die Straße des Erfolges gewiesen, hat sich auf derselben bald von seinem Mentor unabhängig gemacht. Während Brecht dem Welterfolg des Gemeinschaftswerkes gewissermaßen Opposition machte, indem er dessen Verfilmung politisch stärker als das Theaterstück zu akzentuieren versuchte, wurde das Stück für Weill zum Aus-

Berthold Brecht
in New York

gangspunkt eines Weges, der ihn im amerikanischen Exil auf die Bestsellerstraße des Broadway führte. Die Orientierung auf «gebrauchsfähige», gesellschaftlich rezipierbare Kunst, aus der ein Werk wie die *Dreigroschenoper* erwachsen war, die Absage an die esoterische Selbstgenügsamkeit der «reinen Kunst», gab in der weiteren Entwicklung der beiden Künstler zwei exemplarische Varianten preis: Sie klärten sich bei Brecht zu der intentionellen Hinwendung auf politische Massenarbeit, sie verdunkelte sich bei Weill zu der Option auf kommerzielle Massenwirkung. Ehe beider Wege im Exil auseinandergingen, entstanden noch zwei bedeutende Arbeiten: die auf dem Songspiel fußende Oper *Aufstieg und Fall der Stadt Mahagonny*, in dem Opernbetrieb der Zeit von beträchtlicher ästhetischer Sprengkraft, und das Ballett von den *Sieben Todsünden der Kleinbürger*, das schon nicht mehr in Deutschland zur Uraufführung kam. Der Politisierung, der das Schaffen Brechts sich zunehmend öffnete, vermochte der Komponist nicht zu folgen; seine Aussagekraft reichte über den Niedergang der bürgerlichen Gesellschaft nicht hinaus, den seine Musik diagnostizierte und auskostete. Es war diese Mischung, die Provokation und Erfolg Weills ausmachte. Ein anderer Musiker tritt in diesen Jahren, der Endzeit der deutschen Republik, an Brechts Seite: ein Vorzugsschüler Arnold Schönbergs, gewaschen mit allen Wassern der musikalischen Avantgarde und zugleich von einem sozialkritischen Impetus erfüllt, der ihn aus dem Zirkel der Zwölfton-Adepten heraustreibt.

Es ist Hanns Eisler, der, ungefähr gleichzeitig mit Brecht, aber ganz unabhängig von ihm, den Weg zum Marxismus, an die Seite der Arbeiterbewegung gefunden hatte und Brechts ersten künstlerischen Schritten auf diesem Wege musikalischen Sukkurs gibt. Damit ist eine lebenslange Kooperation eingeleitet, die, mehr als nur Freundschaft, wie zwischen Goethe und Zelter, mehr als bloße Arbeitssymbiose, wie zwischen Hofmannsthal und Strauss, bei allen Wechselfällen, die die Jahre des Exils auch ihr bereiten, an Dauer und Intensität nicht ihresgleichen hat in der Geschichte der deutschen Kunst. Nach Kompositionen zu Brechts, des politischen Novizen, radikalem Lehrstück *Die Maßnahme* (das von Erlebnissen Gerhart Eislers in China angeregt war) schreibt Eisler 1930 die Musik zu der Theateradaption von Gorkis Roman *Die Mutter* und entfaltet dabei eine sublime Eingängigkeit der Erfindung, die um nichts geringer ist als in der *Dreigroschenoper*, aber aus der Einstellung auf ein neues, proletarisches Publikum einen Zug von Helligkeit, von Optimismus gewinnt, der der Weillschen Musik fremd war. Dieser Optimismus gibt sich mit leichter Hand, ohne Schwulst noch Trockenheit, und beglaubigt sich darin. Eine wache musikalische Intelligenz, gestützt auf strengste Schule und umfassende Bildung, schaltet im Dienst konkreter gesellschaftlicher Wirkungen mit alten, schon verbraucht scheinenden Kunstmitteln und gewinnt ihnen eine neue Elastizität ab. Ähnlich wie in den Sinfonien Gustav Mahlers werden in Eislers Liedern entwicklungsgeschichtlich überholte Materialien, bis hin zu der Trivialsphäre, zu Elementen hoher artifizieller Sensiblität. Das große Erbe des romantischen deutschen Liedes, von Schubert und Schumann bis zu Brahms und Hugo Wolf, wird vermittels der Parodie, d. h. durch die Substitution konträrer, antiindividualistischer Inhalte, in eine letzte Fruchtbarkeit getrieben.

Ein Kundiger hat Eisler ein *«Genie des Scherzos»* genannt und ihn Mendelssohn an die Seite gestellt. Das ist von Grund auf richtig, aber dieser Musiker, der der heiteren, geistvoll-bewegten Gebärde, der einer musikalischen clarté fähig war wie kein anderer seiner Generation (es ist dies freilich eine eigentümlich mark- und schwerelose Heiterkeit, die auf einen Untergrund tiefer Melancholie deutet), hat immer wieder auch politische Kampflieder von aufrüttelnder Dynamik hervorgebracht und noch 1957, aus der Reminiszenz, der russischen Revolution ein atemraubendes Sturmlied geschrieben. Und er ist, namentlich in späteren Jahren, einer lyrischen Zartheit, ja Innigkeit fähig gewesen, die bezwingende Wirkungen übt.

Eislers proteisches Naturell ist nie wählerisch gewesen, wo es galt, sich Masken, Verkleidungen beizulegen, wobei er dem nicht sowohl Gesuchten als allzu leicht Gefundenen stets ein Maß von Grazie beizugeben wußte, das das Benutzte geschmeidigte – ein Küchenmeister, der Virtuose und Humorist genug war, um in dem aufgewärmten Gericht die subtilste Aufgabe zu sehen und mit Soßen und Gewürzen für entschwundene Frische aufzukommen. Um so anrührender sind die Momente (und sie sind nicht selten), wo die aufgelegten, auferlegten Gesichte fallen und mit einer Zartheit, der exhibitionistische Exaltation ein Greuel ist, eigene Gestalt auftaucht: eine voller Einsamkeit und voller Sehnsucht, bitter und süß, traurig und hoffnungsvoll, leichtfüßig aus zu großer Last, des Geistes voll und zugleich mit seiner Aufhebung spielend – die eines späten, spätesten Romantikers, der, wie Heine, dem lyrisch-romantischen Moment durch Ironie einen letzten Spielraum abgewinnt und seine Träume in eine gewagte Balance bringt, indem er das Wissen um ihre Hinfälligkeit in ihnen umgehen läßt.

Eislers Bühnenmusiken zeigen den Reichtum und die Differenziertheit dieses Komponisten in vollem Lichte, der einer der fruchtbarsten und interessantesten seines Zeitalters ist und neuerdings einem europäischen Interesse begegnet, das einer Entdeckung gleichkommt und die Bedeutung dieser vielgesichtigen, vom Widerspruch und der Lust am Widerspruch getriebenen Künstlererscheinung freizulegen beginnt. Die Musik für die Berliner Uraufführung der *Mutter* erweitert sich im Exil zu einer Kantatenfassung; als Brecht das Stück nach dem Krieg mit dem Berliner Ensemble inszeniert, entsteht eine dritte Version mit erweitertem instrumentalem Apparat.

Das zweite Stück Brechts, dessen sich Eisler kompositorisch annimmt, sind 1934 *Die Rundköpfe und die Spitzköpfe;* zwei Lieder aus diesem antifaschistischen Parabel-Drama, das das Berliner Ensemble zugunsten des *Arturo Ui* beiseite setzte, gehören zu Eislers stärksten Lied-Kompositionen überhaupt: *Die Ballade vom Wasserrad* und das *Lied von der*

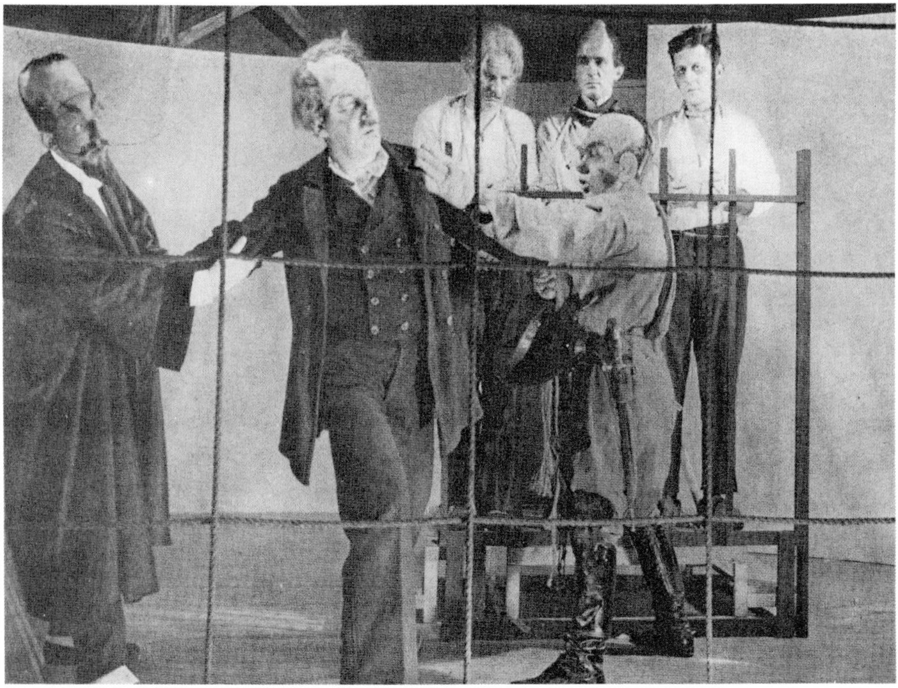

Die Rundköpfe und die Spitzköpfe von Bertold Brecht. Szenenfoto Kopenhagen 4. 11. 1936

belebenden Wirkung des Geldes. Zehn Jahre liegen zwischen diesen Liedern und Eislers nächster Arbeit für ein Stück Brechts: Chören für die New-Yorker Aufführung von Szenen aus *Furcht und Elend des Dritten Reiches* im Jahre 1945. In die Aufführung des Berliner Ensembles, die auf das von Brecht für New York ersonnene szenische Bindeglied – einen viermal vorbeirollenden Panzerkarren – verzichtete, fand diese Musik keinen Eingang.

1946 schreibt Eisler in den USA die Bühnenmusik für *Leben des Galilei* und *Schweyk im zweiten Weltkrieg*: für den *Galilei* eine Anzahl kleiner Kinderchöre, die Brechts Verstitel zu den einzelnen Szenen in das verfremdende Gewand des Madrigals kleiden; für *Schweyk* eine Reihe köstlicher Lieder, die ihre Wirkungskraft auch außerhalb des Theaters bewiesen haben. In den fünfziger Jahren, im Hinblick auf Aufführungen in Warschau und Frankfurt am Main, hat Eisler die *Schweyk*-Musik mehrfach erweitert, zuletzt noch um eine orchestrale Zwischenaktmusik von lustig-trivialem Zuschnitt. 1962 kam sie auch in Berlin zu Gehör, in der von Erich Engel geleiteten Inszenierung; an Gisela May hatte die Aufführung eine Interpretin der Eislerschen Lieder, die diese durch Schallplatten und Tourneen bald weit über die Aufführung hinaustrug. Aus musikalischem Volksgut gespeist, haben diese bezwingenden Prägungen ihrerseits die Wirkung von Volksliedern erreicht. Aber nicht nur die Unverletztlichkeit des Volkes hat in der Musik zu *Schweyk* Gestalt gewonnen. Auch die deutsche Not hat darin ihr Lied; in dem düster-hohlen Klagechor des *Deutschen Miserere* findet die Verzweiflung der vom Faschismus Verführten und überwältigten eine bannende Tongestalt.

Auch die Musik für *Die Tage der Commune* ist lange vor der Aufführung des Berliner Ensembles entstanden: schon 1950, ein Jahr nach der Niederschrift des Stückes, komponierte Eisler die darin enthaltenen Lieder. Wekwerths und Tenscherts Inszenierung von 1962 fügte ihnen zwei weitere hinzu, nach früheren Gedichten Brechts: *Keiner oder alle* und *Resolution der Communarden.* Das letztere Lied ist charakteristisch für Eislers dialektische Art der Textbehandlung: Die Musik entspricht der revolutionären Kampfansage der Verse nicht durch markig-angespannte Töne, sondern unterlegt ihr einen tänzerisch beschwingten Rhythmus, der stärker als alles Pathos von der Gewißheit des Sieges spricht. Die Idee des Sozialismus, der Menschheitsbefreiung durch die proletarische Revolution erscheint bei Eisler niemals monumentalisch gepreßt, in idealischer Abstraktion, sondern in einer Konkretheit, die in den Mühen des Weges die Beschaffenheit des Zieles wachhält. Kein Geringerer als Bach ist das große Vorbild einer solchen plastisch-unmittelbaren Auffassung des Verhältnisses von musikalischer und verbaler Botschaft. Revolution ist Eisler eine frohe Botschaft, bei deren Verkündung er die Klangkatarakte des *«Fecit potentiam»* ebenso zu berufen weiß wie die Tanzschritte, mit denen Bach im *Magnificat* die Verheißung des *Esurientes* begleitet: *«Die Hungrigen füllet er mit Gütern und läßt die Reichen leer»*. Dabei hat Eisler niemals versucht, die transzendentale Gewalt romantisch zu erschleichen, mit der das Bachsche Musizieren bestürzt. Er komponiert bewußt die Säkularisation der Befreiungsidee, ihre Projektion ins Immanent-Gesellschaftliche.

Unmittelbar für Inszenierungen des Berliner Ensembles hat Eisler seine Bühnenmusiken zu *Katzgraben* (1953) und *Winterschlacht* (1955) geschrieben: beider Wirkung blieb – obgleich der Komponist die *Winterschlacht* – Musik zu einer Orchester-Suite ausbaute – auf diese beiden Aufführungen beschränkt. Für die Inszenierung von Synges *Playboy* (1956) komponierte Eisler einige Lieder auf Texte von Peter Hacks, die in Originalaufnahmen erhalten sind und in dieser Gestalt auch in der Aufführung verwendet wurden. Sie zeigen das Genie dieses musikalischen Epikureers von seiner heitersten Seite: Glanzstücke eines musikalischen Humors, der die Reize des Vulgären und Sentimentalen mit parodistischer Verve auskostet. Eingeweihte berichten, wie Eisler seinem bayrischen Dichter-Freund in einem Winkel des Theaters am Klavier oft stundenlang Wiener «Liedln» vorsingen mußte. Brecht konnte sich nicht satthören an diesen musikalischen Exzessen, in denen er mit Musikerfahrungen seiner eigenen Jugend kommunizierte, gleichsam mit dem plebejischen Urgrund seiner Dicht- und Sangesweise.

Eisler bleibt auch in seinen Theatermusiken der Liederkomponist, der er vor allem ist. Die lyrische Kraft differenzierter Individualisierung durchdringt ihre Bestandteile und zeigt sich auch in der Wirkung: viele der Eislerschen Theaterlieder sind für sich selbst, unabhängig vom Stück, bekannt und bedeutend geworden. Durch die Schallplattenaufnahmen von Ernst Busch und Gisela May haben manche von ihnen eine Popularität gewonnen, wie sie Eisler immer als höchstes Ziel seiner Arbeit vorschwebte: eine Breitenwirkung, die gegen die Barbarei des modernen

Musikmarkts die Qualitäten echter Volkstümlichkeit mobilisiert.

Ein musikalisches Temperament ganz anderen Schlages tritt in Paul Dessau an Brecht heran: ein vorab nicht lyrisch, sondern dramatisch disponierter und disponierender Musiker, dessen zentrale Äußerungsform nicht das Lied ist (so großartige er geschrieben hat), sondern die Oper. Er ist der dritte jenes musikalischen Planetensystems, das die Zentralsonne des Brechtschen Werkes umkreist (wobei die ephemere Erscheinung Kurt Weills mehr unter die Kometen zu versetzen wäre). Dessau, vier Jahre jünger als Weill, vier Jahre älter als Brecht und Eisler, tritt erst im Exil in schöpferische Berührung mit Brecht. 1936, in dem gleichen Jahr, in dem ihm der große Wurf der *Thälmann-Kolonne* glückt, vertont er das *Kampflied der schwarzen Strohhüte* aus der *Heiligen Johanna der Schlachthöfe.* Zwei Jahre später schreibt er neun Songs für die Pariser Uraufführung von Szenen aus *Furcht und Elend des Dritten Reiches* (das damals noch *99%* hieß) und trägt sie in der Aufführung selber vor. (Der Berliner Inszenierung von 1957 fügten sich diese Songs ebensowenig ein wie Eislers Chöre für den Panzerkarren.) Erst 1942, in den USA, findet eine nähere Begegnung zwischen Brecht und Dessau statt, die im folgenden Jahr zu Dessaus Übersiedlung nach Hollywood, in die Nähe des Dichters, führt. 1946 schreibt er dort seine zweite Bühnenmusik für Brecht: zehn Lieder und sechzehn weitere Musiknummern zu *Mutter Courage,* die, um drei Stücke vermehrt und in einer anderen Fassung, drei Jahre später in Brechts und Engels berühmter Inszenierung am Deutschen Theater zum ersten Mal zu Gehör kommen. Diese Aufführung hat eine ähnliche Bedeutung wie die der *Dreigroschenoper* zwanzig Jahre zuvor. Ein Publikum, dem Brecht nach der langen geistigen Haftzeit des Faschismus kaum mehr ein Name ist, erfährt die durchschlagende Demonstration einer neuen Auffassung von Theater, dem gesellschaftlichen Inhalt wie den ästhetischen Mitteln nach – auch in Hinsicht auf Funktion und Faktur der Bühnenmusik. Dessaus erste große Bühnenmusik erwächst aus derselben ästhetischen Grundlage eines «gestischen» Musizierens wie die Theatermusiken von Weill und Eisler, und auch sie ist von dem eigentümlich melancholischen Timbre berührt, das Brecht – oder aber diese seine ästhetische Vorgabe – allen seinen Komponisten beigelegt hat. Dennoch unterscheidet sie sich deutlich von jenen: ihr Duktus ist härter und spröder, die melodische Linie von einem

Lakonismus, der sich jedem Schmelz – auch dem denunziatorischen – verwehrt. Das instrumentelle Gewand wird von mannigfachen Schlagzeugwirkungen gehärtet, für die Dessau ein neues Instrument, das mit Reißnägeln besteckte «Gitarrenklavier», erfindet.

Dessaus Theatermusiken sind von unbedingter dramatischer Konzentration; die Freiheit, die das epische Theater der Musik in ihrem Verhältnis zur Szene gibt, verführt den Komponisten niemals zu einer Prävalenz der musikalischen Erfindung. Diese Kompositionen geben Brechts Vorstellung von einem «Theater des Minimums» ihre musikalische Gestalt; sie wollen, soviel Kunst in ihnen am Werke ist, nichts anderes sein als Merkzeichen für den Zuschauer. Anders in der Oper, zuerst im *Lukullus:* hier wird die Musik zum zentralen Träger des theatralischen Ausdrucks. Dessaus Fähigkeit, Musik im Theater herrschen zu lassen, gibt ihm die Freiheit zu genauem Dienste da, wo die Musik eben nur – Schwesterkunst ist, gegenüber dem großen Bruder der vom Worte bestimmten Schauspielerszene.

In anderer Weise als in der *Courage* zeigen sich diese Qualitäten an seinen Kompositionen für *Der gute Mensch von Sezuan,* entstanden 1947/48 in Hollywood für die amerikanische Aufführung des Stückes, und für den *Kaukasischen Kreidekreis,* geschrieben für die Inszenierung des Berliner Ensembles. 48 Nummern, davon 41 Gesänge, umfaßt die Musik zu diesem Stück, in dem die lyrisch-meditativen Kommentare, mit denen drei Sänger das szenische Geschehen einfassen, dem Komponisten eine schwierige Aufgabe stellten. Dessau löste sie durch einen rezitativisch knappen Gesangsgestus, der sich an die Melismen orientalischer Volkssänger anlehnt; ein differenzierter Schlagzeugapparat, für den er ein weiteres Instrument, das sogenannte Gongspiel, ersann, unterlegte ihm, oft mit komplizierter rhythmischer Überlagerung, Klangfarben von diskreter Exotik.

Wenig Raum gab der 1950 am Berliner Ensemble inszenierte *Puntila* dem Komponisten, durch die Verarbeitung des Stückes zu einer Oper hielt er sich sieben Jahre später dafür schadlos. Auf alte Melodien zurückgreifend, gab Dessau den beiden im Stück enthaltenen Liedern ein volksliedhafthumoristisches Gepräge. Für die Berliner Inszenierung schrieb Brecht ein weiteres, das Puntila-Lied, dessen acht Strophen, von der Darstellerin der Laina als «Entr'acte» vor dem Vorhang gesungen, als musikalische Szenentitel fungierten. Dessau legte die Komposition als siebenfache Variation einer eingängigen melodischen Grundform an – unter lustig-agressiver Einbeziehung der Ziehharmonika, der der Hamburger Dessau schon früher seine Vorliebe bezeugt hat. In der *Verurteilung des Lukullus* hat er sie sogar opernfähig gemacht.

1967 kommt am Berliner Ensemble Dessaus bereits 1951 geschriebene Musik zu *Mann ist Mann* zur Aufführung – drei Jahre, nachdem die Musik zu *Coriolan* den Komponisten im Aufbruch zu neuen Formen theatermusikalischer Gestaltung gezeigt hatte. Seine Schlachtmusik zu dem von Brecht (und weiter von Wekwerth und Tenschert) bearbeiteten Stück entschlägt sich der in den frühen fünfziger Jahren ausgebildeten instrumentalen Reize; sie ist strikt chorisch und entspricht der zeremoniösen Brutalität der Vorgänge mit einem rhythmisch scharf akzentuierten Brüll- und Rufkonzert von großer Ausdruckskraft. Ergreifend steht der Klagechor der gebrandschatzten Volsker dagegen, der aus dem Hintergrund der Szene die Siegerehrung überschattet. Auch das Wahllied des für das Konsulat kandidierenden Volksverächters ist rein vokal disponiert; es ergeht sich in Koloraturen von ironischer Schärfe.

Wieder von einer ganz anderen Seite zeigt sich der Theatermusiker Dessau 1973 in Heiner Müllers Drama *Zement*. Zum ersten Mal in seinen Bühnenmusiken greift er zu einer Streicherbesetzung: den Sprechvortrag des volle fünfzehn Minuten währenden monologischen Interludiums, das die Wanderung des Herakles durch den Bauch der Hydra beschreibt, grundiert eine intensiv ausgestrichene Violinmusik, die dem surrealistisch verschlungenen Text eine elegische Spannung von starker Kraft gibt.

Mit dem Jahr 1956 tritt ein weiterer Komponist in die Arbeit des Berliner Ensembles ein, dessen Begabung an Brechts Theaterwerk zu sich selbst findet. Hans Dieter Hosalla, als Komponist Schüler Dessaus, ist ein Musiker ganz nach dem Herzen des epischen Theaters: ein ingeniöser Song-Komponist und zugleich ein Theatermusiker par excellence, der seine Erfindungsgabe ganz in den Dienst der szenischen Aufgabe zu stellen weiß, – ein «Gebrauchsmusiker» (so wie Brecht sich als ein «Gebrauchsdichter» verstand), dem die szenisch-pragmatische, «gestische» Haltung nicht Einengung, sondern Quelle der Inspiration bedeutet. In *Arturo Ui* (1959) gelingt ihm auf knappstem Raum eine grell-aggressive Travestie von Elementen nazistischer Musikpraxis, die die großmäulige Schundhaftigkeit des faschistischen Gangsterbetriebs schlagend charkterisiert. In den beiden O'Casey-Komödien *Purpurstaub* (1966) und *Kikeriki* (1971) verarbeitet Hosalla Motive der irischen Volksmusik zu Liedern von zart-humoristischem Timbre. Eine besondere Höhe gewinnt der Komponist an Texten von zugleich lyrischem und satirischem Einschlag; in seinen Songs und Chören für den *Brotladen,* die *Heilige Johanna der Schlachthöfe, Turandot* und neuerdings in zwei Couplets zu Nestroys Komödie *Der Unbedeutende* erweist er sich als ein souveräner Nachfolger Kurt Weills, dem zu seiner vollen Entfaltung am Ende nur eine neue *Dreigroschenoper* fehlt. Auch als Kapellmeister wirkt Hosalla am Berliner Ensemble, dessen kleines Orchester er im Laufe langjähriger Arbeit zu beträchtlicher Höhe geführt hat.

Wenn die Bühnenmusik am Berliner Ensemble sich wesentlich an die Namen Dessau, Eisler, Hosalla knüpft, so hat das Theater sich gelegentlich doch auch der Mitarbeit anderer Komponisten versichert. 1955 verpflichtet Brecht Rudolf Wagner-Régeny für die Musik zu *Pauken und Trompeten:* aus der Assimilation dieses hochkultivierten, mit einer reichen Opernerfahrung gerüsteten Musikers an die musikalische Tradition des epischen Theaters erwächst eine Komposition voll subtilen Charmes - von einem elegischen Esprit, der sich auch außerhalb der Aufführung, in einer Schallplattenaufnahme, behauptet hat. 1969 komponiert Friedrich Goldmann - auch er aus Dessaus Schule - die Musik zu einer kurzlebigen Aischylos-Inszenierung *(Sieben gegen Theben);* drei Jahre später setzt er der Aufführung von Hacks' *Omphale* überraschende musikalische Akzente, die - wie auf ihre Weise Dessaus Bühnenmusiken zu *Coriolan* und *Zement* - den von Weill, Eisler, Hosalla, dem früheren Dessau ausgeschrittenen Kreis gestischen Musizierens aufbrechen und, statt mit vorgegebenen musikalischen Materialien relativierend zu schalten, die kompositorische Arbeit in das Material selbst verlegen. Goldmann nutzt dabei auf spezielle Weise die elektronischen Mittel, die das zeitgenössische Hörempfinden in so hohem Maße prägen. Der elektronische Apparat, in der Regel auf eine reproduktive, illusionistische Funktion beschränkt, wird von ihm zu einer quasi instrumentalen Aktivität herausgeforert, die seinem Funktionär, dem Tonmeister, eine schöpferische Dimension erschließt.

Von jeher haben die Tonmeister des Berliner Ensembles – jene wichtige Species der Theatertechnik, die für den «Ton» auf der Bühne, d.h. für alle akustischen Einblendungen, verantwortlich ist – aktiven Anteil an dem akustischen Gewand der Inszenierungen genommen. In Goldmanns *Omphale*-Musik ist diese Mitwirkung jedoch zum ersten Mal kompositorisch mobilisiert. Der Unterschied wurde an einer Stelle besonders deutlich: bei Omphales Muschelmusik – einem Tonsignal, das erklingt, wenn die lydische Königin durch zwei kostbare Muscheln das Gebrüll des landverheerenden Löwen (auch dies ein subtiles, aus der Deformation menschlicher Brülltöne kompiliertes Kunstprodukt des Tonband-Elektronikers) von ihren Ohren abhält. Auf das Regie-Stichwort «Streichermelodie» hatte der in gestischer Musik geübte Tonmeister ein Zitat aus Tschaikowskis zufällig griffbereiter Streicherserenade eingeblendet. Der Komponist, dem diese Stelle vorbehalten war, hielt den Tonmeister zu einer andersartigen Aktivität an und verwandelte mit seiner Hilfe ein von ihm geschriebenes Violinsolo durch komplizierte handelektronische Überlagerungen in ein vielstimmiges Tongeflecht. (Auch an andern Stellen des Stückes: bei dem Auftritt des Iphikles und dem Kampf zwischen Herakles und Lityerses, operierte Goldmann mit solchen Montagen.) Die zündend-ironische Tschaikowski-Weise behielt bei der Regie indes die Oberhand.

Was hier in anekdotischer Verkürzung aufscheint: nicht sowohl ein Konflikt als ein Wettbewerb zwischen alten und neuen Kunstverfahren um den treffenden Ausdruck, die gespannteste Wirkung, ist charakteristisch für die Situation, in der sich Brechts Theater fünfundzwanzig Jahre nach seiner Gründung findet. Zweifellos kommt, und nicht nur auf dem Gebiet der Bühnenmusik, jenen Produktionsweisen eine besondere, zukunfthaltige Bedeutung zu, die instrumentelle Kräfte in schöpferisch-mittätige verwandeln, die die Wirkung des szenischen Kunstwerks aus der Starre eines bloßen Funktionierens setzen und die an ihm beteiligten Potenzen in jenes freie Zueinander führen, das erst den Namen des Kollektivs verdient. Es wohnt im Kern des Brechtschen Theaterwerkes, und so wie Brecht es sich auf jeder Stufe seiner und der historischen Entwicklung stets von neuem aufgab, ist es einer Theaterarbeit aufgegeben, die sich aus seinem Werke nährt.
(1974)

Aus Friedrich Dieckmann, Streifzüge Berlin (DDR), 1977

Habakuk Traber
Dauernd da, doch meist vergessen
Notizen über Filmmusik und Filmkomponisten

Der Tonfilm war die große Hoffnung der Amerikaemigranten (und nicht nur ihre). Er beschäftigte viele, bot Platz für die ganze breite Ausdruckspalette vom Schlagerwerk des simpelseichten Typus bis zu avantgardistischer Exzentrik. Zeit seines Bestehens war er das Medium der Extreme: Objekt emphatischer Gesamtkunstwerksphantasien auf der einen Seite, geschäftsbedingte Routine auf der andern; Experimentierfeld und Träger hochfahrender Hoffnungen, aber auch billige Unterhaltung; äesthetisch das freieste Medium und dennoch kulturindustriell und dann auch politisch am meisten gegängelt. Die Attraktivität der Extreme legt sich von Generation zu Generation neu auf; Mythos und Moneten locken immer wieder. Historisch bedeutet er eine ähnliche Sensation und Innovation wie vier Jahrhunderte zuvor die Oper. Neben dem Rundfunk ist er der Träger der neuen ästhetischen Revolution. Er hat die allgemeine Wahrnehmung gründlicher geprägt als alle künstlerischen Umwälzungen vor ihm: Als vorherrschend synästhetische, meist in ihrer zerstreuten Form. Musik mußte dabei sein; daß sie heute als Hintergrundrauschen allgegenwärtig ist, hat auch mit der filmmusikalischen Untermalungskunst zu tun: So tritt Kunst ins Leben. Musik wird alltäglich als Raub der Stille. Sie verliert ihr Spezifikum, deutlich abzulesen an der stiefmütterlichen Behandlung, die Filmkomponisten im Abspann, in Filmgeschichten und -lexika widerfährt. «Hintergrund« ist das gemeinsame Schicksal der Filmmusik und ihrer Erzeuger.

Einmal schafft's jeder ...

Der diesen Optimismus 1932 musikalisch unters deutsche Volk streute, schaffte es nach seiner Emigration 1933 erst im zweiten Anlauf: Werner Richard Heymann, der mit *Die Drei von der Tankstelle*, *Der blonde Traum*, *Der Kongreß tanzt* der UFA die (Kassen)-Schlager geliefert hatte, nahm die Hürde des amerikanischen Filmbusiness erst im zweiten Versuch: Mit den Musiken zu Filmen von Ernst Lubitsch. Lubitsch (1892-1947), in der Branche ein Mann der ersten Stunde, war schon seit 1923 in Hollywood und hatte es dort ausgehalten.

Für acht seiner Filme lieferte Heymann ab 1938 die Hintergrundmusik: Für *Blaubarts achte Frau*, für *Ninotschka*, dem Film über die sowjetische Funktionärin, die in Paris die Moral dreier Genossen überwachen soll und sich dabei selbst verliebt; für *To Be or Not To Be*, die Komödie über die Listen einer polnischen Schauspielertruppe im besetzten Warschau. Musik und ihr Urheber sind nur hin und wieder erwähnt: Heymann ist das typische Beispiel eines Hintergrundschicksals. Trotz einer stattlichen Anzahl Filme, die er musikalisch ausstattete, und trotz des berühmten und geachteten Regisseurs, für den er arbeitete, gehörte der ehemalige Juon-Schüler nicht zu den Großen seines Metiers, nicht zu den Neuerern, sondern zu denen, die im vorgegebenen Rahmen solide Arbeit ablieferten. Songs, die Markenzeichen seines europäischen Ansehens, hat er in den USA nicht geschrieben. Das Englische, so heißt es, sei ihm als Sprache zu fremd gewesen. Unter den Komponisten, die von Kabarett und neusachlicher Revue zum Film gekommen waren, war er der am meisten «deutsche». Paradoxerweise haben er und seine Texter Robert Gilbert und Walter Reisch, beide ebenfalls exiliert, in ihren Schlagern den NS-opportunen Frohnaturen demonstriert, wie man in schwieriger Zeit Optimismus schafft.

Friedrich Holländer, der Intellektuellere, Vielseitigere, der selbst auch Texte schrieb, sah das Ende der Republik gebrochener: Er hob das Makabre hervor und überließ sich Anflügen von Melancholie, zeichnete die Verbrecherwelt und das Milieu verschobener Erotik als Chiffren der geistigen und politischen Situation, er war näher an den Unter-

Szene aus *Ninotchka* von Ernst Lubitsch 1939

strömen der Zeit, während der *Schall- und Rauch*-Gefährte Heymann mehr für die Oberfläche zuständig war. Holländer, dem in London Geborenen, war das Englische nicht so fremd. – Mischa Spoliansky, als Kind schon von Ort zu Ort geschoben, war unter ihnen der am meisten Weltmännische, Mondäne, der die Situationen von Film- und Theaterszenen sehr schnell von innen erfaßte; er erntete für seine ersten Partituren im britischen Exil gleich viel Lob; sie wurden als exzellent eingestuft nicht nur von der Presse, sondern auch von einem so kompetenten Autor wie Kurt London.

Wie wird Filmmusikgeschichte geschrieben?

In John Russell Taylors glänzend geschriebenem Buch über *Emigranten in Hollywood* kommt Werner Richard Heymann nicht vor, doch Kreneks vergeblicher Versuch, durch Vermittlung George Antheils zum Film zu kommen. Friedrich Holländer wird lediglich als Bewohner des Pariser Hotels *Ansonia*, einem Wartestand für beschäftigungslose Emigranten, und als Komponist des *Großen Bluff* erwähnt; daß er auch für den anschließend besprochenen Film *100 Men And a Girl* komponiert hat, wird nicht mitgeteilt. Dabei geht es doch in dem Film um ein eminent musikalisches und musikpolitisches Thema, nämlich um ein junges Starlet, das singt, und ein Orchester aus 100 stellungslosen Musikern, die Leopold Stokowski nicht etwa nur im Studio, sondern sichtbar im Film dirigert. Selbst Holländer scheint also in Hollywood trotz fleißiger Produktion weder zu den besonders illustren Besuchern, noch zu den tonangebenden Herren der

Szene aus *To Be or Not To Be (Sein oder Nichtsein)* von Ernst Lubitsch 1942

Salongesellschaften und Partys gehört zu haben. Sein Einfluß auf Amerika war gering, obwohl er eine ganze Reihe durchaus populärer Songs geschrieben hat, also nicht wie sein Kollege Heymann nur fürs Untermalen herangezogen wurde; Amerikas Einfluß auf ihn und seine Tonsprache war schon größer. Das war notwendige Anpassung ans Milieu und seine Gebote, es war aber auch eine neue Nuance im durchaus erkennbar gebliebenen Stil Holländers.

Auch über Franz Waxman erfahren wir bei Taylor wenig, obwohl er, der jüngste im Bunde, als ehemaliges Mitglied der *Weintraub Syncopators* Amerikanismen im Repertoire hatte. Erwähnt ist, daß er von Erich Pommer, dem einstigen UFA-Produzenten, zur Vertonung von Ferenc Molnars *Liliom* nach Paris gerufen wurde und über die Fox Company, die diesen Film herausbrachte, in die USA kam, um sich mit *Music in The Air* am ersten Emigranten-Flop zu beteiligen. Im Unterschied zu Heymann und Holländer ist Waxman in Hollywood heimisch geworden; aus seiner Feder flossen im Lauf der Jahre mehr als 200 Filmmusiken. Nicht mit jeder kann der große Wurf gelingen, nicht jeder Film ist danach. Doch gehörte Hitchcock (für ihn schrieb Waxman einige seiner bedeutenden Partituren) zu den Regisseuren mit Gespür für musikdramatische Wirkungen. Mit *Rebecca* (1940) und *Dr. Jekyll und Mr. Hyde* (1941) gelang Waxman als bisher ein-

Franz Waxman und die *Weintraub Syncopators*

zigem Komponisten das Oscar-Double in Serie. 1936 hatte er mit *Fury* (*Zorn*), einem Film, der sich kritisch mit Lynchjustiz und Massenhysterie auseinandersetzt, Fritz Langs wider Erwarten erfolgreichen Amerika-Erstling vertont. Mit *Rear Window* (1953) gelingt Waxman eine Filmmusik, die merkwürdigerweise kaum irgendwo der Erwähnung wert befunden wird. Sie integriert Heterogenes, macht sich unterschiedliche Erfahrungen der Filmmusikgeschichte zunutze. Die Instrumentation kommt aus der populären amerikanischen Musik: viel Saxophon, viel Blechbläserton, gegliedert durch synkopierte, jazzartige Rhythmen. Die Tonsprache aber verrät den Schönbergschüler. Sie weiß vom Expressionismus, hat wohl auch dodekaphonisches Lehrgut in sich aufgesogen. Schon die Kombination von Idiom und

Alfred Hitchcocks Erscheinung in *Rebecca* 1940

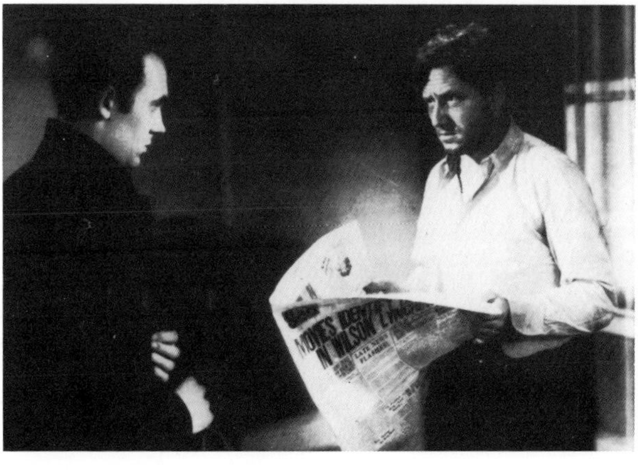

Fury (Zorn) von Fritz Lang 1936

Sound verblüfft. Über weite Strecken ist die Musik durchkomponiert, gruppiert sich wie eine Ouverture mit nachfolgender Suite. Sie versteht zu schweigen. Stellenweise fasziniert das Spiel mit den Ebenen der Tonspur, der Übergang vom Geräusch der Handlungsebene in die komponierte Musik. Schlägt da eine Tür oder einer die Trommel? Die Irritationen durch die Musik erfassen auch den Blick, werden zum Mißtrauen gegen das Auge, das eigene wie das der Kamera: Sieht man wirklich alles? Ist das, was auf der Leinwand erscheint, nicht nur das Trugbild, das sich zur Täuschung vor das eigentliche Geschehen schiebt? Ein Fotoreporter, wegen eines Beinbruchs an die Wohnung gebunden, beobachtet von seinem *Fenster zum Hof* (so der deutsche Titel des Films) die Nachbarn und wittert Mord. Seine Verlobte hilft ihm bei der Aufklärung des Verdachts. Außer einer Szene ist alles aus dem Blickwinkel des Reporters gezeigt. Beobachtungen, Eigenleben der Phantasie, Verdacht, Angst, wütende Hilflosigkeit, Blicke durchs Fernglas zwecks Verbrechensaufklärung und zwecks Befriedigung eigener Neugier schießen durcheinander. *Rear Window* ist ein filmisches und filmmusikalisches Meisterwerk - auch wenn Hitchcock sich nachträglich über die Musik geärgert hat (*«Ich hätte einen Schlagerkomponisten engagieren sollen»*).

Verschiedene Wege zum Film

Viele Wege führen zum Film. Heymann, Holländer, Spoliansky und Waxman hatten alle in Deutschland beim aufkommenden Tonfilm - ab 1929 wurde bei der UFA umgestellt - schon Erfahrungen gesammelt. Sie kamen vom Revue-Film, von der Filmoperette. Karol Rathaus, der Schreker-Student aus Tarnopol, kam aus der Berliner linken Szene und kannte daher den kleinen Grenzverkehr zwischen der musikalischen Avantgarde und den zeitkritischen Revuen und Songs. Der Film war nicht sein Hauptmetier, er war kein Filmmusiker der ersten Stunde und kein Pionier des Experimentalfilms; sein filmmusikalisches Oeuvre ist mit 17 Partituren recht überschaubar geblieben, doch darf er, der Intellektuelle, neben Eisler zu den theoretisch reflektierenden Filmkomponisten gerechnet werden: Holzmanns biographischen Angaben zufolge hat Rathaus einige Zeit Filmkomposition unterrichtet.

Die Arbeit für die bewegten Bilder begann mit zwei russischen Regisseuren, die wie er später nach Paris emigrierten.

Alexander Granowski kam 1925 nach Berlin, bis dahin hatte er das Jüdische Kammertheater in Moskau geleitet; mit ihm entstand *Die Koffer des Herrn O.F.*, die Geschichte vom Aufstieg einer verschlafenen kleinen Stadt durch die fingierte Nachricht von der Ankunft eines Großbankiers. Im Zentrum der Filmmusik steht als ihr topos das *Chanson von der modernen Kultur*. Auf dieses Stück hin ist die gesamte Musik gebündelt; «hit» und untermalender «soundtrack» sind hier nicht wie in der Tonfilmoperette gar noch durch verschiedene Autorschaft getrennt. Die Musik ist auch in sich integral gedacht.

Fedor Ozep, ebenfalls aus Moskau, kam übers Theater zum Film. Er war ein Ausnahmeregisseur: In der Musik und ihrer Gliederung der Zeit sah er ein Ferment des filmischen Gesamtwerks; mit ihrer Einengung auf dienende Funktion wurde dem Film nach seiner Auffassung eine entscheidende Dimension der Entfaltung gekappt. Die endgültige Fassung des Films schnitt er mit der Musik, choreographierte bisweilen die Bilder regelrecht nach der Tonspur. Das war einmalig, gab es doch dem Komponisten innerhalb des abgesprochenen äußeren Rahmens ganz ungewöhnliche Freiheiten, auch musikalische Gesetze und Gesichtspunkte zur Geltung zu bringen; zwischen den bewegten Bildern und der Bewegung der Töne bestand ein dialektisches Verhältnis, nicht eines der eindimensionalen Unterordnung.

Der Mörder Dimitri Karamasow (mit dem 1920 unter Regie von Otto Froelich entstandenen Film *Die Brüder Karamasow* verbindet Ozeps Opus außer dem literarischen Vorwurf nur der Darsteller Fritz Kortner) wurde zum Klassiker der Filmsinfonik, *«beispielhaft in seiner Form, seiner Rhythmik, die dem Lauf der Bilder folgt, und seinem Geschick, die Atmosphäre von Dostojewskis Meisterwerk einzufangen»* (Kurt London). Er entstand 1931 noch in Deutschland. *Amok*, 1934 in Frankreich fertiggestellt, setzte die eingeschlagene Linie fort. Obwohl heute noch weniger bekannt als der *Karamasow*-Film, galt er den zeitgenössischen Kennern als der künstlerisch gewichtigere. Rathaus/Ozep sind mit ihrer künstlerischen Praxis den Postulaten, die Eisler in seinem Filmmusikbuch aufstellt, in dem er die Ergebnisse seiner Arbeiten im Rahmen des Rockefeller-Stipendiums zusammenfaßt, sehr nahe. Im Zusammenspiel von Theorie und Praxis der Komposition für den Film hat Eisler Maßstäbe gesetzt, die in der Auseinandersetzung um die Filmmusik immer wieder eine bedeutende Rolle gespielt haben.

Filmoper

Erich Wolfgang Korngold kam aus ganz anderer Richtung: von der Großen Oper, obwohl er ja auch seine Operettenbearbeitungen für Reinhardts Inszenierungen gemacht hatte, Johann Strauß vor allem und Jacques Offenbach. Sein Übergang zur Leinwandoper ist im Einleitungskapitel beschrieben. Hollywood-Opus 5, *Anthony Adverse* (1936) machte das Rennen und holte einen Oscar. «*Das Ganze macht den Eindruck einer verfilmten Oper, bei der die Worte nicht gesungen, sondern gesprochen werden, doch in inniger Beziehung zur Musik, die so sorgfältig komponiert wurde, daß ihre Dynamik gerade unterhalb der Tonhöhe der Schauspielerstimmen liegt, und die dabei auch noch den Rhythmus und die Zeitdauer des Dialogs genau berücksichtigt. (...) Korngold entsprach genau der Vorstellung Hollywoods von dem, was ein großer Komponist sein sollte - als wäre er vom Hauptbesetzungsbüro eben mal vorbeigeschickt worden, um den Posten einzunehmen. (...) So war Korngold - nach Aussage maßgeblicher Hollywoodleute - unter allen emigrierten Musikern der unumschränkte Herrscher*» (Taylor). Ernst Toch, der im Vorspann der Filme mit

Erich Wolfgang Korngold im Studio der Warner Bros. 1940

seiner Musik immer mit Doktortitel eingeführt wurde, schrieb in der New York Times: «*Im Mittelpunkt der künftigen Filmmusik wird die Original-Filmoper stehen. Sie kann nicht durch Adaption alter Opern für das Kino gefunden werden, da die musikalische Konzeption der Bühnenoper zwangsläufig anders als die der Filmoper sein muß. Fertige Opern zu adaptieren - mit ihren Arien, Duetten, Ensembles, Finales, Tänzen, Märschen und ähnlichem - bedeutet, entweder die Handlung auf der Leinwand oder die Musik zu verstümmeln. Musik für Film-Opern muß ihre eigenen Formen aus der Filmhandlung schaffen und entwickeln, indem sie die verschiedenen Gesetze des Raums, der Zeit und der Bewegung mit festen Gesetzen der Musik verbindet. Die erste Filmoper, ist sie einmal geschrieben und produziert, wird eine Unmenge anderer nach sich ziehen.*»

Toch selbst hat das Beispiel gegeben. Mit *Katharina die Große* (1934) ist ihm eine bemerkenswert durchgearbeitete Filmpartitur noch vor seiner Emigration nach Amerika gelungen. Der Film über Leben und Welt der Zarin, ein Historienschinken aus dem Genre jener «*Private-Life*»-Streifen, die damals vor allem bei Alexander Korda groß in Mode waren, bietet für illustrativen Kolorit viele Anlässe. Toch erliegt ihrer Versuchung nicht. Außer einigen unvermeidlichen Ausflügen in die «A-Ebene», die Handlungsebene des Films, bei Auftrittsfanfaren z. B., komponiert Toch die Musik quasi sinfonisch durch und zieht dem Film dadurch eine zusätzliche Dimension ein. Tochs Komposition ist deshalb so bemerkenswert, weil sie das Illustrative und Verdoppelung der Handlungsdramaturgie durch Leitmotivtechnik vermeidet. Der Film hat diese Musik eigentlich nicht verdient, sie verschwendet sich an ihn und teilt damit das Los mancher gelungenen Opernkomposition. Nur: Die Oper kann durch die Musik gerettet werden. Der Film bei seiner Präponderanz des Optischen nicht. Die Grundidee dieser Filmmusik - die Konfrontation einer dramatischen Handlung mit «autonomer» Musik, die ihre Ideen wiederum aus dem Innern des dramatischen Geschehens nimmt - könnte an Bergs *Wozzeck* geschult sein. Doch bedingen Unterschiede im Stoff, in der Dramaturgie, im Genre und im kompositorischen Stil auch Unterschiede in der Qualität. Dennoch hat Toch mit dieser Musik Maßstäbe gesetzt und, selbst von den Möglichkeiten des Mediums Film fasziniert, demonstriert, was ein «Gesamtkunstwerk Film», richtig durchgebildet, sein kann.

Toch hat danach lange für den Film gearbeitet, 1936-40 für die Paramount, 1940-44 für die Columbia. Die Faszination der Möglichkeiten wich bald der Ernüchterung durch die Wirklichkeit des täglichen Geschäfts. Zwar gelang ihm mit *Adress Unknown* (1944) - einem seiner letzten Filme, nach einem Jahrzehnt schießt sich der Kreis - noch einmal ein filmmusikalisches Meisterstück. Doch zwischen den beiden großen Werken lag außer einigen interessanten Einzelstücken wie dem *Little Friend* nach Christopher Isherwood, viel öde Dutzendware fürs tägliche Brot, und Toch verfluchte *«die Notwendigkeit, sein Talent prostituieren zu müssen»* (L. Weschler).

Auffällig, daß bei beiden Ex-Wienern, bei Toch und Korngold, die entfremdete Arbeit für den Film die Exilzeit im engeren Sinne ausfüllt; Biographen setzen bei beiden die Vorherrschaft der Auftragsarbeit in Zusammenhang mit tiefen Depressionen nach dem deutschen Überfall auf Österreich (wo sie noch Verwandte hatten) und dem Ausbruch des Zweiten Weltkrieges. Hinter der Brotarbeit verstummen die Werke. Die Trauer des Exils.

Die Zitate sind genommen aus:
John Russell Taylor, *Fremde im Paradies,* Berlin 1984 (Seiten 116 bis 120)
Roy M. Prendergast, *A Neglected Art - A Critical Study of Music in Films*, New York 1977, Seite 21/22
L. Weschler, Ernst Toch – *A Biographical Essay Ten Years After His Passing*

Biographische Dokumentation

Vorbemerkung

Der folgende Teil enthält kurze Biographien und Werkverzeichnisse der Komponisten, deren Leben und Wirken mit Berlin verbunden war.
Der Begriff des Komponisten wurde bewußt weit gefaßt: Aufgeführt sind alle, die in nennenswertem Umfang komponiert haben, auch wenn es nicht ihr Hauptberuf war, und sie auch nur zeitweise, nicht regelmäßig komponierten, wie die meisten der hier mitgezählten Dirigenten. Die Grenzen, wer als Komponist zählen dürfe und wer nicht, sind schwer zu bestimmen; bisweilen hat das Exil sie erst festgelegt. Ausgemacht ist nicht, daß die Werke eines im Nebenberuf Komponierenden denen eines Berufskomponisten an Qualität nachstehen. Der Auswahl haftet immer ein Moment voll Willkür an. Ein kulturanalytisch präzises Bild könnte allein die Untersuchung des Exils von Musikern und Musikwissenschaftlern insgesamt bieten. Es hätte die Möglichkeit dieser Publikation überschritten.

Dieser Anhang ersetzt nicht die gängigen Nachschlagewerke. Insbesondere bei Komponisten, deren Leben und Werk gut dokumentiert ist, wurde die Biographie unter besonderem Blickwinkel dieser Publikation akzentuiert. Werklisten treffen stets eine Auswahl. Sie sind bei weniger bekannten Komponisten ausführlicher gehalten als bei denen, die in den gängigen Lexika (Riemann, MGG, New Grove) gut aufbereitet sind. Die Länge der Biographien fällt kein Urteil über die musikgeschichtliche Bedeutung der betreffenden Komponisten, sie ist abhängig vom Materialstand, von der Notwendigkeit der Korrektur und Ergänzung vorhandener Biographien und von der gewählten Darstellungsform, die vorsätzlich nicht immer die gleiche sein sollte. Die Biographien beruhen auf dem Studium der einschlägigen Lexika, das *Biographische Handbuch der Emigration* mit eingeschlossen, auf der Lektüre von Fachzeitschriften, Büchern und vor allem auf persönlichen Recherchen und Gesprächen. Die meisten Biographien der Unterhaltungskomponisten wären nicht möglich gewesen ohne das umfangreiche Material, das der UFA-Verlag München großzügig zur Verfügung stellte. Für Informationen danken wir dem Astoria-Verlag, den Verlagen Boosey and Hawks, Bote und Bock, Enoch & Cie, H. Lemoine, B. Schott Mainz und London. P. Gellhorn, B. Goldschmidt, A. Goodmann, P. Gradenwitz und W. Rebner danken wir für die Durchsicht ihrer Biographien, A. Goodman zusätzlich für die Bearbeitung der Biographie seines Vaters O. Guttmann; Frau E. Hickmann danken wir für die Korrektur der Biographie ihres Mannes, den verschiedenen nationalen Urheberrechtsgesellschaften für die Hilfe bei wichtigen biographischen Daten einzelner Komponisten. Die Biographie von Otto Klemperer verfaßte Dr. Elmar Weingarten, die von Lotte Schlesinger Dr. Karoly Csipak. Alle übrigen Biographien stellte Habakuk Traber zusammen.

Außer üblichen Abkürzungen wie GMD für Generalmusikdirektor wird im Text nur eine verwendet: JKB steht für Jüdischer Kulturbund. Genauere Informationen über dessen Arbeit bieten:

Herbert Freeden, *Jüdisches Theater in Nazideutschland,* Tübingen 1964 und Frankfurt/Berlin/Wien 1985

Fred K. Prieberg, *Musik im NS-Staat,* Frankfurt 1982, Kapitel: *Musik unterm Davidsstern*

Paul Abraham

* 2. 11. 1892 Apatin (Ungarn, jetzt Jugoslawien)
† 7. 5. 1960 Hamburg-Eppendorf

Abraham, aus einer wohlhabenden jüdischen Kaufmannsfamilie stammend, studierte 1910-16 Klavier und Komposition an der Königlichen Akademie Budapest. Nach erfolglosen Versuchen mit ernster Musik und vorübergehender Tätigkeit im Bankfach wandte er sich ab 1928 der Operette zu. Kleineren Erfolgen in Budapest folgte ab 1930 die große Karriere in Berlin (Operetten *Viktoria und ihr Husar, Blume von Hawaii* und *Ball im Savoy*, Filmmusiken). Im Frühsommer 1933 Rückzug nach Budapest. Der Wegfall deutscher Spielorte läßt nur noch mäßige Operettenerfolge in Wien und Budapest zu. 1938 folgt Abraham dem Rat von Freunden und emigriert nach Paris. Aufträge und Tantièmen versiegen, er verarmt, gehört zum Kreis der von Yvonne Louise Ulrich unterstützten Künstler. 1940 Emigration nach Kuba, von dort schlägt er sich als Pianist bis New York durch. Armut, Erfolglosigkeit und zunehmende Isolation führen zum nervlichen Zusammenbruch. 1946 wird Abraham mit akuter Denkparalyse ins Credmoor State Hospital in New York eingeliefert, 1956 nach jahrelangen Bemühungen von Freunden nach Hamburg-Eppendorf verlegt, wo er bis zu seinem Tod geistig umnachtet lebt.

Von links: Fritz Löhner-Beda, Paul Abraham, Alfred Grünwald, dahinter Alexander Marton und Emmerich Földes

Operetten, Singspiele, musikalische Lustspiele

Zenebona (1928), Der Gatte des Fräuleins (1928), Viktoria und ihr Husar (1930), Die Blume von Hawaii (1931), Ball im Savoy (1932), Märchen im Grandhotel (1934), Richy (1935), Dschainah - Das Mädchen aus dem Tanzhaus (1936), 3:1 für die Liebe/Roxie und ihr Wunderteam (1936), Julia (1937)

Filmmusiken

Melodie des Herzens (1929), Die singende Stadt (1930), Privatsekretärin (1930), Zigeuner der Nacht (1932), Ein bißchen Liebe für dich (1932), Das Blaue vom Himmel (1932), Glück über Nacht (1932), Yes, Mr. Brown (1932), Rakoczymarsch (1933), Bretter, die die Welt bedeuten (1935), Tagebuch der Geliebten (1935) und die Verfilmungen seiner wichtigsten Operetten.

Haim Alexander (früher: Heinz Günther)

* 9. 8. 1915 Berlin

Nach dem Tod des Vaters kam Alexander 1923 in ein Waisenhaus. Er studierte am Sternschen Konservatorium in Berlin Klavier und Komposition. Er wurde 1933 relegiert. Durch Vermittlung Emil Hausers kam er 1936 nach Palästina, wo er bis 1945 Klavier, Komposition und Theorie bei Stefan Wolpe und Hanoch Jacoby, und bei Ilona Vincze Klavier studierte. Sein Studium finanzierte er durch Klavierspielen in Bars und Hotels. Ab 1937 war er freischaffend als Autor und Komponist für Palestine Broadcasting tätig. Seit 1945 unterrichtet Haim Alexander Klavier, Cembalo, Komposition und Theorie. 1958 und 1962 nahm er an den Sommerkursen für Neue Musik und Musikerziehung in Darmstadt teil, 1962 und 64 war er DAAD-Stipendiat in Freiburg, wo er sich mit Werken und Kompositionsmethode Wolfgang Fortners bekannt machte. In den siebziger Jahren hielt Alexander zahlreiche Gastvorlesungen unter anderem in New York und Genf.

Orchesterwerke

6 israelische Tänze (1950), Arza (Ins Land), Ouvertüre (1951), Eine Reise in die Gegenwart (1971), Nabut (1971)

Vokalwerke

Und ich werde Euch versammeln (Motette 1952), Um Zions willen schweige ich nicht (1955), Rubayot für Singstimme und Kammerensemble (1963), In dieser Welt (7 Lieder für Singstimme und Kammerensemble), Song of Faith (1977), Vier Kantaten, zahlreiche Chorlieder und Volkslieder.

Kammermusik

Klarinettenquintett (1947), Quartett für zwei Flöten, Violoncello und Klavier (1956), Metarmophosen für Violine (1968), Variationen über ein Volkslied für Posaune und Klavier (1969)

Klavierwerke

Sechs israelische Tänze (1950), Suite für zwei Klaviere (1960), Sonata brevis für zwei Klaviere (1960), Klangfiguren (1965), Patterns (1973) und D'après une Mazurke (1974); pädagogische Werke.

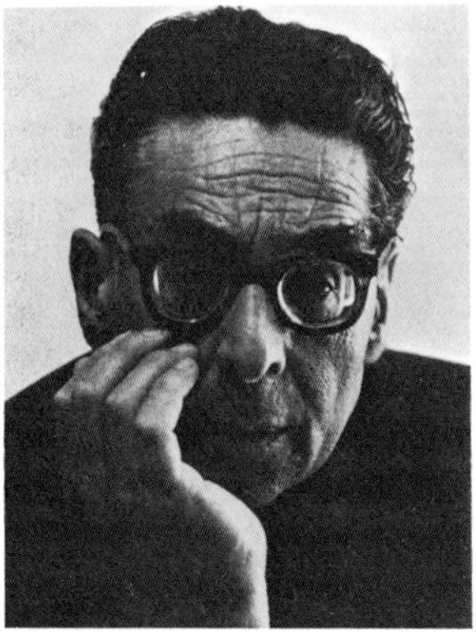

Paul Arma (früher Imre Weisshaus)

* 22. 10. 1905 Budapest (Ungarn)

Französischer Komponist, Pianist und Musikethnologe ungarischer Herkunft. Arma war an der Budapester Musikakademie Schüler von Bartók im Fach Klavier, suchte aber auch kompositorisch oft seinen Rat. Von ihm übernahm Arma die Kenntnis der alten Polyphonie, die ständige Auseinandersetzung mit der Modern und die Affinität zum Volkslied, auf dem nach seiner Auffassung die musikalische Grundausbildung und die Kenntnis der verschiedenen Musikkulturen aufzubauen habe. Seine öffentliche Karriere begann Arma 1925/26 als Pianist des Budapester Klaviertrios. Zunehmend autoritäre Tendenzen in der ungarischen Regierungspolitik ließen Arma aus Budapest emigrieren. Auf Tourneen durch Europa und die USA gab er mehr als 500 Konzerte und hielt Vorträge über Neue Musik. 1931 zog Arma nach Deutschland. Für kurze Zeit leitete er die musikalischen Aktivitäten des Bauhauses in Dessau. Danach war er Chor- und Orchesterleiter in Leipzig und Berlin, auch in der Arbeitermusikbewegung, denn er gehörte neben Eisler, Vogel, Wolpe u. a. zum Kreis der KPD-nahen Komponisten (einfache Melodien zu politischen Liedern sind überliefert). 1933 emigrierte Arma nach Paris, wo er seither lebt. Er arbeitete für den französischen Rundfunk, vor allem als Gründungsdirektor der Loisirs musicaux de la jeunesse (1936-40), war Mitglied der Commission interministerielles des loisirs d'enfance (1936-38). Nach Kriegsende lehrte er an der Universität von Paris Ethnophonetik, leitete beim französischen Rundfunk die Gruppe Musique Concrète. Während seiner Exiljahre sammelte Arma ca. 1800 Volkslieder aus dem Maquis. Als Komponist profilierte er sich durch elektronische Experimente und durch Unterrichtswerke, die auf internationaler Folklore aufbauen.

Orchesterwerke

Klavierkonzert (1939), Suite des danses (1940), Konzert für Streichquartett und Streichorchester (1949), Symphonie (1950), 31 Instantanés (1951), Polydiaphonie (1962), Structures variées (1964), Divertimenti de concert (verschiedene Soloinstrumente und Orchester), Résonances

Vokalwerke

Chant indien (1937), Cantate du gai travail (1937), Gerbe hongroise (1943), Chants du silence (1942-44), Cantate de la terre (1952), Kammerkantate (1957), Les yeux dens les mains (1970), weitere Lieder und Kataten, die häufig auf Volksmelodien beruhen.

Kammermusik

Recitativo 1 und 2 für Violine (1925), Trois danses populaires russes (1938), La fête au village (1938), Divertimenti, Résonances Transparences und ca. 50 Instantanés für versch. Besetzungen, Sonatinen für Soloinstrumente und Klavier

Klavierwerke

Accelerando (1925), Zwei Klavierstücke (1926/27), Images paysannes (1939), Sonata da ballo (1939), 5 esquisses (1946), Le tour du monde en vingt minutes (1951)

Elektronische Kompositionen:

Improvisation précédée et suivie de ses variations (1954), Quand la mesure est pleine (1962), Convergence de mondes arrachès (1968)

Victor Babin

* 13. 12. 1908 Moskau
† 1. 3. 1972 Cleveland (Ohio)

Amerikanischer Pianist und Komponist russischer Herkunft. Nach seinem Examen am Konservatorium von Riga zog Babin 1928 nach Berlin. Bis 1931 studierte er bei Arthur Schnabel und Franz Schreker. Als Klavierduopartner seiner Frau Vitya Vronsky, ebenfalls einer Schnabelschülerin, konzertierte Babin in Europa und den USA, wo sie 1937 blieben. Babin lehrte an der Aspen School of Music (1950–54 als Direktor), am Berkshire Music Center, Tanglewood, am Cleveland Institute of Music, dessen Direktor er von 1961–1972 war und an der Case Western Reserve University in Cleveland. Stilistisch gehört Babin zur spätromantischen Schule. Unter seinen zahlreichen Werken sind zu erwähnen:
Capriccio; 2 Konzerte für 2 Klaviere, *Hillandale Waltzes* - 8 Walzer auf ein Thema von Hummel für Klarinette und Klavier; Fantasia, Aria und Capriccio für Klavier; *Deux Mouvements dansants* für Klavier; *6 Studies for 2 Pianos, Three Phantasies on Old Themes* für 2 Klaviere, 3 Marschrhythmen für 2 Klaviere; *Beloved Stranger* - 11 Lieder nach Witter Bynner. Weitere fünfzig Werke der verschiedensten Gattungen.

Benno Bardi (früher Poswiansky)

* 16. 4. 1890 Königsberg

Bardi studierte zunächst an der Berliner Musikhochschule, u.a. bei Humperdinck. Ab 1907 studierte er an den Universitäten Berlin, Jena, Königsberg und London Philosophie, Literatur- und Musikgeschichte (u. a. bei H. Kretzschmar und C. Sachs). 1907 Korrepetitor am Schauspielhaus Potsdam, ab 1916 in verschiedenen deutschen Städten. 1918-33 Dirigent an der Staatsoper in Berlin unter Richard Strauss. 1918 gründete Bardi den Konzertverein Großberlin und leitete ihn, er schrieb Beiträge für Tageszeitungen und Periodika, für Max Reinhardt komponierte er Schauspielmusiken und hielt bis 1933 musikwissenschaftliche Vorlesungen in Berlin. 1933 Emigration nach Kairo, dann in die USA, später nach London.

Werke

Bimala (1927), Der tolle Kapellmeister (1929), Hatasut (1932), Dramatische Legende über das Lied der Lieder

Chorwerke

darunter Hymne an die Liebe, Hymne an das Leben, Madrigal

Orchesterwerke

Ägyptische Suite für kleines Orchester, Sentimentaler Dialog, Passacaglia, drei Sinfoniettas, Bühnenmusiken für Dramen von Shakespeare, Goethe und Gerhard Hauptmann, außerdem zahlreiche kammermusikalische Kompositionen.

Ralph Benatzky

* 4.6.1884 Mährisch-Budwitz
(Österreich, jetzt Moravske Budejovice, CSSR)
† 16. 10. 1957 Zürich (Schweiz)

Benatzky kam 1890 mit seinen Eltern nach Wien. Die geplante Offizierslaufbahn mußte er 1907 wegen einer Duellverletzung aufgeben. Durch Klavierspielen in Gaststätten, Dolmetschen und andere Gelegenheitsarbeiten finanzierte er sich ein Studium bei Felix Mottl in München und an der Wiener Universität. 1911 promovierte er in Germanistik. Die Jahre 1910-14 verbringt Benatzky hauptsächlich in München; 1910 /11 ist er musikalischer Leiter des Kleinen Theaters, 1912-14 der Bonbonnière. 1914 startet im Wiener Kabarett *Simplicissimus* die Karriere des Ehepaars Josma Selim/Ralph Benatzky; er dichtet, komponiert und begleitet die meist elegant-frivolen Chansons, die sie vorträgt. Neben dieser ersten international äußerst erfolgreichen Karriere, die mit dem Tod J.Selims im August 1929 endet, läuft die Suche nach einer Bühnenform, die Benatzkys Intentionen entspricht: Er liefert, zunächst mit R. Nelson, dann allein, 1924/25 Musik zu E. Charells Ausstattungsrevuen in Berlin, 1926/27 für Revuen am Neuen Wiener Stadttheater. 1927 Umzug nach Berlin. Dort beginnt 1928 Benatzkys zweite Karriere mit Revueoperetten. Zu seiner bekanntesten *Im Weißen Rößl am Wolfgangssee*, deren Erfolg vor allem Charells Werk war, schrieb er den Titelsong und einen großen Teil der Partitur; andere bekannte Nummern stammen von Robert Stolz, Robert Gilbert und Bruno Granichstaedten. Sorge wegen der deutschen Entwicklungen (Benatzky war auch in zweiter Ehe mit einer Jüdin verheiratet) ließen ihn bereits 1932 ein Refugium in der Schweiz kaufen. Nach 1933 arbeitete Benatzky vor allem in Wien Mit *Axel an der Himmelstür* (1936) gelingt noch einmal ein gegen alle Zeitzeichen sensationeller Erfolg.
Benatzkys Emigration ist die Geschichte eines Abstiegs gegen alle äußeren Voraussetzungen, die Geschichte einer Verweigerung gegenüber den Chancen des Musikbetriebs Die UFA bemühte sich – all seinen Weigerungen zum Trotz – noch nach 1937 um ihn (1936 hatte er auf Wunsch Zarah Leanders die Musik zu einem UFA-Film des späteren Emigranten Kirk Douglas geschrieben). Nach Amerika kam er 1938 mit einem komfortablen MGM-Jahresvertrag mit 6 Jah

ren Option und arbeitete in Amerika nur auf dessen Auflösung hin. Von Dezember 1938 bis Mai 1940 ist Benatzky in der Schweiz; da die Einbürgerung scheitert, reist er wieder in die USA - ohne die 1940 üblichen Probleme. Zu Buche schlagen einige Kabarettabende und Rundfunksendungen - und 1946 , ein halbes Jahr vor der Remigration mit amerikanischer Staatsbürgerschaftsurkunde, eine Operettenproduktion. Auch in Europa wird es schließlich still um den Zeitgenossen Benatzky, nicht um seine Werke bis 1935. Neben zahlreichen Filmpartituren (über 200) wurden vor allem seine Operetten bekannt.

Auswahl

Der lachende Dreibund (Berlin 1913), Ju-Shi tanzt (1920), Ein Märchen aus Florenz (Wien 1923), Adieu Mimi (Wien 1926), Die Blinde (1927), Casanova (Berlin 1928), Für Dich (Berlin 1929), Die drei Musketiere (1929), Im weißen Rößl (1930), Zur gold'nen Liebe, Morgen geht's uns gut, Zirkus Aimée (1931), Ein bezauberndes Fräulein (1933), Das kleine Café (1934), Axel an der Himmelstür (1936), Angelina (1938), Meine Schwester und ich (Berlin 1939), Kleinstadtzauber (1947), Ein Liebestraum (1951), Mon ami René (1950), Don Juans Wiederkehr (1953).

Paul Ben-Haim (bis 1933: Frankenburger)

* 5. 7. 1897 München
† 14. 1. 1984 Tel Aviv

Ben-Haim studierte Komposition, Klavier und Dirigieren 1915-20 in München. Bis 1924 war er Assistent zunächst von Bruno Walter, dann von Knappertsbusch in München, 1924-31 Kapellmeister in Augsburg. 1931 nach München zurückgekehrt, widmete er sich in seinen letzten beiden Jahren in Deutschland vor allem dem Komponieren. 1933 emigrierte er nach Tel Aviv. Als Pädagoge, Interpret und Komponist hat er das neuentstehende Musikleben Israels entscheidend mitgeprägt.

Kompositorisch kommt Ben-Haim aus der romantischen Schule: Sein Lehrer war der Brucknerschüler F. Klose. H. Schalit, Komponist und Bruders des Sekretärs von Th. Herzl, motivierte Ben-Haim schon in den Zwanziger

Jahren zur musikalischen Auseinandersetzung mit jüdischen Themen und Traditionen. Angeregt dadurch entstanden Motetten, Psalmen und 1933 das Oratorium *Joram*, Werke, die für die frühe Israel-Musik Vorbilder und stilistische Orientierungsmarken wurden. Ohne von einer Stilrichtung ganz vereinnahmbar zu sein (auch nicht von der des *östlichen Mittelmeerstils*), gingen von seiner immer wieder neu akzentuierten Synthese mitteleuropäischer und orientalisch-jüdischer Tradition starke Impulse auf die Schülergeneration aus.
Mit der *Ersten Symphonie* (1940) stellte das Jerusalem Symphonic Orchestra ein Werk vor, das unter dem Eindruck des zweiten Weltkriegs geschrieben, Ben-Haims bis dahin reifstes Orchesterwerk ist.

Orchesterwerke

Concerto Grosso (1931), Erste Symphonie (1940), Zweite Symphonie (1943-45), Konzert für Streichinstrumente (1947), Klavierkonzert (1949), Aus Israel (1952), Der liebliche Sänger Israels (1953), Musik für Streicher (1955), Dem Sangmeister (1958), Violinkonzert (1959/60), Tanz und Anrufung (1960), Capriccio für Klavier und Orchester (1960), Cellokonzert (1962), Das ewige Thema (1963-65), Symphonische Metamorphosen eines Bachchorals (1968), Rhapsodie für Klavier und Streicher (1971), Divertimento für Flöte und Kammerorchester (1971/72)

Vokalwerke mit Orchester

Joram (Oratorium, 1933), Der 23. Psalm (1939), Liturgische Kantate (1950), Die Vision des Propheten (1959), Lobgesang aus der Wüste (1962), 3 Psalmen (1963)

Vokalwerke

3 Lieder ohne Worte (1952), Myrthenblüten aus dem Garten Eden (1965/66); a cappella: Psalmen, Motetten nach biblischen Texten, 3 Studien im Chorsatz (1953), Juble, Unfruchtbare (1956), 6 Sephardische Lieder (1971)

Kammermusik

Streichquintett (1921), Streichquartett (1937), Klaviertrio (1939), Klarinettenquintett (1941), Sonate für Violine solo (1951), Serenade für Flöte und Streichtrio (1952), Poème für Harfe solo (1959), Sonate für Saiteninstrumente (1969)

Klavierwerke

5 Stücke (1944), Sonatine (1946), Melodie mit Variationen (1950), Sonate (1953), Musik für Klavier (1957), 7 Präludien (1967)

Bernd Bergel
(Pseudonym: Dov Bargil)

* 24. 11. 1909 Hohensalza bei Posen
(jetzt: Inowraclaw, Polen)
† 2. 3 1967 Tel Aviv

Israelischer Komponist deutscher Herkunft. Bergel besuchte 1926 die Berliner Musikhochschule, 1930–33 die Akademie der Künste. Er studierte bei Hindemith, Schönberg und Prüwer. Er war Mitglied des Jüdischen Jugendvereins Gruppe Grunewald. 1931–38 arbeitete er als Komponist, Korrepetitor, Pianist und Klavierbegleiter in Berlin. Er gehörte zum Künstlerkreis um Hanns Eisler und Bertolt Brecht. Am 1. April 1933 floh er illegal über die Schweiz nach Frankreich, weil er politische Verfolgung befürchtete. 1934 kehrte er nach Deutschland zurück, erhielt dort Publikationsverbot. 1934–37 veröffentlichte er Werke unter dem Namen seines Lehrers Walter Gronostay (1906–1937), der ebenfalls bei Schönberg studiert hatte und als Bühnen- und Operettenkapellmeister, dann als Abteilungsleiter beim Berliner Rundfunk tätig war. Bergel hatte unfreiwillig Musik für den Film über den Nürnberger Parteitag der NSDAP geschrieben und wurde deswegen von einem früheren Kollegen denunziert. Er emigrierte 1938 nach Palästina. Dort arbeitete er als Komponist, Dirigent, Musiklehrer, Pianist und Korrepetitor vorwiegend in Tel Aviv und Haifa.

Opern

Die Wurzelprinzessin (1921), Die goldene Gans (1940), Jaakobs Traum (1962)

Orchesterwerke

Konzert für drei Klaviere (1928), Variationen für Orchester (1952), Zwei Sätze für Streichorchster (1950). Divertimento für kleines Orchester (1957), Ouverture joyeuse, Ouverture für die Jugend, Suite aus Jaakobs Traum

Kammermusik

Streichquartett Jaakobs Traum (1924), Gebet eines Menschen aus dem Jahre 2100 für Bariton und 6 Instrumente (1954), Aus den Liedern meiner Mutter (1966), Lieder nach jemenitischen Melodien, 5 orientalische Lieder

Filmmusiken unter dem Pseudonym Walter Gronostay

Lady Windermeres Fächer, Die letzten Vier von Santa Cruz, Savoy Hotel 217. Unter dem Pseudonym Dov Bargil schrieb Bergel leichte Musik und Filmpartituren.

Leo Blech

* 21. 4. 1871 Aachen
† 25. 8. 1958 Berlin (West)

Zunächst Kaufmann, studierte Blech in Berlin bei E. Rudorff Klavier und bei W. Bargiel Komposition. Während seiner Zeit als Kapellmeister am Stadttheater Aachen (1893–1899) setzte er in den Ferien seine Studien bei E. Humperdinck fort. 1899–1906 begründete er seinen Ruf als Dirigent, er war am Deutschen Theater in Prag beschäftigt. 1906 wurde er an die Berliner Hofoper berufen, wo er 1913 GMD wurde. 1923 wechselte er an das Deutsche Opernhaus Berlin als künstlerischer Direktor. Es folgten 1924 ein Jahr an der Berliner Volksoper und 1925 ein Jahr an der Wiener Volksoper. 1926 kehrte Blech als Dirigent an die Staatsoper in Berlin zurück, die sich nun Deutsches Opernhaus nannte. Er behielt diese Position, bis er 1937 von einem Gastspiel in Riga nicht mehr nach Deutschland zurückkehren wollte. Bis 1941 blieb er in Riga; als seine Sicherheit dort erneut bedroht war, zog er nach Stockholm. Dort war er bis 1949 ständiger Gastdirigent an der Königlichen Oper, er dirigierte zahlreiche Konzerte. Im September 1949 kehrte er als Dirigent der Städtischen Oper nach Berlin zurück. Blech ist vor allem als Dirigent, insbesondere der Werke Wagners, Verdis und Mozarts bekannt geworden. In seinen Kompositionen – alle in der Zeit bis 1920 entstanden – hat er stilistisch die Grenzen seines Lehrers Humperdinck kaum überschritten.

Opern

Aglaja (1893), Cherubina (1894), Das war ich (Einakter, 1902), Alpenkönig und Menschenfeind (1903, revidiert als Rappelkopf, 1917), Aschenbrödel (1905), Versiegelt (Kurzoper, 1908), Die Strohwitwe (Operette, 1920)

Symphonische Dichtungen

Die Nonne (1897), Trost in der Natur (1900), Waldwanderung (1901), außerdem Lieder und Klavierstücke.

Erwin Bodky

* 7. 3. 1896 Ragnit/Ostpreußen (jetzt: Neman, UdSSR)
† 6. 12. 1958 Luzern

Bodky, vor allem als Pianist, Cembalist und Musikologe bekannt, studierte 1916–18, an der Berliner Hochschule für Musik bei E. v. Dohnányi, Rössler, P. Juon und R. Kahn. 1920 promovierte er. Mit einem Stipendium der preußischen Regierung konnte er 1920–22 in der Meisterklasse für Komposition bei R. Strauss und F. Busoni an der Akademie der Künste studieren. Bodkys wenige Kompositionen sind während jener Jahre entstanden, zum großen Teil sind sie unpubliziert. 1923–26 unterrichtete Bodky am Klindworth-Scharwenka-Konservatorium, 1926 wurde er Dozent, 1928 Professor an der Akademie für Kirchen- und Schulmusik in Berlin. Er emigrierte 1933 zunächst nach Amsterdam, wo er bis 1938 am Musiklyzeum unterrichtete, 1938 in die USA, wo er vor allem als Pädagoge, als Cembalist, als Musikologe und Pianist tätig war.
1957 wurde Bodky der Status eines emeritierten Professors der Berliner Hochschule verliehen.

Kompositionen

Streichquartett (1916), Klavierquintett (1920), Klavierkonzert (1922), Symphonie für Kammerorchester (1923), Sonate für Violine und Klavier, Klaviersonaten.

Schriften

Der Vortrag alter Klaviermusik (1932), Das Charakterstück (1933), The Interpretation of Bachs Keyboard Works (1960, dt. 1970).

Max Brand

* 26. 4. 1896 Lemberg
(Galizien, Österreich; heute: Lvov, UdSSR)
† 31. 5. 1980 Langenzersdorf bei Wien

Max Brand ist hierzulande erst wieder zu entdecken. Selbst seine aufsehenerregende Oper *Maschinist Hopkins* (1929) existierte bis vor wenigen Jahren nur in Büchern, nicht auf Bühnen. Erst seit der Bielefelder Neuaufführung rückt Max Brand wieder stärker ins Interesse. Brand wuchs hauptsächlich in Wien auf, war im ersten Weltkrieg Kaiserlicher Kavallerie-Offizier. Nach Kriegsende studierte er bei F. Schreker und folgte ihm wie Hába, Krenek, Horenstein und Rathaus 1920 nach Berlin. Starken Eindruck auf ihn hinterließ Schönbergs Werk, besonders deutlich sind die Spuren in den *5 Balladen* nach E. Lasker-Schüler. 1933 - die für Berlin geplante Aufführung der Oper *Requiem* war abgesetzt - kehrte Brand nach Wien zurück, gründete dort das *Mimoplastische Theater für Ballett,* wurde Kodirektor für Oper am Raimund-Theater und schrieb experimentelle Kurzfilme. 1938 floh er über Prag und die Schweiz zunächst nach Brasilien, wo sich - neben publizistischer Arbeit für Zeitungen und Periodika - ein enger Kontakt zu H. Villa-Lobos entwickelte. Brand arrangierte ein kulturelles Austauschprogramm mit den USA, wohin er 1940 emigrierte. Er arbeitete dort als künstlerischer Leiter einer Theatergesellschaft und als Vizepräsident eines Komponisten- und Autorenverbandes.
Unter seinen Kompositionen hat das szenische Oratorium *The Gate* (1944) besonderes Gewicht. Bereits in den fünfziger Jahren nahm Brand Kontakt zum elektronischen Studio in Köln auf. Ab 1960 komponierte er nur noch elektronisch: ein Mann des Experiments. 1975 kehrte Brand, nun 79jährig, in die Nähe Wiens zurück. Brands stilistische Entwicklung hat ihre Wurzeln in der Wiener Schule, im weiten Spannungsfeld zwischen Schreker und Schönberg, Krenek und Eisler. Sein Weg ist kaum zur Kenntnis genommen.

Szenische Werke

Opern Maschinist Hopkins (1929), Requiem (1932) und Kleopatra; Einakter Stormy Interlude (1959); Szenische Kantate Die Chronik (1938); Szenisches Oratorium The Gate (1944); Ballette Die Wippe (1925), Tragödietta (1926)

Vokalwerke
Kyrie eleison (1940)
Instrumentalwerke
Eine Nachtmusik (1923), The Wonderful Done Hoss Shay (1950), Night on the Bayous of Lousiana (1953)
Filmmusik
Der zerbrochene Krug, zahlreiche Kurzfilme
Elektronische Kompositionen
Notturno brasiliero (1959), Meditation (1960), Rhinozeros (1960), French Folk Songs (1962); The Austronauts (1962), 3 Pieces to Gordon Brown's Transparencies in Motion (1963), 3 Pieces for Dance Group (1963), Ilian I und II (1966), Ilian IV (1974)

Städtisches
Konservatorium
Bundesallee

Gustav Brecher

* 5. 2. 1897 Eichwald bei Teplitz-Schönau (jetzt: Teplice-Sanov, CSSR)
† Mai 1940 bei Oostende (Belgien)

Brecher, dessen Erstlingswerk, die Symphonische Dichtung *Rosmersholm*, noch zu seiner Schulzeit von R. Strauss uraufgeführt wurde, war in den Zwanziger Jahren als Dirigent einer der Vorkämpfer für das moderne Musiktheater außerhalb Berlins. Er dirigierte 1927 in Leipzig die Uraufführung von Ernst Kreneks *Jonny spielt auf* und 1930 von K. Weill/ B. Brecht *Aufstieg und Fall der Stadt Mahagonny.* Mit seiner Familie kam er 1889 nach Leipzig, wo er auch studierte und 1897 sein Dirigentendebut gab. Über Bromberg, Posen, die Wiener Hofoper und Olmütz führte ihn seine Laufbahn 1903 als 1. Kapellmeister ans Stadttheater Hamburg (bis 1911), wo er F. Busonis *Brautwahl* uraufführte. 1911–16 war er Erster Dirigent am Stadttheater Köln, 1916–21 an der Frankfurter Oper. 1921–23 leitete er die Meisterklasse für Dirigieren am Sternschen Konservatorium in Berlin. 1924–33 war er GMD und Operndirektor in Leipzig.
Auf der Flucht vor den heranrückenden deutschen Truppen beging Brecher zusammen mit seiner Frau im Mai 1940 aus dem Gefühl der Aussichtslosigkeit bei Oostende Selbstmord.

Kompositionen

Rosmersholm (Symphonische Dichtung, 1896), Aus unserer Zeit (Soziale Symphonie nach Texten von J. H. Mackay, 1897), Lieder und andere Werke

Veröffentlichungen

Richard Strauß, eine monographische Skizze (1900), Mascagnis Cavalleria rusticana und die italienische realistische Oper (1900), Neuübertragung der Operntexte von Margarethe, Tosca und Othello

Herbert Brün

* 9. 7. 1918 Berlin

Brün emigrierte 1936 als Jugendlicher nach Palästina. Dort gehörte er zu dem avantgardistisch orientierten Kreis um Stefan Wolpe, bei dem er Komposition studiert hatte, bei F. Pelleg studierte er Klavier. 1948/49 war er Stipendiat in Tanglewood und an der Columbia University in New York. 1950 kehrte er nach Israel zurück, ging aber 1955 nach Europa, wo er sich in Paris mit der *Musique concrète* und in Deutschland mit der elektrischen Musik beschäftigte und Bühnenmusik für Inszenierungen von Fritz Kortner in München komponierte. *«Seine zeitweilige Beschäftigung mit Jazz- und Ballettmusik hat auf seinen Stil eingewirkt; bei aller strengen formalen und reihentechnischen Gestaltung seiner Werke, sind sie von außerordentlich frischer Rhythmik durchpulst»*(P. Gradenwitz). Brün wirkte in Tel Aviv als Pianist, Musikpädagoge und Komponist. 1965 nahm er einen Lehrauftrag an der University of Illinois wahr.

Orchesterwerke

Concertino (1947), Festouvertüre (1949), Mobile (1958)

Kammermusik

3 Streichquartette (1953, 1957, 1960), Gestures for Eleven (1964), Trio für Flöte, Kontrabaß, Schlagzeug (1965), Trio für Trompete, Posaune, Schlagzeug (1966), Sonatinen für verschiedene Instrumente (Violine, Flöte, Viola allein, Klavier), Non Sequitur VI für Flöte, Violine, Harfe, Klavier, Schlagzeug, Tonband (1965), Suite variable für Cembalo (1957), Klavierstücke

Elektronische Kompositionen

Anepigraphe (1964), Futility (1964), Klänge unterwegs (1965), Sonoriferous loups (1965)

Harold Byrns

* 13. 9. 1903 Hannover

Byrns studierte Komposition und Dirigieren am Sternschen Konversatorium in Berlin, besuchte später die Staatliche Hochschule für Musik in Berlin und studierte dort unter Franz Schreker und Walter Gieseking. An der Berliner Staatsoper war er Korrepetitor unter Erich Kleiber und Leo Blech. Bis 1933 dirigierte er in Lübeck, Bremen, Dresden und Oldenburg. 1933 emigrierte er nach Italien, war 1934–1936 Gastdirigent in Rom, Neapel, Florenz und anderen italienischen Städten. Während dieser Zeit übertrug er Mahlers neun Symphonien für zwei Klaviere. 1936 emigrierte Byrns in die USA, wo er als Gastdirigent in New York, Philadelphia und Boston wirkte. 1949 gründete er in Los Angeles ein nach ihm benanntes Kammerorchester, dessen Schallplattenaufnahmen mit Musik von Bartók, Berg, Honegger, Strawinsky, Suk u.a. international bekannt wurden. Seit 1953 zahlreiche Gastdirigate und Tourneen in Europa. Byrns verfaßte symphonische Transkriptionen zahlreicher Klavierwerke von Purcell bis Prokofieff. 1957–1961 war er Gastdirigent des NDR-Orchesters, der RAI und seit 1963 des israelischen Rundfunks. Er dirigierte in dieser Zeit auch Mozartopern an der Komischen Oper in Ost-Berlin. 1971 gastierte Byrns als Dirigent von Schönbergs Moses und Aaron an der Deutschen Oper Berlin.

An Werken finden sich erwähnt:

Orchestersuite *Robinson Crusoe* (1941) und ein Arrangement von Smetanas *Böhmischer Tanzsuite* (1941).

Rudolf Cahn-Speyer

* 1. 9. 1881, Wien
† 25. 12. 1940, Florenz

Cahn-Speyer studierte in den Jahren 1899-1908 in Wien, Leipzig und München Chemie, Philosophie und Musikwissenschaften, in denen er sich 1908 mit einer Dissertation über Franz Seydelmann promovierte. Parallel dazu studierte er Musik bei Riemann, Nikisch, Jadassohn und Krehl in Leipzig. Bei Thuille und Beer-Walbrunn in München komplettierte er seine kompositorische Bildung. Er war 1908/09 Dirigent am Stadttheater in Kiel. 1909-1911 am Stadttheater Hamburg, 1911-1913 in Budapest als künstlerischer Direktor an der Volksoper. 1913 ließ er sich in Berlin nieder, war als Musikschriftsteller und als Lehrer am Klindworth-Scharwenka-Konservatorium tätig. 1916-1918 Kriegsdienst. Ende 1918 kehrte er nach Berlin zurück. 1913-1931 war er Vorsitzender im Verwaltungsrat des Verbandes der Konzertierenden Künstler Deutschlands, ab 1926 geschäftsführender Vorsitzender des Verbandes Deutscher Orchester- und Chorleiter. Außerdem war er in anderen Vereinen und Institutionen tätig. 1933 emigrierte er nach Florenz. Dort wurde er Ehrenmitglied der Academia Luigi Cherubini. Neben seiner Tätigkeit als Musikschriftsteller und Funktionär komponierte er Lieder und Kammermusik.

Franz Crzellitzer

* 1. 11. 1905 Berlin
† 28. 1. 1979

Crzellitzer, in Berlin aufgewachsen, emigrierte 1934 nac Palästina. Er gehört zum avantgardistischen Flügel der Kom ponisten in Israel.

Werke

Der Rattenfänger von Hameln, Ballettpantomime (1944); Sonaten für Violine und Klavier (1948); Klavierquintet (1949); Klavierkonzert (1950); 2 Suiten für Streichorcheste (1952, 1968); 2 Streichquartette (1954, 1963); 2 Symphoni sche Phantasien für Orchester (1958, 1959); Phantasie fü Violine und Orchester (1960); Phantasie für Cello un Orchester (1962); Konzert für zwei Klaviere (1966); Viola konzert (1967); Trompetenkonzert (1967); Klaviertri (1968); 2 Symphonien (1941, 1970)

Ram Da-Oz (früher: Julius Hermann Abraham Daus)

* 17. 10. 1929, Berlin

Da-Oz emigrierte 1933 mit seinen Eltern nach Palästina. 1945 begann er mit Klavier-, 1947 mit Oboestudium. Im Unabhängigkeitskrieg von 1948 wurde er verwundet, verlor das Augenlicht. Dennoch setzte er seine Studien der Theorie und der Komposition privat bei A. Hajos, einem Schüler des ungarischen Komponisten Leo Weiner, fort. Er legte die Abschlußprüfung an der Musikakademie in Tel Aviv ab. Seine Entwicklung vollzieht sich nach allgemeinem Urteil ohne Sprünge. Sie beginnt neo-klassizistisch, nähert sich 1960 der freien Atonalität, ab 1963 wendet sich Da-Oz auch zwölftönigen Kompositionsprinzipien zu.

Orchesterwerke

Suite im alten Stil (1958), Von Trauer und Trost (1960); Konzert für Violine und Orchester (1961); Rhapsodie über ein jemenitisches Lied (1971)

Vokalkompositionen

3 Duette für Sopran und Mezzosopran (1960); Lieder nach Mati Katz (1968); 3 Madrigale für Chor a cappella (1966)

Kammermusik

Sonatine für Violine und Klavier (1960); Streichquartett (1955); Streichtrio (1961); Suite für Cembalo, Oboe und Cello (1963); Klaviertrio (1963); Streichquartett Horizonte (1964); Gestalten und Masken (1967); Improvisation über ein Lied (1968); Episode für Kammerorchester und Sprecher (1970); Dialoge für zwei Klarinetten (1964); Illuminationen für Violine solo (1965)

Klavierwerke

Sonate (1955); 5 Kontraste (1958); Capriccio (1960), 8 kleine Bilder (1962), 9 Tanzsätze (1962); Movimento quasi una sonata (1963); Prolog, Variationen und Epilog (1965), Aspekte (1968)

Abraham Daus

* 22. 6. 1902, Berlin
† 25. 6. 1974, Tel Aviv

Daus studierte 1919-21 Klavier und Komposition an der Berliner Hochschule für Musik. 1921/22 war er Schüler von Courvoisier (Komposition) und Röhr (Dirigieren) in München. 1923 promovierte er. Zwischen 1923 und 1933 war er Dirigent an Opernhäusern in Breslau, Krefeld, Dortmund und Wuppertal. Seit 1928 gehörte er einer zionistischen Organisation an. 1933 verlor er seine Dirigentenpositionen und emigrierte nach Paris, wo er bis 1935 Mitglied der Liga für Menschenrechte war. 1936 emigrierte er nach Palästina. Dort wirkte er 1936–40 als Komponist, Dirigent und Konzertpianist. 1940–63 lebte er zurückgezogen in Kibbuzim und widmete sich vor allem musikpädagogischer Arbeit. Danach zog er nach Tel Aviv. Zwei Phasen lassen sich in seinem Werk unterscheiden: eine gemäßigt moderne bis 1952, eine Wendung zur Zwölfton-Komposition ab 1952.

Werke der ersten Schaffensperiode

Legende für Streichorchester (1936); Das Tor zum Meer (Kantate, 1937); Haneroth halalu (Kantate, 1937); Gvat (Kantate, 1951); Rachel-Lieder für Mezzosopran, Flöte und Viola (1938); Ouvertüre zu Das Tor zum Meer; Variationen über ein jeminitisches Thema für Flöte und Klavier (1944); außerdem zahlreiche Lieder, Chöre und pädagogische Musik.

Werke der zweiten Schaffensperiode

Streichquartett (1954), 4 Dialoge für Violine und Violoncello (1957); Violinkonzert (1957); Arabesken nach Bildern von Klee für Sopran und 6 Instrumente (1961); 5 Shakespeare-Sonette für Sopran, Flöte und Laute (1963); Bekenntnisse eines zornigen Mannes, Sonate für Klavier (1967); 4 Improvisationen beim Lesen des Hohen Liedes für Gitarre (1968); 12. Sonett nach Rilke für Violoncello solo (1969)

Paul Dessau

* 19. 12. 1894, Hamburg
† 28. 6. 1979, Berlin (DDR)

Der Enkel eines jüdischen Kantors studierte 1910-12 Violine am Klindworth-Scharwenka-Konservatorium in Berlin. 1912 übernahm er am Hamburger Stadttheater eine Korrepetitorenstelle, nebenbei nahm er Privatunterricht in Klavier, Komposition und Partiturspiel. Am Tivoli-Theater in Bremen dirigierte er 1914 Operetten. 1914-18 Kriegsdienst. Nach Kriegsende wurde er musikalischer Direktor und Komponist bei den Hamburger Kammerspielen. 1919 rief ihn Otto Klemperer als Korrepetitor und Dirigent an die Kölner Oper. 1923 ging er nach Mainz, 1925 engagierte ihn Bruno Walter an die Städtische Oper in Berlin. Bereits in den zwanziger Jahren begann Dessau, neben der Komposition von Kammermusiken, Bühnen- und Orchesterwerken, auch für den Film – meist Hintergrundmusiken – zu schreiben. Er emigrierte 1933 nach Paris. Dort formte sich das politische Denken, das seine weitere Laufbahn prägen sollte. Die Begegnung mit René Leibowitz regte ihn zur Beschäftigung mit der Zwölftonkomposition an. 1939 emigrierte er in die USA, wo er zunächst als Musiklehrer in einem New Yorker Kinderheim arbeitete. 1942 begann die enge Zusammenarbeit mit Brecht. Dessau siedelte nach Hollywood über, auch in der Hoffnung auf Filmaufträge. 1948 kehrte Dessau nach Deutschland in die damalige sowjetische Besatzungszone zurück. Er setzte die Zusammenarbeit mit Brecht fort. 1952 wurde er in die Akademie der Künste berufen, deren Vizepräsident er 1959 wurde. Im selben Jahr wurde er zum Professor ernannt. Zusammen mit Hans Werner Henze trat er 1968 aus der West-Berliner Akademie der Künste aus. Dessau wurde viermal mit dem Nationalpreis und einmal mit dem Nationalverdienstorden der DDR ausgezeichnet. Sein Werkregister ist umfangreich.

Opern

Giuditta (1910-12); Die Verurteilung des Lukullus (1949), Puntila (1957-59); Lanzelot (1966-69); Einstein (1971-73)

Schauspielmusiken:

Furcht und Elend des Dritten Reiches (1938); Mutter Courage und ihre Kinder (1946); Der gute Mensch von Sezuan (1947); (1949); Mann ist Mann (1951), Der kaukasische Kreidekreis (1953/54) und weitere nach Brecht; Faust I (1949),

Urfaust (Goethe) (1952);
Vietnamdiskurs (1968)

Oratorien und Kantaten

Haggadah (1936), Jeworechecho (1941), Internationale Kriegsfibel (1944/45), Deutsches Miserere (1944-47), Jüdische Chronik (mit B. Blacher, K. A. Hartmann, H. W. Henze, R. Wagner-Régeny, 1960), Appell der Arbeiterklasse (1961), Requiem für Lumumba (1963)

Chorwerke

Psalmen, Grabschriften für M. Gorki, R. Luxemburg, W. Lenin, Ausmarsch (1933), Hawel Hawalim (1939)

Orchesterwerke:

2 Symphonien (1926, 1934/62), Orchestermusik Nr.1-4 (1955, 67, 70, 73), Sozialistische Festouvertüre (1953)

Kammermusik

4 Streichquartette, Quattrodramma für 4 Violoncelli, 2 Klaviere und Schlagzeug (1965).

Klavierwerke, zahlreiche Lieder, Filmmusiken, Lehrstücke

George Dreyfus

* 22. 7. 1928 Wuppertal

Australischer Komponist und Dirigent deutscher Herkunft. Dreyfus' Familie zog 1928 von Wuppertal nach Berlin. Er besuchte dort die Theodor-Herzl-Schule. Im Juni 1939 emigrierte er zusammen mit seinem Bruder in einem Kindertransport nach Australien, war dort bis zur Ankunft der Eltern ein halbes Jahr in einem Kinderheim untergebracht. Dreyfus wuchs in einer musikliebenden Umgebung auf, studierte Fagott, spielte 1953-64 im Symphonieorchester Melbourne. 1955/56 war er zum Studium der Musikwissenschaft und Musikgeschischte in Europa. Seit 1964 freischaffender Komponist von Orchesterwerken und Kammermusik, von Film- und Fernsehmusiken zum Broterwerb. Dreyfus war 1966 Stipendiat der UNESCO, 1967/68 der Universität von Canberra. Kompositorisch wurde er u. a. von Hindemith, Strawinsky und Webern und in der Folge von der Serialität geprägt. Über seine eigenen Werke hinaus setzt sich Dreyfus für die Verbreitung moderner australischer Musik ein: durch Gründung und Leitung eigener Ensembles, durch führende Mitarbeit in der australischen Sektion der IGNM.

Opern

Garni Sanes (1965), Song of the Maypole (1968), The Takeover (1969), The Guilt-Edged Kid (1970).

Orchesterwerke

The Illusionist (Filmballett und Suite, 1964), Symphonie Nr.1 (1967), Jingles (1967), ... and more Jingles (1972).

Kammermusik

Bläsertrio (1957), The seasons (1963), Bläserquintett (1965), The Adventures of Sebastian the Fox (1968), Quintett nach dem Notenbuch von J.G. Noverre (1968), Sextett (1971), Old Melbourne (1973).

Lieder und Vokalwerke

Galgenlieder für Bariton, Flöte, Klarinette Fagott und Violine (1957), Songs Comic and Curious (1959), Wilhelm-Busch-Lieder (1959), From Within Looking Out (1962), Ned Kelly Ballads (1963), Hommage to Strawinsky (1968), Reflections in a Glass-house (1970), Mo (1972).

Hanns Eisler
und seine Frau
USA 20. 1. 1938

Hanns Eisler

* 6. 7. 1898 Leipzig
† 6. 9. 1962 Berlin (DDR)

Eisler, in Wien aufgewachsen, bei Schönberg (1919–23) aus-gebildet, war als Komponist und Theoretiker der profilierte-ste der KPD-nahen Künstler in Berlin, wo er seit 1925 als Komponist und Lehrer am Klindworth-Scharwenka Konservatorium lebte. Sein politisch geprägtes Wirken war vielschichtig: mit Liedern für Sing- und Spieltruppen war er direkt an Agitation und Propagande der KPD und ihr nahe-stehender Organisationen beteiligt; mit Chorwerken und theoretischen Schriften griff er in die Auseinandersetzung um Rolle, Repertoire und Stil der – damals recht großen – Arbeiterchorbewegung ein; in der Zusammenarbeit mit B. Brecht ab 1929 entstanden Lieder, Schauspielmusiken und mit den Lehrstücken größere Formen engagierter Musik; als Kritiker war er ein scharfer Beobachter des Musiklebens; als Theoretiker bemühte er sich um eine fundierte marxistische Ästhetik; als Komponist und Schriftsteller thematisierte er das Verhältnis von politischem und künstlerischen Avant-gardismus.

Im Januar 1933 kehrte Eisler von einer Wien-Reise nicht mehr nach Deutschland zurück. Es beginnt eine der ausge-prägtesten Odysseen, die erst 1938 mit der Emigration in die USA endet: 1933 ist Eisler in Frankreich, Holland, Belgien, 1934 in Paris und London; er schreibt vor allem Filmmusik, 1935 von Februar bis Mai auf Vortragsreise in den USA, dann im Auftrag des in Moskau ansässigen Internationalen Musik-büros bei der Arbeitermusik-Olympiade in Straßburg, anschließend beim Nordböhmischen Musikfest in Liberec, ab Juli wieder in Moskau, wo er zum Präsidenten des Interna-tionalen Musikbüros mit dem Auftrag zu dessen Reorganisa-tion berufen wird – der VII. Weltkongress der Komintern stand vor der Tür. Im September nimmt er am 13. IGNM-Fest in Prag teil, von Oktober 1935 bis April 1936 zweite USA-Reise, danach Aufenthalt in London (Filmmusik), im Herbst in Belgien, den Niederlanden und Frankreich zu Vor-trägen und Konzerten. 1937 auf Visite bei den Internationa-len Brigaden in Spanien, im Frühsommmer bei Brecht in Dänemark, von Oktober bis Dezember in Prag. Auf Ein-ladung der New School of Social Research reist Eisler im Januar 1938 in die USA – allerdings nur mit einem Besuch-

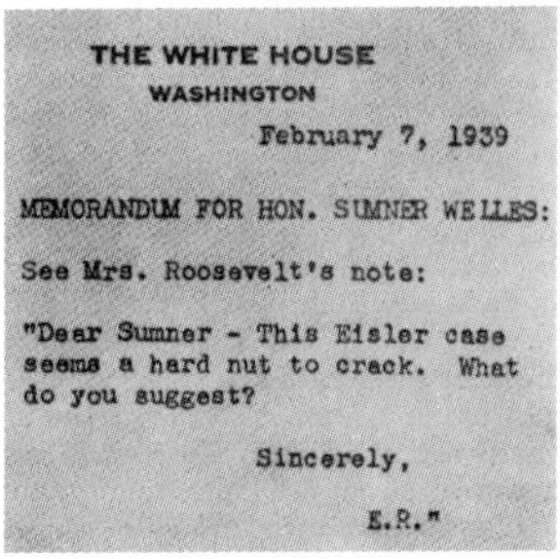
THE WHITE HOUSE
WASHINGTON

February 7, 1939

MEMORANDUM FOR HON. SUMNER WELLES:

See Mrs. Roosevelt's note:

"Dear Sumner - This Eisler case seems a hard nut to crack. What do you suggest?

Sincerely,

E.R."

visum. Dadurch sollte er in große Schwierigkeiten geraten, denn die amerikanischen Behörden verweigern ihm ein Immigrantenvisum und damit einen längeren Aufenthalt. Er weicht nach Mexiko aus, lehrt dort mit höchstamtlichem Segen im Sommersemester 1939 Conservatorio Nacional de Musica de Mexiko, reist dann zurück. Es muß zum Haftbefehl und einem erneuten Umweg über Mexiko kommen, bevor er im September 1940 das nötige Visum und Ende Oktober freie Fahrt in die USA erhält. Bis 1942 lebt er an der Ostküste, unterrichtet, mit kurzen Unterbrechungen, an der New School for Social Research in New York. Von Februar 1940 bis Oktober 1942 erhält er ein festdotiertes Rockefeller-Stipendium für Arbeiten zur Filmmusik. Mehrere Filmkompositionen und das mit Th. W. Adorno herausgegebene Buch K*omposition für den Film* sind das Ergebnis. Die Nähe Hollywoods und die Aussichten auf weitere Filmmusiken, das Angebot einer Stelle an der University of Southern California und die Nähe zu Brecht bewegten Eisler 1942 zur Umsiedlung an die Westküste nach Kalifornien, wo er bis 1948 lebte. Er schreibt in dieser Zeit einige Filmmusiken, lehrt an der USCL, komponiert eine Reihe wichtiger Lieder und Liederzyklen, in denen er auch kompositorisch neue Wege beschreitet, die von der Verwendung der Reihentechnik bis zu einer vorweggenommenen Neuen Einfachheit reichen. Die unangenehmen Verhöre vor dem Ausschuß für Unamerikanische Tätigkeiten 1947 beschleunigen Eislers Entschluß zur Rückkehr. 1948 Remigration nach Wien, 1950 zieht Eisler nach Berlin. Dort arbeitet er als eine der wichtigsten Persönlichkeiten im Aufbau des Musiklebens der DDR.

Bühnenmusiken

ca. 40 Kompositionen zu Stücken von Brecht, Büchner, Mehring, Nestroy, Schiller, Shakespeare, Toller, Wolf u. a.

Chor a cappella

Männerchöre opp.10 (1926), 14 (1928), 17 (1929), 19 (1929), 35 (1933), 4 Stücke op. 13 (1928), Auf den Strassen zu singen op. 15 (1928), 2 Stücke op. 21 (1930), Gegen den Krieg op. 51 (1936), Woodburry- Liederbüchlein (1941), 9 Kanons

Chor und Orchester

Tempo der Zeit op. 16 (1929), Die Maßnahme op. 20 (1930), Die Mutter (1931), Kalifornische Ballade op. 47 (1934), Deutsche Symphonie op. 50 (1935-39)

Gesang und Orchester

zahlreiche politische und Massenlieder (nach Texten von

Brecht, Gilbert, Hermlin, Mehring, Weinert u.a.), Balladen opp.18 (1929/30), 22 (1930), 41 (1931/32), Glückliche Fahrt (1946), 7 ernste Gesänge (1936-62), Lieder aus Filmen und Theaterstücken, Hymne der DDR

Gesang und Kammerensemble

Palmström op. 5 (1924), Tagebuch des Hanns Eisler op. 9 (1926), 9 Kammerkantaten (davon 7 nach I. Silone, 1937), Musik zu *Leben des Galilei*

Gesang und Klavier

zahlreiche Lieder nach Texten von Becher, Brecht, R.Gilbert, Goethe, Hermlin, Hölderlin, Kraus, Mörike, Morgenstern, Shakespeare u. a.

Filme und daraus abgeleitete Instrumentalwerke

Opus III (1927) - Suite Nr. 1 op. 23 (1930); Niemandsland (1931) - Suite Nr. 2 op. 24 (1931); Kuhle Wampe (1931) - Suite Nr. 3 op. 26 (1931); Die Jugend hat das Wort (1932) - Suite Nr. 4 op. 30 (1932); Dans les rues (1933) - Suite Nr. 5 op. 35 (1933), Le grand jeu (1934) - Suite Nr. 6 op. 40 (1934); 400 Millionen (1938) - 5 Orchesterstücke, Scherzo und Variationen über ein marschartiges Thema (1938); Kinderszenen im Camp (1940) - Septett Nr. 1 (1940), Naturszenen (1940) - Kammersinfonie op. 69 (1940); Forgotten Village (1941) - Nonett Nr. 2 (1941); Regen (1940) - 14 Arten den Regen zu beschreiben (1940); Circus (1947) - Septett Nr.2 (1947). Weitere Filmmusiken.

Kammermusik

Divertimento für Bläserquintett (1923), Sonate für Flöte, Oboe und Harfe op. 49 (1935), Streichquartett op. 75 (1938), Nonett Nr. 1 (1939)

Klavierwerke

3 Sonaten opp. 1 (1923), 6 (1924), Nr. 3 (1943), Klavierstücke opp. 3 (1923), 8 (1925), 31 (1932/33), 32 (1932/33), Sonatine op. 44 (1934), 3 Fugen

Max Ettinger
(früher: Marcus Wolff)

* 27. 12. 1874 Lemberg
(Galizien, Österreich; heute: Lvov, UdSSR)
† 19. 7. 1951 Basel

Krankheit ließ Ettinger erst relativ spät mit dem Musikstudium beginnen: 1899 war er in Berlin Schüler des Brahms-Freundes H. von Herzogenberg; 1900-03 studierte er in München bei Thuille und Rheinberger. 1906/07 war er Kapellmeister in Saarbrücken, 1910/11 in Lübeck. Danach konzentrierte er sich hauptsächlich aufs Komponieren, obwohl er Dirigentenstellen in Leipzig (1920-29) und 1929-33 in Berlin annahm. 1933 emigrierte er nach Ascona und blieb bis zu seinem Tod in der Schweiz. Ettinger schrieb Opern nach literarischen Vorlagen, die er selbst zu Libretti bearbeitete; in seinen Chorwerken griff er zunehmend jüdische Themen, auch Elemente jüdischer Volkslieder auf. Stilistisch bewegt er sich in spätromantischen Traditionen.

Opern

Der eifersüchtige Trinker op. 14 (1925), Judith op. 28 (1920), Juana op. 3 (1925), Clavigo op. 34 (1926), Frühlings Erwachen op. 36 (1928), Dolores op. 40 (1930/31)

Chorwerke

Weisheit des Orients op. 24, Das Lied von Moses (1934/35), Königin Esther (1940/41), Jiddisch Lebn (1942), Jiddisch Requiem (1947)

Orchesterwerke

Altenglische Suite op. 30 (1932), 3 Traumbilder op. 31, Alte Tanzsuite nach Tremais op. 42 (1933), An den Wassern Babylons, Der Dybuk (Ballett, 1946/47)

Kammermusik

Streichquartett op. 32, 2. Streichquartett (1945), Violinsonate, Cellosonate, Quintett für vier Holzbläser und Klavier op. 20; zahlreiche Lieder

Jerzy Fitelberg

* 20. 5. 1903 Warschau
† 25. 4. 1951 New York

Die musikalischen Grundlagen erhielt Fitelberg durch seinen Vater, den Komponisten und Dirigenten Grzegorz Fitelberg, einen Vorkämpfer der polnischen Moderne, der hauptsächlich in Warschau arbeitete und während des 2. Weltkrieges nach Portugal und Amerika emigrierte. Fitelberg studierte 1922–26 an der Berliner Hochschule (Komposition bei F. Schreker), lebte bis 1933 als Komponist in Berlin. 1933 emigrierte er nach Paris, von dort 1940 nach der deutschen Okkupation in die USA. Fitelbergs Stil ist in seiner Vorliebe für kontrapunktische Strukturen, expressive Harmonik und starke rhythmische Prägung am ehesten dem jungen Hindemith vergleichbar. In seinen Pariser Jahren integrierte er Reminiszenzen an polnische Musik, ohne dadurch in einen folkloristischen Stil zu verfallen.

Orchesterwerke

3 Suiten (1925, 1928, 1930), Der schlecht gefesselte Prometheus (Ballettsuite, 1929), Konzert für Streicher (1930), 3 Mazurken (1932), 4 Etuden (1932), Divertimento (1934), Konzertstück (1937), Das goldene Horn (1942), Nocturne (1944), Sinfonietta (1946), Polnische Bilder (1946), Symphonie für Streicher (1946); Violinkonzerte (1928/47, 1935), 2 Klavierkonzerte (1929, 1934), Streichquartettkonzert (1931), Cellokonzert (1931), Suite für Violine und Orchester (1932), Epitafium für Violine und Orchester (1942), Klarinettenkonzert (1948)

Kammermusik

Bläseroktett (1925), 5 Streichquartette (1926, 1928, 1936, 1936, 1945), Serenade für 9 Instrumente (1926), Bläserquintett (1929/47), Divertimento (1929), Klaviertrio (1937), 12 Studien für drei Klarinetten (1948); Serenade für Violine und Kontrabass (1925), Tango (1931), 3 Mazurken, Suite (1932), 3 Romanzen (1933), Duo (1934/47), Sonate (1938), Variationen (1944), 7 Capricen für Violine und Klavier (1944); Serenade für Viola und Klavier (1943); Sonate für Violoncello (1945), Suite für Klarinette und Klavier (1948), zahlreiche Klavierwerke.

Lukas Foss (früher: Lukas Fuchs)

* 15. 8. 1922 Berlin

Amerikanischer Komponist, Dirigent und Pianist deutscher Herkunft.
Foss erhielt noch in Berlin Klavier- und Theorieunterricht, bevor er 1933 - 11jährig - mit seiner Familie zunächst nach Paris (wo er neben dem Schulbesuch Klavier, Flöte, Komposition und Instrumentation studierte), dann 1937 in die USA emigrierte. Dort vervollständigte er seine Studien am Curtis Institute in Philadelphia, in Tanglewood und als Student mit besonderem Status an der Yale Universität bei Hindemith. Als Komponist fand Foss frühe Anerkennung: Er war 1945 der jüngste Guggenheim-Stipendiat, den es je gab. Er begann in der neoklassizistischen Tradition zu komponieren, aus der er sich vor allem durch Experimente mit »kontrollierter Improvisation« (1957 hatte er, bereits seit vier Jahren Professor, an der University of California ein Improvisations-Kammerensemble gegründet) löste, die Tonalität verließ und sich teils seriellen, teils begrenzt aleatorischen Verfahren und graphischer Notationsweise zuwandte. Die kompositorische Entwicklung Foss' wird ergänzt durch eine erfolgreiche Karriere als Dirigent und Pianist: 1944-50 Pianist beim Boston Symphony Orchestra, 1963-70 Musikdirektor des Philharmonischen Orchesters von Buffalo, dort gründete er 1963 das Center for Creative and Performing Arts, das Festivals und Konzertreihen mit neuer Musik veranstaltete und sponsorte; 1971 war Foss Dirigent der Philharmonie Brooklyn, parallel 1972 des Kol Israel Orchesters in Jerusalem, außerdem Gastdirigent bei namhaften Orchestern in Nordamerika und Europa.

Opern

The Jumping Frog of Calaveras County (1950), Griffelkin (1955), Introductions and Goodbyes (1960)

Vokalwerke

Prairie (1944), Song of Songs (1947) Adon Olom (1947), Song of Anguish (1950), Parable of Death (1952), Time Cycle (1959/60), Fragments of Archilochos (1965), Lamdeni (1973)

Orchesterwerke

Klarinettenkonzert (1941/42), 2 Klavierkonzerte (1944, 1951), Symphonie in G (1945), Recordare (1948), Symphonie of Chorales (1956-58), Cellokonzert (1966), Baroque Variations (1967), Geod (1969), Orpheus (1974), Schlagzeugkonzert (1975)

Kammermusik

4 Préludes für Flöte, Klarinette und Fagott (1940), Duo für Violoncello und Klavier (1941), 3 Stücke für Violine und Klavier (1944), Streichquartett in G (1947), Echoi (1961-63), Elyters (1964), For 24 Winds (1966), Paradigm (1968), The Cave of the Winds (1972).

Klavierwerke und Orgelwerke.

Stefan Frenkel

* 21. 11. 1902 Warschau
† 1. 3. 1979 New York

Frenkel ist vor allem als Violinvirtuose bekannt. Er war in den Zwanziger Jahren als Interpret zeitgenössischer Musik gefragt. Er hatte - nach Unterricht in Warschau - 1919–24 an der Berliner Hochschule Violine und Komposition studiert, war Konzertmeister 1924–27 in Dresden, 1929–35 beim Rundfunkorchester Königsberg. 1935 emigrierte er in die Schweiz, war für ein Jahr Konzertmeister des Orchestre de la Suisse Romande, 1936 in die USA, wo er bis 1940 Konzertmeister an der Metropolitan Opera in New York war.

1947 Konzertmeister in Rio de Janeiro, reiste er ab 1948 als Solist und in Kammermusikensembles. 1964-68 unterrichtete er an der Princeton University (New York).

Werke

Sonate für Violine solo op. 1, Suite für zwei Violinen op. 3, Violinkonzert op. 9, Streichtrio, zwei Streichquartette, weitere Kammermusik, Klavierstücke.

Oskar Fried

* 1. 8. 1871 Berlin
† 5. 7. 1941 Moskau

Zeichnung von Emil Orlik 1910

Fried war einer der wenigen Komponisten, die in der UdSSR Zuflucht suchten. Er war ab 1934 GMD an der Oper in Tbilisi (Tiflis); 1921 war er der erste ausländische Gastdirigent in der Sowjetunion gewesen, nachdem er bereits 1908 in Rußland gastiert hatte.

Fried schlug sich zunächst nach abgebrochener Gymnasialausbildung als Geiger in verschiedenen Städten durch. 1898 wieder in Berlin, studierte er Komposition bei E. Humperdinck und Ph. Scharwenka. Den ersten Durchbruch erlebte er als Komponist, als K. Muck 1904 sein *Trunkenes Lied* op. 11 (nach einem Text von F. Nietzsche) dirigierte. Die erfolgreiche Aufführung begünstigte seine Dirigentenlaufbahn. 1904–10 leitete er den Sternschen Gesangverein, ab 1907 war er Dirigent der Gesellschaft der Musikfreunde in Berlin. Fried machte sich einen Namen als Interpret seiner Zeitgenossen Strauss, Strawinsky, Schönberg, Sibelius, und vor allem Gustav Mahler. 1913 hörte er auf zu komponieren. Als international angesehener Dirigent arbeitete er in den Zwanziger Jahren mit zahlreichen Orchestern in Europa. 1925/26 leitete er das Berliner Symphonische Orchester, 1928 die New Yorker Philharmoniker.

Oper
Die vernarrte Prinzessin

Vokalwerke mit Orchester
Verklärte Nacht op. 9 (1901), Das Trunkene Lied op. 11 (1904), Erntelied op. 15 (1904), Die Auswanderer für Sprecher und Orchester (1913)

Orchesterwerke
Phantasie über Motive aus *Hänsel und Gretel* (1895), Adagio und Scherzo für 13 Bläser, 2 Harfen und Pauken (1905), Präludium und Doppelfuge op. 10 für Streicher (1902).
Lieder opp. 1, 3, 4, 5, 7, 13, Frauenchöre opp. 12 und 14, Vierhändige Klavierstücke op. 6

Peter Gellhorn

* 24. 10. 1912 Breslau (jetzt: Wroclaw, Polen)

Britischer Dirigent, Pianist und Komponist deutscher Herkunft.
Gellhorn begann vor seinem Abitur mit dem Musikstudium. 1929-34 besuchte er die Staatliche Hochschule für Musik, studierte dort Komposition bei L. Schrattenholz, Klavier bis 1932 bei R. Rössler, 1932-34 Dirigierten bei J. Prüwer. 1931-33 war er an der Universität eingeschrieben für Kunstgeschichte, Philosophie und Musikgeschichte bei A. Schering und F. Blume. Seit 1930 schrieb Gellhorn Musik für die Silhouettenfilme Lotte Reinigers. 1935 wurde er aus der Reichsmusikkammer ausgeschlossen, was einem Arbeitsverbot gleichkam. Auf Einladung von Freunden, die er bei seiner Filmarbeit kennengelernt hatte, emigrierte Gellhorn nach London. Zunächst von Freunden unterstützt, arbeitete er bis 1939 an der Toynbee-Hall, einer Abendschule, den deutschen Volkshochschulen entsprechend, wo er die Musikabteilung aufbaute. Von Juli 1940 bis Januar 1941 war er auf der Isle of Man interniert. Danach begann er, unterbrochen durch die Heranziehung zum zivilen Kriegsdienst in einer Elektromotorenfabrik (1943-45) wieder als Dirigent zu arbeiten, zunächst an kleineren Bühnen, dann an Covent Garden (1946-53) und in Glyndebourne (1954-61, 1974, 1975). 1967 gründete er die Oper in Barga (Italien) und leitete sie bis 1969. 1973-78 gehörte er dem Kollegium des London Opera Centers, einer Einrichtung zur beruflichen Fortbildung von Sängern, Korrepetitoren und Inspizienten an. Daneben war er bis 1980 als Chordirektor (1961-72 bei der BBC), als Pianist und Dozent tätig.

Werke

Baida der Kosak (Kantate, 1935), The Star of Bethlehem (Kantate nach einem Film, 1956), Ocassin und Nicholette für 4 Sänger und 5 Bläser, Schauspielmusiken, Klavierwerke, Lieder, Dialog für Violine, Bratsche und Streichorchester (1979)

Jean Gilbert
(bis 1903: Max Winterfeld)

* 11. 2. 1879 Hamburg
† 20. 12. 1942 Buenos Aires

Der Sohn einer Hamburger Kaufmannsfamilie studierte in Weimar und Berlin. Als 18jähriger begann er seine Dirigentenlaufbahn, zunächst in Bremerhaven, dann in Hamburg und Berlin. Nach einigen Jahren Kapellmeistertätigkeit bei Tourneetheatern und Circus beginnt die öffentliche Anerkennung als Operettenkomponist in der Provinz: 1909 in Kottbus mit *Polnische Wirtschaft* (in Berlin erlebt diese Operette dann über 500 Aufführungen), und 1910 in Magdeburg mit *Die keusche Susanne,* seinem international erfolgreichsten Stück. Zum ersten Weltkrieg leistete Gilbert wie andere seinen vaterländischen Pflichtbeitrag mit hurrapatriotischen Aufmunterungspossen. In den Zwanziger Jahren ist Gilbert als einer der führenden Komponisten der Berliner Operette anerkannt. 1925 – es beginnt die Zusammenarbeit mit dem Sohn Robert Gilbert – deuten sich ein Stilwandel und Veränderungen in der Tonsprache an: Die teilweise schärferen und pointierteren Texte rufen auch musikalisch differenziertere Nuancen hervor. Im Tonfilm wurde Gilbert trotz einiger Produktionen nicht heimisch. 1933 emigrierte er zunächst nach Barcelona, lebte vorrübergehend auch in Wien, Paris und London; er machte eine der typischen europäischen Odysseen durch. 1939 emigrierte er nach Buenos Aires, wo er bis zu seinem Tod als Rundfunkkapellmeister arbeitete.

Bühnenwerke

Polnische Wirtschaft (1909), Die keusche Susanne (1910), Puppchen, Autoliebchen (1912), Die Kinokönigin, Die Reise um die Erde in vierzig Tagen, Die Tangoprinzessin (1913), Woran wir denken (1914), Das Fräulein vom Amt (1915), Die Fahrt ins Glück (1916), Die Frau im Hermelin (1919), Prinzessin Olala (1921), Katja, die Tänzerin (1923), Dorine und der Zufall (1923), Annemarie (1925), The Red Robe (1927), Hotel Stadt Lemberg (1929), Das Mädel am Steuer (1930), In der Johannisnacht (1931), Die Dame mit dem Regenbogen (1933)

Filmmusiken

Nur Du (1930, mit R. Nelson), Eine Stunde Glück, Die spanische Fliege (1931), Zwei Herzen und ein Schlag (1932)

Robert Gilbert (bis 1931: Robert David Winterfeld)

* 29. 9. 1899 Berlin

Gilbert machte eine Karriere in mehreren Etappen. Er begann als Operettenkomponist, schrieb dann Texte, zum Teil zu eigenen, teilweise auch zu Kompositionen seines Vaters, für H. Eisler und für die UFA. Heute ist er vor allem als Übersetzer und Arrangeur amerikanischer Musicals bekannt. Bis 1920 hatte Gilbert Philosophie und Kunstgeschichte an den Universitäten Freiburg und Berlin studiert. 1920 folgte er dem Vorbild seines Vaters Jean Gilbert mit dem er ab 1925 in verschiedenen Produktionen zusammenarbeitete, und stieg ins Operettenfach um. Die Spannweite seiner Texte und Themen ist für heutiges Empfinden enorm: Sie reicht von einfacher Unterhaltung zum ewig gleichen Turtelthema, wie: *Zwei Herzen im 3/4-Takt, Liebling mein Herz läßt dich grüßen* bis zu politisch anklagenden Texten wie dem *Stempellied* und der *Ballade vom Nigger Jim*, die er unter dem Pseudonym David Weber veröffentlichte.
Er war nicht nur gefragter Texter für Stolz, Heymann, Benatzky u. a., sondern vor dessen Zusammenarbeit mit B. Brecht der wichtigste Liedautor für H. Eisler in Berlin. Ab 1930 ist Gilbert Startexter für Gereimtes bei der UFA. Bis 1933 lebte Gilbert in Berlin; noch 1933 floh er vor der Gestapo nach Österreich. 1938 emigrierte er nach Frankreich, 1940 in die USA. Dort arbeitete er für Musicals und Filme, aber auch für Emigranten-Kabaretts und -Theatergruppen. 1949 kehrte er nach München zurück, 1954 zog er in die Schweiz.

Kompositionen mit seinem Vater

Annemarie (1925), Lene, Lotte, Liese (1926), Josefinens Töchter

Operetten

Die leichte Isabell, Prosit Gypsy, Die Kleine auf Besuch, Pit Pit

Operettentexte

Zwei Herzen im Dreivierteltakt (R. Stolz), Ihr erster Walzer, 3 Walzer (O. Straus), Im weißen Rößl (R. Benatzky u. a.)

Texte von Filmschlagern

Die Drei von der Tankstelle (Heymann, 1930), Bomben auf Monte Carlo (Heymann, 1931), Der Kongress tanzt (Heymann, 1931)

Musical-Übertragungen

Annie Get Your Gun (1956), My Fair Lady (1961), Hello Dolly (1966), Der Mann von La Mancha (1968)

Werner Wolf Glaser

* 14. 4. 1910 Köln

Glaser studierte 1926-29 zunächst in Köln bei Ph. Jarnach, dann in Berlin bei P. Hindemith; daneben belegte er in Bonn Kunstgeschichte, in Berlin Psychologie, worin er 1929 promovierte. Er war 1929-31 Operndirigent in Chemnitz (jetzt Karl-Marx-Stadt), 1932/33 Chordirigent in Köln. Glaser zählte sich zur parteiungebundenen Linken, war Mitglied in einem literarischen Zirkel, der sich um das Werk von St. George gebildet hatte. Über Brüssel emigrierte er 1933 nach Paris, dort lebte er vom Unterrichten. 1934 wurde er von einem Freund zur Umsiedlung nach Dänemark eingeladen; dort komponierte er zunächst und hielt Vorträge über Musik. 1939 gründete er mit Irene Skovgaard die Erwachsenenmusikschule in Lyngby. 1943 mußte er sich vor den heranrückenden Deutschen verstecken, floh dann auf einem Fischerboot von Helsingör nach Malmö. 1945 gründeten Gunnar Axen und Glaser die Musikschule in Västerås, die sie seitdem leiten. In den fünfziger und sechziger Jahren entwickelte Glaser eine Musiktherapie für geistig behinderte Kinder.

Opern

Kagekyio (1961), Möten (1969), En naken kung (1972), Cercatori (1972).

Orchesterwerke

9 Symphonien, Trilogia (1939), Paradosso (1972), Konzerte

Kammermusik

10 Streichquartette, Fem Strukturer für Sopran, Flöte, Saxophon und Violoncello, Linea rezza für Violine (1965), Ordo meatus (1968), Capricci für Klarinette (1969), Lettre à une âme für Violoncello.

Lieder, Chöre, Klavier- und Orgelwerke.

Alexander Goehr

* 10. 8. 1932 Berlin

Britischer Komponist deutscher Herkunft.
Goehr gehört zu den bedeutendsten britischen Komponisten seiner Generation. Sein Vater W. Goehr vermittelte ihm die Kenntnis der Schönbergschule und die Begeisterung für Monteverdi; ein Stipendium verschaffte ihm 1955/56 ein einjähriges Studium in O. Messiaens Meisterklasse in Paris, eigene Kompositionserfahrungen begünstigten Ende der fünfziger Jahre eine intensive Auseinandersetzung mit P. Boulez und anderen Exponenten der musikalischen Avantgarde. Im ersten Drittel der sechziger Jahre integrierte Goehr die verschiedenen Einflüsse zu einer persönlichen Tonsprache und Technik, die B. Northcott als «*Generative Grammatik der Tonhöhenbeziehungen*» kennzeichnet.

Opern

Arden Must Die op. 21 (1966), Shadowplay-2 op. 30 (1970), Sonata about Jerusalem op. 31 (1970)

Orchesterwerke

Fantasia op. 4 (1954/58), Hecuba's Lament op. 12 (1959-61), Violinkonzert op. 13 (1961/62), Little Symphony op. 15 (1963), Pastorals op. 19 (1965), Romanza op. 24 für Violoncello und Orchester (1968), Konzertstücke op. 26 für Klavier und kleines Orchester (1969), Symphonie in einem Satz op. 29 (1969/70), Klavierkonzert op. 33 (1971/72), Chaconne op. 35 für 19 Bläser (1974)

Vokalwerke

Songs of Bable op. 1 (1951), The Deluge (1957/58), Sutter's Gold op. 10 (1959/60), 2 Chöre op. 14 (1962), Warngedichte op. 22 (1967), Babylon the Great is Fallen op.40 (1979)

Kammermusik

3 Streichquartette opp.5 (1956/57), 23 (1967), 37 (1975/76), Lyrische Stücke op. 36 für Bläserquintett, Trompete, Posaune und Kontrabass (1974), Klavierwerke

Walter Goehr

* 28. 5. 1903 Berlin
† 4. 12. 1960 Sheffield

Britischer Dirigent und Komponist deutscher Herkunft. Goehr spielte in Großbritannien, wohin er 1933 aus Berlin emigriert war, u. a. als Dirigent eine wichtige Rolle für die moderne Musik: Er leitete die Uraufführungen von B. Brittens *Serenade* (1943), von M. Tippetts *A Child of Our Time* (1944) und von M. Seibers *Ulysses* (1949), setzte sich für die Werke Eislers und seines ehemaligen Lehrers A. Schönberg ein. Goehr war nach seinem Studium an der Preußischen Akademie der Künste 1925–31 Dirigent am Berliner Rundfunk. In Großbritannien war er bis 1939 musikalischer Leiter bei den Plattenfirmen Columbia und EMI, 1943–60 Dirigent des Morley College, 1945-48 des BBC-Theaterorchesters. Als Gast dirigierte er die wichtigsten Orchester in Großbritannien, auf dem europäischen Kontinent, in Nord- und Südamerika. Unter seinen Werken – einer Symphonie, Kammermusik, Orchesterwerken, Musik für Radio, Film und Theater – ragen *Malpopita* (1930), die erste Radiooper und die Filmmusik zu *Great Expectations* (1946) heraus.

Berthold Goldschmidt

* 18. 1. 1903 Hamburg

Britischer Dirigent und Komponist deutscher Herkunft. Goldschmidt studierte an der Universität Hamburg, ab 192 an der Universität und der Musikhochschule in Berlin, wo e Dirigieren u. a. bei J. Prüwer und Komposition bei F. Schre ker belegte. 1925–27 war er in Dessau Assistent Franz vo Hoesslins (1885-1946), einem Dirigenten und Komponiste in der Reger-Nachfolge, der 1936 die Leitung der Breslaue Oper und der Konzerte der Schlesischen Philharmonie auf gab, um nach Italien zu emigrieren. 1927 rief Carl Eber Goldschmidt nach Darmstadt, wo er sich vor allem als Diri gent moderner Werke profilierte. Goldschmidt hatte ein aussichtsreiche Doppelkarriere als Dirigent und Komponis vor sich: Eine *Passacaglia für Orchester* gewann de Mendelssohn-Preis; Schreker und Kleiber empfahlen de jungen Komponisten an die Universal-Edition; C. Eber nahm Goldschmidt 1931 als musikalischen Berater an di Städtische Oper Berlin mit; der einstige Kommiliton J. Rosenstock brachte 1932 in Mannheim die Oper *De gewaltige Hahnrei* heraus, die für die Spielzeit 1933/34 auc für Berlin geplant war. Die Machtübernahme der Nationa sozialisten zerstörte die Hoffnungen: Goldschmidt wurd entlassen, bezog zunächst noch die Hälfte seines Gehalts we ter, zusätzliche Einnahmen erhielt er durch die Vermittlun von Instrumentaliten für B. Hubermanns geplanten Aufba eines Symphonieorchesters in Palästina. Obwohl sich di Erwartungen auf eine Zusammenarbeit mit C. Ebert bei neugegründeten Glyndebourne Festival nicht erfüllten, em grierte Goldschmidt im Herbst 1935 nach Großbritannie nachdem auch seine Werke nur noch im Rahmen des JK aufgeführt werden konnten. 1938 schrieb er für K. Jooss da Ballett *Chronica*. Insgesamt war Goldschmidts Existen grundlage prekär, er hatte einige Privatschüler, gegen Krie sende noch Aufträge im Rahmen des Deutschsprachige Dienstes der BBC. In den ersten Exiljahren war Goldschmi auch Mitglied des Freien Deutschen Kulturbundes. Ab 194 beginnt langsam eine neue Dirigentenkarriere, 1947 ist d Chordirektor in Glyndebourne, ab 1959 macht er sich eine Namen als Mahler-Dirigent, desen *X. Symphonie* er nac eigenen Rekonstruktionen ab 1964 des öfteren dirigier

Als Komponist hat Goldschmidt zahlreiche Enttäuschungen erlebt.

Werke

(bis 1935 sind die meisten verschollen, aufgeführt sind nur die erhaltenen)

Ouvertüre zu Die Komödie der Irrungen (1925), 1. Streichquartett (1926), Klaviersonate (1926), Der gewaltige Hahnrei (1929/30), Zwei Betrachtungen (1931), 2 Klavierlieder (1933), Variationen über ein Hirtenlied aus Palästina (1934), 2. Streichquartett (1936), Ciaconna Sinfonica (1936), Chronica (1938), Griechische Suite (1940/41), Sinfonietta (1945/46), Beatrice Cenci (1949), Cellokonzert (1953), Klarinettenkonzert (1954), Violinkonzert (1951-55), Chronica-Suite (1958), Mediterranean Songs (1958), Quartett für Klarinette und Streicher, Klaviertrio.

Staatlich akademische Hochschule für Musik

Alfred Alexander Goodman

* 1. 3. 1920 Berlin

Der Sohn von Oskar Guttmann besuchte 1937/38 das Sternsche Konservatorium in Berlin, war 1938/39 Geiger und Schlagzeuger im Orchester des JKB. Durch Hilfe eines Schulfreundes konnte er im April 1939 nach London emigrieren. Er schrieb für das politische Kabarett *The Four and Twenty Black Sheep*, komponierte und arrangierte für die BBC. Als friendly alien konnte er im Januar 1940 in die USA emigrieren, wo er seine Musikstudien bei J. Prüwer und bei seinem Vater fortsetzte. 1942/43 diente er in der US-Armee; komponierte und arrangierte dann für namhafte Bigbands (Benny Goodman, Buddy Rich u.a.). 1947-53 studierte er an der Columbia University Komposition und Musikwissenschaft. Ab 1955 Editor bei einer Plattenfirma, 1957-60 Komponist und Arrangeur für Dokumentarfilme, 1956-60 Dozent für Komposition und Kontrapunktlehre und Musikkritiker für die New Yorker Zeitschrift *Aufbau.* Seit 1960 lebt Goodman wieder in Europa, seit 1961 in München, zunächst freischaffend als Komponist, Arrangeur und Musikwissenschaftler, ab 1963 als freier, seit 1971 als fester Mitarbeiter des Bayerischen Rundfunks. 1965 initiierte er die Konzertreihe *Deutsch-Amerikanische Interpretation zeitgenössischer Musik,* die er zeit ihres Bestehens (bis 1972) leitete. 1972 promovierte er bei C. Dahlhaus über *Die amerikanischen Schüler Franz Liszts.* Seit 1976 ist er Dozent an der Musikhochschule in München für Tonsatz, Kontrapunkt und Angewandte Musik.

Oper

The Audition (1954), Der Läufer (1970), The Lady and The Maid (1985)

Orchesterwerke:

2 Symphonien (1949, 1962), Sinfonietta (1952), Uptown – Downtown (1954), Pro Memoria (1974), Individuation (1977), Solokonzerte und Ouvertüren

Kammermusik

3 Monologe für Violoncello (1967), Sonatine für Oboe (1974), 2 Studien für Fagott (1974), 2 Soliloquies für Kontrabaß (1976), Guitaresque für Gitarre (1987); Sonate für Trompete und Klavier (1950), Violine und Klavier (1960), Konstellation II für Flöten und Keyboard (1987); 2 Streichquartette (1950, 1959), 5 Sequences für Holzbläser (1969), 5 Aphoris-

men für zwei Holzbläserquartette (1978); Brass Quintet in seven Rounds (1977), Across the Boar für Blechensemble (1978), Brassology for Eleven (1986), Direction LA (1986), Drei Dialoge für Klarinette und Schlagzeug (1978), Zwei mal Zwei für Gitarre und Percussion (1987)

Vokalwerke

Psalm 12 für Bariton, Frauenchor und Orgel (1949), Drei Madrigale ohne Worte (1964), Drei Gesänge für al cappellal Chor nach J.Bobrowski (1970), Drei Motivationen für Chorensemble mit Vibraphon, Gitarre und Kontrabaß (1979), Drei Gesänge für Stimme und acht Instrumente (1975), Drei Gedanken über den Blues (1985/86), Lieder mit Instrumentalensemble, Klavierlieder.

Außerdem Orgelwerke, Klavierkompositionen.

Film-, Fernseh-, Bühnen- und Hörspielmusiken.

Städtisches Konservatorium
Reichpietschufer

Peter Gradenwitz

* 24. 1. 1910 Berlin

Israelischer Musikwissenschaftler und Komponist deutscher Herkunft.
Gradenwitz war in Berlin Kompositionsschüler von H. Eisler und Rufer. An den Universitäten Berlin und Freiburg studierte er zwischen 1929 und 1933 Musikwissenschaft, Literatur, Philosophie und Geschichte. Nach Studienaufenthalten in Paris (1933/34) und London (1934-36) promovierte er 1936 an der Deutschen Universität Prag über Johann Stamitz. 1936 emigrierte er nach Palästina, und lebt seit Ende 1936 in Tel Aviv. Dort Mitbegründer der nationalen Sektion der IGNM und deren Delegierter bei internationalen Kongressen und Festivals und Gründer des ersten Israelischen Musikverlags internationaler Prägung. Seit 1948 Vortragsreisen nach Europa und in die USA. 1968-77 Dozent am musikwissenschaftlichen Institut der Universität Tel Aviv, 1980 Honorarprofessor der Albert-Ludwig-Universität Freiburg/Breisgau. Mitarbeiter an internationalen Enzyklopädien und Lexika, Zeitschriften und wissenschaftlichen Symposien, sowie verschiedenen Rundfunksendern.

Wilhelm (Will) Grosz

* 11. 8. 1894 Wien
† 10. 12. 1939 New York

Grosz studierte 1910-16 Klavier und Komposition (u. a. bei F. Schreker) an der Wiener Musikakademie, an der Universität Musikwissenschaft bei G. Adler, bei dem er 1920 über *Die Fugenarbeit in W. A. Mozarts Vokal- und Instrumentalwerken* promovierte. 1920/21 war er Kapellmeister in Mannheim, 1922-28 arbeitete er in Wien als Komponist und Klavierbegleiter. 1928-33 lebte Grosz in Berlin, konzertierte, schrieb für den Rundfunk, war künstlerischer Leiter der Ultraphon-Grammophongesellschaft. 1933 kehrte er nach Wien zurück, war Dirigent an den Kammerspielen. Nach antisemitischen Attacken emigrierte er 1934 nach London, wo er nach Texten von J. Kennedy einige internationale Erfolgsschlager schrieb, bevor er 1938 in die USA zog. Er starb, bevor er dort richtig Fuß fassen konnte.

Grosz galt als sensibler Pianist und Klavierbegleiter. Kompositorisch verfügte er über eine breite Ausdrucksskala. Er begann ganz in der ernsten Musik, gehörte aber zu den ersten, die Jazzelemente aufgriffen. In den späten zwanziger Jahren erwies er sich als Meister der Groteske. In seiner Berliner Zeit wandte er sich zunehmend der Komposition von Unterhaltungsmusik zu.

Bühnenwerke

Sgaranell (Oper, 1925), Der arme Reinhold (1928), Baby in der Bar (Tanzspiel, 1928), Achtung! Aufnahme! (1930), Bühnenmusiken

Orchesterwerke

2 Phantastische Stücke op. 5 und op. 7 (1916/17), Ouverture zu einer Opera Buffa op. 14, Symphonischer Tanz op. 24 (1930), Espagnola op. 41 (Jazzrhapsodie, 1937), Orchesterlieder

Kammermusik

Jazzband für Violine und Klavier (1924), Violinsonate (1925), Klavierstücke, Klavierlieder, Bänkelballaden (1931)

Populäre Werke

Isle of Capri (1934), Red Sails in The Sunset (1935), Harder Lights (1937), Filmmusiken

Manfred Gurlitt

* 6. 9. 1890 Berlin
† 29. 4. 1973 Tokio

Gurlitt studierte an der Berliner Musikhochschule u. a. bei E. Humperdinck und K. Muck (Dirigieren). Er war 1908-10 Korrepetitor an der Berliner Hofoper, 1911 Assistent bei den Bayreuther Festspielen und Kapellmeister am Stadttheater Essen, 1912/13 Dirigent am Stadttheater Augsburg, 1914-27 war er Musikdirektor am Stadttheater in Bremen, wo er die Neue Musikgesellschaft gründete und leitete. 1924-27 war er GMD an der Staatsoper Berlin und lehrte an der Musikhochschule. 1927 Gastdirigent in Deutschland, Österreich und Spanien. 1933 wurde er seiner Posten in Deutschland enthoben, reiste bis 1937 als Gastdirigent durch verschiedene europäische Länder; 1938 dirigierte er an der Staatsoper in Wien. Gurlitt emigrierte 1939 unter Schwierigkeiten nach Japan, wo er als Musiklehrer, Opern- und Konzertdirigent arbeitete. Seine Tätigkeit beim Rundfunk mußte er 1942 auf Intervention der Nazis einstellen. Er gründete in Japan ein eigenes Opernunternehmen, das vor allem deutsche Opern bekannt machte. Ab 1953 besuchte er des öfteren Europa, um eigene Werke zu dirigieren, die während der Naziherrschaft verboten waren. Ab 1969 war er Professor an der Show- Akademie für Musik in Tokio.

Opern

Die Heilige (G. Hauptmann, 1920), Wozzeck (G. Büchner, 1926), Soldaten (J. M. R. Lenz, 1930), Nana (M. Brod, nach Zola, 1933), Seguidila bolero (Knudsen, 1937), Nächtlicher Spuk (1937), Warum? (1940), Feliza (1941), Nordische Ballade (1944), Wir schreiten aus (1958). Die Libretti für die letztgenannten Werke schrieb Gurlitt selbst.

Werke mit Orchester

Symphonische Musik (1922), 5 Gesänge für Sopran und Kammerorchester (1923), Orchester-Gesänge (1925), Kammerkonzert Nr. 1 für Klavier und Kammerorchester (1927), Kammerkonzert Nr. 2 für Violine und Kammerorchester (1929), Violoncellokonzert (1937), Goya-Symphonie (1938), 3 politische Reden (Büchner, für Bariton, Männerchor, Orchester, 1944), Shakespeare-Symphonie für 5 Solostimmen und Orchester (1954)

Kammermusik

Klaviersonate (1911), Klavierquintett (1911), Kammerkonzert für Violine, 13 Bläser und Schlagzeug (1932), Lieder und Klavierwerke.

Alfred Guttmann

* 30. 7. 1873 Posen
(jetzt: Poznan, Polen)
† 21. 12. 1951 Sykkylven (Norwegen)

Sänger, Musikschriftsteller, Arzt und Komponist.
Guttmann studierte nach seiner Medizinerausbildung Gesang in Berlin, München und Breslau. Ab 1894 trat er als Konzertsänger auf. Ab 1900 war er als künstlerischer Beirat und Vorstandsmitglied in mehreren Organisationen des Berliner Volksbildungswesens aktiv. Ab 1901 widmete er sich vor allem wissenschaftlischen Arbeiten, studierte in Berlin Psychologie und Musikwissenschaften. Er verfaßte Studien über Physiologie und Psychologie des Gesangs, war künstlerischer Beirat des deutschen Arbeitersängerbundes, für den er auch einige Liedersammlungen herausgab, die eigene Beiträge enthielten. Guttmann emigrierte 1939 - 66jährig - nach Norwegen.

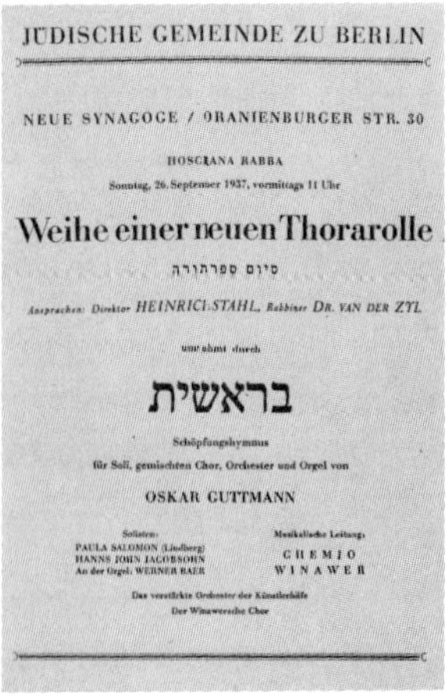

Oskar Guttmann

* 16. 6. 1885 Brieg
(Schlesien; jetzt: Brzeg, Polen)
† 8. 9. 1943 New York

Guttmann war Dirigent und Komponist, Musikwissenschaftler und Kritiker. Daß er, der Musiker, seine akademische Laufbahn mit der Jurisprudenz begann (1904-07 Studium in Freiburg und Berlin), entspricht auch in seiner Generation einer deutschen Tradition. 1906-09 studierte er in Berlin am Sternschen Konservatorium Klavier und Komposition, an der Universität bei H. Kretzschmar Musikwissenschaft. 1910 promovierte er bei H. Riemann in Leipzig über *J. K. F. Rellstab: Ein Beitrag zur Musikgeschichte Berlins.* 1909-14 war er Kapellmeister in Tilsit, Königsberg und Mühlhausen; seinen Kriegsdienst absolvierte er als Dirigent eines Blasorchesters und eines Symphonieorchesters der Armee. Nach Kriegsende zunächst als Syndikus tätig, zog er 1924 nach Breslau. Als Kritiker schrieb er für verschiedene Zeitungen, u. a. den *Berliner Börsenkurier.* Bei der *Schlesischen Funkstunde* für zeitgenössische Musik zuständig, machte er u. a. Schönberg, Krenek und finnische Komponisten in Schlesien bekannt, oft auch als Begleiter seiner Frau, einer Sängerin. 1930 zog er nach Berlin; neben seiner Stellung als Chordirektor der Synagoge an der Oranienburger Straße, der damaligen Berliner Hauptsynagoge, arbeitete er weiter für Rundfunk und Zeitungen, ab 1933 überwiegend, ab 1935 ausschließlich für jüdische Publikationen. Guttmann, der eine nachgerade existentielle Bindung an die deutsche Kultur und Kunst hatte, stand dem Nationalsozialismus fassungslos gegenüber und emigrierte daher erst im Dezember 1939 über Norwegen nach New York, arbeitete dort als Chordirektor an der spanischen und portugiesischen Synagoge. Er starb an einem unerkannten Herzleiden, bevor er eine bereits zugesagte Kritikerposition antreten konnte. Das Oratorium Bereschit *(Die Schöpfung)* wurde 1937 im Rahmen des JKB von C. Vinaver aufgeführt. Er war Mitherausgeber der *Synagoge Melodies as used in the Sephardic Congregation Shearith Israel* (1942).

Albert Hague (bis 1941 Albert Hans Marcuse)

* 13. 10. 1920 Berlin

Hague erhielt noch in Berlin Klavier- und Kompositionsunterricht, war 1939 für kurze Zeit an der Accademia Santa Cecilia in Rom. 1939 kam er als Austauschstudent in die USA, erlangte durch Reemigration über Kuba den Emigrantenstatus. 1939-42 besuchte er die Universität in Cincinnati (Ohio). 1942-45 Dienst in der US-Airforce. Seit 1948 schreibt Hague zahlreiche Bühnenmusiken und Musicals für den Broadway.

Werke

The Madwoman of Chaillot (1948), Plain and Fancy (1955), Café Coown (1964), The Fig Leaves Are Falling (1969), Miss Moffat (1974), Film- und Fernsehmusiken.

Bernhard Heiden (früher: Levi)

* 24. 8. 1910 Frankfurt/Main

Heiden studierte 1929-33 bei P. Hindemith in Berlin, 1933-35 war er Klarinettist. Er emigrierte 1935 in die USA. Bis 1943 lehrte er in Detroit, wo seine Schwester schon seit 1925 lebte, an der Art Center Music School und dirigierte das Detroit Music Guild Orchestra, ab 1942 auch das neugegründete Detroit Chamber Orchestra. Daneben arbeitete er als Pianist und Arrangeur. 1943-45 leitete er ein Musikkorps der US-Armee. 1945 studierte Heiden Musikwissenschaft, nach seinem Magisterabschluss 1946 wurde er Professor für Komposition an der Indiana University in Bloomington. 1966/67 war er Guggenheim-Stipendiat. Heiden löste sich im Laufe der Zeit vom Kompositionsstil der Hindemith-Nachfolge.

Bühnenwerke

Dreamers on a Slack Wire (Ballett, 1953), The Darkened City (Oper, 1963)

Orchesterwerke

2 Symphonien (1938, 1954), Euphorion (1949), Memorial (1955), Variationen (1960), Envoy (1963), Cellokonzert (1967), Hornkonzert (1969), Partita (1970), Tubakonzert (1976)

Kammermusik

3 Streichquartette (1947, 1951, 1964); Sonaten für Saxophon und Klavier (1937), für Horn und Klavier (1939), für 2 Klaviere (1946); Sinfonia für Bläserquintett (1949), Quintett für Horn und Streichquartett (1952), Serenade für Horn und Streichtrio (1955), Bläserquintett (1965), Variationen für Tuba und neun Hörner (1974), The Sonnets of Louise Labé für Gesang und Streichquartett (1977). Chorwerke, Klavierkompositionen und Filmmusiken.

Frederico Heinlein

* 25. 1. 1912 Berlin

Chilenischer Komponist und Musikkritiker deutscher Herkunft.

Heinlein studierte 1929-33 am Sternschen Konservatorium und an der Universät in Berlin. Er emigrierte 1933 nach Paris, setzte dort seine Studien bei N. Boulanger, danach bei Thurston Dart in London fort. 1940 emigrierte er nach Chile. 1957 wurde er als Professor an die Faculdad de Artes y Ciencias Musicales der Universidad de Chile berufen. Er schrieb Kritiken für die Tageszeitung El Mercurio und die deutsch-chilenische Zeitung Cóndor; ab 1958 war er Präsident des Circulo de Criticos de Arte , ab 1966 Generalsekretär des chilenischen Nationalkomitees für Musik der UNESCO.

Kompositionen

Streichquartett (1939), Sinfonietta (1954), Tripartita für Bläserquintett (1968), Chöre, Lieder und weitere Orchesterwerke.

Hans Helfritz

* 25. 7. 1902 Hilbersdorf (Sachsen)

Helfritz studierte an der Berliner Musikhochschule bei P. Hindemith, M. Butting und H. Tiessen, später in Wien bei E. Wellesz, danach Musikwissenschaft an der Universität Berlin bei E. Hornbostel, in dessen Auftrag er 1930-35 auf Reisen durch Palästina, Syrien, Saudiarabien und Jemen zahlreiche Tonaufzeichnungen der dortigen Musik machte. Er unternahm 1937/38 eine Vortragsreise in die USA, danach durch Mexico, Mittel- und Südamerika. Helfritz entschied sich nach Kriegsbeginn, nicht nach Deutschland zurückzukehren, sondern siedelte sich 1939 in Chile an, erforschte dort, von der Regierung unterstützt, die Volksmusik, leitete das Volksmusikarchiv der Universität. Seit 1950 hielt er jährlich Vorträge in Europa. 1956 erforschte er in Westafrika die Lieder der Eingeborenen. Seit 1962 lebt Helfritz auf Ibiza. In seinen überwiegend polyphonen Kompositionen griff Helfritz gelegentlich auf Elemente des Jazz und der südamerikanischen Melodik und Rhythmik zurück.

Kompositionen

Klavierkonzert, Orgelkonzert, Cembalokonzert, Saxophonkonzert; Bläsersuite, Suite für kleines Orchester, 2 Streichquartette, Violinsonate, Lieder nach folkloristischen Motiven, Werke unter Verwendung indianisch-bolivianischer Volksmelodien, Filmmusiken.

Robert Franz Richard Hernried (früher Hirsch)

* 22. 9. 1883 Wien
† 3. 9. 1951 Detroit (Michigan, USA)

Amerikanischer Komponist, Dirigent und Musikschriftsteller österreichischer Herkunft.
Hernried studierte an der Musikakademie und der Universität in Wien. 1906-14 war er Korrepetitor, ab 1908 Dirigent an zahlreichen österreichischen und deutschen Opernhäusern (Preßburg, Meran, Troppau, Flensburg und Linz). 1914-18 Kriegsdienst. Danach begann Hernrieds Lehrtätigkeit für Musiktheorie und Komposition in Mannheim (1919-22), Heidelberg und Kaiserslautern (1922-24) und Erfurt (1924-26); 1926 wurde er von der Deutschen Orchestervereinigung als Sekretär und Herausgeber der Zeitschrift *Das Orchester* nach Berlin berufen und unterrichtete dort bis 1928 am Sternschen Konservatorium, 1927-34 an der Staatlichen Akademie für Kirchen- und Schulmusik. Von den Nazis relegiert, kehrte Hernried zunächst nach Wien zurück, emigrierte 1939 in die USA. Bis 1946 lehrte er an Colleges in Davenport (Iowa), Dickinson (North-Dakota) und Fort Wayne (Indiana). 1946 wurde er zum Professor für Theorie und Komposition ans Institute of Musical Art und als Dozent für Musikgeschichte und -pädagogik an die Universität Detroit berufen. Hernried komponierte tonal, er selbst charkterisierte seinen Stil als *progressive Romantik.*

Kompositionen

Francesca da Rimini, Die Bäuerin (Opern); Konzertouverture für Orchester, Konzert im alten Stil für Violine und Orchester, zahlreiche Lieder, Chorwerke, Kammermusik

Veröffentlichungen

Emile Jaques-Dalcroze (1929), Allgemeine Musiklehre (1933), Johannes Brahms (1934), Systhematische Modulationslehre (1935), 4 unveröffentlichte Kompositionen von R. Schumann (1942), Entdeckungen in Wien: Unveröffentlichte Briefe von Weber und Liszt (1946)

Werner Richard Heymann

* 14. 2. 1896 Königsberg
† 30. 5. 1961 München

In musikliebender Umgebung großgeworden, zählt W. R. Heymann zu den Frühstartern seines Metiers: als 12jähriger spielt er bei den Königsberger Philharmonikern, als 13jähriger studiert er Theorie und Kontrapunkt. Die Laufbahn des ernsten Komponisten scheint vorgezeichnet, durch öffentliche Aufführungen ab 1916 in Wien, Berlin und Salzburg bestätigt. Durch die Begegnung mit J. R. Becher zum radikalen Pazifisten geworden, beteiligt sich Heymann 1918 am *Rat der geistigen Arbeiter*, hält Kontakt zu dadaistischen Kreisen. Von dort beginnt seine Arbeit für Bühne und Kabarett. Mit Holländer und Spoliansky bildet er das Trio der wichtigsten Kabarettkomponisten der zweiten Generation (Arbeit für *Schall und Rauch*, *Wilde Bühne*, *Größenwahn*, *Kabarett der Komiker* u.a.). Die frühen Chansons, vor allem nach den Großstadtgedichten von W. Mehring, zeigen stark expressionistische Züge und Anklänge. Später hat Heymann seinen Stil - vor allem für die Tonfilmoperetten - erheblich simplifiziert. Die Arbeit für die UFA erfolgt in drei Anläufen: 1923 für kurze Zeit Stummfilmkomponist (auch Beiträge zu Kinotheken); 1925 Assistent, 1926 Nachfolger E. Rapées als Dirigent des UFA-Orchesters (bis 1927); 1929-33 verbucht Heymann mit den Tonfilmoperetten für sich und die UFA die größten Erfolge. Obwohl die UFA ihm nach dem NS-Revirement unter ihren Mitarbeitern weiter Beschäftigung anbietet, emigriert er über das Saarland nach Paris, schreibt für die *Bouffes Parisiennes* die *Florestan*-Operette. Von einem erfolglosen Hollywoodversuch kehrt er nach Paris zurück, schreibt eine weitere Operette, eine Filmmusik in London bevor er 1936 endgültig nach Hollywood emigriert. Unter seinen 40 Partituren, allesamt Hintergrundmusiken, sind sechs für E. Lubitsch.

1950 kehrt Heymann nach Deutschland zurück, schreibt einige Filmmusiken, Bühnenmusiken und die Komödie *Kiki vom Montmartre.*

Frühe Kompositionen

Tanz der Götter Rhapsodische Sinfonie (1918), Frühlingsnotturno (1916), Streichquartett (1921), Klavier- und Orchesterlieder

Kabarett-Chansons

An den Kanälen, Die Kälte, Die Kartenhexe, Die kleine Stadt, Cabaret, If The Man in The Moon (Mehring); Das Leibregiment, Die Dorfschöne (Tucholsky); Zyklen Pierrot-Lieder (Wangenheim), Schwarzer Pierrot (Klabund Mehring)

Stummfilmmusiken

Brennende Grenze, Faust (1926), Spione (1928)

Tonfilme

Melodie des Herzens (1929), Liebeswalzer, Die drei von der Tankstelle (1930), Der Kongreß tanzt (1931), Bomben auf Monte Carlo, Der blonde Traum, Quick (1932), Blaubarts achte Frau (1938), Ninotschka (1939), One Million BC (1940), That Uncertain Feeling (1941), To Be or Not To Be (1942), Knickerbocker Holiday (Bearbeitung des Weillschen Musicals, 1944)

Bühnenmusiken

Florestan der I. - Prinz von Monaco (1934), Trente et Quarante (1935), Professor Unrat (1952), Kiki vom Montmartre (1954)

Hans Robert Herrman Hickmann

* 19. 5. 1908 Roßlau (Sachsen-Anhalt)
† 4. 9. 1968 Blandford Forum/Dorset (GB)

Musikwissenschaftler, Komponist, Pianist und Dirigent. Hickmann studierte ab 1929 Musikwissenschaft an der Universität (u.a. bei Schering, C. Sachs, von Hornbostel, Blume und Schünemann), Klavier, Dirigieren, Komposition und Musikpädagogik an der Akademie für Kirchen- und Schulmusik Berlin (u.a. bei Moser, Hernried, Schubert). 1934 Promotion *(Das Portativ)*. 1932/33 war er im Auftrag des deutschen Phonogrammarchivs in Ägypten, wohin er 1934 aus Ablehnung des Naziregimes emigrierte. Die Reichsschrifttumskammer erteilte ihm Publikationsverbot. In Ägypten war er als Dirigent, Organist, Pädagoge, Lehrer und u. a. als Musikforscher tätig. Er baute in Kairo die Musikschule *Musica viva* auf, schrieb Filmmusiken, Chorwerke, Kammermusik und Lieder, von denen nichts erhalten ist. Nach seiner ersten Nachkriegsreise nach Europa 1949 zum ersten Kongress der Internationalen Gesellschaft für Musikwissenschaft in Basel und zu Gastvorlesungen an zahlreichen europäischen Universitäten schrieb Hickmann regelmäßig bis 1952 für mehrere mitteleuropäische Rundfunksender. 1957 für kurze Zeit Direktor des deutschen Kulturinstituts in Kairo, kehrte Hickmann noch im selben Jahr nach Deutschland zurück, habilitierte sich an der Universität Hamburg und war dort Dozent, ab 1964 Professor für Musikethnologie und Musikwissenschaft. Ab 1958 war er Leiter der ArchivproduktionderDeutschenGrammophongesellschaft, ab 1959 Präsident der Deutschen Gesellschaft für Musik des Orients. Mitglied zahlreicher wissenschaftlicher Fachverbände. Viele Auszeichnungen.

Veröffentlichungsliste in: *Ethnomusicology IX* (1). S. 45-53, (Januar 1965).

Paul Hindemith

* 16. 11. 1895 Hanau bei Frankfurt/Main
† 28. 12. 1963 Frankfurt/Main

Hindemith, am Hochschen Konservatorium in Frankfurt ausgebildet, hatte sich Anfang der Zwanziger Jahre als Komponist und Violin- bzw. Violavirtuose einen Namen gemacht. Ab 1923 gehörte er dem Vorbereitungskomitee der Donaueschinger (später Baden-Badener) Musiktage an, einem der wichtigsten Foren der Neuen Musik. 1927-37 war er Professor für Komposition und Theorie an der Berliner Musikhochschule, hielt Vorlesungen über Filmmusik an der Rundfunkversuchsstelle. 1934 beginnt der Streit um Hindemith, der bis in die NSDAP selbst hineinreicht: Offenen Angriffen auf ihn als Repräsentanten der «Systemzeit» und als «Konjunkturritter» stehen Hinweise auf eine Wende in seinem Werk gegenüber (Oratorium *Das Unaufhörliche; Mathis, der Maler*). Ab Januar 1935 ist Hindemith - ohne Verlust seiner Professur - insgesamt viermal für längere Zeit in der Türkei, um auf türkischen Wunsch und mit Auftrag des deutschen Reichsaußenministeriums ein Konservatorium nach deutschem Vorbild in Ankara aufzubauen und kulturellen Einflußnahmen der Sowjetunion zuvorzukommen. Trotz Kritik des Außenministeriums verschaffte er emigrierten jüdischen Künstlern Arbeitsmöglichkeiten auch über seine eigene Mission hinaus, die 1937 endet. Hindemith kündigt zum 30. 9. seine Professur, emigriert 1938 in die Schweiz und Anfang 1940 auf dringliche Anfragen in die USA. Er unterrichtet an mehreren Instituten, bis die Yale University ihm eine feste Stellung bietet (bis 1953). 1951 nimmt er eine Professur an der Züricher Universität an, siedelt nach Aufgabe seiner Stelle in Yale ganz in die Schweiz über, wo er bis 1955 regulär, danach als Emeritus gelegentlich lehrt. Hindemiths Entwicklung als Komponist folgt den allgemeinen Tendenzen der Zeit: Die Phase des Experimentierens 1918-23 verbindet sich mit den allgemeinen Aufbruchsstimmungen und -utopien nach Kriegsende.

Werke der ersten Periode

Mörder, Hoffnung der Frauen (1919), Santa Susanna (1921) (Opern), Der Dämon (Ballett, 1922), Das Nusch-Nuschi (Marionettenspiel, 1920), Quartette 2 (1921) und 3 (1922), Suite 1922 für Klavier

Hindemiths zweiter Kompositionsabschnitt der domestizierten, antiromantischen und neoklassizistischen Ton- und Formsprache (1923-33) trifft sich mit der Strömung der Neuen Sachlichkeit, besonders sympthomatisch in den Zeitstücken nach Marcellus Schiffer (bekannt u. a. durch seine Revuen mit M. Spoliansky) und nach B. Brecht: Hin und Zurück (1927), Neues vom Tage (1929), Lehrstück (1929), Lindberghflug (mit K. Weill, 1929).

Weitere Werke der zweiten Periode

Cardillac (Oper, 1926), Das Marienleben (1923), Quartett Nr. 4 (1923), Kammermusiken Nr. 2-7 (1924-27).

Früh kündigt sich bei Hindemith der Wandel der Utopie, ernüchtert durch neusachliche Skepsis, in Pädagogik an. Mit der Gebrauchsmusik, der Sing- und Spielmusik verbindet er sich mit den Idealen der Sing- und Jugendbewegung. Mit den *Sing- und Spielmusiken* op. 43-45, der Kinderoper *Wir bauen eine Stadt* (1930) und dem *Plöner Musiktag* (1932) deutet sich ein neuer Schaffensabschnitt an; mit dem Oratorium *Das Unaufhörliche* (1931), der Oper und der Symphonie *Mathis der Maler* (1934/35) fügt er sich in den allgemeinen Konservativismus der Zeit ein.

In der dritten Periode (1933-63) kehrt Hindemith zur Tonalität zurück, pädagogisch-theoretisch untermauert durch die *Unterweisung im Tonsatz* (1937). In dieser längsten Phase entstehen die zahlreichen Sonaten für ein Melodieinstrument mit Klavierbegleitung, die Klavier- und Orgelsonaten, zahlreiche Vokal- und Orchesterwerke, die Tanzlegende *Nobilissima Visione* (1938) und die Oper *Die Harmonie der Welt* (1956/57).

Hugo Hirsch

* 12. 3. 1884 Birnbaum bei Posen
(jetzt: Miedzychód, Polen)
† 16. 8. 1961 Berlin (West)

Hirsch, heute fast vergessen, war zwischen 1912 und 1933 ein Synonym für die Berliner musikalische Komödie zwischen Posse und Operette, die auf einprägsamen Melodien, geschicktem harmonischen Kolorit und treffsicheren (und daher meist zeitgebundenen) Pointen beruhte. Hirsch hatte sein Medizinstudium in Breslau nach 3 Semestern abgebrochen, studierte in Stettin, dann in Berlin bei J. Doebber Musik. Sein Aufstieg als Komponist beginnt 1912 in der «Provinz»: Breslau gibt sein *Broadwaygirl.* 1914 hat er Berlin-Premiere mit *Tangofieber.* Der Weg des Erfolgs führt - mit einer kurzen kriegsbedingten Unterbrechung - bis 1926 steil nach oben, danach schreibt Hirsch nur noch einzelne Stücke sein bereits 1920 komponiertes Evergreen *Wer wird denn weinen, wenn man auseinandergeht* liefert 1929 beim Übergang vom Stumm- zum Tonfilm Titel und Titelschlager. 1933 emigriert Hirsch über London und Belgien nach Frankreich. Nach der deutschen Okkupation interniert, überstehen er und seine Frau die (getrennte) Lagerhaft. Auf Einladung des Senats kehrt Hirsch 1950 nach Westberlin zurück. Neben der Verfilmung früherer Erfolgsoperetten entstehen einige Einzelwerke.

Operetten und Revuen

Dumme Mädel (1911), Das Broadwaygirl, Eine kitzlige Geschichte (1912), Die Hoflieferantin (1913), Tangofieber (1914), 'ne feine Familie, Die Heiratsinsel (1916), Die ewige Braut (1917), Die erste Nacht (1919), Die Scheidungsreise (1920), Die tolle Lola (1922), Dolly (1923), Der Fürst von Pappenheim (1923), Senora, Wenn man verliebt ist (1924), Komm doch endlich, Der blonde Traum, Die Abenteuer des Herrn Meiermax, Monsieur Troulala (alle 1925), Yvonne, Kyritz-Pyritz, Wieder Metropol (alle 1926), Fräulein Mama (1928), La danseuse espagnole (1930), Revue für Josephine Baker (1933). Mehrere Einzellieder, Verfilmungen von: Der Fürst von Pappenheim (1952), Die tolle Lola (1954)

Theodore Holdheim

* 2. 12. 1923 Berlin
† 6. 2. 1985 Tel Aviv

Israelischer Komponist deutscher Herkunft.
1933 nach Palästina emigriert, studierte Holdheim zunächst in Israel, 1952-54 an der Juillard School in New York. Er wollte sich den wechselnden Tendenzen der jeweiligen Moderne nicht anschließen, komponierte daher in (erweitert) tonalem Idiom.

Orchester- und Bühnenwerke

Laßt uns das Wasser preisen, Davids Klagelied (choreographische Kantaten, 1957), Kontinua (Oper, 1964), Violinkonzert (1971)

Kammermusik

Kleine Suite für Klarinette und Klavier (1953), Streichquartett (1954), Kleine Sonate für Flöte und Klavier (1950), Sonate für Trompete und Klavier (1958), Capriccio für Flöte und zwei Klarinetten (1966), Fanfare, Lied und Tanz für Blechbläser (1966), Quintett für Bläser und Klavier (1968), Sonate für zwei Flöten (1969), 12 Miniaturen für Klavier (1961)

Friedrich Holländer

* 18. 10. 1896 London
† 18. 1. 1976 München

Holländer, der am Sternschen Konservatorium und an der Musikhochschule Berlin studierte, war ab 1913 Ehrenstipendiat für Komposition bei E. Humperdinck. 1915 wurde er Korrepetitor in Prag, seinen Kriegsdienst absolvierte er als Operettendirigent in der «Frontbetreuung». 1919 beginnt seine Berliner Karriere mit einer Bühnenmusik zu E. Lasker-Schülers *Oper* und mit der Arbeit für M. Reinhardts wiedererwecktes Kabarett *Schall und Rauch.*

Holländer ist ein Meister seines Fachs: Den Ruf des gefragtesten Kabarett- und Chansonkomponisten teilt er sich mit dem fast zwei Jahrzehnte älteren R. Nelson, in seiner Generation mit den *Schall und Rauch*-Kollegen W. R. Heymann und M. Spoliansky. Nebenbei profiliert er sich als Operettendirigent und Bühnenkomponist. 1926 löst er sich mit der «Revuette» - der Kabarett-Revue, der eine durchgängige Rahmenhandlung zugrunde liegt - vom alten Nummernkabarett: ein Weg, den auch Schiffer/Spoliansky mit ihren, dem Lebensgefühl der Neuen Sachlichkeit auf den Leib geschriebenen, Revuen einschlugen. Die Texte schrieb er häufig selbst. 1931 eröffnete er seine eigene Bühne: das *Tingeltangel,* in dem vor 1933 mit *Spuk in der Villa Stern* und *Höchste Eisenbahn* zwei Revuen den heraufziehenden Faschismus satirisch, doch mit melancholischen Untertönen, ins Visier nehmen. 1929 beginnt mit *Der blaue Engel* die Arbeit für den Tonfilm, die in den USA - nach erfolglosem Parisaufenthalt 1933 und einigen Anpassungsschwierigkeiten in Hollywood - ab 1935 fast ausschließliches Tätigkeitsfeld wird. Bis 1954 schreibt Holländer mehr als 120 Filmmusiken, Hintergrundmusiken ebenso wie Filmlieder. 1955 kehrt Holländer nach Deutschland zurück, arbeitet nach einer erfolglosen Musicalproduktion 1956-58 und 1961 für das Münchner Kabarett *Die kleine Freiheit.* Nach Wiederaufnahmen alter Revuen in Berlin zieht er sich von der Musik zurück, schreibt nach seiner Autobiographie (1965) drei teilweise visionäre Romane.

Revuen

Das hab ich mir gedacht (1924), Laterna Magica (1926), Hetärengespräche (1926), Was Sie wollen, Du bist Du!, Bei uns um die Gedächtniskirche rum (1927), Es kommt jeder dran, Bitte einsteigen (1928), Spuk in der Villa Stern (1931), Höchste Eisenbahn (1932), Hoppla, auf's Sofa (1957), Der große Dreh (1958), Rauf und Runter (1959), Futschikato (1961)

Texte für Nelson-Revuen:

Madame Revue (1925), Das spricht Bände (1929), Der rote Faden, Quick (1930)

Filmmusiken

Kreuzzug des Weibes (Stummfilm, 1926), Der blaue Engel (1929/30), Die große Sehnsucht, Einbrecher (1930) Der Mann, der seinen Mörder sucht, Das Lied vom Leben (1931), Stürme der Leidenschaft (1932), Ich und die Kaiserin (Regie, Musik: F. Wachsmann, 1933), Song of Songs (1933), Anything Goes, (1936), Desire (1936), Hundred Men and a Girl (1937), You and Me (mit K. Weill, 1938), Destry Rides Again (Der große Bluff, 1939), Man about Town (1939), Seven Sinners (Das Haus der sieben Sünden, 1940), The Talk of the Town (1942), That Lady in Ermine (1948), The Five Thousand Fingers of Dr. T (1953), Phffft (1954)

Bühnenwerke

Die vier Temperamente (Ballett, 1922), Die fromme Helene (Operette, 1923), Ich tanze um die Welt mit dir (Posse, 1929), Frankensteins unheimliche Geschichten (Parodie, 1932), Scherzo (Musical, 1956), Das Blaue vom Himmel (Komödie), Adam und Eva (Paradisical)

Bühnenmusiken

Die Oper (E. Lasker-Schüler, 1919), Masse Mensch (E. Toller, 1921), Phäa (F. v. Unruh, 1930), Nina (B. Frank, 1931).

Zahlreiche Einzellieder für die Kabaretts *Schall und Rauch, Rakete, Größenwahn, Wilde Bühne* u. a. nach Texten von W. Mehring, K. Tucholsky, Klabund und anderen (1919–1923, einzelne 1926/27, 1930)

Victor Holländer

* 20. 4. 1866 Leobschütz (Oberschlesien, jetzt: Glubczyce, Polen)
† 24. 10. 1940 Hollywood

Mit P. Lincke einer der Väter der Berliner Operette. Holländer studierte in Berlin Klavier und Komposition, schrieb noch in seiner Studienzeit die ersten Operetten. Ab 1886 war er Dirigent in Hamburg, Budapest, Marienbad und anderen europäischen Städten, später in Chicago und Milwaukee. Nach der Rückkehr nach Europa war er 6 Jahre Konzert- und Theaterdirigent in London. Danach erhielt er einen Lehrauftrag am Sternschen Konservatorium in Berlin, das sein Bruder Gustav leitete; ab 1897 war Victor Holländer dessen Vizedirektor. 1901–13 war er Dirigent und Hauskomponist des Metropol-Theaters in Berlin, ab 1908 Dirigent am Neuen Operettentheater. Neben Operetten schrieb Holländer u. a. Jahresendrevuen für das Metropoltheater. 1934 folgte er seinem Sohn Friedrich in die USA. Seine Operetten sind eleganter, wienerischer als die seiner Zeitgenossen.

Operetten

Carmosinella (1887), Der Bey von Marocco (1994), Double Dealings (1898), Eine feine Nummer (1904), Der Sonnenvogel (1907), Der Regimentspapa (1914), Die Prinzessin vom Nil (1915), Die Schöne vom Strande (1915)

Revuen

Auf ins Metropol (1905), Der Teufel lacht dazu (1906)

Weitere Werke

Die Jugend Samuels (Oratorium), Sumurun (Pantomime), Die Weihnachtsfee (Kantate, 1895), außerdem Lieder und Klaviermusik

1906 stellte Fritzi Massary in der Metropol-Revue *Der Teufel lacht dazu* die Sünde von Berlin dar.

Rodolfo Holzmann (früher: Rudolf)

* 27. 11. 1910 Breslau
(heute: Wroclaw, Polen)

Peruanischer Komponist, Oboist, Dirigent und Musikethnologe deutscher Herkunft. Holzmann brach sein Medizinstudium in Breslau ab, um ab 1931 am Klindworth-Scharwenka-Konservatorium in Berlin Klavier, Dirigieren und Komposition (bei W. Vogel) zu studieren. 1933 emigrierte er nach Frankreich, nahm an Scherchens Sommerkursen in Straßburg und 1935 in Brüssel teil. Bis 1935 studierte er bei W. Vogel Komposition, bei K. Rathaus Filmmusik, ab 1935 Oboe in Zürich. 1938 wurde er als Oboenlehrer an die Akademie nach Lima berufen. Parallel dazu spielte er 1938-45 als Geiger im Nationalen Symphonieorchester. 1945 erhielt er eine Professur für Komposition am Nationalen Konservatorium für Musik, wo er 1957 den Lehrstuhl für Dirigieren übernahm. 1957/58 hielt er Gastvorlesungen an der University of Texas, 1963/64 Zürichaufenthalt. 1964-72 arbeitete er als Musikethnologe an der Nationalen Schule für Volksmusik und Tanz. 1972 übernahm er einen Lehrstuhl an der neugegründeten Universität Huánuco. Holzmann gewann Bedeutung durch seine Sammlung peruanischer Folklore; seine Kompositionsweise, folkloristisches Material in die Kunstmusik einzufügen, übte großen Einfluß auf die Komponisten Perus aus. Kompositorisch hielt Holzmann ständig Kontakt zu den europäischen Entwicklungen, einschließlich der Serialität.

Orchesterwerke

Suite radiofónica (1932), 2 Movimientos (1934), Divertimento concertante für Klavier und 10 Bläser (1941), 5 Fragmentos sinfónicos (1943), Las danzas de le reina de las hadas (1943), Cantigas de la edad de oro (1944), Suite arequipena (1945), Symphonie (1946), Concertino für 2 Klaviere und Orchester (1947), Pequena suite peruana (1948), Klavierkonzert (1949), Partita für Streicher (1951), Suite sinfónica (1954), Duadodicata (1966)

Kammermusik

Suite à trois thèmes (Baßklarinette, Altsaxophon, Trompete, Klavier, 1933), Sarabande e Toccata und Suite für Altsax und Klavier (1934), Passage perpetuel für Bläser und Schlagzeug (1935), Divertimento für Bläserquintett (1936), 4 Klaviersuisuiten (1941/42), Ninerías für Klavier (1947), Remembranzas für Klavier (1949), Quintedo trimódico für Streichquintett (1959)

Vokalwerke

La passión del que mora en la tierra (Kantate, 1959), Chorwerke, Lieder

Jascha Horenstein

* 6. 5. 1899 Kiew
† 2. 4. 1973 London

Amerikanischer Dirigent russisch-österreichischer Abstammung. Horenstein kam mit seiner Familie 1905 nach Königsberg, erhielt dort ersten Musikunterricht, 1911 nach Wien, wo er ab 1917 bei J. Marx, ab 1918 bei F. Schreker studierte. Parallel dazu besuchte er 1918-20 die Wiener Universität. Wie Krenek und Rathaus folgte er 1920 Schreker nach Berlin, wo er Assistent W. Furtwänglers wurde. 1923 Dirigentendebut mit den Wiener Symphonikern. 1922-25 als Nachfolger H. Scherchens Leiter des Schubertchores und des Großberliner Arbeiterchores. 1925-28 Gastdirigent des Blüthner-Orchesters und der Berliner Philharmoniker. 1928-33 musikalischer Oberleiter in Düsseldorf, 1933 von den Nazis entlassen. Bis 1937 Tourneen als Gastdirigent durch Europa, Australien und Neuseeland, 1938 nach Palästina. 1940 emigrierte Horenstein in die USA, wo er die New Yorker Philharmoniker und andere namhafte Orchester dirigierte. Horenstein machte sich – neben seinen Bruckner- und Mahlerinterpretationen – vor allem um die Oper des 20. Jahrhunderts (Berg, Janacek, Busoni) verdient. Als Komponist ist er kaum öffentlich hervorgetreten.

Hanoch Jacoby (früher: Heinrich)

* 2. 3. 1909 Königsberg (jetzt: Kaliningrad, UdSSR)

Jacoby studierte 1927-30 in Berlin Violine, Viola und Komposition (bei P. Hindemith), 1927/28 auch an der Universität. Er spielte 1929/30 in M. Taubes Kammerorchester, ab 1930 im Südwestdeutschen Rundfunkorchester Frankfurt. 1933 entlassen, emigrierte er nach Istanbul, gab dort Unterricht und spielte in einem Streichquartett. 1934 emigrierte er nach Palästina. 1934-58 unterrichtete Jacoby Violine, Viola und Theorie an der Jerusalemer Musikakademie, war ab 1954 deren Direktor; 1936-58 parallel dazu Solobratscher beim Palestine (später Israel) Symphonic Orchestra, 1958–74 beim Israel Philharmonic Orchestra. 1974/75 übernahm er, bereits im Ruhestand, eine Gastprofessur in Haifa. Jacoby kommt aus der Tradition der Hindemithschen Spiel- und Gebrauchsmusik. Er hat sich mit orientalischen Traditionen wenig auseinandergesetzt, schrieb jedoch einige Werke einer folkloristisch inspirierten leichteren Symphonik.

Orchesterwerke

Concertino für Viola und Orchester (1941), Violinkonzert (1945), Symphonischer Prolog (1948), 3 Symphonien und Sinfonietta (1940, 1955, 1960, 1960), Serio-Giocoso (1964), Partita concertata (1970). Volkstümlich orientiert sind:
König Davids Harfe (1948), Volkstümliche Suite (1950), Capriccio Israelien (1951), Partita Israeliana (1959)

Kammermusik

Concertino für Streichtrio (1932), 2 Streichquartette (1937, 1938), Thema, Variationen und Finale für Klaviertrio (1944), Bläserquintett (1946); 3 Rilkelieder (1937), 5 Zefira-Lieder (1959)

Solostücke für verschiedene Instrumente, Lieder, pädagogische Werke

Henry Jolles (früher Heinz)

* 28. 11. 1902 Berlin
† 16. 7. 1965 São Paulo

Brasilianischer Pianist und Komponist deutscher Herkunft. Jolles studierte Klavier unter anderem bei A. Schnabel, 1920–23 Komposition bei Juon, 1924 privat bei K. Weill, parallel dazu 1920-24 Musikwissenschaft an der Universität Berlin. 1921 begann er seine ausgedehnte Konzerttätigkeit. 1924 führte er Schönbergs Klavierstücke op. 23, 1925 Prokofieffs 3. Klavierkonzert zum ersten Mal in Deutschland auf. 1924-26 war er Lehrer am Klindworth-Scharwenka-Konservatorium Berlin, 1928-33 Professor und Fachbereichsleiter an der Kölner Musihochschule. 1933 emigrierte er nach Paris. Dort leitete er 1935-39 die Konzertgesellschaft La Sonate. Jolles emigrierte nach der deutschen Okkupation 1940 nach Brasilien. Er konzertierte und erhielt 1952 eine Professur an der Escola Livre de Música.
Unter seinen Kompositionen werden hervorgehoben die Lieder *Ultimo Poema de Stefan Zweig* (1942) und das Ballett *Carmen* (1943).

Paul Juon

* 6. 3. 1872 Moskau
† 21. 8. 1940 Vevey (Schweiz)

Juons Vater, Schweizer, mit einer Deutschen verheiratet, hatte in Moskau ein Versicherungsbüro. Juon erhielt seine akademische Ausbildung zunächst am Moskauer Konservatorium (1889-94), dann (1894-96) an der Musikhochschule in Berlin bei W. Bargiel, einem Stiefbruder von Clara Schumann. Nach einjährigem Lehrauftrag in Baku (1896/97) zog er 1897 endgültig nach Berlin. 1906-34 unterrichtete er Komposition und Theorie an der Staatlichen Hochschule für Musik, 1911 erhielt er den Professorentitel. 1919 wurde er in die Akademie der Künste berufen. Für seinen Rückzug 1934 in die Schweiz gaben gesundheitliche Gründe den Ausschlag. Man hat Juon den «russischen Brahms» genannt: Sein Werk ist stilistisch ganz Spätromantik, tonal, mit einigen modalen Abweichungen im Spätwerk; in Themenbildungen und Rhythmik machen sich russische und slawische Einflüsse bemerkbar. Juon gab seinen Werken häufige literarische Programme.

Orchesterwerke

3 Konzerte op. 42 (1909), 49 (1913), 88 (1931) und Burletta op. 97 (1940) für Violine und Orchester; Suiten Aus einem Tagebuch op. 35 (1906), Anmut und Würde op. 94 (1937); Serenaden op. 40 (1909), 85 (1929); Symphonie op. 23 (1903), Symphonie op. 27 (1907), Kleine Symphonie op. 87 (1930), Rhapsodische Symphonie op. 95 (1939), Sinfonietta Capricciosa op. 98 (1940); Mysterien, Sinfonische Dichtung nach K. Hamsun op. 59 für Violoncello und Orchester (1928), Psyche op. 32 (1906); Episodes concertantes op. 45 für Klaviertrio und Orchester (1912)

Kammermusik

Sextett op. 22 (1902); Bläserquintette op. 51 (1913), 84 (1930); Klavierquintette op. 33 (1906), 44 (1909); 3 Streichquartette op. 5 (1898), 29 (1904), 67 (1920); Klavierquartette op. 37 (1908), 50 (1912); Klaviertrios op. 17 (1901), 39 (1908), 60 (1915), Litaniae op. 70 (1920/29), Legende op. 83 (1930), Suite op. 89 (1932); Divertimento op. 34 für Klarinette und 2 Violen (1912); Arabesken op. 73 für Oboe, Klarinette und Fagott (1931); Violinsonaten op. 7 (1898), 69 (1920), 86 (1930); 2 Violasonaten op. 15 (1901), 82 (1924); 2 Cellosonaten op. 4 (1895), 54 (1913); Flötensonate op. 78 (1924)

Klavierwerke

Kleine Suite op. 20 (1902), Sonatine op. 47 (1911), 2 Suiten op. 62 (1929), Aus alter Zeit op. 68 (1920), circa 130 weitere Klavierwerke

Walter Jurmann

* 12. 10. 1903 Wien
† 17. 6. 1971 Budapest

Jurmann kam, nach abgebrochenem Medizinstudium und Job als Unterhaltungspianist in Wien, 1928 nach Berlin. Er begann als Barpianist im Eden-Hotel, lernte dort F. Rotter kennen, nach dessen Texten er 1928/29 zahlreiche Chansons und Schlager schrieb. 1930 beginnt die Arbeit für den Tonfilm, im Herbst 1931 lernt Jurmann durch Vermittlung Rotters B. Kaper kennen, mit dem er bis 1937 alle Filmmusiken gemeinsam schreibt. Im Sommer 1933 emigriert er nach Paris , wo er neben Filmmusiken für die *Folies bergères* und das *Casino de Paris* komponiert. Oktober 1934 Emigration in die USA durch Vertrag mit MGM, für die er im Februar 1935 zu arbeiten beginnt. Von 1938-42 pausiert er, komponiert 1942/43 noch einige Filmmusiken, um dann endgültig aufzuhören. In den folgenden Jahren schreibt er nur noch gelegentlich Lieder. Jurmann schrieb zu Filmen meist nur die Songs, während die Hintergrundmusiken auch bei deutschen Filmen von anderen Komponisten, unter anderem P. Dessau und A. Goodman, stammen.

Filmmusiken

Ihre Majestät, die Liebe (1930), und das ist die Hauptsache (1931), Salto mortale (1931), Ausflug ins Leben (1931); mit B. Kaper: Ehe m.b.H (1931), Es wird schon wieder besser (1932), Skandal in der Parkstraße (1932), Melodie der Liebe (1932), Ein toller Einfall (1932), Die zwei vom Süd-Express (1932), Hochzeitsreise zu dritt (1932), Madame wünscht keine Kinder (1932), Heut kommt's drauf an (1933), Ich will dich Liebe lehren (1933), Ein Lied für Dich (1933), Kind, ich freu mich auf dein Kommen (1933), Abenteuer am Lido (1933), Une femme au volant (1933), On a volé un homme (1933), Le greluchon délicat (1934), Les nuits moscovites (1934), Escapade (1935), Mutiny On The Bounty (1935), A Night at the Opera (1935), The Perfect Gentleman (1935),

San Francisco (1936), Trouble for Two (1936), Three Smart Girls (1936), A Day at the Races (1937), Everybody Sing (1937), Un coup de rouge (1937)

Allein vertont

Seven Sweethearts (1942), Nice Girl (1942), His Butler's Sister (1942), Presenting Lily Mars (1943), Thousands Cheer (1943)

MGM-Komponisten der Goldenen Dreißiger, von links: W. Jurmann, N. H. Brown, H. Adenson, B. Kaper, G. Kahn, J. Robbins, B. Lane, N. Washington, A. Johnston, R. Katscher, A. Freed.

Bronislaw Kaper

* 5. 2. 1902 Warschau
† 26. 4. 1983 Beverly Hills (USA)

Amerikanischer Filmkomponist polnischer Herkunft. Kaper war promovierter Jurist, nahm jedoch schon in Warschau und ab 1926 in Berlin Kompositions- und Klavierunterricht. 1929 hatte er die ersten Erfolge mit Evergreens nach Texten von F. Rotter. Über ihn lernte Kaper 1931 W. Jurmann kennen, mit ihm zusammen schrieb er zahlreiche Filmmusiken. 1933 verließ Kaper Berlin und emigrierte über Wien nach Paris, wo er mit Jurmann für die *Folies bergères* und das *Casino de Paris* arbeitete. Ende 1934 Emigration nach Hollywood, Arbeit bei MGM, mit denen schon vorher ein Vertrag bestand. Kaper, der in Europa den populären Filmschlager mitgeprägt hatte, griff in den USA hin und wieder zur Form- und Tonsprache der Klassik.

Filmmusiken (Werke in Zusammenarbeit mit W. Jurmann siehe unter Jurmann)

Die lustigen Musikanten, Korvettenkapitän (1930), Die große Attraktion (1931), Butterfield 8, Gaslight (1944), The Stranger (1946), Das Schicksal der Irene Forsythe (1949), The Red Badge of Courage (1951), Lili (1954), Die Brüder Karamasov (1958), The Barretts of the Wimple Street

Robert Kahn

* 21. 7. 1865 Mannheim
† 29. 5. 1951 Biddenden, Kent (GB)

Kahn studierte 1882-85 in Berlin, 1885/86 in München. Seit 1887 in Kontakt mit J. Brahms, nahm er dennoch dessen Angebot auf Unterricht aus Bescheidenheit nicht an. Nach kurzem Wehrdienst ließ sich Kahn in Berlin nieder, wo er, nach Kapellmeistertätigkeit in Leipzig (1890-93), ab 1894 bis zu seiner Emeritierung am 30.9.1930 Klavier, Komposition und Musiktheorie an der Staatlichen Hochschule unterrichtete. 1916 wurde er zum Mitglied der Akademie der Künste berufen. 1931-37 lebte Kahn zurückgezogen in Mecklenburg und entging so zunächst der Rassenverfolgung. 1937 emigrierte er nach Großbritannien. Kahn begann in der Tradition Mendelssohn-Schumann-Brahms, dem er besonders nahestand, zu komponieren; er schätzte M. Reger sehr. Er blieb im spätromantischen Idiom, mied jedoch die ganz großen Formen.

Orchesterwerke

Serenade Aus der Jugendzeit (1890), Konzertstücke für Klavier und Orchester opp. 74

Kammermusik

3 Sonaten op. 5 (1886), 26 (1897), 50 (1907), 2 Stücke op. 4, 5 Tonbilder op. 36 (1902), Suite op. 69 (1920) für Violine und Klavier; 3 Stücke op. 25 (1897), Sonaten opp. 37 (1903), 56 (1911) für Violoncello und Klavier; 3 Streichquartette opp. 8 (1890), 60 (1914); 3 Klavierquartette opp. 14 (1891), 30 (1899), 41 (1904); 4 Klaviertrios opp.19 (1893), 33 (1900), 35 (1902), 72 (1922); Trio op. 45 für Klarinette, Violoncello und Klavier (1906), Quintett op. 54 (Klarinette, Horn, Violino, Violoncello, Klavier, 1910)

Chorwerke

Mahomets Gesang op. 24 (für Chor und Orchester, 1896), Sommerabend op. 28 für Soli, Chor und Klavier (1897), Sturmlied op. 53 für Chor, Orchester und Orgel (1910), Festgesang op. 64 für Sopran, Chor, Orchester und Orgel, 4 Feierliche Gesänge op. 76 für Chor unisono und Klavier, Wenn's Glück ihm günstig ist op. 83 (1933), 14 Liedersammlungen, zahlreiche Kanons

Lieder

180 Sololieder, 13 Duette

Erich Katz

* 31. 7. 1900 Posen (jetzt: Poznan, Polen)
† 30. 7. 1973 Santa Barbara (Kalifornien)

Als Komponist und Musikwissenschaftler ausgebildet, zunächst in Berlin (1918-21), danach in Freiburg, wo er 1924–26 Assistent von W. Gurlitt war. 1926-33 Musikkritiker, 1928–33 Vizepräsident des Freiburger Musiklehrerseminars. 1930 gab Katz das später im *Lexikon der Juden in der Musik* heftig inkriminierte *Neue Chorbuch* heraus. 1933-38 war er Organist an der Freiburger Synagoge. Im November 1938 interniert, wurde ihm im August 1939 die schon 1935 beantragte Emigration nach Großbritannien bewilligt. Dort organisierte er Singgruppen, wurde 1940 in England interniert, 1941-43 war er Musiklehrer. 1943 Emigration in die USA, wo er zunächst als Notenkopist, dann (1943-45) als Privatmusiklehrer arbeitete 1946–59 Leiter der American Recorader Society. 1945-49 Dozent, später Abteilungsleiter am New York College of Music, 1948-59 Direktor des Musicians Workshop, 1959-73 war er Dozent am Santa Barbara College, Kalifornien.
Die meisten Werke Katzs folgen Hindemiths Ideal der *Gebrauchsmusik.*

Werke

Chorkantate (1936), Sonatine für Holzbläser (1945), Since Singing is so Good a Thing (Kantate, 1949), Toy - Concerto für Holzbläser, Celesta und Schlagzeug (1950), Concertino für Streichorchester (1951), Suite for Recorder Consort and Percussion (1957), Violinsonate (1957), The Eternal Day (1963), Toccata (1969), Quodlibet für Chor a cappella (1969), Toccata für Blockflötenquartett (1969), Inventionen für Klavier, Filmmusiken (Alice in Wonderland, 1954), Chorwerke, Lieder, Klavierstücke, 2 Streichquartette

Paul Klecki

* 21. 3. 1900 Lodz
† 5. 3. 1973 Liverpool

Schweizerischer Dirigent und Komponist polnischer Herkunft.
Klecki kam 1921 nach Berlin. Vorher hatte er an der Universität und dem Konservatorium Warschau studiert, nachdem er 1914–19 Geiger im Philharmonischen Orchester Lodz war. Er blieb bis 1933 in Berlin, studierte 1921–24 an der Staatlichen Hochschule für Musik, war dann als Dirigent verschiedener Orchester tätig. 1933 Emigration nach Italien, zunächst nach Venedig. Ab 1935 war er in Mailand Kompositions- und Instrumentationslehrer an der Scuola superiore di Musica. 1937/38 Musikdirektor der Philharmonie in Charkov (UdSSR). 1938 Emigration in die Schweiz. 1940–45 Professor für Orchesterleitung in Lausanne. Ab 1945 Gastdirigent verschiedener Orchester. 1954/55 Erster Dirigent der Philharmonie Liverpool. 1959 Nordamerikadebut. 1960–63 Musikdirektor des Dallas Symphonieorchesters, 1964–66 des Berner Symphonieorchesters, 1967–69 als Nachfolger Ansermets Musikdirektor des Orchestre de la Suisse Romande. Der größte Teil von Kleckis Kompositionen, darunter 4 Symphonien, Violin- und Klavierkonzerte, 4 Streichquartette und weitere Kammermusikwerke, wurde von den Nationalsozialisten vernichtet.

James Klein

* 22. 8. 1884 Berlin
† 1943 KZ Auschwitz

Klein war in den zwanziger Jahren berühmt für seine Nacktrevuen, die er mit großem Aufwand an Personal, Kulisse und Ausstattung in Szene setzte. Seine Karriere als Revuemanager, -autor und -komponist begann 1908 in Berlin mit der Übernahme des Walhallatheaters, an dem Lokalpossen und Varietés gegeben wurden. Nach dem Bankrott dieser Bühne übernahm Klein ab 1914 das Apollotheater. 1921-25 Direktor, Produzent und Ausstatter seiner spektakulären Revuen, die er 1926-29 trotz eines Konkurses über Mittelsmänner fortsetzen konnte. Die Komische Oper, an der er inszeniert hatte, wurde 1929 zum Operettentheater umgewandelt. Am 30.1.1933 Emigration nach Frankreich, in der Folgezeit sind keine künstlerischen Aktivitäten belegt. Im Oktober 1943 von der Gestapo in Nizza verhaftet, wurde Klein im November nach Auschwitz deportiert und dort umgebracht.

Revuen

Die Welt geht unter! (1918), Die Welt ohne Schleier (1923), Das hat die Welt noch nicht gesehen (1924), Berlin ohne Hemd (1926), Die Sünden der Welt (1927), Streng verboten! (1927), Die Welt applaudiert - alles nackt (1927), Zieh dich aus! (1928), Donnerwetter - 1000 Frauen! (1928), Häuser der Liebe (1928), Paradies der süßen Frauen (1929), Von Bettchen zu Bettchen (1929)

Otto Klemperer

* 14. 5. 1885 Breslau
† 6. 7. 1973 Zürich

Klemperer war Schüler des Hochschen Konservatoriums in Frankfurt am Main und schloß in Berlin u.a. bei Pfitzner seine Ausbildung ab. Erste Stationen als Dirigent waren das Deutsche Landestheater in Prag (von 1907 an), 1. Kapellmeister in Hamburg (1910), Barmen (1912), Straßburg (1914) und Köln (1917), wo er 1923 GMD wurde. Über Wiesbaden (1924) ging Klemperer 1927 als Leiter und Kapellmeister an die Kroll-Oper nach Berlin. Während dieser Zeit gab es an diesem Institut einige exemplarische Aufführungen, die der Opern-Regie neue Wege wiesen (*Fidelio, Tannhäuser* und verschiedene Mozart-Opern), insbesondere setzte er sich für neue Musik ein (Krenek und Weill).

1931 wurde die Kroll-Oper nach vielen Anfeindungen geschlossen, Klemperer dirigierte dann noch einige Male an der Städtischen Oper und mußte Deutschland 1933 verlassen. Von 1933 bis 1940 leitete er das Los Angeles Philharmonic Orchestra und führte dieses zu einer ersten Blüte. Nach dem Krieg verbrachte er einige Spielzeiten an der Budapester Oper und wurde dann langjähriger Chefdirigent des Philharmonia Orchestra London. 1970 zog Klemperer nach Jerusalem und nahm die israelische Staatsbürgerschaft an. Seine wesentlichen Leistungen als Dirigent liegen auf dem Gebiet der Wiener Klassik und in der Interpretation Gustav Mahlers, dessen Wertschätzung er schon in jungen Jahren genoß. Während seines ganzen Lebens ist Klemperer immer wieder auch als Komponist hervorgetreten.

Werke
Missa sacra, Sinfonien, Sieben Streichquartette.

Fünf Dirigenten:
Bruno Walter
Arturo Toscanini
Erich Kleiber
Otto Klemperer
und Wilhelm Furtwängler
Berlin 1929

Schönberg,
Toch und Klemperer in
Los Angeles 1936

Hans-Joachim Koellreutter

* 2.9.1915 Freiburg

Koellreutter studierte 1934-36 in Berlin, 1936/37 in Genf. Zu seinen Lehrern gehören P. Hindemith und H. Scherchen. Koellreutter war Mitbegründer des Arbeitskreises für Neue Musik, der in seine Konzertprogramme auch Werke nazistisch verfemter Komponisten aufnahm. 1937 Auftrittsverbot in Deutschland, Denunziation durch ein Familienmitglied, deshalb Emigration nach Brasilien. Dort lehrte er an verschiedenen Instituten in Rio de Janeiro, São Paolo und Bahia. Ihm verdankt eine große Zahl junger brasilianischer Komponisten die Bekanntschaft mit der zwölfton-Komposition. 1963 übernahm Koellreutter die Leitung der Programmabteilung des Goetheinstituts in München, das er 1965–69 in Neu Dehli, ab 1970 in Tokio vertrat. In Poona gründete er ein Ost-West Musikseminar für vergleichende Studien indischer und westlicher Musik. Koellreutters kompositorische Entwicklung vollzieht sich nach tonalen Anfängen über Zwölftonkompositionen hin zu seriellen und postseriellen Kompositionsverfahren.

Orchesterwerke

4 Stücke (1937), Música (1947), Sinfonia da camera (1948), Mutacoes (1953), Concrecion (1960), Constructio ad synesin (1962), Advaita (1968), Sunyata (1968)

Vokalwerke

Notturno de Oneyda Alvarenga (1945), Au Café (1956), Acht Haikai de Pedro Xisto (1963), Cantos de Kulka (1964), India Report (1967), Yu für Sopran und japanische Instrumente (1970), Mu-Dai (1972), Au Café (1975)

Kammermusik

2 Sonaten für Flöte und Klavier (1937, 1939), Violinsonate (1939), Inventionen für Bläsertrio (1940), Musica (1941), Variationen für Bläserquartett (1941), Duo für Violoncello und Klavier (1941), Musica (1947 für Streichquartett (1947), Diaton 8 (1955), Tanka I für Sprecher und Koto (1971), Tanka I für Sprecher und Klavier (1973)

Mieczyslaw Kolinski

* 5. 9. 1901 Warschau

Kanadischer Komponist, Musikethnologe und -theoretiker. Kolinski, zum Teil in Hamburg aufgewachsen, studierte in Berlin: an der Musikhochschule (Klavier bei L. Kreutzer, Komposition bei P. Juon) und an der Universität (Musikwissenschaft, Psychologie und Anthropologie); 1930 musikethnologische Promotion. Von 1926-33 war er Assistent E. v. Hornbostels am Staatlichen Phonogramm-Archiv. 1933 emigrierte er nach Prag, wo er im Auftrag amerikanischer Universitäten Musik afrikanischer und südostasiatischer Eingeborener transkribierte und analysierte. 1938 Emigration nach Belgien, dort konnte er sich während der deutschen Okkupation versteckt halten. 1951 zog Kolinski nach New York, arbeitete als Verleger und Musiktherapeut. 1955 Mitbegründer der Gesellschaft für Musikethnologie. 1966–76 leitete er die musikethnologische Abteilung der Universität von Toronto (Kanada). Gegenüber seiner Bedeutung als Musikethnologe trat seine Wertschätzung als Komponist und Theoretiker in den Hintergrund.

Kompositionen

3 Ballette (Expreßzug-Phantasie, 1935; L'homme et ses ombres, 1950), 2 Klaviersonaten (1919, 1946/66), Sonate für Violine und Klavier (1924), Sonate für Violoncello und Klavier (1926), Lyrisches Sextett (1929), 4 Klaviersuiten, Streichquartett (1931), Un jour passe für Klavier (1938), 4 Danses en form d'études für Klavier (1938), Concertino (1951), Dahomey Suite (1951), Hatikvah-Variationen für Streichquartett (1960), Tanzphantasie für Streichorchester (1968), Encounterpoint für Orgel und Streichquartett (1973), Concertino für Sopran, Klarinette und Klavier (1974), zahlreiche Lieder, Volksliedarrangements

Peter Jona Korn (früher: Peter Hans)

* 30. 3. 1922 Berlin

Schon während seiner Schulzeit erhielt Korn Unterricht an der Berliner Musikhochschule. Ohne seine Eltern emigrierte er 1933 nach London, setzte dort seine Schulausbildung und seine Musikstudien fort. 1936 emigrierte er nach Palästina, erhielt dort durch einen Wettbewerbssieg eine Studiengenehmigung. Bis 1941 besuchte er Schulen in Jerusalem und Tel Aviv, studierte bis zu dessen Weggang 1938 bei St. Wolpe. 1941 emigrierte er in die USA, studierte 1941/42 bei A. Schönberg, parallel dazu Filmkomposition bei M. Rózsa und I. Dahl (einem 1938 aus Wien emigrierten Komponisten). 1943 trat er in die amerikanische Armee ein. 1946/47 studierte er bei H. Eisler und E. Toch. Korn war Gründungsdirigent des New Orchestra of Los Angeles (1948-56), lehrte 1960/61 am Max-Trapp-Konservatorium in München, war Gastdozent an der University of California Los Angeles (1964/65). 1965 kehrte er endgültig nach Deutschland zurück, war bis 1967 freiberuflich als Komponist, Dirigent und Journalist tätig. 1967 übernahm Korn die Leitung des Richard-Strauss-Konservatoriums in München, die er mit Ende des Sommersemesters 1987 niederlegte.

Oper

Heidi (1963)

Orchesterwerke

3 Symphonien opp. 3 (1946/57), 13 (1952), 30 (1956/73), 4 Ouverturen op. 4 (1947), 9 (1949), 21 (1953), 43 (1966), Rhapsodie op. 14 für Oboe und Streicher (1952), Concertino op. 15 für Horn und Streicher (1952), Saxophonkonzert op. 31 (1956), Violinkonzert op. 39 (1965), Semi-Symphonie op. 42 (1966), Diversions (1966), Eine kleine Popmusik (1972)

Kammermusik

Violoncellosonate (1949), Oboensonate (1949), 2 Streichquartette opp. 10 (1950), 36 (1963), Passacaglia und Fuge für acht Hörner (1952), Hornsonate (1953), Serenade op. 33 für 4 Hörner (1957), Quintettino für Flöte, Klarinette, Fagott, Violoncello und Klavier (1964), Turandot-Variationen für Klavier (1973), weitere Klavierstücke

Chorwerke, Lieder

Erich Wolfgang Korngold

* 29. 5. 1897 Brünn
(Österreich, jetzt: Brno, CSSR)
† 29. 11. 1957 Hollywood (USA)

Der Vater, Julius Korngold, Rechtsanwalt und Musikkritiker, wird 1901 von E. Hanslick *Neuen Freien Presse* nach Wien gerufen. Ab 1903 erhält Korngold Klavier- und Theorieunterricht, 1907-11 bei A. v. Zemlinsky. Unter den zahlreichen Wunderkindern dieses Jahrhunderts ist Korngold das bisher berühmteste. Die Ballettpantomime *Der Schneemann,* vom Elfjährigen komponiert, wurde in der Instrumentation von Zemlinsky an der Wiener Hofoper aufgeführt. Auch die folgenden Werke fanden prominente Erstinterpreten. Die beiden Kurzopern *Der Ring des Polykrates* und *Violanta* brachte Bruno Walter 1916 in München heraus. Nach Kriegsdienst 1917/18 war Korngold 1919-22 Dirigent der Hamburger Oper. Am 4. 12. 1920 hatte - ein fast einmaliges Ereignis - die Oper *Die tote Stadt* Doppelpremiere in Köln und Hamburg. In Berlin, wo 1910 die Sinfonietta und die Violinsonate op. 6 uraufgeführt wurden, wo 1917 *Violanta* und *Der Ring des Polykrates,* 1924 *Die tote Stadt* Premiere hatten, hielt sich Korngold seit 1929 zur Zusammenarbeit mit Max Reinhardt öfter auf. Für ihn arrangierte er 1929 *Die Fledermaus,* 1931 *Die schöne Helena* (Offenbach).
Im Oktober 1934 wurde Korngold zur Bearbeitung der *Sommernachtstraum* - Musik für die Reinhardt-Verfilmung zum ersten Mal in die USA gerufen. 1935/36 und 1936/37 folgen Aufträge der Paramount und der Warner-Brothers, für die Korngold in der Folgezeit ausschließlich komponiert. Die geplante Wiener Uraufführung der Oper *Die Katrin* scheitert 1938. Korngold kehrt nach dem deutschen Einmarsch von einer USA-Reise zur Vertonung von *Robin Hood* nicht mehr nach Wien zurück. 1938-45 schrieb er fast ausschließlich Auftragswerke, vor allem Filmmusiken. Das 1945 entstandene Violinkonzert basiert auf Filmmusikthemen. 1949 kehrt er nach Europa, vor allem nach Wien, zurück. An die alten Erfolge kann er nicht mehr anknüpfen. Im Sommer 1955 reist er deshalb nach Hollywood zurück.

Kammermusik

3 Klaviersonaten, 3 Streichquartette, sowie zahlreiche weitere Klavierstücke und Kammermusiken, 9 Liederzyklen

Orchesterwerke

Schauspielouvertüre op. 4 (1911), Sinfonietta in B op. 5 (1912), Violinkonzert in D op. 35 (1945), Cellokonzert in C op. 37 (1946), Sinfonische Serenade für Streichorchester in B op. 39 (1947), Symphonie in Fis op. 40 (1951/52), Thema und Variationen op. 42 (1953)

Filmmusiken

A Midsummer Night's Dream (nach Mendelssohn, 1934), Anthony Adverse (1936), The Adventures of Robin Hood (1938), Juarez (1939), The Sea Hawk (1940), The Sea Wolf (1941), Of Human Bondage (1945), Deception (1946), Magic-Fire (nach Wagner, 1954) überdies 11 Operettenbearbeitungen (Johann Strauß, Jaques Offenbach, Leo Fall)

E.W. Korngold mit Frau und Kindern bei der Ankunft in New York 1936

Joseph Kosma

* 22. 10. 1905 Budapest
† 7. 8. 1969 La Roche Guyon (bei Paris)

Joseph Kosma und Hanns Eisler

Studium an der Budapester Musikakademie. 1926-28 Korrepetitor an der Staatsoper Budapest. Durch ein Stipendium 1929 nach Berlin gekommen, studierte er bei Eisler, war begeisterter Anhänger von B. Brecht und H. Weigel. 1933 emigrierte Kosma nach Paris, komponierte zunächst für das 1934 gegründete Emigrantenkabarett *Die Laterne,* 1935 Musik zu drei Filmen von Jean Renoir. 1935 Bekanntschaft mit Jaques Prévert, in jahrelanger Zusammenarbeit entstehen zahlreiche Chansons, von denen starke Impulse auf das französische Nachkriegschanson ausgingen. Nach der deutschen Okkupation hielt sich Kosma, der Paris in einer abenteuerlichen Flucht verlassen hatte, in Südfrankreich versteckt; die wenigen Kompositionen veröffentlichte er unter Pseudonym. 1945 kehrte er nach Paris zurück. Außer den bekannten Prévert-Chansons vertonte Kosma Werke der wichtigsten modernen französischen Autoren (Sartre, Arragòn, Queneau).

Neben dem Hauptarbeitsgebiet Chanson und Filmmusik, in dem Kosma eine einfache, oft noch hörbar von Eisler geprägte Tonsprache bevorzugt, stehen komplexere Partituren von Ballett-, Opern- und Orchesterkompositionen.

Chansons

mehrere Bände nach Texten vor allem von J. Prévert

Filmmusiken

La grande illusion, La Marseillaise, La bête humaine (1935), Les enfants du paradis (Kinder des Olymp, 1944), Les ports de la nuit (1947), Juliette ou La clef des songes (1951)

Opern

Les canuts (dt.: Die Weber von Lyon, 1959), Amour électronique (1961), Les Hussards (1969)

Ballett

Le rendez-vous (1945), Baptiste (1949), L'écuyère (1949).
Bühnenmusiken, Orchester-, Kammermusik- und Vokalwerke

Max Kowalski

* 10.8.1882 Kowal (Polen)
† 4.6.1956 London

Kowalski wuchs zunächst in Ballenstedt, einer sächsischen Kleinstadt, danach in Frankfurt a. M. auf. Er studierte Gesang in Berlin, Komposition in Frankfurt (bei Sekles), danach Jura in Heidelberg und Marburg (1906 Promotion). 1909-38 arbeitete Kowalski hauptberuflich als Rechtsanwalt in Frankfurt, im Nebenberuf als Komponist von achtbarem öffentlichen Erfolg. 1934 erhielt er Publikationsverbot, konnte jedoch als Anwalt für Juden weiter praktizieren. Diese Möglichkeit wurde ihm 1938 genommen. Nach kurzer Lagerhaft im KZ Buchenwald (1938/39) emigrierte er nach Großbritannien. Dort arbeitete er als Klavierstimmer, als Sänger in der Synagoge und schließlich als Gesangslehrer in London. Kowalski war in seltener Ausschließlichkeit Liedkomponist. Er schrieb in der spätromantischen Tradition. Am meisten beachtet wurde sein *Pierrot lunaire,* der fast gleichzeitig mit Schönbergs Komposition erschien.

Lieder

6 Lieder op. 1 (1913), Die Sonne sinkt op. 2 (Nietzsche, 1913), 6 Gesänge op. 3 (1913), 12 Gedichte aus Pierrot lunaire op. 4 (Giraud, übersetzt von Hartleben, 1913), 3 Lieder op. 5 (Greif, 1915), 3 Balladen op. 7 (C. F. Meyer, 1914), 3 Gedichte op. 8 (Greif, 1914), 4 Gesänge op. 9 (1916), 6 Lieder auf alte Gedichte op. 10 (1919), 6 Liebeslieder aus dem Rokoko op. 11 (1921), 5 Marienlieder op. 12 (1927), 6 Gedichte op. 13 (Verlaine, 1928), 5 Gedichte op. 14 (H. Hesse, 1931), 6 Gedichte op. 15 (Klabund, 1930), 5 Lieder op. 17 (1931), 6 Lieder aus dem West-Östlichen Divan (Goethe, 1934), 7 Gedichte op. 18 (Hafis, 1933), Japanischer Frühling (1934-38), 5 jüdische Lieder, 3 zusätzliche jüdische Lieder (1935-37), 12 Kinderlieder (1936), 6 Heine-Lieder (1938), 12 Lieder (Li-Tai-Po, 1938/39), Ein Liederzyklus (Khayyam, 1941), 8 Lieder (Hafis, 1948), 7 Lieder (C. F. Meyer, 1949), 6 Lieder (Hölderlin, 1950/51), 7 Lieder (Rilke, 1951), 7 Geisha-Lieder (1951), 6 Lieder auf indische Gedichte (1951/52), 5 Lieder (George, 1952), 6 Lieder auf arabische Gedichte (1953/54)

Klavierwerke

2 Klavierstücke op. 6 (1913)

Ernst Krenek

* 23.8.1900 Wien

Amerikanischer Komponist österreichischer Herkunft. Kreneks Berliner Jahre (1920-23) waren eine Episode studienhalber. Er folgte seinem Lehrer F. Schreker von Wien nach Berlin. Dort gehörte er zum Kreis um die Zeitschrift *Melos* und die Novembergruppe, die auch Werke von ihm aufführte. Nach seinem Examen lebte er in Zürich (1924/25), Paris, war dann Assistent P. Bekkers in Kassel (1925-27) und Wiesbaden (1927). Aufsehen erregte er mit seiner Jazzoper *Jonny spielt auf*, der drei weitere satirische Operneinakter folgten. Später distanzierte er sich von der Neuen Sachlichkeit und von der Zuordnung seiner Stücke zu dieser Richtung. Auf dem Höhepunkt des Erfolgs mit *Jonny spielt auf* zog er sich 1928 nach Wien zurück, intensivierte dort seine publizistische Tätigkeit. In der (vergeblichen) Hoffnung auf eine wirksame konservativ-nationale Abwehr des Faschismus schloß er sich der katholisch-autoritär geprägten Ständestaatsbewegung an. Parallel dazu machte er sich die Zwölfton-Komposition zu eigen. Die trotz Zusage in Wien nicht aufgeführte Oper *Karl V.* ist das künstlerische Resultat beider Entscheidungen. Krenek emigrierte 1938 in die USA, lehrte dort bis 1947 an sechs verschiedenen Colleges und Universitäten, baute mit D. Mitropoulos in Minneapolis ein wichtiges Zentrum der Neuen Musik auf. 1947 siedelte er nach Kalifornien über, vor allem, um wieder mehr komponieren zu können. Verschiedene Angebote und Überlegungen zur Rückkehr nach Europa schlug Krenek in den späten fünfziger Jahren endgültig aus. Dozenturen bei den Kranichsteiner Ferienkursen, ein Intensivkurs an der Kölner Musikhochschule und Arbeiten im Kölner elektronischen Studio brachten Krenek ab 1957 zur seriellen und elektronischen Kompositionsweise. Kreneks umfangreiches Werk umfaßt fast alle Gattungen. Seit seiner Hinwendung zur Serialität bevorzugt er statt der traditionellen Gattungsbezeichnungen Wort- und Sprachspiele als Titel seiner Werke.

Opern

Orpheus und Eurydike op. 21 (1923); Jonny spielt auf op. 45 (1925/26); Drei Einakter: Der Diktator op. 49, Das geheime Königreich op. 51, Schwergewicht oder Die Ehre der Nation op. 55 (1926/27), Das Leben des Orest op. 58 (1928/29);

Karl V. op. 73 (1931-33); Pallas Athene weint op. 144 (1952-55); Das kommt davon op. 206 (1967-69)

Chorwerke

6 Zyklen a-capella-Chöre, Lamentationes Jeremiae Prophetae op. 93 (1941/42), 6 Motetten nach Kafka op. 169 (1969)

Lieder

Reisebuch aus den österreichischen Alpen op. 62 (1929), 5 Lieder nach Kafka op. 82 (1937/38), The Silent Watchers op. 222 (1976), mehr als 20 weitere Liederzyklen

Andere Vokalwerke

La Corona op. 91 (1941), Sestina op. 161 (1957), Quintina op. 191 (1965)

Orchesterwerke

5 Symphonien, 4 Klavierkonzerte, Variationenwerke, Ouverturen, weitere Solokonzerte, zahlreiche serielle Kompositionen. Klavierwerke, Orgelwerke, Kammermusik in den verschiedensten Besetzungen.

Eine genaue Darstellung mit vollständigem Werkverzeichnis bietet:

Claudia Maurer Zenck, *Ernst Krenek - ein Komponist im Exil,* Wien 1980

Leonid Kreutzer

* 13.3.1884 St. Petersburg
(jetzt: Leningrad, UdSSR)
† 30.10.1953 Tokio

Russischer Pianist (und Komponist) deutscher Abstammung. Kreutzer studierte am Kaiserlichen Konservatorium St. Petersburg Klavier und Theorie (A. Glasunov). 1905/06 unternahm er seine erste größere Konzerttournee, 1906-08 lebte er als Pianist in Leipzig. Ab 1908 arbeitete er als Pianist und Dirigent in Berlin, ab 1921 war er Professor für Klavier an der Staatlichen Hochschule für Musik. Zu seinen Schülern Schülern zählten M. Kolinski, F. Osborn, W. Rebner, F. Reizenstein und J. Tal. 1926-28 war er öfter zu Konzerten in den USA. Kreutzer war 1933 Mitbegründer und Mitglied des Ehrenpräsidiums des JKB, emigrierte aber noch im selben Jahr in die USA, 1938 nach Japan. Dort leitete er die Meisterklasse für Klavier an der Musikakademie Tokio. Unter seinen Werken wird die Ballettpantomime *Der Gott und die Bayadere* (nach Goethe, 1920) hervorgehoben.

Festkonzert
12.1.1933
von links:
Hans Osborn,
Bruno Eisner,
Georg Bertram,
Leonid Kreutzer
und Dr. Heinz
Unger (stehend)

Siegfried Landau

* 4.9.1921 Berlin

Amerikanischer Dirigent und Komponist deutscher Herkunft. Landau begann noch in Berlin am Sternschen und am Klindworth-Scharwenka-Konservatorium mit dem Musikstudium. 1939 emigrierte er nach London, studierte dort am Trinity College of Music weiter. 1940 in die USA emigriert, nahm er bei P. Monteux Unterricht im Dirigieren. 1955 gründete Landau das Brooklyn Philharmonic Orchestra, das er auch dirigierte. Landau schrieb Musik vor allem jüdischen Inhalts: Opern *(The Sons of Aaron,* 1959), Ballette *(The Golem,* 1946; *The Dybbuk),* Orchesterwerke *(Longing for Jerusalem)* und Kammermusik (*Chassidische Suite* für Viola und Klavier, 1941).

Alexander Lászlo (früher: Sandor Totis)

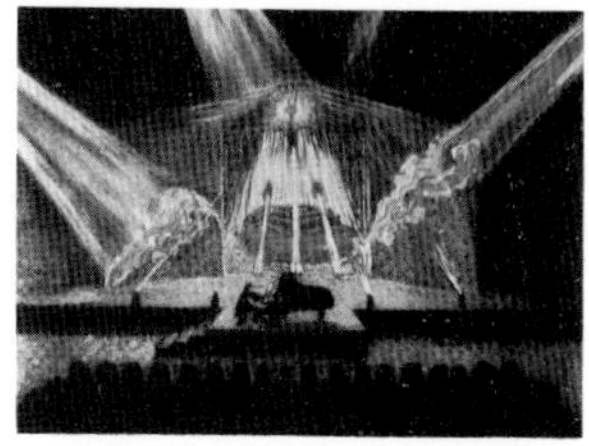

Farbmusikalische Aufführung (nach einem Aquarell von Matthias Holl)

* 22.11.1895 Budapest

Lászlo zog nach seinem Studium an der Budapester Musikakademie (1903-14) 1915 nach Berlin, arbeitete als Solopianist und als Dirigent an den Reinhardt-Bühnen. 1921-24 Studium an der Münchner Universität, Arbeit für den Rundfunk. 1922-26 experimentierte er mit Farblichtmusik, die Ergebnisse - einschließlich eines Farblichtklaviers - stellte er 1925 beim Tonkünstlerfest in Kiel zum ersten Mal öffentlich vor. Obwohl er damit zu den profilierteren Experimentatoren zwischen Farb-Klang-Verbindungen und abstraktem Film gehörte, blieb seine Tonsprache konventionell befangen. 1927-33 arbeitete Lászlo in Filmstudios bei München und lehrte Filmmusik an der Münchner Hochschule; 1933 zog er sich nach Ungarn zurück und schrieb Filmmusik. 1938 Emigration in die USA, zunächst Professor am Institut für Design in Chicago, 1944-48 als Komponist in Hollywood, danach für die Rundfunkgesellschaft NBC. Später gründete er einen eigenen Musikverlag. Neben mehr als 2500 Musiken zu Fernsehfilmen schrieb Lászlo

Pantomimen

Das Märchen (1916), Marionetten (1916), Die Schöne O-sang (1919), Panoptikum, Kehraus.

Klavierwerke

Präludien op. 10 für Farblichtklavier, Fantasy of Colours, Ungarische Tanzsuite, Neues vom Tage

Orchesterwerke

Mechanized Forces, Hollywood-Konzert (Klavier und Orchester, 1950), The Ghost Train of Marshall Pass (Klavier und Orchester), Mana Hawaii (1962), Pacific Triptych (1962), This World Tomorrow (1964), Deliberations (mit Sprechchor, 1969), Roulette hématologique (1969)

Musicals

The Beggar's Opera mit Fortsetzung The Pirat's Opera (1963/65), Wanted: Sexports and Serpents for Our Garden of Maidens (1968)

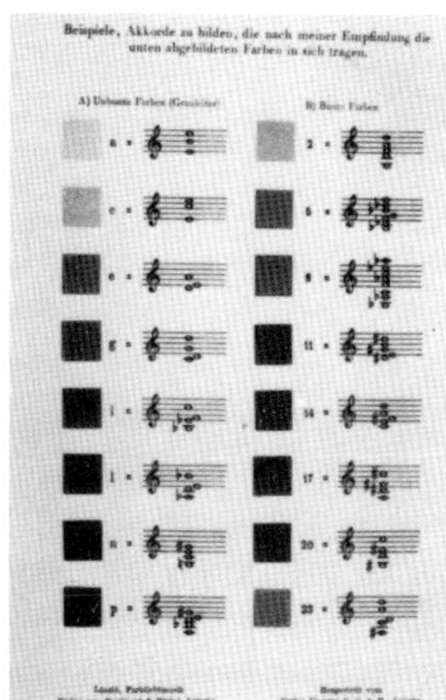

Beispiele, Akkorde zu bilden… Lászlos System einer Zuordnung von Akkorden und Farben bzw. Grauwerten

Marc Lavry

* 22. 12. 1903 Riga
† 24. 3. 1967 Haifa

Israelischer Komponist und Dirigent lettischer Herkunft. Lavry, der profilierteste Vertreter der volkstümlichen Richtung in der israelischen Musikgeschichte, studierte in Riga und Leipzig, privat bei A. Glasunov. Er war Dirigent 1927/28 in Saarbrücken, 1928-33 des Berliner Symphonieorchesters und der Labanschen Tanzbühne, für die er auch komponierte. 1933 zog er sich zunächst nach Riga zurück, war Dirigent an der Lettischen Staatsoper und leitete das Rigaer Symphonieorchester. 1935 Emigration nach Palästina. Tief beeindruckt von der neuen Siedlerbewegung, fasziniert von orientalischen Melodien prägte Lavry seinen folkloristischen Stil genauer aus, schuf bereits 1937 mit seinem Symphonischen Gedicht *Emek* sein wohl bekanntestes Werk. Er leitete 1941-47 die Palästina-Volksoper, 1950-58 die Abteilung Musik von Kol Zion, des Senders für Juden in der Diaspora. Lavry bezieht die meisten Werke auf Leben und Geschichte Israels. Obwohl genuiner Ausdruck einer bestimmten Periode der israelischen Geschichte, hat Lavrys Werk im Lauf der Jahre an Popularität eingebüßt.

Orchesterwerke

5 Symphonien (Nr. 1 den Helden des Warschauer Ghettos gewidmet, 1949; Nr. 2 Auf den Unabhängigkeitskrieg geschrieben, 1949), Konzerte für Violine (1938), Viola (1952), Harfe (1963), Flöte (1965), Klavier und Orchester, 5 Symphonische Dichtungen (Emek, 1937; Stalingrad, Jerusalem, 1953, Negev, 1954)

Oratorien

Lied der Lieder (1940), Heiliger Gottesdienst, Gideon, Esther (1960)

Opern

Der Wächter Dan (1945), Tamar und Judah (1958).

Zahlreiche Lieder, Chorwerke, Kammermusik und Klavierstücke

Hugo Leichtentritt

* 1.1.1874 Pleschen bei Posen
(jetzt: Pleszow, Polen)
† 13.11.1951 Cambridge, Massachusetts

Musikwissenschaftler, Musikkritiker und Komponist.
Leichtentritt wurde 1889 zur Ausbildung in die USA geschickt. Dort studierte er 1891-94 an der Philosophischen Fakultät der Harvard University, nahm daneben privaten Kompositionsunterricht. Er vervollständigte seine Musikstudien 1894/95 in Paris und 1895-98 an der Hochschule für Musik in Berlin. Anschließend studierte er Musikgeschichte, Philosophie, Ästhetik, klassische und moderne Literatur und Kunstwissenschaften an der Berliner Universität (1898-1901). 1901 promovierte er über R. Keisers Opern. 1901-1924 hatte er einen Lehrstuhl für Komposition, Musikgeschichte und Ästhetik am Klindworth-Scharwenka-Konservatorium Berlin. Leichtentritt war Musikkritiker für die *Allgemeine Musikzeitung, Die Musik, Signale für die musikalische Welt,* die *Vossische Zeitung,* und deutscher Korrespondent des *Musical Courier* und der *Musical Times.* 1933 emigrierte er in die USA, lehrte dort bis 1940 als Dozent für Musik an der Harvard University, danach am Radcliffe College in Cambridge, Massachusetts. Leichtentritts Hoffnungen, in den USA als Musikwissenschaftler, Musikschriftsteller und besonders als Komponist so anerkannt zu werden wie in Europa, wurden enttäuscht.

Schriften

Reinhardt Keiser in seinen Opern (Diss., 1901), Frédéric Chopin (1905), Geschichte der Musik (1905), Geschichte der Motette (1908), Musikalische Formenlehre (1911), Erwin Lendvai (1912), Ferruccio Busoni (1916), Händel (1924), Ignatz Waghalter (1924), Music, History and Ideas (1938), Music of the Western Nations (1956)

Kompositionen

Hero und Leander op. 6 (Tondichtung), Symphonie in A-dur op. 10, Ein Sommertag op. 11, Violinkonzert op. 15, Esther op. 19 (Dramatische Legende), Klaviersonate op. 22, Cellokonzert op. 23, Thema und Variationen für Klavier op. 26, Salomons Urteil (Kantate), Der Sizilianer (Oper, 1920), Klavierkonzert, Kammermusik (u.a. 3 Streichquartette), Lieder, u. a. nach Goethe, Hölderlin und Dehmel.

Erwin Lendvai (früher: Löwenfeld)

* 4.6.1882 Budapest
† 31.3.1949 London

Lendvai studierte zunächst in Budapest, 1905 mit Stipendium in Italien (u. a. bei Puccini); er lebte ab 1906 in Deutschland, zunächst als Komponist in Berlin, 1913/14 als Theorielehrer einer Eurythmieschule in Hellerau bei Dresden. 1914-20 lehrte er Komposition am Klindworth-Scharwenka-Konservatorium in Berlin, lebte 1920-23 als Komponist und Chorleiter in Weimar und Jena. Daneben schrieb er Kritiken für die *Sozialistischen Monatshefte.* 1923-25 Hochschuldozent und Chorleiter in Hamburg, 1925 Italienaufenthalt, 1926/27 Chordirigent in Koblenz, 1928-30 in München und Erfurt. 1933 emigrierte Lendvai zunächst ins Saarland, 1935 in die Schweiz und von dort über mehrere Länder 1938 nach Großbritannien, wo er in Kenninghall bei Norwich unterrichtete. Lendvai ist Spezialist für Chormusik: Als Dirigent und Lehrer versuchte er, die musikalische Breitenarbeit mit Laienchören auf eine künstlerische Stufe zu heben, er inspirierte damit wie durch seine Kompositionen (u. a. für Männerchor) eine neue Generation von Chorkomponisten. Das nationalsozialistische *Lexikon der Juden in der Musik* behandelt Lendvai ungewöhnlich ausführlich, hebt u. a. seine Beiträge für E. Katz' Sammlung *Lieder der Zeit* hervor.

Oper

Elga (1914/16)

Orchesterwerke

Masken op. 7, Symphonie D-Dur op. 10, Archaische Tänze op. 30 (1922), Suite op. 32 (1923), 5 Sonette für Sopran und Kammerorchester op. 33

Kammermusik

Streichquartett e-moll op. 8, Klaviersonatine C-dur op. 15, Bläserquintett As-dur op. 23

Chorwerke

Gemischter Chor: Minnespiegel op. 22, Stimmen der Seele op. 25, Chorvariationen op. 28, Monumenta gradualis op. 37

Männerchor

opp. 17, 19, 21 (Minnelieder), 24, 26 (Flamme), 29, 31, 38, 41, 44, 48a (nach A. Holz), 50, 52, 55, 65, 75 (Psalm der Befreiung, mit Sopransolo und Orchester).

Manfred Lewandowsky

* 1. 9. 1895 Hamburg
† 1970 Philadelphia (USA)

Lewandowsky stammte aus einer angesehenen jüdischen Kantorenfamilie: Der Name steht für den Exponenten des reformierten jüdischen Tempelgesangs in Deutschland. Lewandowsky begann seine Sängerlaufbahn schon als Kind in der Synagoge, zunächst in seiner Heimatstadt Hamburg, ab 1912 in Wilhelmshaven, 1921-23 in Königsberg und ab 1923 in Berlin. 1924-33 arbeitete er als einer der ersten Konzertsänger bei der Berliner Funkstunde: er nahm alte italienische, hebräische und deutsche Gesangsstücke auf Schallplatte auf. Diese Tätigkeit wurde ihm 1933 verboten, die Aufnahmen wurden zerstört. Bis 1938 blieb Lewandowsky Oberkantor an der Synagoge in der Lindenstraße; diese Position hatte er 1928 übernommen. 1938 emigrierte er nach Paris, unterrichtet dort ein Jahr an einem Rabbinerseminar, bevor er in die USA weiterzog. Dort setzte er seine Arbeit als Kantor und mit Platteneinspielungen fort, bei denen ihn häufig Felix Robert Mendelssohn begleitete.

Werke

Prayer for Victory (1941), Kiddush Hash Kivenu, Lo Omuth (Ich werde nicht sterben), Hasdonoth V'Hasgogogth-l Moley Rachamin (zum Yom Kippur), Mi Addir (Hochzeitsgesang), Psalm 42, Psalm 137, Shalom (1964).

Nikolai Lopatnikoff

* 16.3.1903 Reval (jetzt: Tallinn, UdSSR)
† 7.10.1976 Pittsburg, USA

Amerikanischer Komponist und Pianist russischer Herkunft. Lopatnikoff studierte bis 1918 in St. Petersburg (heute: Leningrad) und 1918-20 in Helsinki Musik; 1921-27 Bauingenieursstudium in Karlsruhe, daneben privater Kompositionsunterricht bei E. Toch und H. Grabner. Lopatnikoff lebte 1929-33 als Pianist und Kompositionslehrer in Berlin, emigrierte 1933 nach London und 1939 - bestärkt durch die Zusammenarbeit mit S. Koussevitzky - in die USA: Dort war er zunächst Lehrer für Theorie und Komposition am Hartt College und Westchester Conservatory bei New York (bis 1945). 1945-69 Professor für Komposition an der Carnegie-Mellon University, Pittsburgh. Kompositorisch empfing Lopatnikoff starke Anregungen von Strawinsky, hervorgehoben werden ausgeprägte Linearität und die schwebende Tonalität seiner Werke.

Bühnenwerke

Danton op. 20 (Oper, 1930), Melting Pot (Ballett, 1975)

Orchesterwerke

2 Klavierkonzerte opp. 5, 15 (1921, 1930), Introduction und Scherzo op. 10 (1927), 4 Symphonien opp. 12, 24, 35, 46 (1928, 1938/39, 1953/54, 1971/72), 2 russische Nocturnes op. 25 (1939), Violinkonzert op. 26 (1941), Sinfonietta op. 27 (1942), Opus sinfonicum op. 28 (1942), Concertino op. 30 (1944), Konzert für zwei Klaviere op. 33 (1950/51), Divertimento op. 34 (1951), Variatione concertante op. 38 (1958), Music for Orchestra op. 39 (1958), Festival Ouverture op. 40 (1960), Bläserkonzert op. 41 (1963), Konzert für Orchester op. 43 (1964)

Kammermusik

3 Streichquartette op. 4, 6a, 36 (1920, 1928, 1955), Elegietta für Violoncello und Klavier (1934), Duo für Violine und Cello op. 8 (1927), Sonate für Violine, Klavier und Schlagzeug op. 9 (1927), Sonate für Cello und Klavier op. 11 (1929), 3 Stücke für Violine und Klavier op. 17 (1931), Klaviertrio op. 23 (1935/36), Variationen und Epilog für Violoncello und Klavier op. 31 (1946/73), Sonate für Violine und Klavier op. 32 (1948), Fantasia concertante für Violine und Klavier op. 42 (1962), Divertimento da Camera op. 44 (1965), Partita concertante op. 45 (1966)

Klavierwerke

Sonatine op. 7 (1926), 2 Stücke für mechanisches Klavier (1927), 2 Danses ironiques op. 13 (1928), Arabesque für 2 Klaviere (1941), 5 Kontraste op. 16 (1930), Dialoge op. 18 (1932), Variationen op. 22 (1933), Sonate op. 29 (1943), Intervalle op. 37 (1957)

Hans May
(früher: Johan Mayer)

* 11.7.1886 Wien
† 31.12.1958 London

Englischer Komponist (vor allem von Filmmusiken) österreichischer Herkunft. May absolvierte die Wiener Musikakademie, war Unterhaltungspianist in Wiener Varietés, bevor er als Opern- und Operettenkapellmeister weit herumkam (bis Kairo und Konstantinopel). Anfang der Zwanziger Jahre wechselte er nach Berlin, arbeitete dort als Filmkomponist, zunächst für den Stummfilm, für den er Originalpartituren, aber auch zwei Kinothekenbände verfaßte. Ab 1929 Arbeit für den Tonfilm. May komponierte sogenannte Schlagerfilme, bis 1933 in Berlin. Neben Filmmusiken stehen einzelne Chansons, vor allem für *Die 11. Muse*, für Revuen von Charell (1926), H. Haller (1928) u.a.. 1933 emigrierte May nach England, wo er außer weiteren Filmmusiken auch seine einzige erfolgreich Operette *Carissima* schrieb.

Stummfilmmusiken

Ein Sommernachtstraum (1925), Der Bettler vom Kölner Dom (1927), Kinothekensammlungen, *Cinema Collection* und *Kino-Lexikon.*

Tonfilmmusiken

Zweimal Hochzeit, Ein Burschenlied aus Heidelberg, Das gestohlene Gesicht, Wien, du Stadt der Lieder, Der Greifer, Hai-Tang (alle 1930), Der Draufgänger, Der Stolz der 3. Kompanie (beide 1931), Der Frauendiplomat, Johann Strauss, K. und K. Hofballmusikdirektor (beide 1932), Ein Lied geht um die Welt, Wenn du jung bist, gehört dir die Welt (beide 1933), Heut ist der schönste Tag in meinem Leben (1935/36), The Stars Look Down (1939), Thunder Rock (1942), The Wicked Lady (1945), Waltztime (1945), Brighten Rock (1946), Shadow of The Eagle (Graf Orloffs gefährliche Liebe, 1950), The Gypsy and the Gentleman (1957)

Chansons
Warum liebt der Wladimir gerade mir, Ich hab kein Auto, hab kein Rittergut (beide 1928), Berlin im Foxtrottkeller (1920) und zahlreiche andere.

Ernesto Mehlich (früher: Ernst; Pseudonym: Paul Gagnier)

* 9. 2. 1888 Berlin
† 12. 2. 1977 São Paolo

Mehlichs musikalische Laufbahn begann früh: sechsjährig erhielt er den ersten Klavierunterricht, zwei Jahre später besuchte er bereits das Kaysersche Konservatorium in Berlin. Der Elfjährige dirigiert 1899 ein Jugendkonzert in Berlin. Cosima Wagner schlägt ihn 1904 als Bayreuth-Stipendiaten vor. 1904-10 studiert Mehlich an der Berliner Hochschule für Musik Dirigieren und Komposition (seine Lehrer sind u. a. M. Bruch und R. Kahn), parallel dazu an der Berliner Universität Musikwissenschaft bei H. Kretzschmar. Mehlich arbeitete vor allem als Dirigent. Er beginnt 1909 als Kapellmeister an verschiedenen kleineren Theatern in Deutschland. 1911 ist das erste Festival eigener Kompositionen. Nach seinem Kriegsdienst (1914-1918) ist er Kapellmeister in Königsberg, Hagen und Stettin; 1922 erster Kapellmeister in Breslau, 1924 Dirigent der Berliner Philharmoniker, 1927 wird Mehlich zum GMD nach Baden-Baden berufen, er dirigiert dort bei den Musiktagen 1927 die Uraufführung von Brecht/Weills *Mahagonny-Songspiel.* 1932 ist Mehlich mit den ersten politischen Schwierigkeiten konfrontiert. Am 10.5.1933 wird ein großer Teil seiner Werke bei den nazistischen Bücherverbrennungen ein Opfer der Flammen. Die Hilfe von Freunden ermöglicht Mehlich im Dezember 1933 die Flucht nach Brasilien.
Auch dort hat er immer wieder mit Behinderungen und Schikanen zu kämpfen: sie beginnen mit dem ersten Konzert, das er im Januar 1934 in São Paolo dirigiert. Sie verstärken sich, als sein Vertrag mit der Sociedad Cultura di São Paulo, deren Dirigent er 1934-37 war, nicht verlängert wird; (Mehlich ist danach auf private Hilfe angewiesen); sie kulminieren, als Mehlich 1940, nachdem er mit Mäzenen die Sociedad Philharmonica de São Paulo gegründet hat, aus poli-

tischen Gründen amtsenthoben, die von ihm besorgte Übersetzung von Beethovens 9. Symphonie mit Aufführungsverbot belegt wird. Ab 1949 hat sich Mehlich besonders durch die Übertragungen europäischer Opern und Oratorien ins Portugiesische verdient gemacht.

Werke

Klaviersuite op. 8 (1932), Ein kleines Weihnachtsoratorium op. 10 (1934), Weihnachtsoratorium op. 13, Magnificat op. 14, 3 Narrenlieder op. 18, Steile Strophen op. 9, Divertimento für Bläser, Sinfonia a São Paolo, eine Symphonie, Kammermusikwerke, Instrumentationen von Werken von Bach, Brahms und Mussorgsky.

Felix Robert Mendelssohn

* 27. 9. 1896 Berlin
† 15. 3. 1951 Baltimore (USA)

Der vor allem als Cellist aktive entfernte Verwandte von Felix Mendelssohn-Bartholdy studierte 1905-10 bei seinem Vater Ludwig Mendelssohn am Sternschen Konservatorium Berlin. Dort unterrichtete er ab 1917 als Cellolehrer, ab 1923 leitete er die Violoncelloklasse. Als Solist konzertierte er auf zahlreichen Reisen in ganz Europa. 1936 emigrierte er in die USA. Die University of New York verlieh ihm eine Professur für Cello und Kammermusik. Mendelssohn wurde 1941 Mitglied des Baltimore Symphonieorchesters, ab 1946 leitete er das Baltimore Institut of Musical Arts.

Ernst-Herrmann Meyer

* 8. 12. 1905 Berlin

Deutscher Komponist, Musikwissenschaftler und Kulturpolitiker.
Aus einer künstlerisch aufgeschlossenen Familie stammend, erhielt Meyer schon früh privaten Musikunterricht. Nach Abitur zunächst Banklehre. 1926-30 Musikwissenschaftsstudium in Berlin und Heidelberg, 1930 Promotion und Beitritt zur KPD; in der Arbeitermusikbewegung aktiv. 1931-33 Kompositionsstudien bei J. Simon, P. Hindemith und M. Butting. 1933 nach Großbritannien emigriert, schlug sich Meyer zunächst als Kopist, durch Privatunterricht und einzelne Publikationen, als Chorleiter und Referent bei der Gewerkschaftsbewegung, später (ab 1937) als Komponist und Techniker beim Film durch. Daneben entstanden einige Kompositionen und ein Buch über englische Kammermusik. 1948 Remigration in die damalige SBZ (später DDR). Meyer gehört als Funktionär, als Lehrer und Komponist zu den prägenden Persönlichkeiten der DDR-Kulturgeschichte. Er war von 1948-70 Professor an der Humboldt-Universität, 1950 Gründungsmitglied der Akademie der Künste (1965-69 deren Vizepräsident), 1951 des Komponistenverbandes (gleichzeitig Herausgeber der Zeitschrift *Musik und Gesellschaft),* 1968-83 dessen Präsident. 1963 Kandidat, seit 1971 Mitglied des Zentralkomitees der SED. Meyers umfangreiches Werk umfaßt Kantaten, Oratorien und Lieder, meist politischen Inhalts *(Mansfelder Oratorium,* 1950; *Das Tor von Buchenwald,* 1959; *Der Staat,* 1964; *Lenin hat gesprochen,* 1970), Filmmusiken, Orchesterwerke (u. a. 3 Symphonien, Ouverturen, Suiten, Violinkonzert), Kammermusik (u.a. 6 Streichquartette, Klaviertrio, Klarinettenquintett) und Klavierwerke.

Jan Meyerowitz

23. 4. 1913 Breslau (jetzt: Wroclaw/Polen)

Amerikanischer Komponist deutscher Herkunft. Meyerowitz studierte ab 1927 in Berlin vor allem bei Zemlinsky, nach der Emigration 1933 in Rom bei Respighi und Casella. 1938 über Belgien nach Frankreich emigriert, überlebte er Krieg und deutsche Besatzung im Untergrund. 1946 emigrierte Meyerowitz in die USA. Er arbeitete dort als Pädagoge (1948-51 in Tanglewood, 1954-61 am Brooklyn College, ab 1962 am New York City College) und als Komponist, er erweiterte seinen vor allem von der deutschen Spätromantik und dem italienischen Neoklassizismus geprägten Stil mit Idiomen der amerikanischen Musik.

Bühnenwerke

Simoon (1949), Barrier (1950), Eastward in Eden (1951), Bad Boys in School (1953), Esther (1957), Port Town (1960), Godfather Death (1961), Winterballade (1967), Hommage à Hieronymus Bosch (1961)

Vokalwerke

Missa Rachel plorans (1954), The Glory around his Head (1955), Hebrew Service (1962), Missa Ecce vere (1963), Platen-Kantate (1963), I rabbini (1965), zahlreiche Lieder und Chorwerke

Instrumentalwerke

Symphonie Midrash Esther (1957), Ecce Homo (1957), Schlesische Symphonie (1957), Flämische Symphonie (1959), Flötenkonzert (1959), Oboenkonzert (1963), 6 Orchesterstücke (1967), Sinfonie brevissima (1967), 7 Orchesterstücke (1974), 4 Symphonische Sätze (1974) Bläserquintett (1954), Streichquartett (1955), Sonaten für Violoncello (1946), Violine (1959), Flöte (1961) und Klavier.

Ludwig Misch

* 13. 6. 1887 Berlin
† 22. 4. 1967 New York

Amerikanischer Musikologe, Dirigent und Kritiker deutscher Herkunft. Misch mußte seine Kompositions- und Musikwissenschaftsstudien zugunsten der Rechtswissenschaften aufgeben, in denen er 1911 promovierte. Komponiert hat er nur in jungen Jahren. 1913-21 war er Operettenkapellmeister in verschiedenen Städten. 1923-25 leitete er die Berliner Kammeroper. Misch war 1921-33 Musikreferent des Berliner Lokal-Anzeigers, 1925-33 schrieb er Programmeinführungen für die Berliner Philharmoniker, 1922-31 unterrichtete er am Sternschen Konservatorium. Ab 1933 arbeitete er im JKB und bei der Jüdischen Gemeinde als Chorleiter und Musikreferent. Misch überlebte in Deutschland. Nach dem Verbot jüdischer Kultureinrichtungen war er Angestellter der Jüdischen Gemeinde. Von den Nationalsozialisten wurde er zur Zwangsarbeit eingesetzt. 1946/47 unterrichtete er am Städtischen Konservatorium. 1947 emigrierte er nach New York, wo er als Organist und Dirigent jüdischer Gemeinden und als Musikwissenschaftler (u. a. in der Beethovenforschung) arbeitete.

Edvard Moritz

* 23. 6. 1891 Hamburg
† 30. 9. 1974 New York

Amerikanischer Komponist und Dirigent deutscher Herkunft. Moritz studierte Komposition, Dirigieren und Violine in Leipzig, wo A. Nikisch zu seinen Lehrern zählte, Paris und Berlin, wo er zur Violinklasse Flesch und zur Kompositionsklasse Juon gehörte. Nach Studienabschluß lebte er als Komponist und Dirigent in Berlin. Er emigrierte nach New York, gründete dort ein eigenes Kammerorchester, war als freischaffender Komponist tätig.

Werke

4 Symphonien, 2 Kammersymphonien, 9 Instrumentalkonzerte, Kammermusik in verschiedenen Besetzungen, mehrere 100 Lieder und Klavierwerke.

Robert Müller-Hartmann

* 11. 10. 1884 Hamburg
† 15. 12. 1950 Dorking (GB)

Der Komponist und Musikwissenschaftler studierte 1900-04 in Berlin, war dann Musiklehrer. Ab 1914 Musikkritiker, 1914-23 Theorielehrer in Hamburg, 1923-33 Dozent für Musiktheorie an der Universität Hamburg. Müller-Hartmann leitete 1933-37 den JKB in Hamburg. 1937 emigrierte er nach England , nahm seinen Wohnsitz in der Nähe von R. V. Williams, den er sehr verehrte. In Großbritannien arbeitete er als Kritiker, Arrangeur und Übersetzer. Er gehörte dem Freien Deutschen Kulturbund an. Müller-Hartmann pflegte einen spätromantischen, von modernen Entwicklungen kaum beeinflußten Stil.

Werke

Zahlreiche Lieder, Kammermusik (Violinsonaten opp. 5, 21; Streichquartett op. 9), Klavierwerke (Variationen über ein Thema von Purcell), Orgelwerke (Sonate, Passacaglia, 24 Preludien).

Orchesterwerke

Variationen und Fuge (1912), Symphonische Ouverture op. 7 (1916), Orchestervariationen op. 13 (1921), Symphonie C-Dur op. 18 (1926), Orchestersuiten op. 25, Craigelly- Suite für Streicher, Sinfonietta für Kammerorchester.

Rudolph Nelson (früher: Lewysohn)

* 8. 4. 1878 Berlin
† 5. 2. 1960 Berlin (West)

Kabarettkomponist und -unternehmer der ersten Stunde, hat Nelson das Berliner Kabarett künstlerisch auf internationalen Rang gebracht. Er zählt mit F. Holländer zu den Großen des Chansons und der Revue - als Komponist, Texter, Pianist und Manager. Obwohl «Wunderkind», mußte Nelson bei einer Baumwollimportfirma in die Lehre gehen. Er brach sie ab, hatte danach für kurze Zeit einen Freiplatz an der Hochschule für Musik. 1903 Unterhaltungspianist, ab 1904 im Kabarett- und Revuegeschäft tätig: *Roland von Berlin* (1904-07), *Chat noir* (1907-14), *Metropol-Kabarett* (1910-14), *Nelson - Künstlerspiele* (1914-18), *Nelson-Theater* (1919-33), daneben schrieb er auch für andere Bühnen. Von einer Tournee in die Schweiz und Österreich kehrt Nelson 1933 nicht zurück, sondern emigriert nach Amsterdam. Eingeführt von L. Davis, dem damals berühmtesten holländischen Kabarettisten, schuf Nelson für das Amsterdamer Theater La Gaieté und das Kurhauskabarett in Scheveningen in 6 Jahren mehr als 100 Revuen, großenteils nach Texten seines Sohnes H. Nelson. 1940 interniert, betrieb er mit seinem Sohn das nur für Juden zugängliche Jüdische Theater, bis dessen Haupthaus im Juli 1942 als Sammelpunkt für Deportationen benutzt wurde. Danach KZ-Haft in Westerbork (Niederlande). Nelson, der die Lagerhaft überlebte, war ab 1946 mit eigenem Revuetheater in Europa unterwegs. 1949 textiert er mit E. Neumann alte Chansons für die Revue *Berlin W-Weh* neu. 1957 nach dem Tod seiner Frau Remigration nach Berlin.

Revuen

Chauffeur! ins Metropol (1912), Was träumt Berlin (1915), Wenn die Nacht beginnt (1916), Die Peruanerin (1918), Wetten, daß... (1919), Total Manoli (1920), Bitte zahlen (1921), Wir stehn verkehrt (1922), Die Nacht der Nächte (1926), Es geht schon besser (1926), Die Lichter von Berlin (1927), Das spricht Bände (1929), Der rote Faden (1930), Glück muß man haben (1931), Es hat geklingelt (1932)

Operetten
Miss Dudelsack (1909), Hoheit amüsiert sich (1911), Schwindelmeier & Co (1912), New York-Berlin (1922), Die tanzenden Fräuleins (1926), Allotria (1927)
Außerdem Filmmusiken und zahlreiche Einzeltitel.

Einar Nilson

* 21. 2. 1881 Christianstad (Schweden)
† 20. 4. 1964 Hollywood

Musiklehrerssohn, Violinabsolvent der Stockholmer Musikakademie, studierte 1902-07 an der Berliner Hochschule bei E. Humperdinck (Komposition) und Joseph Joachim (Violine). Nilson war Theatermusiker. Als Komponist und Dirigent, Arrangeur, Berater und Regieassistent arbeitete er 1905-37 mit Max Reinhardt zusammen. 1921 gehörte er zu den Gründern der Salzburger Festspiele. 1934 emigrierte er in die USA, war dort als Bearbeiter und Arrangeur bei Warner Brothers beschäftigt.
Werke
Musik zu *Jedermann* (Hoffmannsthal) u. a. Reinhardt-Produktionen, *Heirat wider Willen* (Klavierstücke zu Molière), *Lebender Leichnam* (Zigeunerlieder für Gesang, Gitarre und Klavier)

Franz Osborn

* 11. 7. 1905 Berlin
† 8. 6. 1955 Basel

Britischer Pianist deutscher Herkunft. Osborn studierte 1919-22 in Berlin Klavier bei L. Kreutzer und A. Schnabel, 1922-26 Komposition bei Schreker in Berlin und Dirigieren bei F. Busch in Stuttgart. 1920 gab er sein Konzertdebut in Berlin mit eigenen Kompositionen. 1933 – durch zahlreiche Tourneen für seine durchdachten Interpretationen bereits international bekannt – emigrierte er nach Großbritannien. Konzerttourneen führten ihn unter anderem nach Palästina. Osborn machte sich einen Namen vor allem als Interpret von Mozart, Beethoven und von zeitgenössischer Musik; er spielte u.a. die deutschen Erstaufführungen von Prokofieffs 5. Sonate und Hindemiths *Klaviermusik* op. 37. Osborn ist später als Komponist nicht mehr hervorgetreten.

Ödön Partos

* 1. 10. 1907 Budapest
† 6. 7. 1977 Tel Aviv

Israelischer Komponist, Geiger und Bratschist ungarischer Herkunft.
Partos wurde als Achtjähriger «entdeckt». Er studierte an der Budapester Akademie Violine bei J. Hubay, Kompositon bei Kodaly. Nach seinem Hochschulexamen 1924 wurde er Leiter des Luzerner Stadtorchesters (bis 1926) und des Budapester Konzertorchesters (1926/27). Partos lebte 1927-33 als freischaffender Solist in Berlin. 1933 war er Konzertmeister im neugegründeten Orchester des JKB, kehrte jedoch Ende des Jahres nach Ungarn zurück. 1935-37 war er Lehrer für Violine und Komposition am Konservatorium Baku (UdSSR), 1937 Leiter des Budapester Konzertorchesters. 1938 emigrierte Partos auf Einladung B. Hubermanns nach Palästina, war 1938-56 Mitglied des Palästina Sinfonieorchesters, 1939-54 außerdem Bratschist des Israel Quartetts. 1951 wurde er Direktor der Musikakademie Tel Aviv, 1961 folgt die Ernennung zum Professor. Partos ist gleichbedeutend als Komponist und Interpret. Aus der Bartók-Tradition kommend, versuchte er die europäische Avantgarde (einschließlich freie Techniken) mit orientalischen reihenartigen Tonordnungen (u. a. Makame) zu verschmelzen.

Orchesterwerke

Yiskor (In memoriam) für Viola (Violine, Violoncello) und Streichorchester (1947), 2 Violakonzerte (Lobgesang, 1949; Nr. 2 1957), Orientalische Ballade für Viola und Orchester (1956), Visionen für Flöte, Klavier und Streicher (1957), Violinkonzert (1958), Gestalten (1960), Psalmen (1960), Sinfonia concertante (3. Bratschenkonzert, 1962), 2 Symphonische Sätze (1966), Pfade (1969), Klangverbindungen (1970), Musik für Kammerorchester (1972), Arabeske für Oboe und Kammerorchester (1975)

Kammermusik

4 Israelische Melodien für ein Streichinstrument und Klavier (1948), Orientalische Ballade für Viola und Klavier (1956), Makamat für Flöte und Streichquartett (1959), Psalmen für Streichquartett (1960), Legende für Viola, Klavier und Schlagzeug (1960), Improvisation für 12 Harfen (1960), Nebelflecken für Bläserquintett (1966), Fantasie für Klaviertrio (1977), Ballade für Klavierquartett (1977), Trio für Flöte,

Viola, Harfe (1977)
Klavierkompositionen
Prélude (1960), Klavierstücke (1965)
Vokalwerke
6 Lieder (unbegleitet, 1941), Kantate *Tochter Israel (1960), Gar sehr haben sie mich bedrängt* für Chor a cappella (1965), 4 Volkslieder für Alt und Streichquartett (1939), 5 israelische Lieder für Tenor oder Mezzosopran, Oboe, Klavier und Cello (1962), Vokalise für Sopran und Cello (1976)

Lothar Perl

* 1. 12. 1910 Breslau (jetzt: Wroclaw, Polen)
† 28. 4. 1975 New York

Komponist, Dirigent, Pianist.
Perl besuchte das Sternsche Konservatorium Berlin, machte dort seine Abschlußprüfung als Dirigent. Er emigrierte 1933 nach Frankreich, war dort Begleiter und Arrangeur für den Plattenstar L. Gauty. Tourneen durch Frankreich und Nordafrika. 1935-39 arbeitete er als Komponist, Arrangeur und Musikdirektor für T. Schoops Schweizer Ballett, mit dem er Tourneen durch Europa und Nordamerika unternahm. 1939 emigrierte er nach Hollywood. 1943-45 Dienst bei der US-Luftwaffe als Komponist für wöchentliche Propaganda-Shows. Perl schrieb Filmmusiken, u.a. für MGM und RKO (vor allem This Land is Mine, Big City, The Unfinished Dance, Three Daring Daughters). Ab 1948 Komponist, Pianist, und Musikdirektor für das Mata-Hari Tanzensemble, Auftritte als Klaviersolist bei diversen Shows.
Werke
Ducky, 3 Synkopierte Romanzen, Schwarz und Weiß, 2 Bilderbücher, Zebrastreifen, Der letzte Mohikaner, Hollywoodstars, Tim und Tom, Cowboy (alle vor 1933), 4 amerikanische Variationen über ein Thema von Paganini, Tanzsuite. Musik zu Filmen und Werbespots.

Shabtai Arye Petrushka (früher: Siegmund Leo Friedmann)

* 15. 3. 1903 Leipzig

Israelischer Komponist, Dirigent und Orchesterdirektor deutscher Herkunft.
1919-28 Maschinenbaustudium an TH Berlin, daneben 1921-23 Musikstudien am Leipziger Konservatorium, 1925-27 studierte er am Sternschen Konservatorium in Berlin (Trompete, Kontrabaß). 1928-33 war er Jazzbandleiter, schrieb Bühnenmusiken für Theater in Berlin, Breslau, München, Wien und Budapest, dirigierte und arrangierte für Plattengesellschaften und die UFA. 1933-37 spielte er im Orchester des JKB, für den er auch Bühnenmusiken komponierte. Im Februar 1938 emigrierte er nach Palästina, E. Hauser und H. Kagan hatten das ermöglicht. 1938-68 Arbeit am Rundfunk, zunächst als Orchestermusiker, 1942 als Dirigent und Arrangeur, 1948 Vizedirektor und 1958 Leiter der Musikabteilung von Kol Israel, nach der Pensionierung 1968 unterrichtete er Kompositon und Partiturspiel an der Jerusalemer Musikakademie. Petrushka bearbeitete zahlreiche israelische und jüdische Lieder für Orchester.

Werke

4 Sätze für Blasorchester, 5 orientalische Tänze für Orchester (1954), Piccolo Divertimento für Blasorchester (1970), Etüden für Blasinstrumente (1971), Streichtrio (1939, 12-tönig), Suite *Flammen in der Asche* (1947) nach der Musik zu einem Hörspiel über das Wilnaer Ghetto.

André-George Previn
(früher: Andreas Ludwig Priwin)

* 6. 4. 1929 Berlin

Amerikanischer Komponist, Dirigent und Pianist deutscher Herkunft, neben Leonard Bernstein einer der vielseitigsten Musiker der USA. Er studierte bereits als Kind Klavier (1935 bis zu seiner Relegation 1938) an der Berliner Hochschule, dann in Paris bis zur Emigration 1939 in die USA, wo der Großonkel musikalischer Direktor in den Universal Filmstudios war. Er studierte Komposition bei J. Achron, M. Castelnuovo-Tedesco und bei Ernst Toch, Dirigieren bei Pierre Monteux. 1945-60 Bearbeiter, Arrangeur und Dirigent für MGM, komponierte über 60 Filmpartituren, wurde als Dirigent und Komponist mit 14 Oscars ausgezeichnet. In den fünfziger Jahren Doppelkarriere als Jazz- und klassischer Pianist. 1957/58 Studien der Musikgeschichte. Seit 1963 Dirigent in den USA und Europa, 1965-67 «Assistant Conductor» des Londoner Symphony Orchestras, 1967-69 Musikdirektor des Houston Symphonic Orchestra als Nachfolger Barbirollis; 1969-79 erster Dirigent des London Symphony Orchestras (Nachfolger von Istvan Kertesz), seit den siebziger Jahren zahlreiche Tourneen mit seinem Orchester und als Gastdirigent der führenden Orchester in USA und Europa. Seit 1976 als Nachfolger William Steinbergs Dirigent des Pittsburgh Sinfonie Orchesters. Gleichzeitig wurde er Chefdirigent des Royal Philharmonic Orchestras in London, eine Position, die er 1969 aufgeben wird. Seit 1986 ist Previn Chefdirigent des Los Angeles Philharmonic Orchestras. Er gewann an Popularität auch als Moderator und Gestalter von Fernsehsendungen über Musik. *«Previn hat eine erklärte Vorliebe für Orchestermusik mit klarem Kolorit. Sein Repertoire geht insgesamt nicht weiter zurück als zu Mozart, aber auch nicht weiter nach vorn als zu Bernstein und Britten»*. (New Grove). Previn machte sich vor allem für die Aufführung von W. Walton, R. V. Williams, B. Britten, S. Rachmaninoff, S. Prokofieff, D. Schostakowitsch u.a. verdient. Sein Werkregister umfaßt neben Kammer- und Klaviermusik

Orchesterwerke

Symphony for Strings (1962), Cellokonzert (1968), Konzert für Guitarre und Orchester (1971), Every Goodbye Deserves Favour für Schauspieler und Orchester (1977)

Musicals

Coco (1969), The Companions (1974)

Filmmusiken

The Sun Comes Up (1949), Bad Day at Black Rock (1954), Elmer Gantry (1960), One, Two, Three (1961), A Long Day's Journey Into Night (1962), Kiss Me Stupid (1964), Inside Daisy Clover (1966), The Fortune Cookie (1966)

Klaus Pringsheim

* 24. 7. 1883 Feldafing (Bayern)
† 7. 12. 1972 Tokio

Dirigent, Komponist und Musikkritiker.
Studien in München (L. Thuille), 1905 in Wien (G. Mahler). 1906 Korrepetitor an der Hofoper Wien unter Mahler. 1907/08 Dirigent in Genf, 1909-14 am Deutschen Landestheater Prag, (1911-14 auch Dramaturg und Regisseur). 1915-18 Opernregisseur in Bremen. 1919-25 musikalischer Oberleiter der Reinhardt-Bühnen Berlin, daneben 1923/24 Konzertdirigent, u.a. des erstern Mahler-Zyklus in Berlin. 1917-31 Musikkritiker des *Vorwärts* und der *Weltbühne* in Berlin. Pringsheim emigrierte bereits 1931 nach Japan, hatte dort bis 1937 eine Kompositionsprofessur an der kaiserlichen Musikakademie Tokio. 1937-39 lebte er in Bangkok. 1941-44 war er Dirigent des Kammersinfonieorchester Tokio. 1946-51 als Dirigent und Musiklehrer in Hollywood, unternahm er zahlreiche US-Tourneen. 1951-71 lehrte er als Professor für Komposition an der Musashino Musikakademie in Tokio, 1951-61 dirigierte er deren öffentliche Konzerte.

Werke

Lojko Sobar (Oper), Yemada Nagasama (1953), Venedig (Kantate, 1903), Japanisches Konzert (1935), Klavierkonzert, zahlreiche Orchesterlieder, Concertino für Xylophon und Orchester (1962), Thema, Variationen und Fuge für Blasorchester (1972), Kammermusik und Klavierstudien.

Karl Rankl

* 1. 10. 1898 Gaaden bei Wien
† 6. 9. 1968 St.Gilgen (Salzburg)

Britischer Dirigent und Komponist österreichischer Herkunft.
Rankl, Sohn einer kinderreichen Bauernfamilie, hatte 1918-21 privaten Unterricht bei A. Schönberg und A. v. Webern in Wien, nebenbei leitete er Arbeiterchöre. Er stand, bei aller modernen Orientierung seiner Tonsprache, in der Tradition der Verbindung von Komponist und Kapellmeister. 1925-27 Kapellmeister in Liberec (CSSR), 1927/28 in Königsberg, 1928-31 an der Krolloper Berlin, 1931-33 in Wiesbaden, 1933-37 Graz, 1937/38 Prag, dort dirigierte er die Uraufführung von E. Kreneks Oper *Karl der V.* 1939 Emigration nach Großbritannien. Aufgrund seiner großen Erfahrung wurde Rankl 1946 gebeten, die musikalische Verantwortung für den Wiederaufbau des Covent Garden Opera zu übernehmen. Er arbeitete dort bis 1951. 1952-58 dirigierte er das Schottische Nationalorchester, 1958-60 amtierte er als Direktor der geplanten Oper in Sidney (Australien). Ab 1960 lebte er zurückgezogen in Österreich. Rankls Bedeutung liegt vor allem in seiner Dirigententätigkeit.

Opern
Deirdre of the Sorrows (1951)

Vokalwerke
Oratorium *Der Mensch,* 4 schottische Volkslieder für Mezzosopran und Orchester (1957), Chorwerke.

Orchesterwerke
8 Symphonien, Sinfonietta (1953), Violinkonzert, Suite für Streicher (1953)

Kammermusik
Streichquartett (1936)

Karol Rathaus (Pseudonym: Bruno Leonhard)

* 16. 9. 1895 Tarnopol, Galizien (Österreich, heute: Polen)
† 21. 11. 1954 New York

Amerikanischer Komponist polnischer Abstammung. Rathaus kam 1913 zum Studium an Universität und Musikakademie nach Wien, wurde Kompositionsschüler von F. Schreker. 1914-18 Kriegsdienst. 1919 gab er in Wien sein Doppeldebut als Interpret eigener Kompositionen. Er folgte - wie Brand, Horenstein und Krenek - 1920 Schreker nach Berlin, der dort die Meisterklasse für Komposition übernahm. 1920-22 Studium in Berlin, 1922 Promotion in Wien. 1925-32 war Rathaus Kompositionslehrer an der Musikhochschule Berlin. Rathaus galt als eine der grossen Hoffnungen der modernen Musik. Stilistisch vielseitig, gehört er, von Szymanowski, Schreker und dem Expressionismus geprägt, insgesamt zur moderaten Richtung. Ab 1931 arbeitete er für den Tonfilm; in Zusammenarbeit mit dem Regisseur F. Ozep gelingt mit *Der Mörder D. Karamasov* eine filmmusikalische Pionierleistung. 1932-34 Lehrauftrag in Paris, 1934-38 in London. 1938 emigriert er in die USA, nach kurzem Aufenthalt in Hollywood zieht er 1939 nach New York. 1940 Professor für Komposition am Queen's College New York.

Orchesterwerke

3 Symphonien opp. 5 (1921/22), 7 (1923), 50 (1942/42), Ouvertüren opp. 22 (1928), 30 (1930), 65 (Salisbury Cove, 1949), Suite op. 29 (1930), Serenade op. 35 (1932), Nocturne *Jakobs Traum* op. 44 (1938), Klavierkonzert op. 45 (1939), Polonaise symphonique op. 52 (1943), Vision dramatique op. 55 (1945), Sinfonia concertante op. 68 (1950/51), Suiten und Sinfonische Stücke nach Film- und Bühnenmusiken (u.a. Uriel Acosta)

Vokalwerke

Lieder opp. 48, 57, Chor aus *Iphigenie in Aulis* op. 61, Oratorium Diapason op. 67 (1950), Chorlieder op. 70

Kammermusik

5 Streichquartette Nr. 1 und Nr. 2 verschollen, Nr. 3-5 opp. 51, 59, 72, 2 Sonaten für Violine und Klavier opp. 14, 43, Sonate op. 21 für Violoncello und Klavier, Violinstücke opp. 39, 64, Trio op. 53 für Violine, Klarinette, Klavier, Rhapsodia

notturna op. 66 für Cello und Klavier (1950), Trioserenade op. 69 für Klaviertrio

Klavierwerke

Variationen über ein Thema von Reger op. 1, 4 Sonaten opp. 2, 8, 20, 58, Ballade op. 40, 4 Studien nach D. Scarlatti op. 56, Variationen über Thema von Georg Böhm op. 62, kleinere Klavierstücke opp. 9, 11, 24, 47, 51

Arthur Rebner

* 30. 7. 1890 Lemberg
(Galizien, Österreich; heute: Lvov UdSSR)
† 8. 12. 1949 Los Angeles

Rebner ist vor allem als Textdichter und Librettist bekannt. Er kam in jungen Jahren nach Wien, schrieb dort Text und Musik zu Liedern und Chansons. Später trat er als Conferencier in deutschen - vor allem Berliner - Kabaretts und durch Texte zu Operetten, Revuen und einzelnen Liedern für Komponisten wie R. Stolz, E. Eysler, H. Hirsch, L. Fall und H. May hervor. Nachdem er Deutschland 1933 verlassen mußte, zog er sich zunächst nach Wien zurück, schrieb dort mit F. Lehár die *Blaue Mazurka.* 1938 emigrierte er über die Schweiz nach Frankreich nach Frankreich, wo er 1940 interniert wurde. Nach seiner Freilassung emigrierte er nach Mexiko, lebte bis 1947 in Mexiko City. 1947 ließ ersich in der Nähe von Hollywood nieder.

Operetten und Revuen

Leute von heute (Eisler/Stolz, 1918), Die Scheidungsreise (H. Hirsch, 1918), Der heilige Ambrosius (L. Fall, 1921), Die tanzende Stadt (H. May, 1935)

Zahlreiche Lieder und Chansons.

Übertragungen amerikanischer und englischer Hits ins Deutsche.

Wolfgang E. Rebner nach der Rückkehr aus der Emigration mit Paul Hindemith in München 1955

Wolfgang Edward Rebner

* 20. 12. 1910 Frankfurt/Main

Pianist, Dirigent und Komponist.
Rebner studierte am Hochschen Konservatorium in Frankfurt, dann an der Staatlichen Hochschule für Musik in Berlin (Komposition bei Hindemith, Klavier bei A. Schnabel und L. Kreutzer). Nach seinem Examen arbeitete er zunächst am Staatstheater Bremen, danach als Assistent von George Szell am deutschen Theater in Prag; 1933/34 als Assistent Sir Thomas Beechams an der Covent Garden Opera London. 1935 begleitete er E. Feuermann auf Tourneen durch die USA, Ostasien und Südamerika. 1937 ließ sich Rebner endgültig in den USA nieder, zunächst in New York, wo er vor allem konzertierte und vor allem mit Isaac Stern, Joseph Szigeti, Lauritz Melchior, Ezio Pinza, Kirsten Flagstad, Zino Francescatti und Nathan Milstein Konzertreisen absolvierte. Ab 1940 war er in Hollywood, wo er neben seiner Konzerttätigkeit hauptsächlich als Arrangeur, Aufnahmeleiter und Pianist für Filmgesellschaften arbeitete. Fatale Erinnerungen, die die McCarthy-Ära in ihm wachrief, erleichterten ihm nach einigen Europa-Besuchen seine Rückkehr nach Deutschland (1955 nach München). Bis zu seiner Emeritierung war er dort zunächst Lehrbeauftragter, dann Dozent an der Richard-Strauß-Fachakademie für Musik.
Neben Kammermusik, Klavierstücken und Hörspielmusiken komponierte Rebner:
Proverbia für Chor und Orchester (1952), Soirée passionelle für Klavier und Orchester (1954), Suite 1492 für Bläser, Gutachten über Franz Wiedebusch, Ouverture Allerlei Brimborium (1960), Suiten Persönliche Noten (1961) und Aus Südamerika für Orchester (1964), sowie zahlreiche Mini-Musicals für Kinder.

Hans Ferdinand Redlich

* 11. 2. 1903 Wien
† 27. 11. 1968 Manchester

Britischer Musikwissenschaftler, Dirigent und Komponist österreichischer Herkunft.
Redlich studierte ab 1921 in Wien, dann in München (1922-24) und Frankfurt/Main (1929-31), promovierte 1931. Er war 1924/25 Assistent an der Städtischen Oper Berlin, 1925-29 Kapellmeister in Mainz, lebte ab 1931 freischaffend in Mannheim. Redlich emigrierte 1937 nach Wien, 1939 nach Großbritannien. 1941 Gründung und bis 1955 Leitung der Choral and Orchestral Society Letchworth. 1941-45 Lehrer an der Rural Music School in Hitchin, 1941-43 Vorlesungen für die Worker's Education Association, 1942-55 für das Extra Mural Board der University of Cambridge. 1955-62 lehrte Redlich an der Universität Edinburgh, 1962-68 an der Universität Manchester. Redlichs Bedeutung liegt vor allem auf musikwissenschaftlichem Gebiet, seine Schwerpunkte: C. Monteverdi, G. F. Händel, die österreichische Musikgeschichte der letzten 100 Jahre (Redlich prägte den Begriff der *«2. Wiener Schule»*).

Kompositionen

Concerto grosso für Orchester (1927), Apostelgesänge für Singstimme und Klavier (1930), Slowakische Lieder für Gesang und Klavier (1932), Hölderlin-Trilogie für Tenor und Orchester (1946), zahlreiche Vokalwerke

Franz-Theodor Reizenstein

* 7. 6. 1911
† 15. 10. 1968 London

Englischer Komponist und Pianist deutscher Herkunft. Reizenstein stammt aus einer musischen Familie. 1930-34 war er an der Berliner Hochschule Schüler von P. Hindemith (Komposition) und L.Kreutzer (Klavier). 1934 emigrierte er nach London, besuchte dort bis 1936 das Royal College of Music, wo er bei R. V. Williams, einem der Fürsprecher deutscher Emigranten in Großbritannien, Komposition belegte. 1938-40 nahm er Privatunterricht bei H. Solomon. 1940 ein halbes Jahr als feindlicher Ausländer auf der Isle of Man interniert, hat er dort Musik arrangiert und für Aufführungen gesorgt. Nach der Entlassung wurde er 1940-45 wegen Kriegsuntauglichkeit als Bahnschaffner eingeteilt, nebenbei trat er bei zahlreichen Wartime-Concerts auf. Nach Kriegsende unterrichtete, konzertierte und komponierte er.

1958-68 war er Klavierprofessor an der Royal Academy of Music, 1962-68 am Royal Manchester College of Music, 1966-68 nahm er eine Gastprofessur in Boston wahr.

Reizenstein komponierte tonal, hörbar an Hindemith geschult.

Orchesterwerke

Cellokonzert op. 8 (1936/48), Klavierkonzert Nr. 1 opp. 16 (1941), Klavierkonzert Nr. 2 op. 37 (1959), Violinkonzert op. 31 (1953), Ouvertüre Cyrano de Bergerac op. 28 (1951), Ballettsuite op. 15 (1940), Konzert für Streicher op. 43 (1967)

Vokalwerke

Stimmen der Nacht op. 27 (1951), Anna Kraus op. 30 (Radiooper, 1952), Genesis op. 35 (Oratorium 1958), 5 Sonette op. 36 (1959)

Kammermusik

Solosonaten für Violine (op. 46, 1968), Viola (op. 45, 1967), Violoncello (op. 1, 1931; rev. op. 44, 1967); 3 Stücke op. 7/1 (1936), Prolog, Variationen und Finale op. 12 (1938), Sonate op. 20 (1945), Fantasia concertante op. 33 (1956) für Violine und Klavier; Konzertphantasie für Viola und Klavier op. 43 (1966), Elegie für Violoncello und Klavier op. 7/2 (1936); Kantilene op. 18 (1941), Sonate op. 22 (1947), Partita op. 13 für Flöte und Klavier (1938); 3 Konzertstücke op. 10 für Oboe und Klavier (1937) Sonatine op. 11 (1937), Arabesken op. 47 für Klarinette und Klavier (1968), Sonatine op. 48 (1968), Trio für Flöte, Klarinette, Fagott op. 39 (1963), Bläserquinett op. 5 (1934), Trio für Flöte, Oboe, Klarinette op. 25 (1949), Klavierquintett op. 23 (1948)

Klavierwerke

Fantasie op. 3 (1933), 4 Silhouetten op. 4 (1934), Suite op. 6 (1936), Impromptu op. 14 (1938), 5 Imaginative Pieces (1938), Intermezzo op. 17 (1941), Sonate Nr. 1 op. 19 (1944), Scherzo op. 21 (1947), Legende op. 24 (1949), Scherzo fantastique op. 26 (1950) Musical Box (1952), 12 Präludien und Fugen op. 32 (1955), Sonate Nr. 2 op. 40 (1964), Der Zodiac op. 41 (1964)

Wilhelm Rettich

* 3. 7. 1892 Leipzig

1909-12 Studium in Leipzig u.a. bei Reger. 1912 Korrepetitor in Leipzig, 1913 Kapellmeister in Wilhemshaven. Nach Kriegsdienst und russischer Gefangenschaft Rückkehr über Tientsien und Shanghai nach Deutschland mit einer Sammlung russischer und chinesischer Gedichte, die er in der Folgezeit vertonte. 1922-28 Kapellmeister in Plauen, Königsberg, Bremerhaven und Stettin. 1928-30 Leipziger Rundfunk, 1931-33 Pianist, Komponistt und Dirigent beim Berliner Rundfunk. Sein Chorwerk *Fluch des Krieges* zog den Ärger der NSDAP auf sich.

1933 Emigration in die Niederlande, dort unterrichtete und dirgierte er. 1939-45 bei Freunden untergetaucht, schuf er seine bedeutendsten Werke, darunter die *Sinfonia Giudaica* op. 53. 1964 Remigration nach Baden-Baden.

Werke

3 Symphonien op. 50/52/52a (*Sinfonia Olandese*) 53/131 (*The Song of Love and Death*), Violinkonzert op. 51, Doppelkonzert für Violine und Fagott op. 51a, Trompetenkonzert op. 122, Klavierkonzert op. 54, Suite im alten Stil op. 40 (6 Versionen), Orchesterlieder mit und ohne Chor op. 6/18/60/61/69/71/74/88/90/100/101a/143, Kammermusik in verschiedensten Besetzungen, Chorwerke, Lieder (8 Zyklen nach R. J. Huch u.a.) Pippa passes op. 57, König Tod (Einakter, 1928)

Willy Rosen (früher: Julius Rosenbaum)

* 18. 7. 1894 Magdeburg
† 1944 oder 1945 KZ Auschwitz

Rosen begann seine berufliche Laufbahn wie Nelson und Spoliansky in der Kleiderbranche, studierte aber dann, unterbrochen durch den Kriegsdienst, Musik. In den Zwanziger Jahren trat er unter dem Motto *Text und Musik von mir* mit eigenen Schlagern zur eigenen Begleitung in Berliner Kabaretts auf. Trotz seiner Popularität wurde ihm 1933 öffentliches Auftreten in Deutschland untersagt. Er spielte danach regelmäßig – teilweise mit W. Prager und M. Ehrlich – auf der Kleinkunstbühne des JKB. 1938 emigrierte er in die Niederlande, wo er schon in früheren Jahren gastiert hatte. Mit seinem *«Cabaret der Prominenten»* trat er in verschiedenen Amsterdamer Theatern und im Scheveninger Kurhaus-Kabarett auf. Nach der deutschen Okkupation spielte er bis Februar 1941 öffentlich weiter, konnte dann nur noch im Amsterdamer Judenviertel auftreten. Im KZ Westerbork interniert, baute er das *«wahrscheinlich beste Kabarett von Holland»* (Mechanicus) auf. 1944 wurde er nach Auschwitz deportiert und dort umgebracht.

Werke

Zahlreiche Schlager nach eigenen Texten, Eine Reise um die Welt (Revue, Den Haag, 1938), Humor und Melodie (Revue, KZ Westerbork, 1942)

Joseph Rosenstock

* 27. 1. 1895 Krakau (Österreich, heute: Polen)

Rosenstock galt als pianistisches Wunderkind. Er studierte in Krakau und in Wien (u.a. bei Schreker). 1920 Lehrauftrag an der Musikhochschule Stuttgart, 1922-27 Kapellmeister in Darmstadt, ab 1925 GMD. 1927-29 GMD Wiesbaden, 1930-33 Mannheim. 1933 musikalischer Direktor des JKB, aus dem er wegen künstlerischer Differenzen mit dem Leiter, Dr. K. Singer, 1936 ausschied. Er emigrierte nach Japan. Dort leitete er 1936-41 und 1945/46 das Neue Symphonieorchester Tokio. 1941 wurde er in Japan vor der Gestapo versteckt und emigrierte bis 1945 in die USA, wo er sich 1946 endgültig niederließ. 1958-60 musikalischer Oberleiter an der Kölner Oper. Ab 1961 Dirigent u.a. der Metropolitan Opera New York.

Werke

Klaviersonate op. 3 (1918), Concert Symphonique für Klavier und Orchester op. 4 (1919), Ouvertüre zu einem heiteren Spiel op. 5 (1920), Ouvertüre und Variationen für Orchester (1945)

Fritz Rotter

* 3. 3. 1900 Wien
† 12. 4. 1984 Ascona

Rotter schrieb Texte zu Operetten, Revuen, später auch Filmdrehbücher - vor allem aber zu Schlagern (insgesamt über 1200), zu denen er auch manchmal Musik (meist in Zusammenarbeit mit anderen) beisteuerte. Rotter, der nichts mit den gleichnamigen Brüdern, den Theaterunternehmern, zu tun hat, wie er im März 1933 selbst beteuerte, machte seine Karriere ab 1920 in Berlin, zunächst mit bescheidenem, ab 1924 jedoch mit immer größerem Erfolg. Er textete für R. Stolz, W. Jurmann, dessen Bekanntschaft er im Eden-Hotel gemacht hatte, B. Kaper, P. Abraham, F. Lehár u. a. Er gilt als Meister des galanten Schlagers, war jedoch auch in modischen Nonsense-Texten *(Was macht der Mayer am Himalaya* - die Chance zum Schüttelreim ließ er ungenutzt) und in makabren Pointen versiert. Die erzwungene Emigration traf sein Selbstbewußtsein empfindlich: In autobiographischen Notizen bleiben von den Emigrationsjahren nur spärliche Glanzlichter. Dabei ging die Karriere 1933 in Wien, Budapest und Opatija weiter. Im Dunkeln liegt der Weg in die USA (1938), wo er neben zahlreichen Drehbuchentwürfen und Schlagern 1941 das Drama *Briefe nach Luzern* schrieb, in dem er eine Kollektivschuld der Deutschen am Faschismus und Krieg verneint. 1950 kehrt Rotter zurück, er hat Erfolg, doch nicht mehr die frühere zentrale Stellung. Er zieht sich nach Ascona zurück.

Rotter schrieb Text und Musik zu den Schlagern
Lach mich nicht aus (1929), Frauen brauchen immer einen Hausfreund, Ich hab im Frühling nur dich geküßt (1930), Ein spanischer Tango und ein Mädel wie du (1931), That's All I Want From You (1954), Das ist die Straße (1963)

Bühnenwerke
Ein Rivieratraum (R. Stolz, 1924), Die Sünden der Welt (J. Klein, 1927), Die Lichter von Berlin (R. Nelson, 1927), Donnerwetter - 1000 Frauen (J. Klein, 1928), Letters to Lucerne (Briefe nach Luzern, 1941)

Filmdrehbücher
Liebe im Ring (1930), September Affair (1949), Illusion in Moll (1952), Nachts auf den Straßen (1952), Wenn der weiße Flieder wieder blüht (1953), Oase (1955)

Daniel Sambursky

* 4. 6. 1909 Königsberg
† 3. 10. 1977 Tel Aviv

Israelischer Komponist, Musiklehrer und Chordirektor.
Sambursky stammt aus einer gläubigen jüdischen Familie. Er erhielt ab 1917 Klavierunterricht. 1919 erste Kompositionsversuche.
1923 Umzug nach Danzig. 1927-33 Medizin- und Musikwissenschaftsstudium Berlin, parallel 1928-30 Besuch des Danziger Musikkonservatoriums. Sambursky komponierte Werke über jüdische Themen und nach hebräischen Texten. Er kehrte nach dem Reichstagsbrand 1933 nicht mehr aus der Schweiz zurück, sondern emigrierte nach Palästina. 1934-48 arbeitete er als Musiklehrer, leitete 1935-50 das wöchentliche offene Singen der Gewerkschaft in Tel Aviv und unterrichtete 1948-77 an Lehrerseminaren.
Als Komponist zählt Sambursky zur volkstümlich orientierten Richtung.

Bühnenmusiken

Die einzige Lösung (1931)

Filmmusiken

Le Hayyem Hadashem, Das versprochene Land.
Außerdem zahlreiche Chorstücke, Lieder und bekannte israelische Volksmelodien.

Herman Scherchen

* 21. 6. 1891 Berlin
† 12. 6. 1966 Florenz

Als Dirigent und Komponist, als Dozent und Lehrer, als Verleger, Autor und Organisator einer der vielseitigsten Musiker und Vorkämpfer der Moderne. Mehr noch als der Belgier P. Collaer und Sir Edward Dent in London war Scherchen - seit 1923 ständiger Gastdirigent des Musikkollegiums Winthertur, seit 1933 endgültig in der Schweiz wohnhaft - für emigrierte Komponisten aus Deutschland wichtiger Mentor und Förderer. Selbst kompositorisch nicht mehr aktiv, setzte er sich als Juror und Dirigent bei Festivals der IGNM und darüber hinaus für die Aufführung ihrer Werke ein, besorgte und leitete Rundfunkproduktionen, beteiligte sie als Dozenten (Rathaus, Vogel u.a.) und Studenten (Holzmann u.a.) an seinen *Sessions d'études musicales et dramatiques*, die er 1933-38 in den Sommermonaten durchführte, und die immer auch ein Emigrantentreffen waren, veröffentlichte sie in seinem *Ars-Viva*-Verlag (der 1937 an Rózsavölgyi überging), war Lehrer, Berater und «Sponsor», (z. B. für K. A. Hartmann) und half so einer Isolierung der deutschen Emigranten vom internationalen Musikleben vorbeugen.
Er führte damit seine frühere Arbeit folgerichtig weiter. Überzeugt von der Interessenidentität politischer und künstlerischer Avantgarde, gehörte er politisch zur parteiungebundenen Linken, musikalisch zu den Verfechtern der Moderne: In seinen Berliner Jahren ab 1919 gründete er nicht nur die *Neue Musikgesellschaft* (1919) und die Zeitschrift *Melos*, bis heute eines der publizistischen Foren neuer Musik, er war gleichzeitig 1919-22 Dirigent des Großberliner Arbeiterchors, schrieb Sätze für den Deutschen Arbeitersängerbund; aus seiner Zivilinternierung in Rußland (1914-18) brachte er nicht nur sein exponiertes Streichquartett Nr. 1, sondern auch das Lied *Brüder zur Sonne, zur Freiheit mit*.
Auch nach 1945 blieb Scherchen ein Pionier der Moderne, unter anderem mit der Einrichtung eines Experimentalstudios für elektronische Musik in Gravesano (1954) und der Herausgabe der *Gravesaner Blätter* ab 1955.
Eine gründliche Dokumentation und Übersicht enthält der Katalog: *Hermann Scherchen - Musiker 1891-1966*, Berlin 1986 (Edition Hentrich).

Lotte Schlesinger

* 19. 5. 1909 Berlin
† 14. 5. 1976 London

Lotte Schlesinger studierte ab 1925 an der Hochschule für Musik in Berlin Komposition (Franz Schreker, Walter Gmeindl, Paul Hindemith) und Musikerziehung (Georg Schünemann, Frieda Loebenstein). Von den Kompositionslehrern prägte Hindemith sie am nachhaltigsten. Andererseits erwog sie auch eine Fortsetzung ihres Kompositionsstudiums bei Arnold Schönberg an der Akademie der Künste in Berlin, ließ diesen Plan jedoch wegen Schönbergs notorischer Strenge fallen.
War ihre Laufbahn als Komponistin allein schon durch die Vorurteile gegen komponierende Frauen erschwert, so wurde sie durch das erzwungene Exil praktisch vernichtet. Daher stammen die meisten ihrer erhaltenen oder durch Zeitungskritiken bzw. Programmzettel dokumentierten Arbeiten aus ihrer Studienzeit. Ein kleinerer Teil entstand im Zusammenhang mit ihrer musikerzieherischen Tätigkeit.
Nachdem sie 1929 ihr Privatmusiklehrerexamen abgelegt hatte, wurde sie mehr und mehr in die Arbeit des Seminars für Musikerziehung an der Berliner Hochschule für Musik einbezogen. Sie wurde eine enge Mitarbeiterin der damals sehr bekannten Musikpädagogin Frieda Loebenstein. Ein Schwerpunkt dieser Arbeit war die musikalische Früherziehung, die wohl auch Lotte Schlesingers Stärke gewesen ist.
Exilstationen:
1933 Prag-Wien-London
1934 Paris-Barcelona
1935-37 Charkow-Kiew (Staatliches Konservatorium) - Moskau
1938-46 Lennox, Massachusetts, USA (Foxhollow School)
1946-49 Black Mountain, North Carolina (Black Mountain College)
1950-57 Yakima, Washington (Wilson School of Music)
1962 London

Orchesterwerke

Konzertante Suite für Orchester (1931/32)

Kammermusik

Streichquartett (1929), 5 Stücke für Oboe,
Bratsche und Baßklarinette (1928), Bläseroktett (1929)

Klaviermusik
Doppelfuge für Klavier (1926)
Gavotte für Klavier (1927), Übungsstücke
Vokalwerke
Kantate für Bariton-Solo, gemischten Chor und Orchester (1930), Kantate für 3 Singstimmen und Klavier We Believe (zwischen 1938 und 1946), Melodram (1933?), Spielmusiken für Kinder (1929-33)

Eberhard Schmidt

* 23. 3. 1907 Slawentzitz
(Oberschlesien, heute: Polen)

Studierte am Sternschen Konservatorium in Berlin, schrieb vor 1933 Lieder für Arbeiterchöre und Agitprop-Truppen. 1935 Emigration nach Paris, komponierte Stücke für Arbeitertheater und Kinderballette. 1936-39 in den Internationalen Brigaden Teilnahme am spanischen Bürgerkrieg. Danach in Frankreich interniert, 1941 Deportation in das KZ Sachsenhausen. Ab 1945 kompositorisch, pädagogisch und kulturpolitisch in der DDR tätig. Schmidt war Direktor des Konservatoriums in Schwerin und lebt heute als freischaffender Komponist in Berlin (DDR).
Werke
Operette Der Bolero (1952), Schweinehochzeit (Singspiel, 1956) und Brigitte und das Schweineglück (1961)
Fernseh- und Kinderopern
Der Dieb im Warenhaus und Die Zauberpauke
Kantaten
Klaus Störtebeker (1958) und Weiße Rose (1963)
Filmmusik
Fritz Reuter (1949), Mich dürstet (1960)
Außerdem Kammermusik und zahlreiche Lieder.

Arthur Schnabel

* 17. 4. 1882 Lipnik
(Galizien, Österreich; heute: Polen)
† 15. 8. 1951 Axenstein (Schweiz)

Zeichnung von Eugen Spiro

Schnabel gehörte zu jenen großen Pianisten, deren Klavierspiel ohne die eigene Kompositionserfahrung nicht zu denken ist. Die Spannung zwischen dem produktiven und dem reproduktiven Künstler gab seinen Interpretationen immer wieder neue Impulse, auch wenn die Größe als Interpret immer wieder den Verzicht aufs eigene Komponieren forderte. Bei Schnabel gesellte sich zum interpretatorischen und kompositorischen auch noch das pädagogische Talent, bereits als Dreizehnjähriger begann er zu unterrichten. Schnabel kam als Siebenjähriger nach Wien, schon ein Jahr später gab er sein Konzertdebut. Er studierte 1892-97 bei Leschetitzky Klavier, von 1894-96 bei dem Brahmsschüler Eusebius Mandyczewski Komposition und Theorie. 1900 zog Schnabel nach Berlin und blieb dort bis kurze Zeit nach der Machtübernahme der Nationalsozialisten. Zahlreiche Konzerte führten ihn durchs In- und Ausland. Er konzertierte allein, mit seiner Frau Therese Behr, einer Sängerin, mit berühmten Instrumentalisten wie Flesch, Casals, Feuermann, Piatigorsky, Fournier, Hubermann, Szigeti und Primrose. Die Jahre 1919-24 betrachtet Schnabel als seine fruchtbarsten. Aus dieser Zeit resultiert die enge Bekanntschaft mit Ernst Krenek und Eduard Feuermann, die Teilnahme an frühen Aufführungen von Schönbergs *Pierrot lunaire,* den Schnabel sehr schätzte; jene Jahre des allgemeinen Aufbruchs waren für Schnabel auch kompositorisch wichtige Jahre, er schrieb in dieser Zeit unter anderem vier Streichquartette. Von 1925-33 leitete Schnabel die Klaviermeisterklasse an der Staatlichen Hochschule in Berlin. 1933 emigrierte er zunächst nach Italien, hielt seine berühmtgewordenen Sommerkurse in Tremezzo am Comer See. 1939 emigrierte er in die USA, 1940-45 gab er Kurse an der University of Michigan. Schnabel, der große Interpret des Wiener Klassizismus und der frühen Romantik, fand in den USA nicht die Anerkennung, die er in Europa gehabt hatte. Seine Interpretationen stießen zum Teil auf Unverständnis, er war andererseits nicht bereit, in der Programmgestaltung bisher nie gemachte Konzessionen zuzugestehen. Kompositorisch folgt Schnabel der Traditionslinie Brahms-Schönberg.

Werke
3 Symphonien (1938-40, 1946), Rhapsodie (1948), Violinsonate (1935), Streichtrio, Klaviertrio (1945), Duo-decimet (1949), 5 Streichquartette (Nr. 1-4, 1919-24), Klavierstücke

Arnold Schönberg

* 13. 9. 1874 Wien
† 13. 7. 1951 Los Angeles

Arnold Schönberg hielt sich dreimal für längere Zeit in Berlin auf. Während seines ersten Aufenthaltes - im Wiener Tonkünstlerverein hatten im Jahre 1900 seine Lieder opp. 1-3 Proteste ausgelöst - von Dezember 1901 bis Juli 1903 komponierte er für E. von Wolzogens *Überbrettl*; durch Fürsprache von Richard Strauss war er Liszt-Stipendiat und Lehrbeauftragter am Sternschen Konservatorium. Danach lebte er wieder in Wien, gründete und leitete 1904/05 mit seinem Förderer A. v. Zemlinsky die *Vereinigung schaffender Tonkünstler*, die der Neuen Musik im konservativen Wiener Musikleben ein Forum sichern sollte. Sie bestand nur bis 1905. 1909 ist für Schönberg das kompositorisch entscheidende Jahr: Mit den Klavierstücken *op. 11* und den Orchesterstücken *op. 16* ist die freie Atonalität auch formal gemeistert.
1911-15 ist Schönberg zum zweiten Mal, wiederum als Lehrer am Sternschen Konservatorium in Berlin, erlebt dort 1912 erfolgreiche Aufführungen seines *Pierrot lunaire*. Danach ruft die vaterländische Pflicht, erst 1917 wird Schönberg aus der Armee entlassen. Er unterrichtet, schafft mit dem *Verein für musikalische Privataufführungen* in Wien erneut eine Möglichkeit, avantgardistische Musik einem interessierten Publikum - und nur diesem - vorzustellen. 1920/21 arbeitet er in Amsterdam die Reihentheorie aus, die er in den Klavierstücken *op. 23* zum ersten Mal anwendet.
1925-33 ist Schönberg zum dritten und letzten Mal in Berlin. Als Nachfolger von F. Busoni übernimmt er die Meisterklasse für Komposition an der Preußischen Akademie der Künste. In der Sitzung vom 1.3.1933, in der er selbst noch das Wort ergreift, wird er aus der Akademie ausgeschlossen. Am 17. Mai 1933 verläßt er Berlin. Er wählt nicht - wie viele andere - den Weg zurück nach Wien, sondern emigriert über Paris, wo er zum jüdischen Glauben rekonvertiert, in die USA. Er unterrichtet zunächst in Boston. Im Herbst 1934

siedelt er vor allem aus gesundheitlichen Gründen nach Los Angeles über und gibt dort Privatunterricht und einzelne Kurse. 1951 wurde er zum Ehrenmitglied der Israelischen Musikakademie berufen.

Bühnenwerke

Erwartung op. 17 (Monodram, 1909), Die glückliche Hand op. 18 (Drama mit Musik, 1910-13), Von heute auf morgen op. 32 (Operneinakter, 1928/29), Moses und Aaron (Oper, 1930-32, dritter Akt nicht komponiert)

Chorwerke

Gurrelieder (1900/01), Friede auf Erden op. 13 (1907), 4 Stück für Gemischten Chor op. 27 (1925), 3 Satiren op. 28 (1925), 6 Stücke für Männerchor a cap. op. 35 (1929/30), Kol Nidre op. 39 (1938), Prélude Genesis op. 44 (ohne Text, 1945), Ein Überlebender aus Warschau op. 46 (1947), 3 Volkslieder op. 49 (1948), Dreimal tausend Jahre op. 50a (1949), De profundis op. 50b (1950), Moderner Psalm op. 50c (1950)

Orchesterwerke

Pelleas und Melisande op. 5 (1902/03), 5 Orchesterstücke op. 16 (1909), Variationen für Orchester op. 31 (1926), Begleitmusik zu einer Lichtspielszene op. 34 (1929/30), Violinkonzert op. 36 (1935/36), 2. Kammersymphonie op. 38 (1906/11/16/39), Klavierkonzert op. 42 (1942), Thema und Variationen für Blasorchester op. 43a (1943)

Kammermusik

Verklärte Nacht op. 4 (Sextett, 1899), Streichquartett Nr. 1 d-moll op. 7 (1904/5), Kammersymphonie Nr. 1 op. 9 (1906), Streichquartett Nr. 2 op. 10 (1907/08), Serenade op. 24 (1920-23), Bläserquintett op. 26 (1923/24), Suite op. 29 (1925/26), Streichquartett Nr. 3 op. 30 (1927), Streichquartett Nr. 4 op. 37 (1936), Streichtrio op. 45 (1946), Phantasie für Violine und Klavier op. 47 (1949)

Lieder

opp. 1 (1898), 2 (1899), 3 (1899-1903), 6 (1903-05), 8 (1903/04), 12 (1907), 14 (1907/08), Das Buch der hängenden Gärten op. 15 (1908/09), Herzgewächse op. 20 (1911), Pierro lunaire op. 21 (1911/12), 4 Orchesterlieder op. 22 (1913-16), Ode an Napoleon op. 41 (1942), 3 Lieder op. 48 (1933)

Tasteninstrumente

3 Klavierstücke op. 11 (1909), 6 kleine Klavierstücke op. 19 (1911), 5 Klavierstücke op. 23 (1920-23), Klaviersuite op. 25 (1921/23), Klavierstück op. 33a (1928/29), Klavierstück op. 33b (1933), Variationen über ein Rezitativ op. 40 für Orgel (1941)

James Simon

* 29. 9. 1880 Berlin
† 12. 10. 1944 Ausschwitz

Simon studierte an der Hochschule in Berlin (u.a. bei M. Bruch), promovierte in München über Abbé Vogler, lehrte 1907-19 am Klindworth-Scharwenka-Konservatorium, war danach freischaffend. 1933 emigrierte er in die Niederlande, gab Privatunterricht und wurde von verschiedenen Freunden unterstützt. 1941 wurde er interniert, zunächst in das KZ Theresienstadt, am 12. 10. 1944 in das KZ Auschwitz deportiert und dort umgebracht.
Der Sohn Jörn Martin verschwand 1937 während der Moskauer Prozesse in der UdSSR.
Werke
Frau im Stein (Oper, 1925), Symphonie B-Dur, Rhapsodie und Ländliche Suite für Orchester, Klavierkonzert F-Dur, Konzertstück für Klavier und Orchester, Sextett für Klavier und Bläser, Streichquartett, Legende für Streichquartett, zahlreiche Lieder, Kammermusik.
Schriften
Abt Voglers Kompositorische Werke (1904), Faust in der Musik (1906)

Nikolas Skalkottas

* 21. 3. 1904 Halkis (Griechenland)
† 20. 9. 1949 Athen

Skalkottas wuchs in Athen auf, erhielt als Fünfjähriger Violinunterricht, kam als 10jähriger ans Athener Konservatorium, wo er 1920 sein Studium abschloß.
1921-33 lebte er in Berlin; studierte zunächst Violine, ab 1923 Komposition, bis 1925 bei P. Juon und R. Kahn; nach dem Entschluß, die Solisten- zugunsten einer Komponistenkarriere aufzugeben, studierte er 1925-27 bei Ph. Jarnach, 1927-31 bei Schönberg, daneben privat bei Weill. Skalkotta verdiente seinen Lebensunterhalt in Kaffeehaus- und Filmmusikensembles, wurde 1928-31 von einem Mäzen finanziert. Danach geriet er in eine persönliche Krise und komponierte bis zu seiner Emigration nicht mehr. Unter politi-

schem Druck kehrte er im Mai 1933 nach Athen zurück, fand jedoch keine Anerkennung und mußte sich als Geiger durchschlagen.

Skalkottas Stil orientiert sich an der Avantgarde der Zwanziger Jahre, an der freien Atonalität, ab 1927 an der Reihentechnik, aber auch - besonders in der Formensprache - am Busonischen Klassizitätsideal. Das Frühwerk bevorzugt Miniaturen, die Formen gedanklicher Konzentration und Komplexität, die auch für größere Werke typisch bleiben. 1933-45 entstanden Zweidrittel des Gesamtwerks. Zwischen den Tonkompositionen finden sich tonale Stücke, die häufig auf griechischer Volksmusik beruhen.

Das lange unbekannt gebliebene Oeuvre Skalkottas hat in den letzten Jahren wieder stärkere Beachtung gefunden.

Orchesterwerke

2 Symphonische Suiten (1928/35, 1944), Bläserkonzert (1929), Kleine Suite für Violine und Kammerorchester (1929), Konzert für Violine, Klavier und Kammerorchester, 3 Klavierkonzerte (1931, 1937/38, 1938/39), Concertino für zwei Klaviere und Orchester (1935), Violinkonzert (1937/38), Cellokonzert (1938), 10 musikalische Skizzen (1940), Kleine Suite für Streicher (1942), Kontrabaßkonzert (1942/43), Konzert für 2 Violinen und Orchester (1944/45)

Kammermusik

2 Streichtrios (1924, 1935), 5 Streichquartette (1924 versch., Nr. 1 1928, Nr. 2 1929, Nr. 3 1935, Nr. 4 1940), Sonate für Violine (1925); 4 Sonatinen (1929, 1929, 1935, 1935), 2 Sonaten (1928, 1940), Bolero (1945), 4 Partiten (1947), Sonatine für Cello und Klavier (1949); Duo für Violine und Viola (1938), Klaviertrio (1936), 8 Variationen über ein griechisches Volkslied für Klaviertrio (1938); als Zyklus gedacht: Quartett 1 für Oboe, Trompete, Fagott, Klavier (1940), Concertino für Oboe und Klavier (1939), Sonata concertante für Fagott und Klavier (1940), Concertino für Trompete und Klavier (1940-42), Quartett 2 (1942), Oktett (1931)

Klavierwerke

Sonatine (1927), 15 kleine Variationen (1927), 4 Suiten (1936, 1940), 32 Stücke (1940/41), 4 Etüden (1940/41)

Mischa Spoliansky

* 28. 12. 1898 Bialystok (Rußland, heute: Polen)
† 20. 5. 1985 London

Spoliansky war in Berlin der Nestor der literarischen Revue (Texte: Marcellus Schiffer), wie sie dem Zeitgeist der ausgehenden Zanziger Jahre entsprach: Niemand hat Luxus und Langeweile, Sucht und Sachlichkeit, Mondänität und Melancholie jener Ära musikalisch besser getroffen als er. Bereits 1932 erlebt er erste Nazistörungen bei einer Revuepremiere. 1933 emigriert er, durch gezielte Indiskretion gewarnt nach Österreich, dann - zur Synchronisation eines noch in Deutschland gedrehten Films - nach London. Die Emigration schneidet eine tiefe Zäsur: Spoliansky, der leidenschaftliche Bühnenkomponist, schreibt fast ausschließlich Filmmusiken. 1941-45 wird er als Komponist, Pianist und Sänger zum Deutschsprachigen Dienst der BBC herangezogen (er vertonte dafür u.a. Brechts *Lied vom Weib des Nazisoldaten).* Spoliansky war mit Musik großgeworden: der Vater war Opernsänger und Chorleiter und ließ den Sohn schon früh unterrichten. Spolianskys Jugend war unruhig: Furcht vor Pogromen und der Beruf des Vaters zwangen zu häufigen Ortswechseln. 1914 mußte Spoliansky als russischer Staatsbürger Königsberg, wo er seit dem Tod des Vaters als Vollwaise lebte, verlassen. Er zog nach Berlin, begann eine Lehre im Bekleidungshaus H. Gerson, war dann durch Vermittlung seines Bruders Pianist in Caféhäusern, 1918 Orchesterleiter eines russischen Emigrantenkabaretts, studierte am Sternschen Konservatorium und wurde 1919 ans Kabarett *Schall und Rauch* gerufen. Mit F. Holländer und W. R. Heymann gehörte er zu den gefragtesten Kabarettmusikern der damals jüngeren Generation.

Margo Lion mit Gustaf Gründgens in der Schiffer-Spoliansky-Revue *Alles Schwindel* 1931

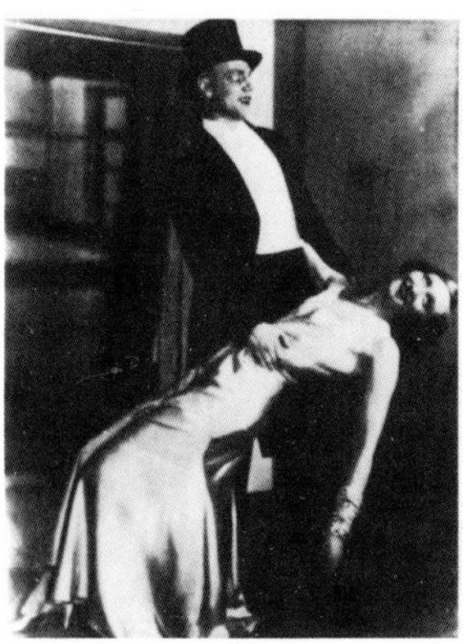

Bühnenwerke

Victoria (S. Maugham, Sprechoper, 1926), Es liegt in der Luft (1928), Zwei Krawatten (1929), Wie werde ich reich und glücklich? (1930), Alles Schwindel (1931), Rufen Sie Herrn Plim!, Das Haus dazwischen, Hundert Meter Glück (1932), Katharina Knie(1945/57), Wie lernt man Liebe (1967)

Filme (außer Revueverfilmungen)

Nie wieder Liebe (1931), Das Lied einer Nacht (1932), Eine Stadt steht Kopf (1933), The Private Life of Don Juan (1934), Sanders of the River (1935), The Ghost Goes West (1935), Ein Schrei in der Nacht, Happy Go Lovely, Wanted for Murder, King Salomon's Minds (1938), Jeannie (1941), Turn The Key Softly (1953), Duel In The Jungle (1954), Saint Joan (1957), The Battle Of The Villa Fiorita (1964), Hitler - The Last Ten Days (1973). Zahlreiche Einzelkompositionen, Musik zu Kabarettprogrammen, eine Oper, eine Symphonie.

Richard Heinrich Stein

* 28. 2. 1882 Halle/Saale
† 11. 8. 1942 Brigida (Kanarische Inseln)

Stein studierte Jura und Musik (u.a. bei E. Humperdinck), promovierte 1911 über *Die Psychologischen Grundlagen der Wundtschen Ästhetik*. 1911-14 Musikkritiker. 1914-19 Aufenthalt in Spanien. Stein lebte 1920-23 in Berlin, leitete zunächst 1920-22 ein eigenes Konservatorium in Nikolassee, war 1923 vorübergehend Musikdirektor des Urania-Theaters und 1924 des Berliner Rundfunks. Arbeitete 1925-33 als Lehrer für Komposition und Klavier. Stein emigrierte 1933 auf die Kanarischen Inseln.
Auf vielen Reisen erforschte er die Musik exotischer Völker. Er setzte sich für die Erweiterung des Tonsystems durch Vierteltöne ein. Seine 2 Konzertstücke für Violoncello und Klavier op. 26 (1906) gelten als die ersten veröffentlichten Viertelton-Kompositionen. Eine selbstkonstruierte Viertelton-Klarinette verwarf er 1914 wieder.
Stein schrieb zahlreiche Lieder, Klavierstücke, einige Orchesterwerke (u.a. Scherzo fantastico, Symphonie für 24 Soloinstrumente), einen Operneinakter für lebende Marionetten.

Fritz Stiedry

* 11. 10. 1883 Wien
† 9. 8.1968 Zürich

Amerikanischer Dirigent österreichischer Herkunft.
Stiedry studierte an der Wiener Musikakademie (u. a. bei Mandyczewski), parallel dazu Jura an der Universität. Er wird Assistent G. Mahlers an der Wiener Hofoper, 1907/08 auf Mahlers Empfehlung Assistent von Schuch in Dresden. 1908-14 Engagements in Teplitz, Posen, Prag, Nürnberg und Kassel. 1914-23 Erster Kapellmeister der Berliner Staatsoper, 1924/25 tritt er die Nachfolge F. Weingartners an der Volksoper Wien an. 1925-28 Tourneen in Italien, Spanien und Skandinavien. 1928-33 dirigierte er an der Städtischen Oper Berlin, nach 1929 wird er als Nachfolger Bruno Walters Erster Kapellmeister und Musikdirektor. 1929-33 ist er Vorsitzender der deutschen Sektion der IGNM. 1933 wird Stiedry entlassen. Er emigriert zunächst in die UdSSR, wirkt bis 1937 als Musikdirektor in Leningrad, dirigiert die Symphonie-Konzerte in Moskau sowie Opernaufführungen in beiden Städten. 1938 emigriert er in die USA. Dort leitet er zunächst das New Friends of Music Orchestra. 1945/46 ist er Dirigent der Chicago Civic Opera, 1946-58 der Metropolitan Opera, 1953/54 dirigiert er den *Ring des Nibelungen* und *Fidelio* an der Covent Garden Opera London. Stiedry schrieb Kammermusik, die größtenteils Manuskript geblieben ist.

Erich Walter Sternberg

* 31. 5. 1891 Berlin
† 15. 12. 1974 Tel Aviv

Israelischer Komponist deutscher Herkunft.
Sternberg entschloß sich nach einer Laufbahn als promovierter Jurist 1918 für den Musikerberuf. Er studierte am Klindworth-Scharwenka-Konservatorium Berlin bei H. Leichtentritt (Komposition) und H. Prätorius (Klavier). Ab 1925 regelmäßige Palästinabesuche, 1931 endgültige Emigration dorthin. Sternberg bereitete die Gründung des Palestine Philharmonic Orchestra mit vor, unterrichtete am Konservatorium Tel Aviv. 1938-54 Vorsitzender der Sektion Palästina Israel der IGNM.
In Sternbergs Werk dominieren biblische Themen. Sein Stil bewegt sich zwischen Spätromantik und gemäßigter Moderne. Die Verwendung hebräischer Melodien und die Entwicklung des sogenannten *Östlichen Mittelmeerstils* in den 50iger Jahren haben seine Tonsprache nur stellenweise leicht impressionistisch getönt.

Bühnenwerke

Dr. Doolittle (Kinderoper, 1937), Pacificia (1974)

Orchester

Ouvertüre zu einem Lustspiel (1932), Quodlibet (1935), Amcha (1936), Joseph und seine Brüder (1937), Die zwölf Stämme Israels (1942), Höre, Israel (1947), Die Arche Noah (1960)

Vokalsolo und Orchester

David und Goliath (Bariton, 1927), Kol Nidrei (1927), Der Rabe (Bariton, 1931), Der brave Soldat (Bariton, 1931), Mein Volk (Sopran, 1945), Frühe Lieder (Sopran, 1946), Gespräche mit dem Wind (Alt, 1955), Lieder der Resignation (Bariton, 1958), Hafis-Lieder (Tenor, 1959)

Weitere Vokalwerke

Inferno (Chor, Schl., 1930), Die ferne Flöte (Alt, Flöte, 1958), *Die Wiederauferstehung Israels* Oratorium, (1959), *Liebeslieder*, (1969)

Kammermusik

2 Streichquartette (1924, 1928), Sonate für Violine und Klavier (1956), Klaviertrio

Klavierwerke

Klaviermusik (1925), Klaviersonate (1931), Toccata (1943), Capriccio (1955), Allegro (1955).

Robert Stolz

* 25. 8. 1880 Graz
† 27. 6. 1975 Berlin (West)

Stolz erhielt ab 1887 Unterricht an der elterlichen Musikschule in Graz. 1896 legte er in Wien die Staatsprüfung für Musik ab. Danach begann für ihn die «Ochsentour» aller Theaterkapellmeister, die mit einer Korrepetitorenstelle in einer entlegenen Kleinstadt, weit weg von der angebeteten Metropole, beginnt. Der 22jährige ist jedoch bereits erster Kapellmeister am Salzburger Stadttheater und läßt sich von dort zu ersten Gastspielen verpflichten. Ab 1905 dirigiert Stolz als Erster Kapellmeister am Theater in Wien, u.a. Lehár-Uraufführungen. In der Folgezeit zahlreiche Gastspiele als Dirigent und Komponist. 1914-18 Militärdienst. 1924 gründet Stolz ein eigenes Theater, das bald im allgemeinen Theatersterben Konkurs geht. Er «flüchtet» nach Berlin, schreibt für das *Kabarett der Komiker* und komponiert Operetten. Ab 1926 ist er zeitweise wieder in Wien. Ab 1930 komponiert er auch für den Tonfilm. Nach 1933 ermöglicht Stolz zahlreichen Verfolgten die Emigration von Deutschland nach Österreich. 1936 verläßt er auf dem Höhepunkt seiner Karriere Berlin. Bis 1938 lebt er in Wien, emigriert dann freiwillig nach Paris, wo er 1939 über P. Abraham Yvonne-Louise Ulrich, seine spätere Frau, kennenlernt. Bemühungen deutscher Behörden, ihn zur Rückkehr nach Deutschland zu bewegen, weist Stolz zurück. 1940 Überfahrt in die USA. Dort hat er nach anfänglichen Schwierigkeiten Erfolge als Dirigent, als Komponist von Musicals und Tonfilmen. 1946 kehrt Stolz nach Wien zurück. In der Folgezeit zahlreiche Ehrungen in Österreich und Deutschland. Er komponiert weitere Operetten, Lustspiele, Musicals, Tonfilme und Eisrevuen. Am 27.6.1975 stirbt Stolz während Plattenaufnahmen in Berlin.

Sein Werkregister umfaßt über 1300 Opuszahlen, darunter: 43 Operetten, 10 Singspiele, 11 Musicals, mehr als 50 Filmmusiken, 19 Musiken zu Eisrevuen und mehrere 100 Einzeltitel, überwiegend Lieder.

Oscar Straus (früher: Strauß)

* 6. 3. 1870 Wien
† 11. 1. 1954 Bad Ischl (Österreich)

Robert Stolz mit Oskar Straus

Oscar Straus gehörte zur ältesten Emigrantengeneration. Als er 1938 Wien in Richtung Paris verließ, war er bereits 68 Jahre alt. Er hatte zunächst in Wien Musik studiert, ging 1891 nach Berlin, studierte dort bei M. Bruch. Auf Rat von Johann Strauß begann er 1893 praktische Theatererfahrungen zu sammeln, bis 1899 war er Kapellmeister in Preßburg, Brünn, Teplitz, Mainz und Hamburg. 1900 zog er nach Berlin. Er war musikalischer Leiter von E. v. Wolzogens *Überbrettl,* für das er einige berühmtgewordene musikalische Farcen schrieb. In den nächsten 25 Jahren arbeitete Straus überwiegend in Berlin. Er profilierte sich als Operettenkomponist. *Ein Walzertraum,* 1907 in Wien herausgekommen, bildete seinerzeit die große Konkurrenz zu F. Léhars *Lustiger Witwe.* 1927 zog Straus nach Wien, arbeitete dort weiter als Operettenkomponist. 1938 emigrierte er nach Paris, 1940 in die USA. Währnd jener Zeit schrieb er hauptsächlich an seinem letzten Bühnenwerk, der Operette *Bozena,* instrumentierte einige ältere Operetten neu. Straus remigrierte 1948 nach Bad Ischl, jenem Ort, an dem einst die wichtigsten Operettenvorhaben des nächsten Jahres geplant worden waren.

Opern

Die Waise von Cordoba (1894), Colombine (1904), Das Tal der Liebe (1909), Der tapfere Kassian (1909)

Operetten:

Die lustigen Nibelungen (Wagner-Parodie; 1904), Hug Dietrichs Brautfahrt (1906), Ein Walzertraum (1907), Der tapfere Soldat (1908), Didi (1909), Mein junger Herr (1910), Die kleine Freundin (1911), Love and Laughter (1913), Rund um die Liebe (1914), Die himmelblaue Zeit (1914), Die schöne Unbekannte (1915), Liebeszauber (1919), Der letzte Walzer (1920), Mariette (1928), Eine Frau, die weiß was sie will (1932), Drei Walzer (1935), Die Musik kommt (1948), Bozena (1952)

Ballette

Colombine (1904), Die Prinzessin von Tragant (1912)

Filmmusiken

Jenny Lind (1930), Der lächelnde Leutnant (1932), Eine Stunde mit dir (1932), Die Herren vom Maxim (1932), Frühlingsstimmen (1934), Land ohne Musik (1935), Make a Wish (1935), Reigen (1950), Madame de ... (1952)

Übrige Werke

Der Traum ein Leben (Ouvertüre), Serenade für Streichorchester op. 35, Violinsonate a-moll op. 33, Rusalka op. 36 (Chor), Bilderbuch ohne Bilder op. 38 (Klavier zu vier Händen)

Kammermusik und Klavierstücke sowie mehr als 500 Kabarettlieder, darunter: Die Musik kommt, Der lustige Ehemann u. v. a.

George Szell

* 7. 6. 1897 Budapest
† 29. 7. 1970 Cleveland

Amerikanischer Dirigent ungarischer Herkunft.
Szell wuchs seit 1900 in Wien auf. Als Elfjähriger gab er sein Pianistendebut mit eigenen Werken - ein «Wunderkind» wie sein Altersgenosse E. W. Korngold. Szell studierte in Wien vor allem bei Mandyczewski und in Leipzig bei M. Reger. In Berlin führt sich Szell 1914 innerhalb eines Konzerts gleich dreifach ein: Als Komponist, als Dirigent, als Pianist, kurz, als frühvollendetes musikalisches Universaltalent. 1915 wird er Assistent von R. Strauß an der Berliner Staatsoper. Szell ist Dirigent in Straßburg (1917/18), Prag (1919-21), Darmstadt (1921/22), Düsseldorf (1922-24). 1924-29 Erster Kapellmeister an der Staatsoper Berlin, 1927-30 Lehrbeauftragter für Partiturspiel an der Berliner Hochschule. 1929-37 GMD am Deutschen Landestheater und der Philharmonischen Konzerte Prag. 1937-39 leitet er das Scottish Orchestra Glasgow, daneben zahlreiche Gastdirigate. 1939 emigrierte Szell in die USA. Er hat dort fast alle namhaften Orchester dirigiert. 1942-46 Metropolitan Opera New York, 1946-70 Direktor des Cleveland Orchesters. Nach seinem Durchbruch als Dirigent hat Szell kaum noch komponiert.

Werke

Variationen über ein eigenes Thema (1916), Lyrische Ouvertüre (1920), Kammermusik und Klavierkompositionen.

Joseph Tal (bis 1953: Grünthal)

* 18. 9. 1910 Pinne bei Posen (heute Polen)

Israelischer Komponist, Pianist und Pädagoge.
Biographie im Telegrammstil: Jugend, Studium (Hochschule, u. a. bei Tiessen, Trapp, Hindemith und Kreutzer) und erste Arbeit in Berlin. Im März 1934 nach Palästina emigriert. Zunächst in einem Fotoatelier in Haifa, dann im Kibbuz tätig. Anfang 1936 nach Jerusalem umgezogen, vorübergehend Harfenist beim Philharmonischen Orchester Palästinas (PPO). 1937 Lehrer für Klavier und Komposition am Jerusalemer Konservatorium und an der Akademie. 1948-52 Akademiedirektor. 1950 Lehrstuhl für Musik an der Hebrew University. 1961 Gründer und Leiter des Israelischen Zentrums für elektronische Musik. 1965 zum Leiter der Abteilung für Musikwissenschaft an der Hebrew University ernannt. Zahlreiche Auszeichnungen. 1969 zum Mitglied der Akademie der Künste Westberlin berufen. Tal gehört als Komponist, Pädagoge und Interpret zu den zentralen Persönlichkeiten des israelischen Musiklebens. Er schloß sich nicht dem sogenannten *östlichen Mittelmeerstil* an, auch bei Verwendung orientalischer melodischer Modelle hält seine stilistische Entwicklung mit der mitteleuropäischen Moderne Kontakt, aus der er stammt. Tal war in den 60iger Jahren Vorkämpfer der elektronischen Musik in Israel.

Opern

Saul in Endor (1957), Ammon und Tamar (1958), Hashmedai (1968/69), Massara (1972), Die Versuchung (1973/74), Der Turm (1982/83)

Orchesterwerke

Klavierkonzerte 1-3 (1944, 1953, 1956), Violakonzert (1954), Konzerte für Violoncello (1961), für Flöte und Kammerorchester (1976), Shape für Kammerorchester (1974), Doppelkonzert für Violine, Violoncello und Kammerorchester (1970)

Vokalwerke

Exodus (1946), Drei a cappella Chöre (1953), Sukkoth- Kantate (1955), Der Tod Moses (1967), Die Parade der Gefallenen (1968), Gesang nach Versen von Heine (1971), Das hölzerne Pferd (1973)

Instrumentalwerke

3 Préludes (1942), 6 Sonette (1946), Klaviersonate (1950),

Inventionen (1956), Dodekaphonische Episoden (1962) für Klavier; Sonaten für Violine (1951), Oboe (1952), Viola (1960) und Klavier; 3 Streichquartette (1959, 1964, 1976), Intrada für Harfe (1959), Structure für Harfe (1962), Bläserquintett (1966), Klaviertrio (1973)

Elektronische Werke

Klavierkonzerte 4-6 (1962, 1964, 1970), Cembalokonzert (1964), Harfenkonzert (1971), Variationen (1970), Aus der Tiefe (130. Psalm, 1970), Frequenzen 440-462 (1973)

Der Dirigent Michael Taube und der Komponist Josef Tal besprechen eine neue Partitur des Komponisten 1962

Michael Taube

* 13. 3. 1890 Lodz (Polen)
† 23. 2. 1972 Tel Aviv

Taube kam – nach Stidium und Lehrtätigkeit in Lodz – 1912 nach Deutschland, studierte zunächst in Leipzig, dann in Köln (Klavier, Cello, Komposition und Orchesterleitung). Er konzertierte als Cellist und Pianist. Nach Dirigententätigkeit in Bad Godesberg und Gastdirigaten u. a. in Berlin, war er 1924-29 Assistent B. Walters an der (späteren) Städtischen Oper. 1926 Gründer und Leiter eines Kammerchores und eines Kammerorchesters in Berlin. Mit K. Singer und L. Kreutzer gründete er 1933 die Musiksektion des JKB. 1934 nach Palästina emigriert, war er dort vor allem als Dirigent, Pädagoge und Organisator tätig. Mit Gastspielen und Gastdirigaten sorgte er für das internationale Ansehen der Neuen Musik Israels. Taube gehörte zur ersten Dirigentengeneration des Philharmonischen Orchesters Israels nach seiner Gründung 1936. Er war vor allem Dirigent, schrieb aber einige Orchester- und Kammermusikwerke.

Ernst Toch

* 7. 12. 1887 Wien
† 1. 10. 1964 Santa Monica (Kalifornien)

Toch war kompositorischer Autodidakt. Die Neigungen des Kindes zur Musik stießen im Elternhaus auf Ablehnung. Toch begann daher, obwohl er schon einige Stücke komponiert hatte, das Medizinstudium. 1909 gewann er den Mozartpreis, der mit einem einjährigen Stipendium für das Frankfurter Konservatorium verbunden war. Dort studierte er bei W. Rehberg Klavier. 1913 wurde er Kompositionslehrer in Mannheim. 1915-18 Kriegsdienst, danach nahm er seine Arbeit in Mannheim wieder auf. Ab 1919, beginnend mit dem Streichquartett op. 26, setzte Toch sich mit der Moderne auseinander. Die nächsten 15 Jahre waren eine der fruchtbarsten Perioden in Tochs Schaffen, zugleich die Jahre seiner größten Bekanntheit. 1923 schließt der Verlag B. Schotts Söhne einen 10-Jahresvertrag mit ihm. Neben technisch schwierigen Werken (Klavierkonzert op. 38) stehen in dieser Phase musikalische Experimente *(Geographische Fuge* für Sprechchor, 1930). 1932 reist Toch nach Amerika. Nach der Teilnahme an einem musikwissenschaftlichen Kongreß in Florenz emigriert er 1933 über Paris nach London, stellt dort die Filmpartitur zu *Katharina die Große* fertig. Auf Einladung der School of Social Research emigriert er 1934 in die USA. Unter anderem auf Rat Gershwins zieht er dann 1936 nach Kalifornien. Seitdem lehrt Toch überwiegend an der University of Southern California, daneben hält er Gastvorlesungen an anderen Universitäten. In den Exiljahren 1933-47 entstanden nur acht Werke; 1938-45 gar keines, jedoch zahlreiche Filmmusiken. Toch war auf sie als Einnahmequelle zur Unterstützung Verwandter angewiesen. Sein leidenschaftlich-experimentelles Verhältnis zur Filmmusik schlug in dieser Zeit in Desillusionierung durch den Betrieb um. Mit der 1. Symphonie op. 72 (1950) beginnt ein neuer Abschnitt in Tochs Werk, geprägt vor allem durch die Komposition seiner Symphonien, die größtenteils ein Motto tragen. Toch vertrat eine dezidierte musikgeschichtliche Evolutionstheorie und eine musikalische Ausdrucksästhetik (vielen Werken gab er mottoartige Überschriften mit). Er begann als Spätromantiker, setzte sich in den Zwanziger Jahren mit der Moderne auseinander, war jedoch keiner ihrer Exponenten, in den Dreißiger Jahren wieder sanftes Zurückgleiten ins tonale Idiom. Toch hat seine Bekanntheit im vornazistischen Europa später nicht mehr erreicht, weder in den USA noch in Europa.

Orchesterwerke:

3 Klavierkonzerte Symphonie op. 61, (1933) 7 Symphonien op. 72, (1950); op. 73, (1951); op. 75, (1955); op. 80, 195; op. 89, (1963); op. 93, (1963); op. 95, (1964), Die Prinzessin auf der Erbse op. 43a, (1927), Big Ben (op. 62, 1964), Hyperion op. 71, (1947), Peter Pan op. 76, (1956), Jephta = 5. Symphonie, The Enamoured Harlequin op. 94, (1963), Variationenwerke

Bühnen- und Vokalwerke

The Last Tale op. 88, (1962), Tierkreis op. 52, (1930), Gesprochene Musik (1930), Der innere Kreis op. 67, (1947-53), Valse (Sprechchor, 1961), Egon und Emilie op. 56, (1928), Das Wasser op. 53, (1930), Kantate von den bitteren Kräutern op. 65, (1938), Vanity of Vanities (1954)

Lieder

Die chinesische Flöte op. 28, (1921), Musik für Orchester und Bariton op. 60, (1931), Gedichte für Martha op. 66, (1942)

Kammermusik

13 Streichquartette op. 1-5, (1902-03, alle verloren); op. 12, (1905); op. 15, (1908); op. 18, (1910); op. 26, (1919); op. 23, (1921); op. 34, (1924); op. 79, (1946); op. 74, (1974), Dedication (1948), mehrere Sonaten, Einzelsätze und Charakterstücke für ein Instrument mit Klavierbegleitung, Streichtrio op. 63, (1936), Klavierquintett op. 64, (1938), Kammersinfonie (1906), Sinfonietta op. 97, (1964)

Klavierwerke

4 Sonaten opp. 6, 7, 47, 87, Burlesken op. 31, (1923), 3 Originalstücke für das Welte-Mignon-Klavier (1926), 50 Etüden opp. 55-59, (1931), Sonatinetta op. 78b, (1956), Reflections op. 86, (1962)

Chemjo Vinaver

* 10. 7. 1900 Warschau
† 1973 Jerusalem

Vinaver wuchs in chassidischen Traditionen auf. 1916-20 Studium in Warschau, 1920-26 in Berlin. 1926-28 Chorleiter für liturgische Musik der Jüdischen Gemeinde von Berlin, Aufnahmen von mehr als 20 liturgischen Werken mit seinem Chor, mit dem er Konzerttourneen durch Europa und Palästina unternahm. Vinaver blieb 1933 als Mitarbeiter des JKB und als einer der wichtigsten jüdischen Kulturträger in Berlin, arbeitete 1933-35 als Organist und Leiter des Ha Nigon-Chors, 1935-38 bei der Jüdischen Rundschau. 1938 emigrierte er in die USA, gründete dort einen eigenen Chor und ein eigenes Orchester. Dirigent zahlreicher Konzerte und Mitarbeiter verschiedener Gremien. Vinaver ging 1967 nach Israel. Vinaver setzte sich vor allem durch Arrangements, Aufführungen und Aufnahmen für Rundfunk und Schallplatte für die osteuropäische liturgische Musik ein. Er gab Sammlungen von Volksliedern und traditioneller chassidischer Musik heraus. Neben liturgischen Kompositionen stehen Bühnenmusiken. Vinaver war mit der Dichterin Mascha Kaléko verheiratet.

Wladimir Rudolfowitsch Vogel

* 29. 2. 1896 Moskau
† 19. 6. 1984 Zürich

Vogel wurde 1914 nach seinem Abitur als deutscher Staatsangehöriger in Birsk (Ural) interniert. Er beschäftigte sich dort mit Musik, Literatur, Philosophie und Politik. Nach dem Frieden von Brest-Litowsk kam er 1918 im Austausch gegen russische Zivilgefangene nach Berlin. 1918-22 besuchte er die Kunstgewerbeschule Berlin, lernte Schaufensterdekoration, parallel dazu nahm er privaten Kompositionsunterricht bei H. Tiessen. Mit Weill, Jarnach und Bodky wurde er 1921 in F. Busonis Meisterklasse für Komposition an der Akademie der Künste aufgenommen. Er gehörte zum Kreis um Herwarth Waldens Zeitschrift *Der Sturm*, war Mitglied der Novembergruppe, für deren musikalisches Programm er mit H. H. Stuckenschmidt und St. Wolpe 1926-28 verantwortlich war. Wie Eisler, Rathaus, Arma und andere stand er politisch der KP nahe. Seinen Durchbruch als Komponist brachten 1930/31 die Orchesteretüden. Im Mai 1933 emigrierte er in die Schweiz, wo er blieb, unterbrochen durch Aufenthalte in Frankreich (33-35 Straßburg, 38/39 Paris), Belgien (35, 37/38) und London (1936). 1954 wurde er Schweizer Staatsbürger. Vogel begann unter dem Eindruck A. Skrjabins zu komponieren, war von Schönberg fasziniert, und studierte beim Busoni der *Jungen Klassizität.* Das Frühwerk zeigt deutliche Spuren dieser Stilprägungen. Ab 1937 komponierte Vogel - von wenigen Ausnahmen abgesehen - Zwölftonig. Obwohl er Werke fast aller Gattungen und Besetzungen schrieb, ist Vogels ureigene Domäne das *Dramma-oratorio,* in dem mit dem Sprechchor ein musiktheatralisches Element zum prägenden Bestandteil der Tonsprache geworden ist.

Dramma-Oratorien

Wagadus Untergang durch die Eitelkeit (1930), Thyl Claes, Fils de Kolldraegr (I: 1937/38, zweite Fassung 1941/42, II: 1943-45), Jonas ging doch nach Ninive (1958), Meditazione sulla maschera di Modigliani (1960), Flucht (1963/64), Menschen im Weltraum (1970/71)

Kleinere Vokalwerke

Drei Sprechlieder nach August Stramm (1922), politische Lieder, Madrigaux für gemischten Chor (1938/39), In Memoriam (1947), Auszüge aus Thyl Claes (1938-42, 1943-45),

Arpiade (1954), Worte (1962), mehrere Liederzyklen

Orchesterwerke

Sinfonia fugata (1925-28), 4 Etüden für Großes Orchester (1930/32), Tripartita (1933/34), Sept aspects d'une série de douze sons (1949/50), Hörformen 1 und 2 (1967-69), Abschied (1973), Konzert für Violine und Orchester (1937), Concerto per violoncello e orchetra (1954), Hörformen für Klavier und Streichorchester (1972)

Kammermusik

Douze Variétudes sur une série de douze sons non transposée (1941/42), Aria für Violoncello und Klavier (1949/50 und 1956), Inspiré par Jean Arp (1965), Hörformen für Flöte, Oboe, Klarinette und Fagott (1974), Poème Antonio Janigro (1974), Musik für vier Holzbläser und Streicherensemble (1975), Quintett für Violoncello und Holzbläser (1976)

Klavierwerke

Nature vivante (1917-21), Komposition für ein und zwei Klaviere (1923/77), Etude-Toccata (1926), Variétudes (1932), Epitaffio per Alban Berg (1936), Dai Tempi più remoti (1921,23,68), 4 Versionen einer Zwölftonfolge (1973)

Ignaz (Ignatz) Waghalter

* 15. 3. 1882 Warschau
† 7. 4. 1949 New York

Amerikanischer Komponist und Dirigent deutsch-polnischer Abstammung.
Waghalter mußte schon als Kind zum Lebensunterhalt der Familie beitragen, er spielte während seiner Schulzeit in mehreren Orchestern. Er begann dreizahnjährig zu komponieren. 1897 ging er illegal nach Berlin, studierte am Klindworth-Scharwenka Konservatorium Klavier, an der Akademie Komposition. 1907-10 Dirigent an der komischen Oper Berlin, 1910-12 am Stadttheater Essen. 1912-23 GMD am deutschen Opernhaus Berlin. Gastdirigate in Europa. 1924/25 Nachfolger von Stransky beim State Symphony Orchestra von New York. 1925 Rückkehr nach Berlin. 1933 GMD in Riga, dann Emigration nach Prag, 1934 nach Wien, 1937 in die USA. Arbeitete als Dirigent von Gospelchören, eines Ärzteorchesters und anderer Ensembles. Sein Interesse an jüdischer Musik schlug sich in Kompositionen nach jiddischen Texten und in Arrangements osteuropäischer Lieder nieder.

Bühnenwerke

Der Teufelsweg (1911), Mandragola (1914), Jugend (1917), Sataniel (1923), Der späte Gast (1926), Ahasveros und Esther (1937), Der Weiberkrieg (1928), Wem gehört Helena?, Bibi

Weitere Werke

Ein Violinkonzert, ein Streichquartett, Klavierstücke, Kammermusik und Lieder.

Arnold Walter

* 30. 8. 1902 Hannsdorf
(Mähren, Österreich; jetzt: Hanusorice, CSSR)
† 6. 10. 1973 Toronto (Kanada)

Kanadischer Komponist, Musikwissenschaftler, Kritiker und Organisator.
Walter studierte in Prag Jura, promovierte dort auch. An der Berliner Universität belegte er Musikwissenschaft bei Abert, Sachs und Wolf. Kompositionsunterricht nahm er bei F. Schreker und K. Weigl, einem Wiener Zemlinsky-Schüler, Lehrer von Korngold und kurzzeitig von Eisler, der 1938 in die USA emigrierte und dort an verschiedenen Instituten als Kompositionslehrer tätig war. Walter lehrte 1928-30 an der Volkshochschule Brünn, studierte nebenbei noch Medizin. 1930-33 war er in Berlin Musikkritiker für den *Vorwärts*, die *Weltbühne*, *Melos* und andere Zeitschriften. 1933 emigrierte er nach Barcelona, lehrte an der Ecole Internationale des Baléares. Über England emigrierte er 1937 nach Kanada. Mit Oskar Morawetz, der über Paris, Italien und die Dominikanische Republik aus Wien 1940 nach Toronto kam, gehört er zu den wenigen Kanada-Immigranten. Wie jener, gab er dem kanadischen Musikleben durch seine Initiativen wichtige Impulse. Er lehrte 1948-52 an der Royal Conservatory Senior School, dann an der Musikfakultät der University of Toronto, diese Professur hatte er bis zu seinem Tod inne. 1946 gründete er die erste Opernschule Kanadas am Konservatorium. Walter gehörte zahlreichen Initiativen und Vereinigungen, zum Teil von ihm selbst ins Leben gerufen, in verantwortlicher Position an. Als Komponist pflegte er einen spätromantischen Stil.

Werke

Symphonie g-moll (1944), For the Fallen (Kantate, 1949), Konzert für Orchester (1957), Kammermusikwerke, Lieder, Klavierstücke.

Bruno Walter
(bis 1911: Bruno Walter Schlesinger)

* 15. 9. 1876 Berlin
† 17. 2. 1962 Beverly Hills (USA)

Nach Anfangsunterricht bei der Mutter besuchte Walter als Achtjähriger das Sternsche Konservatorium Berlin. 1893 Korrepetitor in Köln, 1894 Dirigentendebut; über Hamburg (Assistent Mahlers), Breslau (1896/97), Pressburg (jetzt Bratislava, CSSR, 1897/98) und Riga (1898-1900) kam er 1900 ans Königliche Opernhaus Berlin, wurde 1901 Mahlers Assistent an der Wiener Hofoper, wo er - über Kündigung (1907) hinaus - bis 1912 blieb. Erste Gastdirigate. 1913-22 Nachfolger F. Mottls als GMD und Festspieldirektor in München, 1924-31 Dirigent deutscher Opern an der Covent Garden Opera in London. 1925-29 GMD der Städtischen Oper Berlin, 1929-33 Nachfolger Furtwänglers als Gewandhauskapellmeister in Leipzig. 1933 nach heftigen Angriffen und Dirigierverbot Rückzug nach Österreich, dessen Staatsbürger er seit 1911 war. 1934-39 beigeordneter Dirigent des Concertgebouw-Orchesters Amsterdam, ab 1935 Gastdirigent, ab 1936 Direktor der Wiener Staatsoper. 1938 nach Frankreich, 1939 in die USA emigriert. Dirigent der führenden Symphonieorchester; 1941-45, 1950/51 und 1956/57 der Metropolitan Opera New York, 1947-49 der New Yorker Philharmoniker. Berühmt sind vor allem Walters Mozart- und Mahlerinterpretationen. Zwischen 1892 und 1910 komponierte Walter neben Kammermusik, Klavierwerken und Liedern drei Symphonien.

Franz Waxman (früher: Wachsmann)

* 24. 12. 1906 Königshütte (Oberschlesien)
† 24. 2. 1967 Los Angeles

Amerikanischer Komponist und Dirigent deutscher Herkunft. Studierte am Berliner Konservatorium, verdiente den Lebensunterhalt durch Kaffeehausmusik. Mitglied der Weintraub Syncopators. Dort lernten ihn seine Förderer Bruno Walter und Friedrich Holländer kennen, dessen Filmpartitur *Der blaue Engel* er instrumentierte und dirigierte. 1933 Emigration nach Paris, 1934 nach Hollywood, wo er bald ein geschätzter Filmmusikkomponist wurde. Nebenbei nahm er Unterricht bei A. Schönberg. 1947 gründete er das Los Angeles Music Festival, das zeitgenössische europäische Komponisten (vor allem Prokofieff, Honegger, Liebermann, von Einem, Britten u.a.) bekannt machte. Waxman wirkte als Gastdirigent in den USA und in Europa. Ab 1959 konzentrierte er sich kompositorisch auf ernste Werke. Waxman schrieb einige Filmpartituren, in denen ihm eine Synthese heterogener Stilelemente (z.B. Bigband und freie Atonalität) gelingt.

Filmmusiken

Frankensteins Braut (1935), Großartige Besessenheit (1936), Fury (Zorn, 1936), Manuel (1937), Die Abenteuer des Huckleberry Finn (1939), Rebecca (1940), Die Nacht vor der Hochzeit (The Philadelpia Story, 1941), Dr. Jekyll und Mr. Hyde (1941), Verdacht (Suspicion, 1941), Old Acquaintance (1944), Operationsziel: Burma (1945), Gott ist mein Co-Pilot (1945), Humoreske (1947), Cry Wolf (1947), Das unbekannte Gesicht (Dark Passage, 1947), The Unsuspected (1947), Der Fall Haradin (1948), Boulevard der Dämmerung (Sunset Boulevard, 1950), Ein Platz an der Sonne (1951), Meine Cousine Rachel (1953), Das Fenster zum Hof (Rear Window, 1953), Der silberne Kelch (1956), Lindbergh: Mein Flug über den Ozean (The Spirit of St. Louis, 1957), Sayonara (1957), Blut unter der Asche (Peyton Place, 1957), Geschichte einer Nonne (1959), Die Krone des Lebens (Beloved Infidel, 1959), Meine Geisha (1962), Taras Bulba (1962)

Orchesterwerke

A Mighty Fortress (1943), Elegie (1944), Athanael the Trumpeter (1944), alle nach Filmmusiken entstanden; Trompetenkonzert (1946), Carmen-Phantasie für Violine und Orchester (1947), Goyana für Klavier und Orchester (1960), Sinfonietta für Streicher und Pauke (1965)

Chorwerke

Joshua (Oratorium, 1959), The Song of Terezin (Der Gesang von Theresienstadt, Liederzyklus, 1965)

Kurt Weill

* 2. 3. 1900 Dessau (Sachsen-Anhalt)
† 3. 4. 1950 New York

Kurt Weill
1925
Zeichnung von Busoni

Der Kantorensohn aus Dessau studiert 1918/19 zum ersten Mal an der Berliner Hochschule (u.a. bei E. Humperdinck). Er ist Vorsitzender des Revolutionären Studentenrats, kehrt aber 1919 schon wieder nach Dessau zurück. Es folgen kurze Kapellmeisterepisoden in Lüdenscheid und Leipzig, 1920 dann der zweite Anlauf zum Studium : Weill ist Schüler der Meisterklasse von F. Busoni. Er lebt vom Klavierspielen in Cafés und von Privatunterricht. Maurice Abravanel, Claudio Arrau und Nikos Skalkottas waren seine Schüler. Seit Frühjahr 1921 gehört er zur Novembergruppe, jenem Kreis von Künstlern und Architekten, die ihren ästhetischen Avantgardismus im Gleichklang mit den Utopien einer neuen Gesellschaft sahen. Weill beginnt als ernster Komponist, trägt die Spannung von hochfahrendem Avantgardismus, Busonischem Klassizitätsideal und der Melancholie des künstlerischen Subjekts in jenem Frühwerk aus, das nach guter Tradition noch Opuszahlen trägt. Doch schon kurz nach dem Examen kommt die Wendung zum Musiktheater, 1924-27 in der Zusammenarbeit mit G. Kaiser *(Der Zar läßt sich photographieren)* und Ivan Goll *(Royal Palace)*, 1927-31 in der Zusammenarbeit mit B. Brecht. So kennt man Weill hierzulande: *Dreigroschenoper, Mahagonny, Berliner Requiem* und *Happy End* (zumindest der *Surabaya Johnny* daraus). 1931 gibt es Streit zwischen Brecht und Weill. Bis auf eine kurze Episode im Exil ist die Zusammenarbeit beendet. Die Emigration 1933 hat Weills Existenz und Denken, sein Lebensgefühl und sein Werk verändert. In Paris, wo er bis 1935 vorwiegend lebt, schließt er den Kreis seiner europäischen Werke mit der 2. Symphonie (1933/34) und den *Sieben Todsünden der Kleinbürger* nach Brecht (1933). Einzelne Lieder deuten bereits neue Töne an. Das Projekt *The Eternal Road* ermöglicht Weill im September 1935 die Emigration in die USA. Wie andere Komponisten, so hat auch Weill seine Bekenntnisse, wie sie die Zeit ihm abverlangt hat: Das zum Judentum (und später zu Israel), das zum Pazifismus und gegen den Faschismus, das zum Freiheitsideal und das zu Amerika. Die «Nebenwerke» belegen dies: die *Whitman-Lieder* und die Beiträge für die *Lunch-Time-Follies,* die Festspiele nach Ben Hecht und die Lieder für Israel, aber nicht nur sie. In den *Musical Plays,* wie Weill und seine Autoren jene Weill-typische Zwischenform zwischen Musical und Theaterstück mit Musik nennen, kommt nicht nur Unterhaltung, sondern auch Zeitgeist und Engagement zum Zuge (*Johnny Johnson, Lost in the Stars).* Die Zeit ist reif, daß in Weills Werk nicht nur der Bruch, sondern auch die Kontinuität gesehen wird. Eine ausgezeichnete Biographie mit gut recherchiertem Werkverzeichnis bietet: Ronald Sanders, *Kurt Weill,* München 1980

Ferruccio Busoni im Kreise seiner Meisterschüler.
Von links: Kurt Weill, Walther Geiser, Luc Balmer, Wladimir Vogel
1922

Felix Werder (früher: Bischofswerder)

* 22. 2. 1922 Berlin

Australischer Komponist und Kritiker deutscher Herkunft. Seine frühe musikalische Ausbildung erhielt Werder bei seinem Vater, dem Kantor Boas Bischofswerder, und bei Arno Nadel, einem aus Wilna stammenden, ab 1895 in Berlin lebenden, in jüdisch-chassidischen Traditionen versierten Komponisten, Schriftsteller und Maler, der, ein begeisterter Anhänger A.Schönbergs, komponierte, Synagogenmusik sammelte und herausgab, später einer der führenden Köpfe des JKB war und 1943 im KZ Auschwitz umgebracht wurde. Werder emigrierte 1934 nach Großbritannien und schloß dort seine Schulbildung ab. 1940 wurde er interniert, 1941 nach Australien gebracht, dort wurde er zur Armee eingezogen. Werder war bis 1977 Lehrer in Melbourne, Dozent beim Council of Adult Education. Seit 1960 ist Werder als Kritiker, seit 1963 als verantwortlicher Redakteur für Musikkritik bei der Tageszeitung *The Age* tätig. Werders Tonsprache bildete sich teils aus der Modalität und der spezifischen Melodik des hebräischen Kirchengesangs, teils aus den mitteleuropäischen Traditionen seit der Spätromantik. Werken mit hebräischen Titeln und deutlichen Bezügen zur jüdischen Tradition stehen avanciert moderne Kompositionen gegenüber.

Bühnenwerke

Agamemnon (1967), The Affair op. 99 (1969), The Vicious Square op. 120 (1971), The Conversion op. 138 (1973), Banker (1973), Ballette

Vokalwerke

Radic's Piece op. 82 (Kantate, 1967), Francis Bacon's Essays op. 119 (Oratorium, 1971), Werke nach hebräischen Texten, nach Blake, Hölderlin, Nietzsche, Palmer und W. Whitman

Orchesterwerke

5 Symphonien, Solokonzerte für Flöte (2), Klavier, Violine (2), Klarinette, Viola, Orgel; Abstract'67 (1967), Sound Canvas op. 101 (1969), Concert Music (1971), Brandenburgisches Konzert op. 147 (1974)

Kammermusik

12 Streichquartette, 2 Bläserquintette, Klavierquartett, Klarinettenquintett, Konzertmusik op.60 für 10 Instrumente (1964), Satyricon op.74 für 6 Hörner (1967), 3 Klaviertrios, Trio op.98 für Bassklarinette, Harfe und Schlagzeug (1969), Tertract op.113 für Oboe, Schlagzeug, Viola (1970); Klavierwerke.

Arthur Willner

* 5. 3. 1881 Turn bei Teplitz-Schönau
(Nordböhmen, Österr., jetzt: Teplice-Sanov, CSSR)
† 20. 4. 1959 London

Willner studierte zunächst in Leipzig, dann an der Akademie der Tonkunst in München u.a. bei L. Thuille. 1904–24 war er stellvertretender Direktor des Sternschen Konservatoriums in Berlin, lehrte dort Kompositon, Kontrapunkt, Musikgeschichte und Ästhetik. 1924 zog er nach Wien, war dort Berater der Universal Edition (von ihm stammt der Klavierauszug u.a. von K.Weills *Royal Palace),* hielt Vorträge an Wiener Volkshochschulen und unterrichtete am Neuen Wiener Konservatorium. 1938 emigrierte er nach London, lebte während des Krieges in Herfordshire, ab 1945 wieder in London. Willner war ein vielseitiger Komponist, der größte Teil seiner zahlreichen Werke ist allerdings Manuskript geblieben. Anerkennung fanden vor allem seine Klavier- und seine Kammermusik.

Werke

6 Streichquartette opp.9, 10, 14, 45, 106; 2 Klavierquintette opp. 18, 115; Sonate für zwei Violinen op. 23, 4 Violinsonaten opp. 11, 21, 41, 109; 3 Violinsonatinen opp.68, 69, 71, Violinsuite op. 32, 5 Klaviersonaten opp. 26,27, 28, 35, 39; Seebilder op. 12, Variationen op. 16, 2 Bände Fugen *Von Tag und Nacht* op. 24, A travers les siècles op. 58, Skizzen op. 60, Neues Notenbuch op. 66, La voix du piano op. 74, The Pianoän Orchestra op. 75, La main vivante op. 76, außerdem Orgelstücke, Orchesterwerke, Instrumentalkonzerte, Chöre, Lieder.

Jehuda Wohl

* 5. 3. 1904 Berlin

Wohl war im Hauptberuf Textilkaufmann, 1927–33 Abteilungsleiter im Warenhaus Nathan Israels. Nebenbei schrieb er Texte und Musik für UFA-Filme. Nach seiner Entlassung im Mai 1933 emigrierte er nach Palästina, arbeitete dort bis 1938 als Möbelzeichner. Musikstudien betrieb er zunächst autodidaktisch, dann bei Paul Ben-Haim, der ihn stilistisch prägte. 1939-47 Pianist in Tanzstudios, 1948–69 Komponist und Musiklehrer, parallel 1955–65 Organist beim Congress of Progressive Judaism. Seit 1970 freischaffender Komponist. Sein Werk umfaßt ernste Kompositionen und leichte Musik, die er häufig unter dem Pseudonym Yehuda Bentow publizierte.

Orchesterwerke:

3 Symphonien (1944, 1952, 1955), Rondo patetico (Streichorchester 1950), Mirjamtänze (1955), Diskussionen (1956), Fata Morgana (1960), Canto capriccioso (1967), Schalkhaftes Lächeln (1959), Licht und Schatten (1973), Mit gemischten Gefühlen (1975)

Radioopern

Das Gitter (1947), Damals und Heute

Kammermusik

Holzbläserquartett (1961), Assoziationen (1966), Begegnungen (1968), Atmosphären (1970)

Stefan Wolpe

* 25. 8. 1902 Berlin
† 4. 4. 1972 New York

Unter den Linken und Avantgardisten der emigrierten Musiker wirkt Wolpe heute wie ein Sonderling. Kommunist wie Eisler, im Gegensatz zu ihm sogar Parteimitglied, teilte er dessen kulturprogrammatische Emphase nicht. Avantgardist wie Schönberg, hat er sich für die jüdische Sache eingesetzt, war sogar - im Gegensatz zu diesem - in Palästina (1934-38), ging jedoch auch aus Enttäuschung 1938 in die USA. Wie Vogel war er in der Novembergruppe, mit ihm sogar 1926-28 Musikverantwortlicher, und verwarf doch für sich eine «europäische Lösung» der Emigration. Seine musikalischen Vorstellungen formten sich an Gegensätzen: an der Begeisterung für Satie und Skrjabin, für den Grotesken und für den Mystiker; durch den Hochschulunterricht (1919-24) bei den ästhetisch eher konservativen Juon und Schreker; im Unterricht bei Busoni, der, am ehesten dem Bauhaus vergleichbar, sein Klassizitätsideal vertrat; durch den Unterricht, den er 1933 nach seiner Emigration in Wien bei Webern nahm, durch den Eindruck, den die jüdische Tradition und orientalische Folklore in Palästina auf ihn machten. In Palästina fand er kompositorisch einen Weg aus der Atonalität. Auch dort standen einfache Lieder unverbunden neben avancierten Kompositionen, wie schon in den Zwanziger Jahren. In den USA (seit 1938) entwickelte Wolpe seine Kompositionsweise weiter, mit der er mechanistische Gefahren der Reihentechnik zu vermeiden suchte. Bedeutung und Einfluß auf nachfolgende Komponistengenerationen gewann Wolpe durch ausgedehnte Lehrtätigkeit:
1934–38 am Jerusalemer Konservatorium
1939–43 Settlement Music School, Philadelphia
1945–48 Brooklyn School of Music
1948/49 Columbia University Teachers College
1948–52 Mitbegründer und Direktor der Contemporary Music School New York
1949–52 Philadelphia Academy of Music
1952–56 Black Mountain Music College (Direktor)
1957–63 Chatham Square Music School
1957–68 C. W. Post College, Brookeville, New York (Professor, Fachbereichsleiter Musik)
1968–72 Mannes College of Music

Zu seinen Schülern zählten u. a. H. Brün, P. J. Korn, H. Alexander und W. Rosenberg in Palästina, M. Feldman, D. Tudor, R. Shapey in USA.

Bühnenwerke

Schöne Geschichten, Zeus und Elida, Anna Blume (Kammeropern, 1927-29); Der Mann aus Midian (1940), Passion eines Menschen (1930) (Ballette); Schauspielmusiken zu Wangenheim, Brecht, Shakespeare und Ibsen

Kantaten und Chorwerke

Sportkantate (1932), Street Music (1963-68), Cantata 25 for Voice, Voices and Instruments (1963-68)

Vier Antikriegslieder (1930-32), Vier Lieder aus der Ballade vom unbekannten Soldaten (1937), 2 alte chines. Epitaphs (1937), 3 hebr. Lieder (1938), The Way a Crow (1958)

Orchesterwerke

Zwei Studien (1933), Passacaglia, Symphonie (1955/56–1964), Zwei Chamber Pieces (1964, 1965/66)

Kammermusik

Quartett (1950), Piece für Oboe, Violoncello, Schlagzeug und Klavier (1955), Piece for 2 Instrumental Units (1962/63), From Here on Farther (1969), Piece for Trumpet and 7 Instruments (1971), Duo im Hexachord (1936), Sonate (1938-41), Piece in 2 Parts (1960), Solo Piece (1966)

Lieder

5 Hölderlin-Lieder (1924/1935), 8 Lieder (Heine u. a. 1929-32), 7 Lieder aus dem Hebräischen (1937), Epitaph (1938), If It Be My Fate (Rachel, 1938), Psalm (1939), 2 Lieder nach B. Viertel (1945), Auszug aus Einsteins Adresse über den Frieden im Atomzeitalter (1945), politische Lieder

Klavierwerke

4 Adagios (1920), Blues und Tango (1926), 4 Stücke (1927-29), 5 Charaktermärsche (1929-34), 4 Studies on Basic Rows (1935/36), Zemach Suite (1939), Encouragements (The Good Spirit, Battle Piece, 1943-47), 2 Studies (1948), 7 Pieces (1950/51) und Enactments (1950-53) für drei Klaviere, Broken Sequences (1969)

Alexander (von) Zemlinsky

* 14. 10. 1871 Wien
† 15. 3. 1942 New York

Zemlinsky stammte aus armen Verhältnissen. Er studierte 1884-92 am Konservatorium der Gesellschaft der Musikfreunde in Wien. Danach zunächst freischaffend, nahm Zemlinsky ab 1899 Dirigentenpositionen an verschiedenen Theatern in Wien (bis 1911), dann in Prag (1911-27) an. Daneben unterrichtete er, zunächst privat (zu seinen ersten Schülern zählten K. Weigl und Alma Schindler, die später Mahler hieß), ab 1920 als Leiter der Kompositionsklasse an der Deutschen Musikakademie in Prag. Seit 1895 verband ihn enge Freundschaft mit A. Schönberg als dessen Lehrer, Berater und Förderer; mit ihm bemühte er sich darum, der zeitgenössischen Musik angemessene öffentliche Resonanz zu verschaffen: 1904 gründeten sie die *Vereinigung schaffender Tonkünstler* in Wien; 1921 gründete Zemlinsky in Anlehnung an Schönbergs Wiener Initiative den *Verein für musikalische Privataufführungen* in Prag, aus dem später die tschechische Sektion der IGNM hervorging. 1927 rief O. Klemperer Zemlinsky an die Berliner Krolloper. Nach deren Schließung 1930 war Zemlinsky Gastdirigent. Er unterrichtete an der Staatlichen Hochschule für Musik in Berlin. Nach Machtantritt der NSDAP kündigte Zemlinsky seine Positionen und zog sich als freischaffender Komponist nach Wien zurück. Über Prag emigrierte er 1938 nach New York, wo er bereits krank eintraf und bis zu seinem Tod nicht mehr gesundete.

Bühnenwerke

Das gläserne Herz (1900–04), Kleider machen Leute (1910/1922), Eine florentinische Tragödie, op. 16 (1916), Der Zwerg, op. 17 (1921), Der Kreidekreis (1932)

Vokalwerke

3 Psalmvertonungen für Chor und Orchester (1900/1910/1935)

Lieder

Zyklen op. 2, op. 5, op. 6, op. 7, op. 8 und op. 13, entstanden zwischen 1898 und 1910, Zyklen op. 22 (1934) und op. 27 (1938).

Orchesterwerke

Zwei Symphonien (1892/1897), eine Orchestersuite, Lyrische Symphonie op. 18 (1923),Sinfonietta op. 23 (1934)

Kammermusik

Vier Streichquartette, ein Streichquintett, ein Klavierquartett, Trio A-Dur für zwei Violinen und Viola u.a.

Klaviermusik

Sonate c- Moll (1890), Phantasien op. 9 (um 1900)

Philharmonie
Bernburg Straße
(1925)

Büro u.
Karten Verkauf
UND
1. TREPPE
Betriebsges.

Anhang

Personenregister

In das folgende Verzeichnis sind nicht alle in diesem Buch erwähnten Namen aufgenommen. Entsprechend der Themenstellung enthält es vor allen Dingen emigrierte und verfolgte bzw. indizierte Komponisten, Personen, die im Musikleben für die Emigranten eine wichtige Rolle spielten, und Namen, die in einzelnen Artikeln eine gewichtige Rolle spielen. Die Reduktion von 650 Namen auf die im Folgenden erwähnten geschah auch im Interesse der Übersichtlickeit dieses Buches.

A

B

C

D

E

F

G

H

J

K

L

M

N

O

P

R

S

T

V

W

Z

Programm
Musik aus dem Exil

Montag 31. 8.
19 Uhr Philharmonie

Festakademie zum Auftakt der Berliner Festwochen
Jeunesses Musicales Weltorchester
Leitung: Grant Llewellyn
Hanns-Eisler-Chor
Brigitte Balleys, Mezzosopran/Wolfgang Holzmair, Bariton/Angelica Domröse, Hilmar Thate, Sprecher
Blacher, **Dessau, Hartmann,** Henze, Wagner-Régeny, «Jüdische Chronik»
Beethoven, Symphonie Nr. 5
In Zusammenarbeit mit Jeunesses Musicales

Mittwoch 2. 9.
20 Uhr
Theatersaal der HdK

Werkstattkonzert
Junge Deutsche Philharmonie
Leitung: **Lukas Foss**
Einführung in das Konzert vom 4. 9. 1987

Donnerstag 3. 9.
20 Uhr Philharmonie

Die Welt zu Gast
Jerusalem Symphony Orchestra
Leitung: Yoel Levi
Miriam Fried, Violine
Ben-Haim, Symphonie Nr. 1
Hindemith, Konzert für Violine und Orchester
Bartók, Konzert für Orchester

Freitag 4. 9.
20 Uhr Philharmonie

Musik aus dem Exil
Junge Deutsche Philharmonie
Leitung: **Lukas Foss**
Phyllis Bryn-Julson, Sopran
Ivess, Orchestral set No. 2
Wolpe, Piece for two instrumental units
Foss, Time cycle für Sopran und Orchester
Crumb, Haunted Landscape
Bernstein, «On the Waterfront», Symphonische Suite

Samstag 5. 9.
20 Uhr Staatsbibliothek

Musik aus dem Exil
Catherine Gayer, Sopran
Auryn-Quartett
Kolja Blacher, Violine
Götz Tentsch, Violoncello/Heidrun Holtmann, Klavier
Sternberg, Streichquartett Nr. 1 mit Singstimme
Krenek, 5 Lieder nach Worten von Franz Kafka op. 82
Schnabel, Klaviertrio

Ensemble Modern
Leitung: Richard Pittmann
Meriel Dickinson, Mezzosopran/Winford Evans, Tenor/Neill Jenkins, Tenor/Omar Ibrahim, Bariton/Richard Wigmore, Baß
Wolpe, Chamberpiece No. 1 for 14 Players
Eisler, Kammersymphonie op. 69
Weill, War Play (aus «Johnny Johnson»)

Samstag 5. 9.
20 Uhr Philharmonie

Berliner Philharmonisches Orchester
Leitung: Claudio Abbado
Shlomo Mintz, Violine
Brahms, Akademische Fest-Ouvertüre, Violinkonzert
Hindemith, Symphonische Metamorphosen
Strauss, «Don Juan»

Sonntag 6. 9.
11 Uhr Staatsbibliothek

Musik aus dem Exil
RIAS-Kammerchor
Leitung: Marcus Creed
Schütz, 130. Psalm
Krenek, Lamentatio
Schönberg, De Profundis Tallis, Lamentatio Jeremiae Prophetae
In Zusammenarbeit mit RIAS Berlin

Sonntag 6. 9.
17.30 Uhr Staatsbibliothek

Musik aus dem Exil
Contemporary Music Ensemble of the University of Southern California School of Music
Los Angeles
Leitung: **Leonard Stein**
Eisler, Vierzehn Arten den Regen zu beschreiben
Harbison, Samuel Chapter
Toch, «There is a Season to Everything...» (Ecclesiastes, Essay II) Canzonetta für Sopran, Flöte, Violine, Klarinette und Violoncello
Krenek, Flötenstück neunphasig for flute and piano
Schönberg, Ode an Napoleon Bonaparte (Lord Byron) für Streichquartett, Klavier und Sprecher op. 41

Sonntag 6. 9.
20 Uhr Philharmonie

Berliner Philharmonisches Orchester
Leitung: Claudio Abbado
Wiederholung vom 5. September

Montag 7. 9.
20 Uhr Philharmonie

Die Welt zu Gast
Philadelphia Orchestra
Leitung: Riccardo Muti
Hindemith, Symphonie in Es
Berlioz, Symphonie fantastique

Dienstag 8. 9.
20 Uhr SFB Sendesaal

Musik aus dem Exil
Dietrich Fischer-Dieskau
Aribert Reimann, Klavier
Liederabend mit Werken von **Eisler**

Mittwoch 9. 9.
20 Uhr Staatsbibliothek

Musik aus dem Exil
Deutsche Kammerakademie Neuss
Leitung: Johannes Goritzki
Wolfgang Boettcher, Violoncello
Haydn, Symphonie Nr. 44
Erdmann, Concertino für Violoncello und Kammerorchester/Uraufführung, Auftragswerk zur 750-Jahr-Feier
Toch, Cellokonzert op. 35
Bartók, Divertimento

Mittwoch 9. 9.
20 Uhr Hebbel-Theater

«Lost in the Stars and Stripes»
Wiederholung vom 7. September

Donnerstag 10. 9.
20 Uhr Café EinStein

Musik aus dem Exil
Catherine Gayer, Sopran
Leonard Stein, Klavier
Der dialektische Komponist
Lieder von **Schönberg, Eisler, Adorno**

Freitag 11. 9.
20 Uhr Hebbel-Theater

«Lost in the Stars and Stripes»
Wiederholung vom 7. September

Freitag 11. 9.
20 Uhr Café EinStein

Musik aus dem Exil
Catherine Gayer, Sopran, **Leonard Stein,** Klavier
Wiederholung vom 10. September

Sonnabend 12. 9.
17.30 Staatsbibliothek

Musik aus dem Exil
Aulos Bläserquintett
Kurt Berger, Baßklarinette
Eisler, Quintett op. 4
Juon, Quintett op. 43
von Bose, Bläserquintett
Uraufführung, Auftragswerk zur 750-Jahr-Feier

J. S. Bach Ricercare aus dem Musikalischen Opfer
Janaček, Mladi

Sonnabend 12. 9.
19 Uhr SFB Sendesaal

Musik aus dem Exil
Radio-Symphonie-Orchester Berlin
Leitung: Riccardo Chailly
Ernst-Senff-Chor
Trojahn, Cinq Epigraphes
Uraufführung, Auftragswerk zur 750-Jahr-Feier
Haydn, Sinfonia concertante für Oboe, Fagott, Violine, Cello und Orchester
Zemlinsky, Symphonie Nr. 2 B-Dur op. 4
Zemlinksy, 23. Psalm, op. 14

Sonntag 13. 9.
19 Uhr SFB Sendesaal

Radio-Symphonie-Orchester Berlin
Leitung: Riccardo Chailly
Wiederholung vom 12. September

Montag 14. 9.
20 Uhr Staatsbibliothek

Musik aus dem Exil
Reger-Trio Berlin
von Dohnanyi, Serenade
Schönberg, Streichtrio op. 45
Toch, Streichtrio op. 63
Beethoven, Streichtrio G-Dur op. 9/1

Mittwoch 16. 9.
20 Uhr Philharmonie

Die Welt zu Gast
Musik aus dem Exil
Israel Philharmonic Orchestra
Leitung: Zubin Mehta
Weber, Oberon-Ouvertüre
Tal, Symphonie Nr. 4
Mahler, Symphonie Nr. 1

Donnerstag 17. 9.
20 Uhr Philharmonie

Berliner Philharmonisches Orchester
Leitung: Hans Zender
Dietrich Fischer-Dieskau, Bariton/Neithard Resa, Viola
Hindemith, Konzertmusik für Streichorchester und Blechbläser op. 50, Trauermusik für Viola und Streichorchester
Isang Yun, Symphonie Nr. 5
Uraufführung, Auftragswerk zur 750-Jahr-Feier

Freitag 18. 9. 17.30 Uhr Musik-instrumentenmuseum	Musik aus dem Exil *Gesprächskonzert* **Berthold Goldschmidt** Streichquartett Nr. 2 Auryn-Quartett, Stephen Hinton, Moderation
Freitag 18. 9. 20 Uhr Philharmonie	Die Welt zu Gast Musik aus dem Exil *City of Birmingham Symphony Orchestra* Leitung: Simon Rattle **Berthold Goldschmidt,** Ciaconna Sinfonica Sibelius, Symphonie Nr. 7 Strawinsky, Feuervogel (vollständige Fassung)
Sonnabend 19. 9. 17.30 Uhr Staatsbibliothek	Sabine Meyer, Klarinette/Tabea Zimmermann, Viola Hartmut Höll, Klavier Schumann, Märchenerzählungen **Hindemith,** Sonate für Viola und Klavier Schumann, Fantasiestücke op. 73 Mozart, Kegelstatt-Trio
Sonnabend 19. 9. 20 Uhr Theater des Westens	Musik aus dem Exil *Staatstheater Kassel, Oper* **Josef Tal,** Der Turm Musikalische Leitung: Adam Fischer Regie: Siegfried Schoenbohm, Rainer Winter Bühne: Eberhard Matthies, Martha Sharp, René Claassen Uraufführung, Auftragswerk des Wissenschaftskollegs zur 750-Jahr-Feier
Sonntag 20. 9. 20 Uhr Philharmonie	Musik aus dem Exil *Radio-Symphonie-Orchester Berlin* Leitung: Riccardo Chailly Mischa Maisky, Violoncello/Will Quadflieg, Sprecher Berliner Capella Brahms, Tragische Ouvertüre **Schönberg,** Konzert für Violoncello und Orchester (nach Monn), Ein Überlebender aus Warschau Brahms, Serenade für Orchester Nr. 1
Sonntag 20. 9. 20 Uhr Theater des Westens	Musik aus dem Exil Staatstheater Kassel, Oper **Joseph Tal,** Der Turm Wiederholung vom 19. September

Freitag 25. 9.
20 Uhr Staatsbibliothek

Heinz Holliger, Oboe/Aurèle Nicolet, Flöte/Eduard Brunner, Klarinette/Klaus Thunemann, Fagott/Radovan Vlatkovic, Horn/Andras Schiff, Klavier
Beethoven, Quintett Es-Dur op. 16
Schönberg, Bläserquintett op. 26
Mozart, Quintett Es-Dur KV 452

Dienstag 29. 9.
20 Uhr Staatsbibliothek

Solisten des Radio-Symphonie-Orchesters Berlin
Ives, Largo Nr. 1 und Halloween
Webern, Quintett für Klavier,
2 Violinen, Viola und Violoncello (1907)
Schönberg, Streichquartett Nr. 1 d-Moll op. 7

Dienstag 6. 10.
20 Uhr Deutsche Oper

Sondergastspiel
Bayerische Staatsoper München
Hindemith, Cardillac
Musikalische Leitung: Wolfgang Sawallisch
Regie und Bühne: Jean-Pierre Ponnelle
Kostüme: Pet Halmen
mit Maria de Francesca-Cavazza, Doris Stoffel, Donald McIntyre, Hans-Günther Nöcker

Mittwoch 14. 10.
20 Uhr Philharmonie

Münchner Philharmoniker
Leitung: Sergiu Celibidache
Dukas, Der Zauberlehrling
Hindemith, Sinfonische Metamorphosen
Dvořák, Symphonie Nr. 7

Bildnachweis

Archiv für Kunst und Geschichte 11
Ullstein Bildarchiv 14
Bildarchiv Abraham Pisarek 3
Hochschule der Künste Berlin 6
(angegeben ist die Anzahl der verwendeten Abbildungen)

Wir danken allen privaten Leihgebern, die uns Bildmaterial zur Verfügung stellten, für ihre freundliche Unterstützung.